Lexique
Risque assurance r

Risk insurance reinsurance
Lexicon

SEP L'ASSURANCE FRANÇAISE
55, rue de Châteaudun, 75009 - Paris (France)

© Copyright SEP L'Assurance Française. Tous droits réservés pour tous pays.
Toute copie ou reproduction, même partielle, par quelque moyen que ce soit,
est passible de sanctions civiles ou pénale.

© Copyright SEP L'Assurance Française. All rights reserved for all countries.
No part of this publication may be reproduced, stored in a retrieval system, or transmitted in any form
or by any means, electronic, mechanical, photocopying, recording or otherwise,
without the prior permission of the publisher and copyright owner.

While the principles discussed and the details given in this book are the product of careful study,
the authors and publisher cannot in any way guarantee the suitability of recommendations made
in this book for individual problems, and they shall not be under any legal liability of any kind
in respect of or arising out of the form or contents of this book or any error therein,
or the reliance of any person thereon.

Jacques Lesobre

Henri Sommer

Frances J. Cave

Lexique Lexicon

Risque Risk
Assurance Insurance
Réassurance Reinsurance

français - anglais/américain
french - english/american

anglais/américain - français
english/american - french

y compris
abréviations, sigles et tables

including
abbreviations, initials and tables

3e édition

Cet ouvrage n'est peut-être pas exempt d'erreurs, malgré le soin apporté à sa composition. Nous serons toujours disposés à tenir compte des observations qui pourraient nous être faites par nos lecteurs et utilisateurs. D'avance nous les remercions.

Despite all the care given to this third edition, certain inaccuracies may have escaped our attention. We should be pleased to hear from our readers if they have any suggestions to make.

« The management of risk should start by eliminating any risk that could pose the slightest threat to humankind's survival. The next step is to concern ourselves with the management of acceptable risks. »

Jacques Cousteau
(on the lessons of the Amoco Cadiz).

Foreword
(First edition)

— 1972 —

The fact that France is lacking an adequate collection of international reference works on insurance and reinsurance appears never to have actually been considered by our industry as a noticeable shortcoming. This is even more surprising, as during our research-work in foreign countries we gained insight into how much has been achieved in this field.

The Chartered Insurance Institute of Great Britain holds available twenty thousand publications, the Bundesaufsichtsamt für das Versicherungs - und Bausparwesen of Germany twenty five thousand publications, the Bibliothèque internationale d'assurance in Louvain / Belgium twenty three thousand publications, in Holland the Utrecht insurance company owns sixteen thousand and more than eighty thousand may be perused at the Insurance Society of New-York alone, which gives an idea of how impressive the libraries of the large American insurance companies must be.

One can only voice the hope that similar collections may soon be gathered in our own country. But even so, would they be immediately understandable to those who decide to consult them ?

To allow for easier and better access to this knowledge, we set out to contribute the necessary aid by making available to the professionals of this industry our own documentary evidence, built-up and completed in the course of years with material that stems from practical experience of insurance.

In the course of our research we were led to note that the inevitable invasion of one language by contributions from foreign countries was by no means a one-way affair. Thus, the British insurance market is accustomed to the use in written or spoken language of such French expression as : assurance - bordereau - bouquet - cedant - cession - collision - extincteur - facultative - force majeure - franchise - peril - questionnaire - retention - retrocedant - retrocession - retrocessionnaire - vice propre - etc.

Nor does the French market, of course, escape the rule of what has been termed « franglais » — which could roughly be translated as « Frenglish », — consecutive to numerous borrowings, such as : blow-out, burning-cost, catastrophe cover, container, country damage, drencher, excess-loss, fronting, "grinnell", hydrant, leader, open cover, pool, slip, sprinkler, stock, stop loss, waterborne, etc. ; this same market is in fact going as far as to "frenglicise" some of them : containerisation, grinnellé, sprinklé.

But on both markets the influence of a third force increases from day to day; namely insurance as it is being thought-up and practised in the United States. Already now, certain terms and even certain aspects, as well as new insurance formulas have been partly or totally taken from the Americans, such as : Block Policy - Captive Company - Comprehensive Dishonesty,

Avant-propos
(Première édition)

— 1972 —

L'absence en France d'une suffisante bibliothèque internationale d'assurance et de réassurance ne paraît pas être véritablement ressentie par notre profession. Cela est d'autant plus frappant que nos recherches à l'étranger nous ont donné un aperçu de ce qui s'y faisait dans ce domaine.

Le Chartered Insurance Institute de Grande-Bretagne dispose de vingt mille ouvrages. Le Bundesaufsichtsamt für das Versicherungs - und Bausparwesen en R.F.A. en compte vingt-cinq mille, la Bibliothèque internationale d'assurance de Louvain en Belgique renferme vingt-trois mille ouvrages, en Hollande la Compagnie Utrecht en possède seize mille, et plus de quatre-vingt mille ouvrages peuvent être consultés à la seule Insurance Society of New-York, ce qui donne une idée de ce que sont les impressionnantes bibliothèques des principales compagnies américaines.

Il faut espérer que de semblables collections soient bientôt rassemblées dans notre pays. Mais seront-elles immédiatement compréhensibles à ceux qui auront à les compulser ?

C'est pourquoi nous avons voulu offrir notre contribution en mettant à la disposition des professionnels nos documentations personnelles constituées et complétées au fil des ans par les apports de la pratique.

Au cours de nos travaux, nous avons pu constater que l'inévitable envahissement d'une langue par des apports de l'étranger ne s'exerce pas forcément à sens unique.

Ainsi, le marché britannique utilise, en français dans le texte, les termes : Assurance - Bordereau - Bouquet - Cedant - Cession - Collision - Extincteur - Facultative - Force majeure - Franchise - Peril - Questionnaire - Retention - Retrocedant - Retrocession - Retrocessionnaire - Vice propre - etc.

Quant au marché français, il n'échappe évidemment pas à la règle du « franglais » et, outre de multiples emprunts comme blow-out, burning-cost, catastrophe cover, container, country damage, drencher, excess-loss, fronting, « grinnell », hydrant, leader, open cover, pool, slip, sprinkler, stock, stop loss, waterborne, etc., ce même marché en arrive à en « franglaiciser » certains : containerisation, grinnellé, sprinklé.

Mais il est une troisième force dont ces deux marchés subissent l'influence chaque jour davantage : celle de l'assurance pensée et pratiquée aux U.S.A. D'ores et déjà, certains termes, et mieux certaines formes et formules nouvelles d'assurance, sont empruntés en tout ou partie aux Américains comme : Block Policy - Captive Company - Comprehensive Dishonesty, Disappearance, Destruction Policy - Comprehensive General Liability Policy - Credit Card Loss Insurance - Difference in Conditions Policy - Electronic Data Processing Policy - Extended

Foreword

Disappearance, Destruction Policy - Comprehensive General Liability Policy - Credit Card Loss Insurance - Difference in Conditions Policy - Electronic Data-Processing Policy - Extended Coverage - Highly Protected Risk - Manufacturer's Output Policy - Package Policy - Umbrella Policy - Use and Occupancy Policy.

Lastly it happens that the desire to preserve the national characteristics of the trade vocabulary, creates by means of a word-for-word translation as it were, yet another trend, which is aptly illustrated by this rather strange definition currently used in French fire insurance : " les marchandises hasardeuses" from the English "Hazardous Goods". Whereas in French "hasardeuses" means chancy or accidental, the English expression "hazard" and the adjective "hazardous" convey the meaning respectively of danger, peril, risk — dangerous, perilous, risky.

Was it not Monsieur de Voltaire who once said : "Woe unto the makers of literal translations who, by translating separately each word deprive it of its meaning" ? It is therefore our wish that this publication may prevent as much as possible the invasion and the overruling of our business language by Anglo-Saxon terminology or, at least, by inopportune neologisms and translations of the "hasardeuses" style.

Our lexicon is meant to be easy to use and to be immediately understandable. We have been careful therefore to place after the terms of general meaning, the current idiomatic expressions used in their connection. As to abbreviations and contractions so much in favour nowadays and becoming more numerous each day, they are listed separately. In fact, we have decided to use our own abbreviations and symbols whenever the meaning of the term under consideration is specifically related to certain categories or to certain organisations or markets.

We have prepared furthermore a bibliographic-index, listing the national and international dictionaries as well as the most important technical publications presently available which have been the basis of our compilation.

Plato said : "The knowledge of words leads to the knowledge of things". More than once this maxim has crossed our minds in the course of all the years of common research and team-work which the making of this lexicon has entailed. Our work, to which we have given much of our time, will remain in our memory as having always been captivating though perhaps tedious at times, but as it stands now, contains over five thousand terms, expressions and abbreviations of current use in France as well as in Great-Britain and in the United States.

Nevertheless, we quite realise that this publication may contain shortcomings, even errors and be marred by omissions. But rather than plead for leniency, we prefer to invite criticism. From objections, remarks and suggestions we shall shape the substratum of a future edition, possibly different in its presentation, certainly more complete and improved in its very essence.

J.L. and H.S.

Avant-propos

Coverage - Highly Protected Risk - Manufacturer's Output Policy - Package Policy - Umbrella Policy - Use and Occupancy Policy.

Enfin, le désir de conserver un caractère national au vocabulaire professionnel crée, par la traduction au mot à mot, une autre tendance qu'illustre bien cette très curieuse désignation utilisée régulièrement par les assureurs incendie : les marchandises hasardeuses, de l'anglais « hazardous goods ». Or le substantif « hazard » et l'adjectif « hazardous » qui en dérive signifient respectivement et dans le sens qui nous occupe : danger, péril, risque - dangereux, périlleux, risqué.

M. de Voltaire ne disait-il pas : « Malheur aux faiseurs de traductions littérales qui, en traduisant chaque parole, énervent le sens » ? Partant, notre vœu est que cet ouvrage puisse éviter, dans la mesure du possible, l'invasion et la supplantation de notre langue professionnelle par la terminologie anglo-saxone ou, à tout le moins, les néologisme fâcheux et les traductions... hasardeuses.

Notre lexique se veut être un outil de travail simple à utiliser et immédiatement accessible : aussi avons-nous pris soin de faire suivre les termes généraux par les principales locutions qui s'y rapportent. Quant aux abréviations et aux sigles, tellement au goût du jour et chaque jour plus nombreux, ils figurent séparément. D'ailleurs nous avons utilisé nos propres abréviations et signes, lorsque la signification du terme considéré est spécifique à certaines branches ou à certains organismes ou marchés.

En outre, nous avons dressé une bibliographie comprenant tant les dictionnaires nationaux et internationaux que les principaux ouvrages techniques actuellement disponibles, qui a été la base de notre compilation.

Platon a dit : « La connaissance des mots conduit à la connaissance des choses ». Combien de fois avons-nous songé à cette maxime, au cours des années de recherches et de collaboration que la confection de ce lexique a nécessitées. Notre travail, auquel nous avons sacrifié beaucoup de temps aura toujours été captivant, quelquefois fastidieux, mais rassemble maintenant plus de cinq mille termes, locutions et abréviations d'un usage courant, utilisés en France, en Grande-Bretagne et aux Etats-Unis.

Cependant nous réalisons que cet ouvrage recèle encore bien des imperfections, voire des erreurs, et pêche par certaines omissions. Plutôt que de solliciter l'excuse, nous préférerions provoquer la critique. Des objections, remarques et suggestions qui nous seraient présentées, nous tirerions la substance d'une future édition, éventuellement différente dans sa forme, mais sûrement plus complète et plus juste dans son fond.

J.L. et H.S.

Foreword
(Second edition)

— 1981 —

Of the first edition, the foreword alone remains fully up-to-date. The book's technical contents had to be completely reviewed, corrected and expanded.

The development of insurers' ways of thinking and insureds' business methods, the appearance of new risks resulting from ever advancing technology, the opening-up of markets to international competition — for these and other practical reasons, a correspondingly rich and varied terminology has become necessary.

Whether in the field of Risk Management, loss financing methods or simply international insurance programmes, insurers and insureds alike have improved and will continue to improve their techniques, allowing a better understanding and coordination of all actions taken.

A large part of this first revision of our glossary is devoted to Risk Management and to the effects on the language of the intermingling of American and European markets.

In this connection, and based on our own experience over recent years, we considered that an extension of the terminology to certain basic technical tables would ease professional contacts. We hope that this second edition will go some way towards furthering international relations in our particular business.

J.L. and H.S.

Avant-propos
(Deuxième édition)

— 1981 —

De notre première édition, seul l'avant-propos reste pleinement d'actualité. Le contenu technique de l'ouvrage se devait d'être, selon la formule consacrée, entièrement revu, corrigé et principalement augmenté.

L'évolution des mentalités chez les assureurs et de la conduite des affaires chez les assurés, l'apparition de risques nouveaux résultant de technologies toujours plus avancées, l'ouverture des marchés à la concurrence internationale, autant de faits qui nous ont conduits à enregistrer, par la pratique, une terminologie nécessairement riche puisque diversifiée.

Que ce soit en matière de « Risk Management », de méthodes de financement des pertes ou tout simplement de mise en place de programmes internationaux d'assurance, les assureurs comme les assurés ont amélioré et amélioreront encore leurs techniques, favorisant ainsi une meilleure compréhension et coordination de leurs actions.

Cette première mise à jour de notre lexique fait une large place d'une part à la gestion des risques, et d'autre part à l'apport résultant tout particulièrement de l'interpénétration des marchés américains et européens.

En cela, et profitant de nos propres expériences de ces dernières années, nous avons pensé que l'extension de la terminologie à certaines tables techniques de base servirait utilement à la réussite des rapports professionnels.

Nous conclurons sur le souhait qu'avec cette deuxième édition, nous puissions contribuer pour une modeste part à faciliter les contacts et échanges internationaux dans le domaine qui nous occupe.

J.L. et H.S.

Foreword
(Third edition)

— 1993 —

The saying : there's always a third time, can also be applied in the case of the present edition, produced on this occasion with the assistance of our British friend, Frances Cave.

The remarks made in the two previous editions remain valid today and our forecast relating to the development of international relations has been amply confirmed.

The gathering of terms over additional years of professional experience at international level has enabled us to expand the contents of this edition by the inclusion of a further 900 terms and 480 abbreviations.

In order to widen the boundaries of our lexicon, we have increased the bibliographical support, particularly in the area of international dictionaries and glossaries.

With this third edition, we renew the hope that our action may promote communication and comprehension among professionals working in the fields of Risk, Insurance and Reinsurance.

F.J.C. - J.L. - H.S.

Avant-propos
(Troisième édition)

— 1993 —

L'adage : jamais deux sans trois, trouve aussi application à la présente édition, réalisée cette fois avec l'assistance de notre amie britannique Frances Cave.

Les propos des deux précédentes éditions sont toujours d'actualité, et notre prévision quant à la croissance des échanges internationaux s'est trouvée très largement vérifiée.

La collecte faite au cours d'années d'expérience supplémentaire, tant au plan professionnel qu'international, nous permet d'enrichir le contenu terminologique de cet ouvrage par un nouvel apport de 900 termes et 480 abréviations.

Afin d'élargir les limites de notre lexique, nous avons accru le support bibliographique plus spécialement dans le domaine des dictionnaires et glossaires internationaux.

Avec cette troisième édition, nous renouvelons le souhait que notre action commune puisse favoriser la communication et la compréhension entre professionnels du Risque, de l'Assurance et de la Réassurance.

F.J.C. - J.L. - H.S.

Abréviations et signes
Abbreviations and signs

Abréviations générales/*General abbreviations*

a.	adjectif		a.	adjective
ad.	adverbe		ad.	adverb
ass.	assurance		ass.	assurance (Life/Marine) [UK]
(f.)	féminin		*(f.)*	feminine
(f. pl.)	féminin pluriel		*(pl. f.)*	plural feminine
			ins.	insurance
(m.)	masculin		*(m.)*	masculine
(pl.)	pluriel		*(pl.)*	plural
ré.	réassurance		re.	reinsurance
(v.)	verbe		*(v.)*	verb

Abréviations particulières/*Particular abbreviations*

[A]	Automobile		[MV]	Motor Vehicle
[ACC]	Accidents / Risques divers		[ACC]	Accident / Miscellaneous
[AV]	Aviation / Spatial		[AV]	Aviation / Space
[I]	Incendie / Pertes d'exploitation		[F]	Fire / Consequential Loss / B.I.
[M]	Maritime / Transport		[M]	Marine / Transit / Transportation
[RE]	Réassurance		[RE]	Reinsurance
[V]	Vie / Santé		[L]	Life / Health
[LL]	Lloyd's		[LL]	Lloyd's
[FR]	France		[FR]	France
[UK]	Royaume-Uni		[UK]	United Kingdom
[USA]	Etats-Unis		[USA]	United States

Signes généraux   *General signs*

—	répétition du terme	repetition of term
=	aussi / également / ou bien	also / equally / or
**	par assimilation / par comparaison / par extension	by assimilation to / in comparison with / with an extended meaning
+	voir également / se reporter à	see also / refer to
(1)	première signification	first meaning
(2)	deuxième signification	second meaning
(...)	nᵉ signification	... meaning
«...»	les mots entre guillemets relèvent du jargon professionnel, ou proviennent d'un emprunt à l'étranger.	the meaning of words in quotation marks is particular to the trade jargon or indicates a foreign origin.

1
Termes et locutions

Terms and locutions

A muddy terminology does not stand for profundity.

Une terminologie obscure n'est pas une garantie de profondeur de pensée.

1.
Lexicon

english/american-french
anglais/américain-français

Fire is a good servant but a bad master.

Le feu est un bon serviteur mais un mauvais maître.

A

abandoned : abandonné
— *ship* : navire abandonné.

abandonee [M] : abandonnataire.

abandonment : abandon (1) ; délaissement (2) [M].
— *of action* : abandon d'action.
notice of — [M] : avis d'abandon.

to abandon (v.) : abandonner.

abnormal a. : aggravé ; anormal.
— *frequency* : fréquence anormale.
— *risk [L]* : risque aggravé = taré = anormal [V].

absolute a. : absolu.
— *beneficiary [L]* : bénéficiaire irrévocable [V].
— *liability* : présomption de responsabilité = responsabilité présumée.
— *total loss [M]* : perte totale absolue = effective.
— *value* : valeur absolue.

absorption : absorption ; épuisement.
— *of sum insured* : épuisement du montant garanti.

abstainer : abstinent.
— *'s ins.* : ass. des abstinents.

to accept (v.) : accepter.
— *an application for ins.* : accepter une proposition d'ass. = une demande d'ass.
accepted ins. = *written ins.* : ass. acceptée = ass. souscrite.
— *a risk* : accepter un risque.

acceptance : acceptation.
— *duty* : obligation d'acceptation.
— *limit = gross line limit [RE]* : limite = plein d'acceptation.

acceptance letter [L] : proposition - quittance [V].

accepting office [RE] : compagnie cessionnaire.

accident : accident.
— *at work* : accident du travail.
— *foreign to occupation* : accident sans rapport avec l'activité.
— *free* : sans accident.
— *hazard* : risque d'accident.
— *ins. = casualty ins. [USA]* : ass. accidents.
— *and material damage ins.* : ass. contre les accidents et les dommages matériels.
— *prevention* : prévention des accidents.
— *probability* : probabilité d'accident.
— *rate* : fréquence des accidents.
— *record* : statistique accidents = antécédents.
— *report form* : déclaration d'accident.
— *reporting* : constat d'accident.
— *risk* : risque d'accident.
— *severity rate* : taux de gravité des accidents.
— *and sickness ins.* = — *and health ins.* [USA] : ass. accidents et maladies.
— *to and from work* = — *on the way* : accident de trajet.
—*s to third parties* : accidents causés aux tiers.
additional — *benefit ins. [L]* : ass. accidents complémentaire [V].
aircraft = aviation — : accident d'avion = d'aviation.
any one — : par accident.
— *= casualty [USA] = indemnity company [USA]* : compagnie accidents.
consecutive — *s* : accidents successifs.
fatal — : accident mortel.
hit-and-run — *[MV]* : accident par conducteur non identifié [A].
household — *[F]* : accidents ménagers = domestiques = de ménage (I].
industrial — : accident du travail.
major — : accident grave.
motor vehicle = motor = motoring — : accident d'automobile.
non occupational — : accident de la vie privée.

Lexique : anglais/américain - français

occupational — : accident du travail = professionnel.
personal — *ins.* : ass. individuelle accidents.
pile up — = « *concertina* » — *[MV]* : accident en chaîne = carambolage [A].
report on — : constat d'accident.
road = *street* — : ** accident de la route = de la voie publique.
rollover — *[MV] [USA]* : accident par versement [A].
scene of the — : lieu de l'accident.
shipping — : accident de navigation.
traffic — : accident de circulation.
traveller's — *ins.* : ass. contre les accidents de voyage.
— *voluntary compensation ins.* : ass. volontaire accidents de travail.

accidental a. : accidentel.
— *breakdown* : bris accidentel.
— *damage to property* : accident matériel.
— *death* : décès accidentel.
— *dismemberment [USA]* : mutilation accidentelle.

accomodation = **border** = **oblige line** : risque accepté à titre commercial.

account (1) : compte.
— *underwriting* : souscription globale
agent's — : compte d'agent.
consolidated — *s* : comptes consolidés = intégrés.
credit — : compte créditeur.
current — = — *current* : compte courant.
debit — : compte débiteur.
in and out — : compte de recettes et dépenses.
joint — : compte commun.
non-participating — : compte sans participation.
for own — : pour propre compte.
participating — : compte avec participation.
profit and loss — : compte de profits et pertes.
to put on — : porter en compte.
savings — : compte d'épargne.
statement of — : arrêté = relevé de compte.
submission of — *s* : établissement des comptes.
trading — : compte d'exploitation.

account (2) : ** compte client [USA].
— *coordinator* : coordinateur de compte.
— *engineer* : ingénieur de comptes-clients.
— *executive* = *manager* : chargé de clientèle = de compte.

accountant : comptable.
certified public — : expert-comptable agréé.

accumulation (1) : accumulation ; aggravation ; commun [F] ; cumul.
— *of benefits* = *overlapping* : cumul des indemnités = des prestations.
— *factor* : facteur de capitalisation.
— *risk* : risque d'accumulation = de cumul.
— *of risks* : cumul de risques.
aggregate — : accumulation maximum.

accumulation (2) : capitalisation.

acquisition : acquisition.
— *costs* : frais d'acquisition.
— *costs not written off* : frais d'acquisition non amortis.
— *of new business* : acquisition d'affaires nouvelles.

act (1) : acte ; fait.
— *s of foreign ennemies* : actes d'ennemis étrangers.
— *of God* : «fait de Dieu » = cas imprévu = ** cas de force majeure.
— *s or instruments of war* : faits ou engins de guerre.
— *s of terrorism and sabotage* : actes de terrorisme et de sabotage.
— *of third party* : fait d'autrui = d'un tiers.
— *s or torts* : faits ou fautes.
malicious — : acte de malveillance.
wilful — : acte volontaire.
wrongful — : acte préjudiciable.

act (2) : loi.
industrial ass. — : loi relative à l'ass. vie populaire.
ins. companies — : loi relative aux compagnies d'ass.
road traffic — *[UK]* : ** loi d'ass. automobile obligatoire.
workers' compensation — : loi relative aux accidents du travail.

action : action.
— *for cancellation* : recours en annulation.
— *for damages* : action en dommages et intérêts.
direct — : action directe = récursoire.
legal — : action judiciaire.

actuarial a. : actuariel.
— *calculations* : calculs actuariels.
— *department* : service d'actuariat.
— *science* : actuariat.

actuary : actuaire.

« **addendum** » : avenant; clause additionnelle.

addition : majoration.
— *to age [L]* : majoration d'âge = vieillissement [V].

additional a. : additionnel ; supplémentaire.
— *coverage* : garantie supplémentaire.
— *death benefit [L] [USA]* : garantie doublement décès accidentel [V].
— *ins.* : ass. additionnelle = complémentaire.
— *interest* : assuré additionnel.
— *living expense [F] [USA]* : ** privation de jouissance [I] (ass. des particuliers).
— *premium* : prime additionnelle = surprime.
— *premium for age* = *overage [M]* : surprime d'âge.
— *premium for payment by instalments* : surprime de fractionnement = échelonnée.

adhesion : adhésion.
— *form [L]* : bulletin d'adhésion [V].
compulsory — : adhésion obligatoire.
facultative — : adhésion facultative.

adjoining : contigu.
— *with or without communication [F]* : contigu avec ou sans communication [I]

to adjust (v.) : expertiser.

adjustable a. : ajustable ; révisable.
— *ins.* : ass. ajustable.
— *policy [ACC]* : police ajustable.
— *premium* : prime ajustable = révisable.

adjuster [F] = claims representative : expert (pour l'assureur) [I].
loss — : expert sinistre.
public — *[USA]* : expert (pour l'assuré).

adjustment : ajustabilité ; ajustement [M] ; régularisation [I], règlement ; expertise [USA].
— *bureau [USA]* : bureau central d'expertise.
— *premium* : prime de régularisation.
average — : règlement d'avaries.
index — : indexation.
premium — *clause [F]* = *increase-decrease clause [F]* : clause d'ajustabilité [I].
premium = *contribution* — : régularisation de la prime = de la cotisation.
rating — : ajustement de tarif.

adjustor [USA] = adjuster [UK] : expert.
— *'s brief* : mandat d'expert.
— *'s fees* : honoraires d'expert.
— *'s report* : rapport d'expertise.
independent — : expert indépendant.
insurance company — : expert exclusif de compagnie d'assurance.
public — *[USA]* : expert assuré.

administration : gestion.
— *expenses* : frais de gestion.

administrator : gestionnaire ; mandataire.

admission : reconnaissance.
— *of liability* : reconnaissance de responsabilité.
mere — : simple reconnaissance.

to admit (v.) **liability** : reconnaître une responsabilité.

admitted : agréé.
— *liability = automatic personal accident [AV]* : individuelle automatique.
— = *licensed = authorized = approved company* : compagnie agréée.
non- — ; non agréé.
non- — *ins.* = *policy* : ass. = police occulte = «non-admise».

advance : avance ; prêt.
— *on policy [L]* : avance sur police [V].
— *premium [USA]* : prime provisionnelle.

adverse claimant : demandeur adverse = «adversaire».

adverse experience : statistique déficitaire.

adverse selection : antisélection.

advice : avis (1) ; conseil (2).
bordereau — *[RE]* : avis de bordereau.
second — *(of premium debit note)* : deuxième avis d'échéance = rappel (de prime).

adviser : conseil ; expert.
ins. — : conseiller en ass.

aeroplane : avion = aéronef.

affiliated company : filiale.

affiliation [L] : affiliation [V].

age [L] : âge [V].
— *admitted* : âge reconnu exact.
— *attained* : âge atteint.
— *at entry* = *entry age* : âge à l'entrée.
— *at exit* = *withdrawal* — : âge à la sortie = âge de sortie.
— *at expiry* = *maturity* — : âge à terme = à l'échéance.
— *change* : changement d'âge.
— *group* : groupe = échelon d'âges.
— *last birthday* : âge au dernier anniversaire.
— *limit* : limite d'âge.
— *nearest birthday* : âge à l'anniversaire le plus proche.
— *next birthday* : âge au prochain anniversaire.
central — : âge central = actuariel.
equal — : âge moyen.
full — : âge de la majorité.
limiting — : âge limite.

Lexique : anglais/américain - français

pensionable — : âge de la retraite.
rated up — : âge majoré.
rating up in — = *increase for* — : majoration d'âge = vieillissement.

ageing : vétusté.
less an allowance for — = *deduction for* — = *less depreciation* : vétusté déduite.
true — : vétusté réelle.

agency : agence.
— *agreement* = *contract* : contrat d'agence = traité de nomination.
— *plant* : réseau d'agence.
— *system [USA]* : organisation par agences.
general — : agence générale.
mixed — *[USA]* : agence mixte (de compagnies par actions et mutuelles).
rating — *[USA]* : agence de classification (financière).
underwriting — : agence de souscription.

agent : agent (1) ; préposé (2).
— *'s appointment letter* : traité de nomination d'agent.
— *'s authority* = *power* : pouvoir de l'agent.
account — = *accredited* — : agent établissant les pièces.
— *of the firm* : agent social = préposé.
— *'s license* : mandat d'agent.
— *of record* : agent réalisateur.
broker — *[USA]* : agent courtier.
captive — *[USA]* : agent exclusif.
cash — = *survey* — *[USA]* = *application* — *[USA]* : agent n'établissant pas les pièces.
claim — *[M] [USA]* = *claims settling* — *[M]* : agent gestionnaire de sinistres = agent payeur.
collecting — : agent encaisseur.
credit — : + *account* — : agent établissant les pièces.
countersigning — *[USA]* : agent contresignataire (de la police).
debit — *[USA] [L]* : agent encaisseur [V].
district — = *regional* — *[USA]* : agent régional
exclusive — : agent exclusif.
full time — = *professional* — : agent à temps complet = professionnel.
general ins. — : agent général d'ass. = «directeur particulier».
home service — = *door-knocker* = *knocking* — = *door to door* — : agent démarcheur = agent de porte à porte.
independent — *[USA]* : agent indépendant.
industrial — *[L]* : agent branche populaire [V].
Lloyd's — : agent du Lloyd's.
local — : agent local.
managing general — : agent général gestionnaire.

non resident — *[USA]* : agent non résidant.
non professional — : agent non professionnel.
own case — : agent n'apportant que ses affaires personnelles.
part-time — : agent occasionnel.
payable abroad — *[M]* : agent pouvant régler à l'étranger.
policy writing — *[USA]* : = *recording* — *[F] [USA]* : + *account* — : agent établissant les pièces.
principal and — : commettant et préposé.
regular part-time — : agent de seconde profession.
resident — *[USA]* : agent résidant.
settling — : agent régleur.
special — *[USA]* : agent avec privilège de territorialité = inspecteur régional.
state — *[USA]* : inspecteur fédéral.
sub- — : sous-agent.
survey — = *surveying* — *[USA]* : agent apporteur simple (sans émission de pièces).
underwriting — = *(on behalf of several companies) [M]* : agent souscripteur (pour compte de plusieurs compagnies).

aggregate [RE] : maximum déterminé.
— *excess of loss re.* : ré. en excédent de sinistres.

aggregate a. : absolu ; global ; maximum.
— *amount* : montant global = maximum.
— *indemnity* : indemnité absolue.
— *limit* : engagement maximum.
annual — *deductible* : franchise par année d'ass.
excess — : franchise sur lignes en excédent.

agreed : agréé.
— *value clause* : clause de valeur agréée.
— *value* = *valued amount* : valeur agréée.

agreement : accord ; convention.
claims settling — : convention de règlement des sinistres.
halving — *[MV]* : convention d'indemnisation par moitié [A].
hold-harmless — *[USA]* : convention de report de responsabilité = ** pacte de garantie.
indemnity — : convention d'indemnisation.
knock for knock — *[MV]* : convention d'indemnisation sans recours [A].
long term — : convention de longue durée.
non-waiver — *[USA]* : convention d'instruction du sinistre sans reconnaissance de garantie.
rating — : convention = accord tarifaire.
renewal — : convention de renouvellement.
third party claims sharing — = *sharing* — *[MV]* : convention de partage des sinistres responsabilité [A] (dommages corporels).
totalization — : accord de cumul.

agricultural a. : agricole.
— *ins.* : ass. agricole.
— *risks* : risques agricoles.

air : aérien.
— *freight* : fret aérien.
— *pool* : «pool» = groupement aviation.
— *risk* : risque aérien.
— *tanker* : avion-citerne = avion porteur d'eau = bombardier d'eau.
— *transport* : transport aérien.
ins. of — freight : ass. du fret aérien.

aircraft : aéronef ; avion.
— *accident* : accident d'avion.
— *damage* : dommages causés par chute d'avion = d'aéronef.
— *clause [F]* : clause chute d'avion = d'aéronef [I].
— *hull ins.* : ass. corps aériens = ass. corps d'aéronefs = ass. «casse».
— *and other aerial devices or articles dropped therefrom* : chute d'appareils de navigation aérienne ou de parties d'appareils ou d'objets qui en proviennent.
— *passenger ins.* : ass. personnes transportées en avion.

airworthiness [AV] : navigabilité.
— *certificate* : certificat de navigabilité.

airworthy [AV] : en bon état de navigabilité = en bon état de vol.

alarm : alarme ; avertisseur.
— *gong* : cloche d'alarme.
— *system* : système d'alarme.
— *valve [F]* : vanne d'alarme [I].
automatic — : avertisseur automatique.
automatic fire — : alarme = avertisseur automatique d'incendie.
break-glass — : avertisseur à bris de vitre.
burglar — : avertisseur d'effraction = alarme contre le vol.
false — : fausse alarme.
fire — = : avertisseur d'incendie.
intruder — : avertisseur d'intrusion.
sprinkler — : alarme du réseau sprinkleur.

alien a. : étranger.
— *«carrier» [USA]* : assureur étranger.

all in(clusive) [ACC] [USA] : tous risques.

all lines [USA] : toutes branches.
— *agency* : agence toutes branches.
— *ins.* : ass. toutes branches.

all risks [ACC] : tous risques.
— *furs ins. = fur floater ins. [USA]* : tous risques fourrures.

— *floater [USA]* : tous risques flottante.
— *ins. on jewellery, works of art, valuables* : ass. tous risques bijoux, objets d'art et de valeur.
— *whatsoever [M]* : tous risques étendue.

allied : lié.
— *= associated company* : compagnie associée.
— *lines [USA] [F]* : risques accessoires [I].

allocation : affectation.
— *of assets* : affectation de biens.
— *= transfer to reserves* : affectation aux réserves.
global — = block — : affectation globale.

allotment : répartition.

allowance : allocation ; bonification = boni ; indemnité.
family —s [UK] = children's —s [USA] : allocations familiales.
guardian's — : allocation d'assistance = de tierce personne.
retirement — : allocation de retraite.
single-wage — : allocation de salaire unique

alteration : changement ; modification.
— *in the risk* : modification dans la nature du risque.

amateur a. : amateur.
— *sailing ins.* : ass. navigation de plaisance.

amicable a. : amiable.
— *settlement = arrangement* : règlement amiable.

amortization : amortissement.
— *period* : période d'amortissement.

amount : montant.
— *of damage* : montant du dommage.
— *at risk* : montant assuré = somme en risque.
— *at risk to total value* : montant assuré par rapport à la valeur totale.
— *subject [F] [USA]* : «coup de feu» = sinistre maximum probable [I].
aggregate — : montant global = maximum.

analysis : + risk : analyse.
bottom up — : analyse du bas vers le sommet.
event tree — : analyse par arbre des événements.
fault tree — : analyse par arbre des causes.
top down — : analyse du sommet vers le bas.

anniversary [USA] : échéance.

annualization [L] : révision annuelle [V].

Lexique : anglais/américain - français

annual a : annuel.
— *amortization* : annuité d'amortissement.
— *cancellation clause* : clause résolutoire annuelle.
— *contribution* : versement annuel.
— *report* : rapport annuel.
— *statement [USA]* : état = situation annuel(le).
— *turn-over* : chiffre d'affaires annuel.
— = *yearly premium* : prime annuelle.

annuality [RE] : annualité.

annuitant [L] : rentier [V].
contingent — : rentier par reconversion.
joint — : rentier à deux têtes.
life — : rentier viager.

annuity [L] : annuité ; rente [V].
— *apportionable = complete* — : rente complète = avec arrérages au décès.
— *ass.* : ass. d'annuité.
— *bond* : titre de rente.
— *certain* : rente certaine.
— *due = payable in advance* : rente payable d'avance.
— *holder = grantee of an* — : crédirentier.
— *by instalments* : rente = annuité fractionnée.
— *paid* : rente versée.
— *payable in arrears* : rente payable à terme échu.
— = *pension payment* : service de la rente.
— *purchase* : constitution de rente.
— *purchase money* : capital constitutif de rente.
— *purchase money returnable in case of death* : capital réservé.
— *on several lives* : rente sur plusieurs têtes.
— *table* : tableau de rentes.
capital — : rente viagère avec minimum de rentes certaines.
cash refund — : rente à capital réservé.
complete — : annuité complète.
contingent — : rente de survie.
continuous — : rente continue.
current — : rente en cours.
deferred — : annuité = rente différée.
disability — : rente d'invalidité.
early retirement — : rente de retraite anticipée.
educational — : rente d'éducation.
escalating — : rente mobile.
fixed — : rente fixe.
grantor of an — : débirentier.
immediate — : annuité = rente viagère immédiate.
increasing — : annuité croissante.
instalment refund — : rente à annuités réservées.

joint — : rente sur deux têtes.
joint and survivor — : rente de survie.
last survivor — : rente réversible = au dernier survivant.
life — : rente viagère = perpétuelle.
life — *certain* : rente viagère avec annuités certaines.
non-apportionable — = *curtailed* — : rente sans arrérages au décès = abrégée.
paid — : annuité versée.`
payout — : annuité immédiate.
pension — = *endowment* — : rente de retraite.
perpetual — = *perpetuity* — : annuité perpétuelle.
premium refund — : rente avec contre-ass.
refund life — : rente viagère à capital remboursable.
reversionary — : annuité réversible.
survivorship — : rente de survivant.
temporary — : annuité = rente temporaire.
terminable — : rente à terme.
two-life — = *reversionary* — : rente viagère réversible.
varying — = *variable* — : rente variable.

antedated : antidaté.

antedating [L] : antidatation [V]

antiselection : anti-sélection.

apparel [M] : apparaux.

appliances : matériels ; moyens.
fire extinguishing — : moyens de protection contre l'incendie = moyens d'extinction.
fire fighting — : moyens de lutte contre l'incendie = moyens de secours.

applicant [USA] : proposant.
eligible — : proposant admissible.

application (1) : fonctionnement.
— *of coverage* : fonctionnement de la garantie.

application (2) [USA] : proposition ; questionnaire.
— *form* : formulaire de proposition.

appointment : mandat ; nomination.
agent's — : mandat = nomination d'agent.

to apportion (v.) : ventiler ; répartir.

apportionment : répartition ; partage ; distribution.
— *clause* : clause de distribution d'indemnité.
loss — : répartition du sinistre entre coassureurs.

appraisal [USA] + appraisement : estimation.
— *centre* : centre d'estimation.
— *clause* : clause d'estimation.

appraisement : estimation ; expertise.

cross — : expertise contradictoire.
judiciary — : expertise judiciaire.
appraiser : expert.
appreciation : plus-value.
to approach (v.) :
   to — *an ins. company* : saisir une compagnie d'ass.
approved fire-brigade [F] : centre de secours [I].
approver [USA] : vérificateur.
   claim(s) — : vérificateur sinistres.
arbitration : arbitrage.
   — *agreement* : convention d'arbitrage.
   — *award* : sentence d'arbitrage.
   — *clause* : clause d'arbitrage.
   — *proceedings* : procédure d'arbitrage.
   — *tribunal* : tribunal d'arbitrage.
   — *with equally divided costs* : arbitrage à frais communs.
   appeal to — : recours à l'arbitrage.
arbitrator : arbitre.
architect : architecte.
   — *s'fees* : honoraires d'architecte.
area : circonscription ; lieu ; superficie ; zone.
   — *of involvement [F]* : zone affectée [I];
   conflagration — : zone d'embrasement.
   «*cut-off*» — : zone coupe-feu.
   fire — : zone feu.
   flood exposed — : zone inondable.
   geographical — : zone géographique.
arrears : arriérés.
   — *in premiums* = *outstanding premiums* : primes arriérées.
   in — : à terme échu.
arrival : arrivée.
   ins. on — = *ins. subject to safe* — *[M]* : ass. sur bonne arrivée.
   safe — *of ship [M]* : bonne arrivée de navire.
arson : incendie volontaire = criminel.
arsonist : incendiaire.
assessable policy [USA] : police avec rappel de cotisation.
to assess (v.) : cotiser (1) ; évaluer = estimer (2).
assessment : appréciation ; évaluation ; fixation.
   — *company [USA]* : compagnie à cotisations variables.
   — *of limit* : fixation de plein.
   — *of premium* : fixation de la prime.

loss — : évaluation des dommages.
assessor [USA] : expert (pour l'assuré).
   — *'s fees* : honoraires d'expert.
   loss — : expert sinistre.
assets : avoirs ; biens ; actifs ; valeurs.
   — *inventory* : inventaire des biens = avoirs.
   admitted — : valeurs cotées.
   company's — : biens d'une société.
   corporate — *[USA]* : biens = avoirs du groupe.
   circulating — : capitaux mobiles = valeurs de roulement = actifs circulants.
   current — : actif réalisable à court terme = disponible.
   fixed — : valeurs immobilisées = immobilisations corporelles.
   intangible — : immobilisations incorporelles = actifs incorporels.
   physical — : biens matériels.
assign : ayant cause ; ayant droit.
assignable a. : cessible à.
assigned risk [USA] : risque attribué d'office (aux assureurs).
assignee : cessionnaire.
assignment : cession.
   — = *transfer of interest* : cession de l'intérêt assuré.
   — = *transfer of policy* : cession de la police.
assignor : cédant.
assistance : assistance.
   — *at sea* : assistance en mer.
   emergency — *ins. [ACC]* : ass. assistance
   médical — = *repatriation* : assistance = rapatriement médical (e).
association : association.
   salvage — *[M]* : association de sauvetage et d'expertise maritimes.
   underwriting — *[LL]* : association de souscription.
to assume (v.) **[RE]** : accepter.
assumption certificate [RE] : ** attestation de contre-garantie du réassureur à l'assuré.
assumption of portfolio [RE] : reprise de portefeuille = entrée.
assurable a. **[L]** : assurable.
assurance [L] : assurance.
   equity-linked — : assurance liée aux valeurs boursières [V].
   unit-linked — : assurance liée à la propriété [V].

Lexique : anglais/américain - français

to assure (v.) **[L]** : assurer.
assured a. : assuré.
— *life* : tête assurée.
named — *[L]* : assuré dénommé.
original — *[RE]* : assuré d'origine.

assured [L] [M] [LL] : assuré.

assurer [L] [M] : assureur.

atomic a. : atomique.
— *energy* : énergie atomique.
— *energy damage* : dommages atomiques = nucléaires.
— *reactor ins.* : ass. des réacteurs atomiques.
— *risk* : risque atomique.
— *risk ins.* : ass. du risque atomique.

to attach (v.) : prendre effet.

attachment : effet ; prise d'effet.
— *date* : date de prise d'effet.
— *of risk* : mise en risque.

audit : vérification comptable.
— *bureau [USA]* : bureau de contrôle (des polices et taux).

auditor : vérificateur comptable = commissaire aux comptes ; contrôleur.

authority : autorité ; pouvoir.
binding — : mandat = pouvoir de souscription.
regulatory — : autorité de tutelle.
supervisory — = *supervision office [USA]* : autorité de contrôle = de surveillance = de tutelle.

authorization : autorisation ; agrément.
— *to operate* : autorisation d'opérer = d'exploiter.
political — : agrément politique.
technical — : agrément technique.

authorized a. : agréé ; autorisé.
— *insurer* : assureur agréé.

automatic a. : automatique.
— *cover* = — *coverage* : garantie automatique.
— *reinstatement of cover* : rétablissement automatique de la garantie.
— *renewal* : renouvellement automatique.
— *treaty [RE]* : traité obligatoire.

automation [USA] : automatisation.

automobile [USA] : automobile.
— *death and disability coverage [MV] [USA]* : ass. individuelle personnes transportées [A].

average [M] : avarie.
— *adjuster* : répartiteur = dispacheur = commissaire d'avaries.
— *adjustment* = — *statement* : dispache.
— *bond* : compromis d'avarie.
— *charges* : avarie frais.
— *expenses* : frais d'avaries.
— *irrespective of percentage* : avaries payables sans application de à la franchise.
— *statement* : classement d'avaries.
adjustment of — : règlement d'avarie.
foreign general — : avarie commune selon les règles étrangères.
free of general — : franc d'avaries communes.
free of particular — *absolutely* : franc d'avaries particulières absolument.
free of particular — *unless* : franc d'avaries particulières sauf.
general — : avarie commune = grosse.
general — *adjustment* : dispache d'avarie commune.
general — *deposit* : dépôt de garantie d'avarie commune.
particular — : avarie simple = particulière.
petty — : menues avaries.
with particular — : avec avaries particulières.

average a. : moyen(ne).
— *clause* = *pro rata distribution clause* : clause de règle proportionnelle de capitaux.
— *clause* = *conditions of* — : clause de règle proportionnelle.
— *distribution clause* : clause de règle proportionnelle applicable à plusieurs risques.
— *earnings* : revenus moyens.
— *policy* : police avec application de la règle proportionnelle.
— *rate [F]* : taux moyen [I].
— *risk* : risque aux normes.
non — *policy* : police sans application de la règle proportionnelle.

aviation : aviation.
— *ins.* : ass. aviation = ass. aérienne.
— *risk* : risque d'aviation.

to avoid [v.] : éviter ; annuler.
to — *a contract* : annuler un contrat.

avoidance : annulation.

A

Terms	Translation

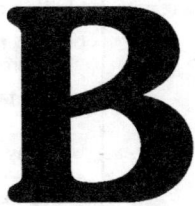

back cover : garantie antidatée = rétroactive
back dated : antidaté.
back dating [L] : antidatation [V].
backfire : contre-feu.
baggage : bagage.
— *ins.* = *traveller's* — *ins.* = *tourist floater* [USA] : ass. des bagages = ass. contre la perte des bagages.
bagsnatching : vol à l'arraché.
bail : cautionnement.
bailee [USA] : dépositaire ; gardien de la chose.
— *'s coverage* = ** garantie des objets confiés.
— *'s liability* : responsabilité civile dépositaire.
bailor [USA] : déposant de biens chez autrui.
— *'s endorsement* : clause d'extension de garantie au dépositaire.
— *'s goods* : biens confiés.
balance : solde.
— *of account* : solde de compte.
— *carried forward* : solde à reporter = solde à nouveau.
— *sheet* : bilan.
credit — : solde créditeur.
debit — : solde débiteur.
negative — : solde passif.
positive — : solde actif.
balancing of portfolio = **equalization of risks** : compensation des risques.
bang :
sonic — = *sonic boom* [F] [USA] = *breaking of sound barrier* : ** franchissement du mur du son [I].
banker : banquier.
— *'s blanket bond ins.* [USA] : ass. tous risques banquier.
— *'s blanket bond* : globale de banque.

barge [USA] : barge ; chaland.
barratry [M] : baraterie.
— *of master* : baraterie de patron.
base premium [RE] : prime de base.
basic a. : de base.
— *agreement* : convention de base.
— *premium* : prime de base.
— *rate* : taux de base.
— *value* : valeur de base.
— *wages* : salaires de base.
basis : assiette ; base.
— *of calculation* : base de calcul.
— *rate* : tarif de base.
claims incurred — : sur la base des sinistres survenus.
claims made — : sur la base des réclamations présentées.
contribution — : assiette de cotisation.
following form — [ACC] : + following.
guaranteed cost — : condition de coût ferme.
losses to extinction — [RE] : base des pertes jusqu'à leur apurement.
premium — : assiette de la prime.
technical — : base technique.
three-years average — [RE] : base de la moyenne des trois années.
valued — : sur base de valeur agréée.
bearer : détenteur (trice) ; porteur.
— *policy* : police au porteur.
to become due *(v)* = **to fall due** *(v)* : venir à = arriver à échéance.
on behalf : pour compte de.
ins. on — *of another* : ass. pour le compte d'autrui.
ins. on — *of whom it may concern* : ass. pour le compte de qui il appartiendra.
ins. on own — : ass. pour propre compte.
beneficary [L] : bénéficiaire [V].
— *clause* : clause du bénéficiaire.
absolute — : bénéficiaire absolu.

Lexique : anglais/américain - français

contingent — : bénéficiaire éventuel = subsidiaire.
credit — : bénéficiaire à titre onéreux.
creditor — : bénéficiaire créancier.
donee — : bénéficiaire à titre gratuit.
irrevocable — : bénéficiaire irrévocable.
named — : bénéficiaire dénommé.
preferred — : bénéficiaire privilégié.
primary — : bénéficiaire principal.
revocable — : bénéficiaire révocable.
third party — : tiers bénéficiaire.

benefit : bénéfice ; indemnité ; prestation ; droit ; avantage.
— *period* : période d'indemnité.
— *s in kind* : avantages en nature.
— *s manager* : [USA] : gestionnaire des régimes de prévoyance.
— = *friendly* = *fraternal* = *mutual aid society* : société de secours mutuels.
accrued —s : droits acquis.
additional —s : ass. = garanties complémentaires.
ancillary —s : avantages accessoires = complémentaires.
bridge — : prestation de raccordement.
daily — s = daily allowance : indemnité journalière = quotidienne.
death — : indemnité en cas de décès.
disability — : prestation pour incapacité.
employee —s consultant : conseil en protection sociale du personnel.
employee — s plan : régime de prévoyance des employés.
flexible —s = « flex » : prestations modulables = à la carte.
fringe — s : avantages sociaux.
guaranteed — s : indemnités garanties.
health — s [USA] : prestations maladie = santé.
lump-sum death — : capital décès.
maternity — : prestations maternité.
sickness — : prestations maladie.
stated — : indemnité contractuelle.
unemployment — : indemnité de chômage.
vested — : rente acquise.

bill of lading [M] [UK] : connaissement.
loaded without bill of — : chargé sans connaissement.

billing : facturation ; ** encaissement.
direct — : encaissement direct.

to bind (v.) : donner une garantie.

binder [USA] : note de couverture ; arrêté [M].
interim — : note de couverture provisoire.

binding-authority : mandat

binding clause [USA] : clause d'apérition.

binding receipt [L] : reçu valant note de couverture [V].

birth rate : natalité.
birth ass. [L] : ass. de natalité [V].

birthday : anniversaire de naissance.
age — : âge à l'anniversaire le plus proche.
age last — : âge au dernier anniversaire.
age next — : âge au prochain anniversaire.

blanket a. : global [e].
— *certificate [MV]* : attestation globale [A].
— *cover [UK] = blanket ins. [USA] = global ins. [F]* : ass. globale [I].
— *crime policy [ACC] [USA]* : police globale détournements.
— *floating ins.* : ass. globale flottante.
— *limit* : limitation globale.
banker's — bond : ass. globale des risques de banque = globale de banque.

blanketing : globalisation.
risk — : globalisation des risques.

block extra [F] : zone d'accumulation [I].

block policy [USA] : police multirisque.

blow-out [F] : «blow-out» [I].
— : éruption.
— *and cratering* : éruption et formation de cratère.

board : conseil ; bureau.
— *of directors* : conseil d'administration.
— *insurer [USA]* : assureur membre de bureau de tarification.
— *of trade* : ministère du Commerce et de l'Industrie.
— *of trustees* : conseil de surveillance.

boat : bateau.
aircushioned fire- — : bateau-pompe aéroglisseur.
fire- — : bateau-pompe.
rescue = life — : canot de sauvetage.
salvage- — : bateau de sauvetage.

bodily a. : corporel(le).
— *injury* : dommage corporel = lésion corporelle.

boiler : chaudière.
— *and machinery ins.* : ass. des chaudières et machines = ** ass. bris de machines.
— *house* : chaufferie.
steam — ins. [F] : ass. des chaudières à vapeur [I].

bona fide = in good faith : de bonne foi.

bond : caution ; cautionnement ; compromis.

— *investment* : contrat de capitalisation.
advance payment — : caution de restitution d'acompte.
appraisement — : compromis d'arbitrage.
bid — = *tender* — : caution de soumission.
completion — : caution de bonne fin.
fidelity — : ass. détournements et escroqueries du fait des employés.
fiduciary — : caution de bonne exécution du mandat.
general average — *[M]* : compromis d'avarie commune.
labour and material payment — : caution de paiement de la main-d'œuvre et des fournisseurs.
maintenance — : caution de maintenance.
penalty — : caution de pénalité.
penalty of the — *[USA]* : montant garanti = limitation d'engagement de l'assureur.
performance — : caution de bonne exécution et d'achèvement.
retention money — : caution de retenue de garantie.
surety — : assurance-cautionnement.

bonus : bénéfice ; bonifaction = boni ; bonus.
compound — : bonus composé.
cumulative no-claim — *[MV]* : bonification progressive pour non sinistre *[A]*.
guaranteed maturity — = *dividend [L]* : bonification en cas de vie à l'échéance *[V]*.
no-accident — *[MV]* : bonification pour non accident *[A]*.
no-claim — = *no-claim discount [MV]* : bonification pour non sinistre *[A]*.

book : registre.
— *value* : valeur comptable.
date — : registre des données.
order — : registre des ordres de garantie.

bordereau [RE] : bordereau.
— *x* : bordereaux
— *advice* : avis de bordereau.
cession — : bordereau de cession.
hull — *[M]* : bordereau corps.
loss — : bordereau de sinistre.
premium — : bordereau de prime.

bottleneck : goulet = goulot d'étranglement.

bottomry [M] : emprunt à la grosse (aventure).
— *bond* : contrat de prêt à la grosse (aventure).
— *loan* : prêt à la grosse (aventure).

bouquet [RE] : bouquet.
— *of treaties* : ensemble de traités.

bracket : tranche.
age — : tranche d'âge.

salary — : tranche de salaire.

brain : cerveau.
— *ins.* : ass. des cerveaux.

branch : branche.
industrial — *[L]* : branche populaire *[V]*.
ordinary — *[L]* : grande branche *[V]*.
subsidiary — = *sub-* — : branche accessoire = annexe.

branch office : délégation.

breach : violation.
— *of condition* : violation d'une clause = d'une obligation..
— *of contract* : rupture de contrat.
— *of express warranty* : violation d'une stipulation explicite.
— *of implied warranty* : violation d'une stipulation implicite.
— *of trust* : abus de confiance.
— *of warranty* : violation des devoirs = d'une disposition (incombant à l'assuré).

breakage : bris ; casse.
— *clause [M]* : clause de casse.
— *ins.* : ass. contre la casse.
all risks including — *[M]* : tous risques y compris casse.
fixed glass — : bris des glaces fixes.
mirrors — : bris de miroirs.
plate glass — *ins.* = *glass* — *ins.* : ass. bris des glaces.

breaking :
— *the sound barrier* : franchissement du mur du son.

breakover : saut de feu.

brick : brique.
— *or stone built and slated or tiled risk [F]* : risque construit et couvert en dur *[I]*.

brigade : brigade ; équipe.
fire — : brigade de sapeurs-pompiers.
first-aid — : équipe de première intervention.

to broke (v.) : pratiquer le courtage ; apporter = placer une affaire.

broker : courtier ; placier.
— *-agent* : agent-courtier.
— *'s lien [UK]* : droit de rétention du courtier (de la police en cas de non paiement de la prime).
— *of record* : courtier accrédité = dûment mandaté.
— *of record letter [USA]* : ordre d'exclusivité.
associated ins. — *[UK]* : courtier membre de l'association des courtiers d'ass.
captive — : courtier sous le contrôle de l'assuré.

Lexique : anglais/américain - français

co- — : co-courtier.
composite — : courtier toutes branches = mixte.
excess line — = *surplus line* — *[USA]* : courtier de capacités primaires ou excédentaires.
full-time — : courtier à temps complet.
holding — : courtier tenant = créateur.
incorporated ins. — *[UK]* : courtier membre de la corporation des courtiers d'ass.
ins. — : courtier d'ass. = assureur-conseil.
Lloyd's — = — *at Lloyd's* : courtier au Lloyd's.
non-resident — *[USA]* : courtier non implanté localement.
originating — : courtier apporteur.
outside — *[LL]* : courtier non agréé par le Lloyd's.
part-time — : courtier occasionnel.
public — *[USA]* = *publicly traded* — *[USA]*. : courtier coté en bourse.
re. — : courtier de ré.
registered — *[UK]* : courtier inscrit = patenté.
resident — *[USA]* : courtier local = implanté.
retail — : courtier traditionnel.
wholesale — : courtier placier.

brokerage : commission : courtage.
— *commission* : commission de courtage.
— *market* : marché de courtage.
co- — : co-courtage.

brokering : courtage.
co- : co-courtage.

broking : courtage.
— *firm* = — *office* = *broker's office* : société = cabinet de courtage.
captive — *firm* : société d'auto-courtage.
ins. and re. — : courtage d'ass. et de ré.

bug : «loup» ; «loupé».

builder's all risks ins. [USA] : ** ass. tous risques chantier.

building : bâtiment ; construction ; immeuble.
— *and contents* : contenant et contenu.
— *for dwelling purposes only* = *apartment* —: immeuble à usage d'habitation.
— *located at* = — *location* : risque situé à = situation du risque.
— *permit* : permis de construire.
— *risks [M]* : risques de construction navale.
communicating —*s* : immeubles en communication.
high-rise — : immeuble de grande hauteur.
industrial — : bâtiment à usage industriel.
multi-storey — : immeuble tour.
office — : bâtiment à usage de bureaux.
storied — : bâtiment à étages.

bullion : métaux précieux.
— *floater [USA]* : ass. transport flottante de métaux précieux.

«bumbershoot» [M] [USA] : garantie globale en excédent.

burden : charge.
— *of losses* : charge des sinistres.
— = *onus of proof* : charge = fardeau de la preuve.

bureau : bureau.
— *insurer [USA]* : assureur membre d'un bureau de tarification
— *sheet [LL]* : fiche de risque.
rating — *[USA]* : bureau de tarification.
security — *[M] [USA]* : bureau de sécurité.

burglarious a. **[USA]** :
— *entry* : pénétration avec effraction.

burglary : vol avec effraction.
— *ins.* : ass. du vol par effraction.
cat — : vol à l'escalade.

burial : enterrement ; obsèques.
— *expenses* : frais d'obsèques.

burning : combustion.
— *rate* : taux de combustion.
rate of — : vitesse de combustion.

burning cost [RE] : rapport du total des sinistres réglés à l'encaissement en primes nettes = coût du sinistre pur = taux de flambage.

burning ratio = **burning cost [RE]** : rapport des sinistres aux primes.

bursting : éclatement ; rupture.
— *or overflowing of water pipes, tanks or apparatus* : rupture des conduites d'eau ou débordement des réservoirs et appareils à effet d'eau.

business : affaire ; branche ; catégorie ; opération.
— *contents* : contenu professionnel.
— *getter* : apporteur d'affaires = producteur.
— *in force* : affaires en cours = en portefeuille.
— *interruption ins. [F] [USA]* : ass. pertes d'exploitation [I].
— *owner policy [USA]* : police du propriétaire d'entreprise.
— *risk* : risque de l'entreprise.
— *use [MV]* : usage déplacements professionnels [A].
— *year* : exercice.
direct — : affaires directes.
foreign — : affaires de l'étranger.

home — : affaires métropolitaines = intérieures.
home-foreign — : affaires de l'étranger traitées dans le pays de l'assureur.
indirect — : affaires indirectes (par voie de ré.).
long-tail — *[RE]* : affaires à liquidation lente.
new — *clause [F]* : clause d'affaire nouvellement créée [I].
new — = *new transactions* : affaires nouvelles.
non-marine — *[LL]* : affaires I.A.R.D. (à l'exception de l'automobile).
outside — : ** affaires hors groupe.

overseas — : affaires d'outre-mer.
parent company — : ** affaires du groupe = de la maison mère.
per diem — *interruption ins. [USA]* : ass. pertes d'exploitation à la journée.
reciprocal — *[RE]* : affaires réciproques.
run-of-the mill — : affaires ordinaires = communes.
to secure the — : réaliser l'affaire.
taking over — : reprise d'une affaire = d'un portefeuille.
written — : affaires réalisées = souscrites.

B

Terms	Translation

cabinet : armoire ; placard.
   fire — : armoire à incendie.
   hose — : placard = réserve à tuyaux.
   spare-sprinkler — : réserve de têtes «sprinkler».
   safety — : armoire de sécurité.

cafeteria [USA] [L] :
   — *benefits* : prestations au choix = à la carte.
   — *plan* = *program* : régime au choix = à la carte.

calculation : calcul.
   — = *computation of premiums* : calcul des primes.
   — *of probabilities* = *theory of probability* : calcul des probabilités.
   pension — : liquidation de retraite.

call [M] : appel de fonds (d'un club P & I).

caller [LL] : annonceur.

can : bidon ; boîte.
   safety — : bidon de sécurité.
   waste safety — : boîte = réceptacle à déchets de sécurité.

to cancel (v.) : annuler ; résilier.

cancellable a. : annulable ; résiliable.

cancellation : abogation ; annulation ; dénonciation ; résiliation.
   — *clause* : clause résolutoire.
   — *of commission* : annulation de commission.
   — *following loss* : résiliation après sinistre.
   — *of premium* : annulation de prime.
   midterm — : annulation prématurée.
   notice of — = *previous notice of* — : avis = préavis de résiliation.
   period for — : délai de résiliation.
   pro rata — : résiliation au prorata temporis.
   protective — : résiliation pour ordre.
   retrospective — : annulation à effet rétroactif = pure et simple.
   right of — : droit = faculté de résiliation.
   short rate — : résiliation avec ristourne de prime (barème court terme).

cannon [F] : canon [I].
   foam — = *monitor* : canon à mousse.
   powder — = *monitor* : canon à poudre.
   water — = *monitor* : canon à eau.

capacity : capacité.
   — *gap* = *lack of* — : insuffisance de capacité.
   — *risk* : risque à forte capacité.
   additional — : capacité additionnelle = supplémentaire.
   automatic — : capacité automatique.
   domestic — : capacité du marché national.
   innocent — : capacité vierge = naïve.
   market — : capacité du marché.
   over — : surcapacité.
   risk-taking — : capacité de souscription de risque.
   under — : sous-capacité.

capital : capital.
   — *expenditure* : investissements.
   — *gain [L]* : plus-value [V].
   — *investment* = *invested* — : capitaux permanents.
   — *loss* : moins value.
   — *redemption ass. [L]* : ass. de remboursement de capital [V].
   — *sum [ACC]* : capital maximum.
   authorized — : capital social.
   due — : capital exigible.
   fully paid-up — : capital entièrement versé = capital libéré.
   initial — = *sum insured* : capital initial.
   issued — : capital émis.
   operating — : capital d'exploitation.
   paid-up — : capital effectif = réel.
   partly paid-up — : capital partiellement libéré.
   share — : capital social.
   subscribed — : capital souscrit.
   uncalled — : capital restant à verser = non libéré.
   working — : fonds de roulement.

Lexique : anglais/américain - français

capitalization : capitalisation.
— = *funding bond* : bon de capitalisation.

captain's = ship's protest = master's report : rapport de mer.

captive a. : captif ; captive + agent + broker. + broking. + company. + insurer.

captive : société = compagnie captive = «captive»
association — : captive corporative.
domestic — : captive autochtone.
group — : captive inter-entreprise.
limited = internal = in-house — : + pure —;
market = profit-making — : captive commerciale = à but lucratif.
multi-parent — : captive en multi-propriété.
off-shore — : captive extraterritoriale.
pure — : captive privée = fermée = «maison».
rent-a- — : captive en location.
senior — : captive ouverte = publique.

car : voiture.
— *licence = road fund licence [MV]* : «carte grise» [A].
armored — *[USA] = armoured* — *[UK]* : voiture blindée.
private — : voiture particulière.

card : carte ; fiche.
enrollment — *[L]* : fiche d'adhésion = d'incorporation [V].
expiration — : fiche d'expiration.
international green — *[MV]* : carte verte internationale [A].
international motor ins. — : carte internationale d'ass. automobile.
policy — : fiche de police.
rating — : fiche de tarification.
street — *[F]* : fiche de situation de risque [I].

care : charge ; garde.
duty of — : obligation de diligence.
in —, *custody or control* : sous la garde (juridique).

cargo (1) [M] : cargaison ; marchandises.
— *under deck = under deck* — : marchandises en cale.
bulk — : marchandises en vrac.
deck — : marchandises en pontée.
short-landed — : marchandises débarquées en moins.
short-shipped — : marchandises embarquées en moins.

cargo (2) [M] : facultés ; fret.
— *ins.* : ass. sur facultés.
air — : fret aérien.
inland marine — *[USA]* : facultés transportées.

marine — : facultés maritimes.

carrier (1) [USA] : assureur.
primary — *[RE]* : assureur d'origine = cédante.

carrier (2) : transporteur.
bulk — *[M]* : transporteur en vrac = vraquier.
common = *contract* — : transporteur public.
container — : porte-conteneur.

to carry (v.) : porter, supporter.
— *a risk* : prendre la charge du risque.
— *ins.* : être assuré.

cartainer [M] : carteneur ; conteneur automobile.

case : cas.
accidental — = *fortuitous happening* : cas fortuit.

cash (1) : caisse ; espèces ; fonds.
— *deposit* : cautionnement en espèces.
— *on deposit* : espèces en dépôt.
— *dividend* : participation en espèces.
— *flow* : marge brute d'auto-financement.
— *on hand = in hand* : espèces en caisse.
— *in transit* : transport d'espèces = de fonds.
— *in transit ins.* : ass. des transports d'espèces.

cash (2) : comptant.
— *loss [RE]* : sinistre au comptant.
— *premium* : prime au comptant.
— *surrender value [L]* : valeur de rachat au comptant [V].
— *value* : valeur au comptant.
on a — *basis* : au comptant.

casualty [USA] : accident.
— *department* : service accidents.
— *ins.* : assurance accidents et risques divers.

catastrophe : catastrophe.
— *cover* : garantie de catastrophe.
— *excess of loss treaty [RE]* : traité d'excédent de sinistre de catastrophe.
— *re.* : ré. des risques de catastrophe.
— *reserve* : réserve pour catastrophe.
— *risk = hazard* : risque de catastrophe.
— *treaty [RE]* : traité de catastrophe.

cause : cause.
— *of loss* : cause du sinistre.
other known or unknown —*s* : autres causes connues ou inconnues.
proximate — : cause immédiate = directe (du dommage).

cedant [RE] : cédante.

to cede (v) **[RE]** : céder.

cedent [RE] : + cedant.
ceding a. [RE] : cédant(e).
— *company* = *cedent* : compagnie cédante = la cédante.
— *insurer* = *office* : assureur cédant = le cédant.
ceiling : plafond.
pension plan — : plafond du régime de retraite.
suspended — : faux plafond.
center : centre.
profit — : centre de profit.
certificate : acte ; attestation ; certificat ; constat.
— *of existence* = *life* : certificat de vie.
— *of loss* = *average* : certificat de perte = d'avarie.
— *of loss* = *damage* : constat d'avarie.
— *of motor ins.* = *road traffic act* — : attestation d'ass. automobile.
— *of origin* : certificat d'origine.
— *of registration* : certificat d'enregistrement.
— *with receipt* : attestation quittance.
airworthiness — *[AV]* : certificat de navigabilité.
annual survey — *[M]* : certificat de visite annuelle.
assumption — = *cut through clause [RE]*. : attestation de contre-garantie du réassureur à l'assuré.
death — : acte de décès.
death — = *evidence of death* : certificat de décès.
frontier motor ins. — : attestation d'ass. frontière.
health — = *evidence of health* : certificat de santé.
ins. — : attestation d'ass.
machinery — *[M]* : attestation de vérification des machines.
permanent — *of ins.* : attestation d'ass. permanente.
renewal — : attestation de renouvellement.
temporary — *of ins.* : attestation d'ass. provisoire.
cessation : cessation.
— *of payment of premiums* : cessation du paiement des primes.
— = *terminaison of risk* : cessation du risque.
cession : cession.
— = *transfer of portfolio* : cession de portefeuille.
contractual — *[RE]* : cession conventionnelle.
direct — *[RE]* : cession directe.
legal — *[RE]* : cession légale.

reciprocal — *[RE]* : cession réciproque.
change : changement ; modification.
— *in market prices [M]* : différence de cours.
— *material to the risk* : changement dans la matérialité du risque.
— *of owner* : changement de propriétaire.
— *of residence* : changement de domicile.
charges : droits ; frais.
— *additional to premium* : frais accessoires = de répertoire.
additional — *[F]* : frais supplémentaires [I].
collection — : frais de recouvrement = d'encaissement.
landing — *[M]* : frais de mise à terre.
port — = *port dues [M]* : frais de port.
standing = *fixed* = *invariable* — = *overheads [F] [USA]* : frais généraux permanents [I].
supervisory — : frais de contrôle = d'inspectin.
towing — *[M]* : frais de remorquage.
variable — *[F]* : frais variables [I].
charter-party [M] : charte-partie.
check list : liste de contrôle.
ins. — : liste de contrôle des assurances.
risk — : liste de contrôle des risques.
check-up : + health.
chief : chef.
— *underwriter* : souscripteur en chef=principal.
children's education ass. = educational endowment ass. [L] : ass. rente d'éducation = d'études [V].
civil commotion : mouvements populaires.
claim : demande ; réclamation ; sinistre.
— *adjuster* : régleur de sinistres.
— *s agent* : agent régleur.
— *s admitted but not paid* : sinistres restant à régler.
— *s control* : contrôle des sinistres.
— *for damage* = — : demande d'indemnité.
— *for damages* : réclamation en dommages - intérêts.
— *s examiner* : rédacteur sinistres.
— *s experience* : statistique sinistre = sinistralité.
— *s forgiveness* : neutralisation de la sinistralité.
— *free* : sans sinistre.
— *frequency* : fréquence des sinistres.
— *not resisted* : sinistre non contesté.
— *paid* : sinistre payé.
— *s incurred basis* : sur base des sinistres survenus.
— *s made basis* : sur base des réclamations

Lexique : anglais/américain - français

présentées.
— *s payable abroad* : sinistres payables à l'étranger.
— *s ratio* : rapport sinistres/primes.
— *s record* : statistique sinistres = antécédents.
— *report* : déclaration de sinistre.
— *representative [USA] = adjuster* : expert (pour l'assureur).
— *s settlement* : règlement des sinistres.
— *s settlement fund* : fonds de règlement des sinistres.
— *s status* : état de la sinistralité.
admitted — : sinistre accepté = reconnu.
any one — : par sinistre.
belated — : sinistre tardif.
border line — *[USA]* : sinistre limite = marginal.
cash — : sinistre à régler au comptant.
counter — = *cross action* : demande reconventionnelle.
expected — : sinistre possible = prévisible.
in the event of — ... : en cas de sinistre...
incurred — : sinistre encouru = subi = réalisé.
incurred but not reported —*s [RE]* : sinistres survenus mais non déclarés.
no — *bonus* : bonification pour non sinistre.
outstanding —*s* : sinistres en cours.
pending —*s* : sinistres en suspens.
recurring —*s* : sinistres répétitifs = sériels.
run-of-the-mill —*s* : sinistres courants = ordinaires.
underwriting year — *[RE]* : sinistre par année de compétence.
unreported —*s* : sinistres non déclarés.

to claim (v.) : réclamer.

claimant : réclamant.

claimer : + claimant.

class : branche ; catégorie ; classe.
— *of business* : branche d'affaires.
— = *insurance branch* : catégorie = branche d'assurance.
— *of risk* : classe de risque.
— *of risks* : catégorie de risques.
— *of use [MV]* : catégorie d'usage [A].
all — *es* = *multiple line [USA]* : toutes branches.
complementary — : branche complémentaire.
main — = *branch* : branche principale.
rating — : classe de tarification.
rebate — : classe de rabais.

classification : classification (1) ; construction = risque (2) [I].
— *clause [M]* : clause de classification.
— *of risks* : classification des risques.

— *society [M]* : société de classification.

clause : clause.
— *to assign jurisdiction* : clause attributive de juridiction.
adjustment — : clause d'ajustabilité.
agreed value — : clause de valeur agréée.
arbitration — : clause d'arbitrage = compromissoire.
attestation = *signature* — : clause de signature.
bearer — : clause au porteur.
beneficiary — : clause de bénéficiaire = de faveur.
both to blame collision — *[M]* : clause de faute commune en cas d'abordage.
breakage — *[M]* : clause de casse.
coinsurance — *[F] [USA]* : clause de participation de l'assuré à l'ass. = règle proportionnelle [I].
collision — *[M]* : clause de dommage par collision.
competence — : clause de juridiction.
conditional — : clause restrictive.
contestable — : clause de déchéance.
continuity — *[UK]* : clause de garantie subséquente.
contract price — *[M]* : clause des marchandises vendues.
cut-through — *[RE]* : clause de contre-garantie du réassureur à l'assuré.
departmental — *[F]* : clause de règlement par département (service) [I].
discount — : clause de rabais.
discovery — *[USA]* : clause de garantie subséquente.
dual valuation — *[M]* : clause de double évaluation.
dynamo — (*or electrical exemption*) *[F] [USA]* : garantie incendie à l'exclusion des dommages électriques.
escalator — *[M]* : clause de garantie éventuelle.
exclusion — : clause d'exclusion.
forfeiture — : clause de déchéance.
four-fourth running-down — *[M]* : clause de garantie complète en cas d'abordage.
frustration — : clause d'avortement = d'interruption.
full value — *[F]* : clause de valeur totale [I].
incapacity — : clause d'infirmité.
«Inchmaree» — = *negligence* — *[M]* : clause *«Inchmaree»* = de négligence.
inclusion — : clause d'inclusion.
increase/decrease — : clause d'ajustabilité = d'augmentation/réduction.
index — : clause d'indexation.
indisputability — : clause d'incontestabilité.

insolvency — : clause d'insolvabilité.
Institute — *[M]* : clauses de l'Institut.
intermediary — : clause d'intermédiaire.
mortgage — : clause hypothécaire.
naming and waiving — : clause d'assuré additionnel et d'abandon de recours.
new business — *[F]* : clause de premier exercice [I].
no cure no pay — *[M]* : clause pas de remède pas d'honoraires.
non-contribution — : clause de non-cumul.
omnibus — *[USA] [MV] [M]* : clause d'ass. pour compte [A].
operative = insuring — : clause de garantie.
other ins. — *[USA]* : clause de pluralité d'ass.
pair-and-set — *[USA]* : clause des paires ou ensembles.
partial indemnity — *[MV] [UK]* : clause d'indemnisation partielle [A].
payment — : clause de régularisation.
premium adjustment — *[F]* : clause d'ajustabilité de la prime [I].
price index — : clause d'indice variable = d'indexation.
recital — : clause d'introduction = préambule.
relationship — *[L]* : clause de parenté [V].
running down — *[M]* : clause d'abordage.
sister-ship — *[M]* : clause en cas d'assistance ou de collision entre navires d'un même armement.
stabilisation = stability — *[RE]* : clause d'ajustement = d'ajustabilité.
subsidiary — : clause subsidiaire.
sue and labour — *[M]* : clause de participation aux frais de conservation.
sunrise — *[USA]* : clause de reprise du passé.
sunset — *[USA]* : clause de délai fixe (de déclaration de sinistre).
three-fourths value — *[F] [USA]* : clause d'indemnisation sur les trois quarts de la valeur [I].
typewritten — : clause dactylographiée.
up and down — : + escalator —
waiver — : clause d'abandon = dérogatoire.
war risks — *[M]* : clause des risques de guerre.
watchman — *[F]* : clause de gardiennage [I].

clearance : autorisation.
 — *certificate* : permis d'utilisation.

clearing : déblaiement.

client : client.
 direct-writing — : client direct.

climatic a. : climatique.
 — *risk* : risque climatique.

closed fund [L] : groupe fermé [V].

closed profit series [L] : série close de participation [V].

close-out [USA] : émission (de la police).

closing : clôture.
 short — : placement incomplet.

«closings» = — **instructions [M] [RE]** : éléments = ordres de clôture de souscription.

club [M] : club.
 mutual — : club mutualiste.
 protection and indemnity — : club de protection et d'indemnisation.

code : code.
 agent's — : code d'agent.

coefficient : coefficient.
 legal —s : coefficients légaux.
 readjustment — : coefficient de redressement.

co-assurance [L] : coassurance.

co-assurer [L] : coassureur.

coinsurance [F] [USA] : règle proportionnelle = participation de l'assuré à l'ass. = découvert obligatoire [I].
 — *percentage* : pourcentage de découvert obligatoire = de valeur non assurée.
 — *requirement* : découvert obligatoire.

co-insurance : coassurance.
 — *deficiency [F] [USA]* : insuffisance d'assurance = sous-assurance [I].
 — *penalty [F] [USA]* : application de la règle proportionnelle = découvert [I].

co-insurer [USA] : coassureur (assureur = assuré).

collapse : effondrement.
 building = roof — : effondrement de bâtiment = de toiture.

collectibles : objets de collection.

co-operative ins. society [UK] = mutual benefit ins. company [USA] : société coopérative d'ass.

collect direct = direct billing [USA] : encaissement direct.

collecting : collecte.
 — *agent* : agent encaisseur.
 — *commission* : commission d'encaissement.
 — *society [L]* : caisse d'ass. populaire = société de collecte [V].

collection : encaissement.
 — *charges* : frais d'encaissement.
 — *commission* : commission d'encaissement.
 — *of premiums* : encaissement des primes.

collective a. : collectif(ve).
— *ins.* = *group ins.* = *wholesale ins.* : ass. collective.
— *policy* = *master policy [USA]* = *syndicate policy [USA]* = *combined policy [M]* : police collective.

to collect (v.) : encaisser.

collector : encaisseur.

collision : choc ; collision ; abordage [M].
— *coverage [MV]* : «tierce» collision [A] = dommage collision.
— *clause* = *running down clause [M]* : clause d'abordage.
— *risk [M]* : risque d'abordage.
both to blame — *clause [M]* : clause de faute commune en cas d'abordage.

combination [USA] : ** dualité.
— *agency [L]* : agence grande branche et branche populaire [V].
— *automobile policy* : police multirisque automobile.
— *company [L]* : compagnie grande branche et branche populaire [V].
— *policy* : police à dualité de garanties et d'assureurs = police à dualité de garanties.

combined a. : combiné ; multirisque.
— = *comprehensive policy* : police multirisque = combinée.
— *single limit [USA]* : ** montant tous dommages confondus.

combustibility : combustibilité.

combustible a. : combustible.

combustion : combustion.
quick — : combustion vive.
slow — : combustion lente.
spontaneous — : combustion spontanée.

coming into force : prise d'effet ; entrée en vigueur.

commencement : commencement ; au début.
— *of risk* : mise en risque.

«commercial» [LL] : membre du Lloyd's.

commission (1) : commissionnement.
regulated — : commissionnement réglementé.
scale — *[RE]* : commissionnement à échelle.

commission (2) : commission.
— *note* : bon de commission.
— *to be amortized* : commission à amortir.
— *rebate* : ristourne de commission.
— *rebating* : remise de commission.
— *receipt* : bon de commission.
— *refund* : remboursement de commission.
— *sharing* : partage de = rétrocession de commission.
— *statement* : bordereau de commission.
ceding — *[RE]* : commission de cession = de ré.
collecting — : commission d'encaissement.
contingent — *[RE]* : commission conditionnelle.
discounted = *commuted* — : commission escomptée.
flat — : commission uniforme = invariable.
graded scale = *graded* — : commission suivant barème = échelonnée.
introductory — : commission d'apport = d'indication.
management — : commission de gestion.
new business = *first* = *initial* — : commission d'acquisition = de production.
overriding — : surcommission = supercommission.
overwriting — *[USA]* : surcommission = supercommission.
profit — *[RE]* : commission sur bénéfice réalisé.
renewal — : commission de renouvellement.
return — : commission remboursée = ristournée.
sliding scale — *[RE]* : commission à échelle mobile.
straight — : commission forfaitaire.
supplementary — : rappel de commission.
underwriting profit — : commission de bénéfice sur souscriptions.

commissioner-superintendent [USA] : commissaire-contrôleur.
State ins. — *[USA]* : contrôleur des ass. de l'Etat.

commitment : engagement.
contingent — : engagement éventuel.

committee : comité (1), commission (2).
executive — : comité de direction.
rating — : comité de tarification.
safety — : comité de sécurité.

common a. : commun(e) m. [f.].
— *part* = *area [USA]* : parties communes.

commutation : commutation.
— *clause [RE] [LL]* : clause de solde pour tout compte.
— *clause [L]* : clause de libération [V].
— *function [L]* : nombre de commutation [V].
— *table* = *columns [L]* : table de commutation [V].

«comp» = **«workcomp» [USA]** : garantie des accidents du travail.

company : compagnie ; société.
  acting — : compagnie gérante.
  admitted — : compagnie agréée.
  affiliated = *subsidiary* — : société affiliée = filiale.
  allied — : compagnie alliée.
  associated — : compagnie associée.
  broker orientated — : compagnie favorable au courtage.
  captive — : compagnie sous le contrôle de l'assuré = compagnie captive.
  ceding — : compagnie cédante.
  composite ins. = *general ins.* — : compagnie générale d'ass. toutes branches.
  controlling = *holding* — : compagnie «holding» = société de portefeuille.
  cut-price — : compagnie au rabais.
  direct writing — : compagnie à souscription directe.
  domestic = *home* — : compagnie autochtone = nationale.
  domiciled — *[USA]* : compagnie au domicile de l'assuré.
  foreign = *alien* — *[USA]* : compagnie étrangère.
  foreign — *[USA]* : compagnie étrangère à l'Etat [USA].
  fronting — : compagnie de «fronting» = prête-nom = de façade.
  holding — : société de portefeuille = «holding».
  independent — : compagnie indépendante = dérogatoire.
  ins. — : compagnie d'ass.
  Institute — *[M] [UK]* : compagnie membre de l'Institut.
  joint-stock = *stock* — *[USA]* : société par actions = société anonyme.
  leading — : compagnie apéritrice.
  licensed — : compagnie agréée.
  limited insurance — : compagnie anonyme d'ass.
  mushroom — : compagnie éphémère.
  mutal ins. — : compagnie mutuelle d'ass.
  nationalized = *State owned* — : compagnie nationalisée.
  non-tariff = *non-board* — *[USA]* : compagnie dissidente.
  off-shore — : compagnie extérieure (au pays).
  parent — : maison mère.
  previous — : compagnie précédente.
  primary — : compagnie de base = de première ligne.
  private — : compagnie privée.
  professional re. — : compagnie de ré. «professionnelle» = compagnie de ré. spécialisée.
  property — *[USA]* : compagnie d'ass. dommages.
  re. = *accepting* — : compagnie de ré.
  related — : compagnie apparentée.
  sister — : société sœur.
  stock — *[USA]* : compagnie par actions.
  subsidiary — : compagnie filiale.
  surplus-lines — *[USA]* : compagnie hors-marché de capacités excédentaires.
  tariff — = *tariff office* : compagnie syndiquée = liée à une entente.
  tied — : compagnie liée.
  tontine — *[L]* : compagnie à forme tontinière [V].
  top — : compagnie de premier ordre.

compensation : compensation ; indemnisation ; indemnité ; réparation.
  — *for loss of use [MV]* : indemnité pour immobilisation [A].
  civil — : réparation civile.
  claim for — : action en indemnité.
  lump sum — : indemnisation forfaitaire.
  right to — : droit à indemnité.
  workers' — *ins.* : ass. accidents du travail.

competition : concurrence.
  cut rate — : concurrence au rabais.
  fraudulent — : concurrence illicite.
  unfair — : concurrence déloyale.

complementary a. : complémentaire.
  — *class* : branche complémentaire.
  — = *additional* = *surplus ins.* : ass. complémentaire.

complete expectation of life [L] : vie moyenne [V].

completed operations = **completed construction and installation work [USA]** : ** responsabilité civile après travaux = après livraison.

comprehensive a. : étendu(e).
  — = *all inclusive* = *combination [MV] [USA]* : «tous risques» = tous dommages [A].
  — *dishonesty, disappearance, destruction [USA]* : multirisque détournement, destruction, disparition.
  — = *combined* = *dwelling package [USA]* = *multi-peril ins. [USA]* : ass. multirisque = combinée [I].
  — *motor* = *combination automobile ins. [USA]* : ass. multirisque automobile.
  — *winter sports ins.* : tous risques sports d'hiver.
  commercial — = *commercial block [USA]* = *mercantile block ins. [F] [USA]* : ass. multirisque commerciale [I].
  householder's — *ins. [F]* : ass. multirisque habitation [I].

Lexique : anglais/américain - français

compulsory a. : obligatoire.
— *ins.* : ass. obligatoire.
— *self-ins.* : découvert obligatoire.

concealment : dissimulation.
fraudulent — : dissimulation frauduleuse.

concentration : accumulation.
— *of values [F]* : accumulation de valeurs [I].

«**concertina**» + **accident (pile up)**

conciliation : arbitrage.
— *board* : commission d'arbitrage.

concurrent ins. : pluralité d'ass.

condition : clause, disposition ; stipulation.
breach of — : violation d'une clause.

conditions : conditions.
— *of entry* : conditions d'admission.
— *precedent* : conditions suspensives.
— *subsequent* : conditions résolutoires.
additional — : conditions complémentaires.
average — : ** règle proportionnelle.
difference in — *[F] [USA]* : différence de conditions [I].
express — : conditions expresses.
general — : conditions générales.
implied — : conditions sous-entendues = implicites.
original — *[RE]* : conditions d'origine.
special = particular — : conditions spéciales = particulières.
standard = uniform — : conditions modèles = types.
statutory — : conditions légales = statutaires.

«**condo**» [USA] + **condominium**

condominium [USA] :
— *ownership* : copropriété.
— *unit owners contingent ins.* : ass. complémentaire des co-propriétaires.
— *unit owners package form* : ass. multirisque des co-propriétaires.

conduct : apérition.

confiscation [M] : confiscation.

conflagration : conflagration ; embrasement.
— *area* : zone propre à l'embrasement = zone de conflagration.

consequential a. : indirect(e) ; secondaire.
— *loss* : dommage indirect [I] = immatériel.
— *loss ins. [F] = use and occupancy ins. [F] [USA]* : ass. de chômage [I] = de dommages indirects [I].

conservation : sauvegarde.
— *of property* : sauvegarde des biens.

consignee : destinataire.

consortium :
banking — *(1)* : groupement = pool bancaire.
loss of — *(2)* : perte d'affection = de compagnie d'un conjoint.

construction : construction.
— *manager [USA]* : maître d'œuvre.
— *policy [M]* : police risque de construction.
— *risks ins.* : ass. des risques de la construction.
— *type* : nature de la construction.
faulty = flaw in — *= constructional defect* : vice de construction.
fire-proof = fire resisting = slow burning [USA] = mil — *[USA]* : construction incombustible de sécurité.
non-standard [F] = non massive — *[LL]* : construction légère = non conforme aux bases du tarif [I].
standard [F] = massive [LL] = ordinary — *[USA]* : construction «en dur» = ordinaire = normale [I] .

(ins.) consultant : conseil = «consultant» en ass.

contact : contact.
— *damage [M]* : dommage par contact.

container [M] : conteneur.
— *carrier* : porte-conteneur.
— *ship* : navire porte-conteneurs.
waste — : conteneur à déchets.

containerization : conteneurisation.

to containerize (v.) : conteneuriser.

contents : contenu.
— , *goods and chattels* : effets et objets mobiliers.

contiguity [F] : contiguïté [I].
— *risk = exposure hazard [USA]* : risque de contiguïté = influence.
hazard increasing — : contiguïté aggravante.

contiguous a. : contigu(ë).
— = *adjoining risk [F]* : risque contigu [I].

contingency : éventualité.
— *fees [USA]* : honoraires (proportionnels) en cas de succès.
— *reserve fund* : réserve pour éventualités diverses.
— *ins.* : ass. des risques spéciaux.

contingent a. : éventuel(le).
— *annuity* : rente éventuelle.
— *beneficiary* : bénéficiaire éventuel.
— *business interruption ins. [F] [USA]* : ass. carence de fournisseurs [I].
— *commission [RE]* : commission conditionnelle.

— *commitment* : engagement éventuel.
— *liability [L]* : obligation éventuelle [V].
continuity [LL] : + clause.
contract : contrat ; ** marché.
— *bond* : cautionnement d'exécution de contrat.
— *guarantee* : garantie contractuelle.
— *guarantee ins.* : ass. d'exécution de contrat = ass. de garantie contractuelle.
— *in set form* : contrat d'adhésion.
agency — = *certificate of authority [USA]* : contrat d'agence.
aleatory — : contrat aléatoire.
annual — : contrat à l'année.
bilateral — : contrat synallagmatique.
floating — [M] = *floater [M]* : contrat d'abonnement.
forward — : contrat à effet différé.
honour — [M] : contrat sur l'honneur.
open — : contrat = groupe ouvert.
standard — : contrat type.
to award a — : adjuger un marché.
to dishonour a — : ne pas honorer un contrat.
to contract (v.) : contracter.
to — = *to effect* = *to take out ins.* : contracter une ass.
contracting-party : contractant(e).
contractor : entrepreneur.
— *'s all risks* = *builder's all risks ins. [USA]* : ass. tous risques chantier.
owner's and —'s protective liability ins. [USA] : ass. responsabilité civile du maître ouvrage et des entrepreneurs.
principal — = *the principal* : maître d'ouvrage.
contractual a. : contractuel(le).
— *liability* : responsabilité contractuelle.
to contribute (v.) : cotiser.
contributing :
— *ins. [USA]* : coassurance.
— *insurer [USA]* : ** coassureur.
— *member* : cotisant.
— *property [USA]* : carence de fournisseurs.
contribution : contribution ; cotisation ; participation ; quote-part [USA].
— *clause [M]* : clause de contribution.
— *clause* = *other insurances clause [F]* : clause de pluralité d'ass. [I].
compulsory — : cotisation obligatoire.
employee's — : cotisation salariale.
employer's — : cotisation patronale.
fixed — : cotisation fixe.
flat — : cotisation forfaitaire.
general average — [M] : contribution d'avarie commune.
graduated — : cotisation à taux progressif ou dégressif.
regular — : cotisation contractuelle.
right of — : droit de contribution.
supplementary — : cotisation complémentaire.
variable — : cotisation variable.
voluntary additional — : cotisation supplémentaire volontaire.
cooperative a. :
— *insurer* : assureur mutualiste.
contributor : cotisant(e).
contributory ins. [USA] : ass. avec participation du bénéficiaire aux cotisations.
control : contrôle ; surveillance.
— *room* : salle de contrôle.
claims — : surveillance du portefeuille.
loss — : contrôle des pertes.
convention : convention.
Warsaw — [AV] : convention de Varsovie.
conversion : détournement.
— *of rent [F]* : détournement de loyers [I].
corporate a. **[USA]** : ** du groupe.
— *ins. program* : programme d'ass. à l'échelon du groupe.
— *risk* : risque à l'échelon du groupe.
corps : corps.
salvage — : corps de sauvetage.
cost (1) : coût.
— *plus ins. [USA]* : ass. à prix coûtant de gestion.
— *of repairing* : coût de réparation.
— *of temporary accomodation* : coût de relogement provisoire.
average — of claims : coût moyen des sinistres.
average — per head : coût moyen par tête.
burning — [RE] : coût du sinistre pur = taux de flambage.
flow - through — : coût net courtier/agent.
guaranteed — basis : condition de coût ferme.
costs (2) : frais.
— *of claim settling* : frais de règlement.
— *of medecine* : frais pharmaceutiques.
— *of reinstating records [F]* : frais de reconstitution d'archives [I].
— *of removal [M]* : frais de retirement = d'enlèvement.
— *of removal of debris [F]* = *debris removal* = *demolition — [USA]* : frais de démolition et de déblaiement [I].
— *of removing and replacing [F]* : frais de déplacement et de replacement [I].
— *of repairs [M]* : frais de réparation.

Lexique : anglais/américain - français

— *of temporary boarding/barricading [ACC]* : frais de clôture provisoire.
— *of treatment* : frais de traitement.
— *of working = running expenses [F]* : frais d'exploitation [I].
acquisition — : frais d'acquisition = d'apport.
clean-up = cleaning — *[M]* : frais de nettoyage.
defense — : frais de défense.
hospitalization — : frais d'hospitalisation.
increased — *of working = extra working.*
expenses [F] : frais supplémentaires d'exploitation [I].
legal = law — : frais de justice.
manslaughter defense — *[MV]* : frais de défense en cas d'accident mortel [A].
reinstatement — *[F]* : frais de reconstitution [I].
salvage — *[M]* : frais de sauvetage.
warehousing — : frais de magasinage.

counter : comptoir.
— *ins. = over the* — *ins.* : ass. au comptoir = au guichet.

counterfeit : contrefaçon.
— *currency coverage* : garantie de la contrefaçon des espèces.

counter-fire : contre-feu.

countermand : résiliation à la suite d'annulation = de contre-ordre.

counter selection : antisélection.

country damage [M] : + damage.

coupon ins. : ass. ticket.

coupon policy : police à ticket.

court : tribunal.
to go to — : aller en justice.

cover (1) : garantie.
— *granted* : garantie accordée.
— *trigger* : déclencheur de la garantie.
automatic — : garantie d'office = automatique.
blanket — *[UK] = blanket bond [USA]* : garantie globale.
cash — : garantie des espèces.
catastrophe — *[RE]* : garantie de catastrophe.
contingency — : garantie en cas de défaillance.
fixed — : garantie fixe.
floating — : garantie flottante.
free — : garantie gratuite.
interim = provisional — : garantie provisoire.
primary = underlying — : garantie de base.
product integrity — : ass. qualité du produit.
reporting — : garantie révisable.

cover (2) : police ouverte ; pouvoir d'assurer.
— *holder* : titulaire d'un pouvoir de souscription.

binding — : pouvoir de souscription.
client's — : pouvoir d'assurer spécifique à un client.
underwriting — : + *working* —.
working — : pouvoir de souscription actif = police ouverte = en fonction.

cover (3) : couverture ; traité.
— *note = binder [USA]* : note de couverture.
automatic — : couverture d'office.
blanket — : couverture globale.
free — : couverture gratuite.
interim — *= interim binder [USA]* : couverture provisoire.
interim — *note = interim receipt* : note de couverture provisoire.
lump-sum — : couverture forfaitaire.
open — : traité ouvert semi-obligatoire.
working — *[RE]* : tranche de garantie exposée = tranche basse = tranche en risque.

coverage : couverture ; garantie.
— *of reserves* : couverture des réserves.
— *trigger* : déclencheur de garantie.
abutting — : couverture par polices successives.
concurrent — : garanties à conditions identiques.
drive-other-car — *[USA]* : garantie conduite tous autres véhicules.
extended — *[F] [USA]* : garanties annexes [I].
first dollar — *[USA]* : ** couverture au premier «franc».
full — : couverture complète.
whole — : couverture sans franchise.

covering [F] : couverture [I].

to cover (v.) : couvrir ; garantir.
to — *a risk* : couvrir un risque.

crash : chute ; collision ; écrasement.
— *landing* : atterrissage forcé = violent.
— *proof* : anti-chocs.
— *test* : essai de collision = de choc avec écrasement.

cratering [F] : risque de cratère [I].

credit (1) : crédit.
— *for existing ins.* : convention transitoire.
— *ins.* : ass. crédit.
export — *ins.* : ass. crédit à l'exportation.

credit (2) [USA] : réduction = rabais.
— *for deductible* : rabais pour franchise.
volume — : rabais de masse.

crime : crime ; acte criminel.
blanket — *policy [USA]* : police globale vol, détournement, malversation.

computer — : fraude informatique.

criminal a. :   délictuel(le) = criminel(le).
— *act* : acte délictuel = criminel.

crisis :   crise.
— *management* = *planning* : gestion de crise.

crop :   récoltes.
— *dusting* : poudrage des cultures.
— *hail ins.* : ass. grêle des récoltes.
— *ins.* : ass. récoltes = des récoltes.
all risks — *ins.* : ass. tous risques des récoltes.
growing — *ins.* : ass. des récoltes sur pied.

cumulative a. :   cumulatif(ve).
— *ins.* = *double* = *overlapping ins. [USA]* : ass. cumulative.

currency (1) :   devise ; monnaie.
— *unit* : unité monétaire = de compte.
ins. in foreign — : ass. en devises étrangères.

currency (2) :   durée ; période.
— *of the policy* : durée de la police.

current a. :   en cours.
— *annuity* : rente en cours.

— = *unexpired risk* : risque en cours.

curtain :   rideau.
— *wall* : mur rideau.
fire — : rideau coupe-feu.

curve :   courbe.
loss — = *loss graph* : courbe des sinistres.
mortality — *[L]* : courbe de mortalité [V].

custodian :   gardien(ne) m. [f.].
legal — : gardien de la chose.

custody :   + care.

customer :   client = clientèle.
—*s deficiency* : carence de clientèle.
— *ins.* : ass. de la clientèle.

«**cut-off**» = **fire wall [F]** :   mur coupe-feu [I].

«**cut-off**» **[RE]** :   clôture définitive (de comptes).

cut-price :   rabais.
— *company* : compagnie au rabais.

cut-through [RE] + certificate

cutting :   + welding.

C

Terms	Translation

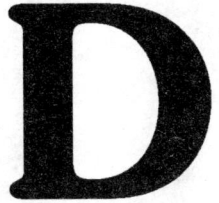

damage : avarie [M] ; dégâts ; dommage ; préjudice.
— *by other cargo* [M] : avarie occasionnée par un autre chargement.
— *by fermentation* : dommage de fermentation.
— *loss ins.* : ass. des dommages.
— *in transit* : avarie de route.
— *to property* : dommage aux biens = matériel.
— *by scorching* : dommage de brûlure = de roussissement.
actual — : dommage réel = effectif.
concealed — : dommage caché.
consequential — = *consequential loss* — = dommage immatériel.
country — [M] : avarie au coton au ramassage et avant embarquement.
direct — = *loss* : dommage direct.
disfiguration — : préjudice esthétique.
fresh-water [M] : avarie par eau douce.
heavy — : dommage grave.
household — [F] : dommages ménagers [I].
indirect = *contingent* — [USA] : dommage indirect.
malicious — : dommage par acte de malveillance.
material — : préjudice matériel.
material — = *loss* = *property* — = *physical* — [USA] : dommage matériel = direct.
material = *property* = *physical* = *tangible* — : dégâts matériels.
minor = *trivial* — : petit dommage = dommage mineur.
own = *physical* — [MV] [USA] : dommage = dommage tous accidents [A].
pain and suffering — : pretium doloris.
physical — [F] : dommage direct [I].
potential — : dommage possible.
sea-water — : avarie par eau de mer.
sentimental — : préjudice affectif = moral.
smoke — : dommage de fumée.
sympathetic — [M] : dommage par souillure.
water — : dégâts des eaux.
water — *ins.* : ass. contre les dégâts des eaux.

to damage (v.) = **to injure** : causer un dommage.
to be damaged : subir une avarie = être endommagé.

damaged a. : avarié(e) ; sinistré(e).
in a — *condition* : en état d'avarie.

damages : dommages-intérêts.
compensatory — : dommages-intérêts compensatoires.
extra contractual — : pénalités extra-contractuelles.
indirect — : dommages-intérêts indirects.
liquidated — : pénalités contractuelles.
punitive = *exemplary* — [USA] : dommages-intérêts à titre exemplaire = à titre de punition = punitifs.

data : donnée ; information.
— *bank* : banque de données.
— *book* : recueil de données.
— *processing* : traitement des données = de l'information.
electronic — *processing* : traitement électronique des données = de l'information.

date : date.
— *of death* : date du décès.
acceptance — : date d'acceptation.
attachment — : date de prise d'effet.
back dating — : date d'effet rétroactif.
commencement — : date d'entrée en jouissance.
expiry = *renewal* = *maturity* = *due* = *anniversary* — : date d'échéance.
inception — : date d'effet.
issue — : date d'émission.
presentation — [LL] : date d'arrivée.

day : jour ; journée.
— *of death* : jour du décès.
— *s of grace* : délai de paiement.
both —*s inclusive* : ces deux jours inclus.
clear — : jour franc.
extra lay —*s* = *days of demurrage* [M] : jours

Lexique : anglais/américain - français

de surestaries.
lay —s [M] : jours de planche = staries.
one — policy = — policy : police d'une journée.
worked — : jour ouvré.
working — : jour ouvrable.

death : décès ; mort.
— *ass. in favour of a third party* : ass. décès en faveur d'un tiers.
— *ass. = life ass.* : ass. en cas de décès.
— *benefit ass.* : ass. d'une indemnité en cas de décès.
— *benefit fund* : caisse de secours en cas de décès.
— *certificate* : acte de décès.
— *claim* : sinistre décès.
— *fund* : caisse décès.
— *indemnity* : indemnité en cas de décès.
— *rate* : taux décès.
— *risk* : risque de décès.
— *risk ass. = term ass.* : ass. temporaire décès.
— *strain [L]* : somme en risque au moment du décès [V].
accidental — : décès accidentel.
actual — : décès effectif.
date of — : date du décès.
day of — : jour de décès.
evidence of — : certificat de décès.
expected —s : décès possibles = prévisibles.
on first — : au premier décès.
natural — : décès naturel = mort naturelle.
premature — : décès prématuré.
previous — : décès antérieur.
probability of — = death rate : probabilité de décès.

death-rate [L] : mortalité [V].
central — : taux central de mortalité.

debit a. : débiteur(trice).
— *agent = man [USA] [L]* : agent encaisseur = encaisseur [V].
— *life ins. [USA]* : ass. vie populaire.

debris : débris ; décombres.
— *removal costs = cost of removing — = demolition costs [USA] [F]* : frais de déblaiement et de démolition [I].

decease : décès.

decedent [USA] : décédé(e).

deception : fraude.

deck [M] : pontée.
— *cargo* : marchandises en pontée.
— *load* : chargement en pontée.
— *load risk* : risque de pontée.
on = over — : en pontée.

declaration : déclaration ; application [M].
— *to a floating policy [M]* : application faite à une police d'abonnement.
— *= notification of health* : déclaration de santé.
— *ins. [F]* : ** ass. en compte courant [I].
— *on open policy = of interest [M]* : déclaration d'aliment = avis d'aliment.
— *of renunciation* : déclaration de désistement.
— *of risk* : déclaration du risque.
wages — : déclaration de salaires.

declination [USA] : refus ; rejet.

declinature : + déclination.

decrease : diminution ; réduction
— *endorsement* : avenant de réduction.
— *in value* : moins-value.

deductible [USA] : franchise.
— *average* : franchise d'avarie.
— *buy back* : rachat de la franchise.
annual aggregate — : franchise globale annuelle = par année d'ass.
calendar year — : franchise par année calendrier = civile.
combined — : franchise commune.
corridor — [L] : ** franchise intermédiaire [V].
diminishing — : franchise décroissante.
disappearing — : franchise à réduction progressive.
flat = franchise — : franchise atteinte = simple = relative.
percentage — : franchise en pourcentage.
special — : franchise particulière.
straight — : franchise absolue = déduite = forfaitaire.
time — : franchise en temps.

deduction : déduction.
— *new for old [M]* : déduction du neuf au vieux.
— *original —s = discounts [RE]* : déductions de l'original.
salary — : précompte = retenue sur salaire.
salary — ins. [USA] = payroll — ins. [USA] : ass. à prime prélevée sur salaire.
tax — : déduction fiscale.

defect : malfaçon ; vice.
concealed = latent — : vice caché.
conspicuous = apparent — : vice apparent.
inherent — : vice propre.

defendant : defendeur ; défenderesse.

defense = defence : défense.
— *and recovery ins. [USA] + legal aid* : ass. défense et recours.
— *cost ins.* : ass. frais de défense.

to defer (v.) : ajourner.
— *a proposal for later consideration [L]* : ajourner une proposition [V].

deferment : ajournement.
— *of retirement (postponement)* : ajournement de la retraite.

deferred a. : différé(e).
— *annuity* : rente = annuité différée.
— *dividend* : participation différée.
— *dividend ass.* : ass. à participation différée.
— *premium* : prime échelonnée.
— *premium payment plan [USA]* : plan de paiement échelonné des primes.

delay : délai.
— *penalty* : + penalty.
prescription — : délai de prescription.
qualifying — : délai de stage.
waiting — = *time* : délai de carence = d'attente.

del credere : ducroire.

deluge : déluge.
— *set* : lance sur affût = lance monitor.
— *system* : système déluge.
— *valve* : + valve.

demolition : démolition.
— *ins. [USA]* : ass. des frais de démolition.

demurrage [M] : surestaries.
additional — : contrestaries.
extra lay-days = *days of* — : jours de surestaries.

dental expense ins. [USA] : ass. des soins dentaires.

department : service.
accident — : service accidents.
casualty report — *[LL]* : service central des sinistres.
claims — : service des sinistres.
fire — : service incendie (à la compagnie)-.
new business = *underwriting* — : service de production.
State ins. — *[USA]* : ** direction des assurances de l'Etat.

departmental clause [F] : clause de règlement par département [I].

dependent = — **person** : personne à charge.

depletion + absorption.

description : description.
— *of accident* : circonstances de l'accident.
— *of property* : caractéristiques des biens.

deposit : cautionnement ; dépôt.
— *premium* : prime provisionnelle = de dépôt.

— *premium mutual* : ** société à forme mutuelle.
general average — *[M]* : dépôt de garantie d'avarie commune.
premium — *[USA]* : dépôt de prime.
underwriting — *[LL]* : cautionnement.

depreciation : vétusté.
— *[USA]* = *difference ins.* : ass. de la vétusté.

derelict [USA] : épave ; navire abandonné.

design : conception.
faulty — : erreur de conception.

detection : détection.
fire — : détection incendie.

detector : détecteur.
air-governed heat — : détecteur aérothermique.
explosion — : détecteur d'explosion.
fire — : détecteur d'incendie.
flame — : détecteur de flamme.
gas — : détecteur de gaz.
heat = *infra-red* — : détecteur de chaleur = à infrarouge.
intrusion — : détecteur d'intrusion.
ionisation — : détecteur à ionisation.
micro-wave — : détecteur par hyperfréquence.
overheating — : détecteur de surchauffe.
rate-of-rise heat — : détecteur d'élévation de température = détecteur thermo-différentiel.
smoke — : détecteur de fumée.
sparks — : détecteur d'étincelles.
thermal — : détecteur thermique.

deterioration : détérioration.
— *of claim experience* : détérioration de la statistique sinistre.

deviation : dérogation ; déviation [M] ; déroutement.
— *[M]* : changement de route = déroutement.
— *clause [M]* : clause de déviation = de déroutement.

diagram : plan.
accident — : plan de l'accident.

difference in conditions ins. [F] [USA] : ass. complémentaire ou supplémentaire aux conditions de l'ass. de base [I].

difference in definitions ins. [F] [USA] : ass. complémentaire ou supplémentaire aux définitions de l'ass. de base [I] [USA].

difference in perils ins. [F] [USA] : ass. complémentaire ou supplémentaire aux risques de l'ass. de base [I].

Lexique : anglais/américain - français

dike [USA] : muret de rétention.
diminution : diminution.
— *of risk* = *decrease in risk* : diminution du risque.
dip down = **drop down provision [USA]** : clause de garantie «plongeante».
direct a. : direct(e).
— *business* : affaire directe.
— *damage* = *loss* = *material damage* : dommage direct = matériel.
— *insurer* = — *writing company* = — *writer* [USA] : assureur direct = souscrivant sans intermédiaire = souscripteur direct.
director : administrateur ; dirigeant.
— = *commissioner* = *superintendent of ins.* : ** directeur des assurances.
—*s and officers liability ins.* : ass. de la responsabilité civile des administrateurs et dirigeants sociaux = des mandataires sociaux.
disability : invalidité ; incapacité.
— *annuity* : rente d'invalidité.
— *benefit* : exonération du paiement des primes ; indemnité journalière.
— *contribution* : cotisation d'invalidité.
— *pension* : pension d'invalidité.
— *table* : barème d'invalidité.
degree of — : taux d'invalidité.
long term — : invalidité de longue durée.
permanent total — : incapacité permanente totale.
permanent partial — : incapacité permanente partielle.
temporary partial — : incapacité temporaire partielle.
temporary total — : incapacité temporaire totale.
disabled person : invalide.
disablement : infirmité ; invalidité.
disappearance : disparition.
— *of risk* : disparition du risque.
disaster : catastrophe.
— *recovery plan* = — *planning* [USA] : plan de rétablissement en cas de catastrophe.
air — : catastrophe aérienne.
natural — : catastrophe naturelle = «catnat».
disbursement : dépenses.
general average — [M] : dépenses d'avarie commune.
discharge : acquit ; décharge ; quittance.
to discharge (v.) : donner quitus.
disclosure : déclaration.
non — : non déclaration.

discount : bonification = boni ; rabais.
initial = *immediate* = *introductory* — [MV] : bonification anticipée = escomptée [A].
no-claim — [MV] : bonification pour non sinistre = «bonus» [A].
discovery period [USA] : durée = période de garantie subséquente.
disease : maladie.
contagious — : maladie contagieuse.
foot and mouth — : fièvre aphteuse.
infectious — : maladie infectieuse.
occupational = *industrial* — : maladie professionnelle.
recurring — : maladie récurrente = périodique.
tropical — : maladie tropicale.
dishonest : malhonnête.
— = *fraudulent acts* : actes malhonnêtes = frauduleux.
dishonesty, disappearance and destruction ins. [USA] : ass. détournement, disparition et destruction.
dismemberment [USA] : mutilation; perte d'un membre ou d'un œil.
accidental — : mutilation accidentelle.
accidental death and — *ins.* : ** ass. individuelle accidents.
disputant : partie en litige.
dispute : litige ; controverse ; différend.
distribution : répartition.
— *of values* : répartition des existants.
profits — : répartition des bénéfices.
pro rata — [F] [USA] = *average* — = *average clause* : clause de règle proportionnelle [I].
district : circonscription ; zone.
— *of use* [MV] : zone d'usage [A].
highly rated — = *area* : zone à tarification élevée.
inspector's — : circonscription d'un inspecteur.
low-rated — = *area* : zone à tarification faible.
rating — [MV] : zone de tarification [A].
dividend : participation.
— *deduction of premium* [L] : participation venant en déduction de la prime [V].
compounding of —*s* [L] : capitalisation des participations [V].
flat — : pourcentage fixe de participation.
sliding scale — : participation basée sur la sinistralité.
tontine — [L] [USA] : participation différée [V].
document : document ; pièce.
— *in proof* = *in support* = *documentary*

proof : pièces justificatives.
domestic [USA] a.
+ captive.
+ insurer.

door : porte.
automatic = self-operating fire — : porte coupe-feu automatique.
double iron — : double porte en fer.
fire resisting — : porte de sécurité incendie.
fire-proof = fire = fire check — : porte coupe-feu.
metal covered — : porte blindée.
single fire — : porte coupe-feu simple.

double a. : double.
— *accident benefit [L]* : doublement du capital décès en cas d'accident [V].
— *benefits = double indemnity [USA] [L]* : doublement = double paiement de l'indemnité [V].
— *ins.* : double ass. = pluralité d'ass.

dowry : dot.
— *= children's endowment ass* : ass. dotale.

drafting : rédaction.
policy — : rédaction de police.

to draw up (v.) : rédiger.
— *a policy* : rédiger une police.

drencher [F] : rideau d'eau [I]

drill : exercice.
exit — : exercice d'évacuation.
fire — : exercice d'incendie.

drilling barge all risks ins. : ass. tous risques plate-forme de forage en mer.

to drive (v.) : conduire.
— *to work [MV]* : conduite trajet [A].

driver : conducteur.
— *under the influence of alcohol* : conducteur en état d'ivresse = sous l'empire d'un état alcoolique.
accident-free — : conducteur sans accident.
accident-prone — : conducteur prédisposé aux accidents.
claim-free = non claiming — : conducteur sans sinistre.
experienced — : conducteur expérimenté.
hit and run — : conducteur ayant pris la fuite.
identified — : conducteur identifié.
inexperienced — : conducteur non expérimenté.
named = one named — : conducteur dénommé.
others —s : ** prêt de volant.
unnamed — : conducteur non-dénommé.
unauthorized — : conducteur non autorisé.
unidentified — : conducteur non identifié.
young — : conducteur débutant = novice.

driving : conduite.
— *whilst under influence of alcohol* : conduite en état d'ivresse = sous l'empire d'un état alcoolique.
— *restricted to one named person = restricted —* : conduite exclusive.
accident-free — : conduite sans accident.
drunken — : conduite en état d'ivresse = d'ébriété.

drop = drop down : + clause.

dual basis [F] + wages : double option [I] + salaires.
— *method of wages ins. [F]* : ass. des salaires suivant la double option [I].

duration [USA] : durée.

duty : droit ; taxe ; obligation.
acceptance — : obligation d'acceptation.
death = estate — : droit de succession = de mutation après décès.
stamp — : droit de timbre.

dwelling : habitation.
— *house fire ins.* : ass. incendie habitation.
— *package policy* : police multirisque habitation.
— *place* : local d'habitation.
private — house : habitation privée = particulière = simple.

D

Terms	Translation

earnings : revenu ; gain.
   gross — policy [F] [USA] : police arrêt de l'exploitation = perte brute d'exploitation [I].

earthquake : tremblement de terre.
   — ins. : ass. contre les tremblements de terre.

effect : effet.
   back dated — : effet rétroactif.
   forwarded — : effet différé.

effects : biens ; effets.
   personal — : effets personnels.
   personal — floater [USA] : tous risques flottants sur effets personnels.

eligible applicant : ayant droit.

embezzlement : détournement ; malversation.
   — = wrongful conversion : détournement de fonds.

emergency : d'urgence = de secours.
   — exit : sortie de secours.
   — fund : caisse de secours.
   — lighting : éclairage de secours.
   — suit : combinaison de secours.

employee : employé(e) ; collaborateur (collaboratrice).
   — benefits : prévoyance sociale = prestations sociales.
   — benefits plan [USA] : régime de retraite et de prévoyance des employés.
   non-vested — : employé sans droits acquis.
   third country national — : employé citoyen de tierce nationalité.

employers' liability ins. : ass. responsabilité civile de l'employeur (accidents du travail).

endorsement : avenant.
   assumption — : avenant de contre-garantie.
   change of interest — : avenant de mutation.
   cut-through — [RE] : avenant de contregarantie du réassureur à l'assuré.
   decrease — : avenant de réduction.
   increase — : avenant d'augmentation.
   pro-forma — : avenant de déclaration = d'ordre.
   reporting — : avenant d'ajustabilité = de révision.

endowment [L] : dotation [V].
   — ass. : ass. mixte.
   double — ass. : ass. mixte à capital double en cas de vie.
   educational — ass. : ass. mixte éducation.
   joint — ass. : ass. mixte sur deux têtes.

engineer : ingénieur.
   account — : ingénieur de comptes-clients.
   safety — : ingénieur de sécurité.
   surveyor — : ingénieur-vérificateur.

engineering : ingénierie.
   — ins. : ass. des équipements et matériels techniques.

enrollment : adhésion.
   — card : bulletin = fiche d'adhésion.

to entitle (v.) : ouvrir droit.

entry : entrée.
   — permit : permis d'entrée = d'accès.

environmental impairment : atteinte à l'environnement.

equalization : compensation.
   — fund : fonds de compensation.

equipment : matériel ; outillage ; biens meubles.
   — floater [USA] : garantie flottante sur matériel.
   electrical — inspection : vérification du matériel électrique.
   first-aid — : matériel de premier secours = de première intervention.
   furniture and — : matériel, mobilier et agencements.

erection : montage.
   — all risks ins. : ass. tous risques montage.

Lexique : anglais/américain - français

error : erreur.
— *in handling* : erreur de manœuvre = de manutention.
— *in judgement* : erreur d'appréciation.
design — = *faulty design* : défaut de conception.

errors and omissions ins. [USA] : ass. de responsabilité civile professionnelle.

espionage : espionnage.
industrial — : espionnage industriel = économique.

establishment : établissement.
freedom of — : liberté de constitution = d'établissement.

estate (1) : biens.
personal = *movable* — = *contents* : biens mobiliers = biens meubles.
real — : biens immobiliers.

estate (2) : patrimoine ; succession
— *tax* : droits de succession.

estimate : appréciation ; estimation ; devis.
— *of market value* : estimation en valeur vénale.
— *of reinstatement value* : estimation de reconstitution en valeur à neuf.
ins. value — : estimation en valeur d'ass.

evacuation : évacuation.
— *plan* : plan = schéma d'évacuation.
— *route* : itinéraire d'évacuation.

event : événement.
— *tree* : arbre des événements.
fortuitous — : événement fortuit.

evidence : preuve.
— *of age* : certificat d'âge.
— *of health* : déclaration de santé.

ex :
— *ship* : à bord du navire.
— *works* : départ usine.

examination : examen.
medical = *physical* — *[L]* : examen médical [V].

examiner [L] (1) : examinateur.
— = *medical* — : médecin examinateur = conseil = contrôleur [V].

examiner (2) : ** autorisateur [I].

except : sauf...
— *as may be agreed and subject to special premium* : sauf convention et prime spéciales.

exception = **specific exclusion** : exclusion (particulière).

excess (1) : franchise ; ligne.
— = *deductible franchise [M]* = *fixed sum* — = *deductible average* : franchise déduite = absolue = forfaitaire.
aggregate working — : franchise primaire globale.
automobile liability — = — *indemnity policy [USA]* : police responsabilité civile automobile 2e ligne (risque aggravé).
first (etc.) — *policy* : police deuxième (etc.) ligne.
percentage — : franchise en pourcentage.
voluntary — *[MV]* : franchise facultative [A].
working — : franchise primaire = de base = de première ligne.

excess (2) [RE] : excédent.
— *cover treaty* : traité d'excédent = traité de trop-plein.
— *ins.* : + insurance.
— *insurer* : assureur de lignes en excédent.
— *limit* : + limit.
— *line* : + line.
— *line broker* : + broker.
— *of loss cover* : garantie des excédents de sinistres.
— *of loss ratio treaty* = *stop-loss treaty* : traité de ré. des excédents de pourcentage de sinistres.
— *of loss re.* : ré. en excédent de sinistres.
— *of own retention* : excédent.
damage — = — *of loss* = — *loss* : excédent de sinistres (gros sinistres).

excess disablement : surinvalidité.

excess mortality [L] : surmortalité [V].

Exchange : ** Bourse.
— *member [USA]* : membre de la Bourse des ass. de New-York.
New-York ins. — : Bourse des ass. de New-York.

exclusion : exclusion (générale).

exec. (executive) [USA] : cadre dirigeant.

exemplary damages [USA] : + damages.

ex gratia payment : + payment.

exhibition : exposition.
— *risks ins.* : ass. tous risques exposition.

exit (1) : issue ; évacuation.
— *drill* : exercice d'évacuation.
— *sign* : panneau indicateur de sortie.

exit (2) [L] : sortie [V].
abnormal — : sortie anormale.
age at — : âge à la sortie.
early — : sortie prématurée.

normal — : sortie normale.
expectancy : espérance ; attente ; ** prévision.
   life — : espérance de vie.
   normal loss — : sinistres prévisibles = attendus.
expectation [L] : espérance [V].
   — *of life* : espérance moyenne de vie = probabilité de vie = longévité.
   — *of life tables* = *survival tables* : tables de survie.
   actuarial — : espérance mathématique.
   complete — *of life* : espérance complète de vie.
   curtailed — *of life* : espérance abrégée de vie.
expenditure :
   capital — : investissements.
expenses : frais.
   — *ratio* : rapport primes/frais exposés.
   accrued — : charges à payer = de prestation.
   additional living — *[F] [USA]* : ** privation de jouissance [I] (ass. des particuliers).
   burial = *funeral* — : frais funéraires = d'obsèques.
   clean-up — : frais de nettoiement.
   cremation — *ins.* : ass. des frais d'incinération = de crémation.
   expediting — : frais d'expédition accélérée.
   extra — *ins. [F] [USA]* : ass. de frais supplémentaires [I] = ass. privation de jouissance [I].
   fixed — : frais fixes.
   general — : charges administratives de gestion = frais généraux.
   incurred — : frais engagés.
   investment — : charges de(s) placement(s).
   management = *administration* — : frais de gestion = d'administration.
   medical and surgical — : frais médicaux et chirurgicaux.
   medical — = *costs of medical care* : frais médicaux = de traitement médical.
   operating — : charges d'exploitation.
   production and administration — : charges de production et de gestion.
   removal of wreck — *[M]* : frais de retirement.
   working — : frais variables.
experience : statistique ; antécédents.
   — *modification* : modification de la statistique.
   — *rated* : tarifé selon les antécédents.
   — *rating* : tarification selon la statistique.
   accident year — : statistique annuelle.
   calendar year — : statistique année calendrier.
   policy year — : statistique de l'exercice d'assurance.
   shock loss — *[USA]* : statistique des sinistres de pointe.
expiration : expiration.
   — *card* : fiche d'expiration.
   — *file* : fichier des expirations.
   — *notice* : avis d'expiration.
expiry : expiration ; arrivée à terme = terme.
explosion : explosion.
   — *ins.* : ass. contre les explosions.
   — *proof electrical equipment* : matériel électrique anti-déflagrant.
   — *risk* : risque d'explosion.
   inherent — : explosion naturelle = non accidentelle.
export : exportation.
   — *credit ins.* : ass. crédit à l'exportation.
exposure (1) [USA] : exposition au risque ; vulnérabilité.
   loss — : exposition à une perte.
   risk — : exposition au risque.
exposure (2) [USA] : taille du risque.
exposure (3) [USA] : contiguïté.
   — *hazard* : risque de voisinage = de contiguïté.
extended coverage [F] [USA] : extension à des risques annexes [I].
extended terms ins. : ass. à prolongation automatique.
extension : extension.
   — *of cover* : extension de couverture.
   — *of time* : prorogation.
extinguishant a. : produit = agent extincteur.
extinguisher = «extincteur» : extincteur.
   anti-freeze — : extincteur antigel.
   carbon dioxide — : extincteur à gaz carbonique.
   carbon dioxide snow — : extincteur à neige carbonique.
   chemical — : extincteur à poudre.
   chemical foam — : extincteur à mousse chimique.
   dry powder — : extincteur à poudre sèche.
   general fire — : extincteur polyvalent.
   halogen — : extincteur à halogène.
   hand-operated — : extincteur manuel.
   mobile — : extincteur mobile.
   portable — : extincteur portatif.
   recharging — : recharge d'extincteur.
   remotely operated — : extincteur commandé à distance.

Lexique : anglais/américain - français

soda acid — : extincteur à acide carbonique.
water type — : extincteur à eau.
wheel — : extincteur sur roues.

extinguishing : extinction.
— *agent* : agent d'extinction.
— *appliances [F]* : moyens d'extinction [I].
fire — *installation* : installation d'extinction incendie.

extra expense ins. [F] [USA] : + expenses.
extra premium : surprime.
— — *for climatic risk* : surprime climatique.
— — *for occupation* : surprime professionnelle.
— — *for residence abroad* : surprime de résidence à l'étranger.
— — *for tropical residence* : surprime tropicale.
accepted at an — — : accepté avec surprime.
flat — — : surprime forfaitaire.

E

Terms	Translation

face amount [USA] : montant de la garantie = capital assuré.
factor : coefficient.
 early retirement — : coefficient d'anticipation de retraite.
 extraction — : coefficient d'extraction.
 late retirement — : coefficient d'ajournement de retraite.
facultative a. : facultatif(ve).
 re. — : ré. facultative.
 — *obligatory treaty* : traité facultatif obligatoire.
failure : échec = défaut.
 launch — *[AV]* : échec = défaillance de lancement = de tir.
 power — : coupure de courant.
faith : foi.
 good — : bonne foi.
 utmost good — : bonne foi absolue.
fall : chute.
 — *in premium income* : diminution = chute d'encaissement.
falling aircraft [F] : chute d'aéronef [I].
family a. : familial(e).
 — *history [L]* : antécédents familiaux [V].
 — *income ass. [L]* = *protection ass.* = *maintenance ass.* : ass. rente familiale [V].
 — *protection ass. with limited income benefit [L]* : ass. familiale avec rente temporaire [V].
 — *protection coverage [MV] [USA]* = *uninsured motorist protection [MV]* : garantie insolvabilité des tiers [A].
farmer's mutual plan : mutualité agricole.
farming mutual : mutuelle agricole.
fault + no-fault : faute.
 — *tree* : arbre des causes.
faulty a. : défectueux ; défectueuse.
 — *design* : défaut de conception.
 — *material* : matériaux défectueux.
 — *workmanship* : défaut de mise en œuvre = de main d'œuvre ; erreur de fabrication = de construction.
fees : honoraires.
 agency — : honoraires d'agence.
 architect's — : honoraires d'architecte.
 assessor's = *surveyor's* — : honoraires d'expert.
 auditor's — : honoraires d'expert-comptable.
 contingency — *[USA]* : honoraires conditionnels (proportionnels en cas de succès).
 finder's — *[USA]* : ** commission d'apport = d'apporteur.
 medical = *physician's* — : honoraires médicaux.
 retainer — : honoraires de réservation (de services professionnels)
 reverse finder's — *[USA]* : ** rétrocession inverse de commission.
 settling — : honoraires de règlement.
 solicitor's — : honoraires d'avoué.
 tuition — *ins.* : ass. des frais d'études = de scolarité.
 veterinary — : honoraires de vétérinaire.
fellow : membre ; associé.
female life [L] : tête féminine [V].
fermentation : fermentation.
 damage by — *[F]* : dommage de fermentation [I].
fidelity : fidélité ; loyauté.
 — *ins. bond* : ass. détournements et escroqueries du fait des employés.
fiduciary : mandataire.
 — *bond* : caution de bonne exécution de mandat.
field (1) [USA] : circonscription.
 — *force* : services extérieurs = effectifs de production.
 — *man* : inspecteur de circonscription.
field (2) [USA] : branche.

Lexique : anglais/américain - français

file and use [USA] : déclaration et application.
filing [USA] : enregistrement ; agrément.
 preferred — : enregistrement = agrément de préférence.
financing : + risk.
fire : feu ; foyer ; incendie.
 — *alarm* : avertisseur d'incendie.
 — *blanket* : couverture pare-flammes.
 — *break* : coupe-feu.
 — *brigade* : corps de sapeurs-pompiers.
 — *brigade charges* : taxe des sapeurs-pompiers = de prévention incendie.
 — *brigade = organization* : service d'incendie = de sécurité.
 — *commissioner [USA]* : directeur du service incendie.
 — *curtain* : rideau coupe-feu.
 — *damage = loss* : dommage causé par le feu = d'incendie.
 — *division* : séparation coupe-feu.
 — *door* : porte coupe-feu.
 — *drill* : exercice d'incendie.
 — *engine [UK]* : fourgon d'incendie.
 — *entry (protection) suit* : scaphandre de feu = de pompier.
 — *escape* : issue de secours.
 — *extinguisher* : extincteur incendie.
 — *fighter* : pompier = sapeur-pompier.
 — *fighting* : lutte contre l'incendie.
 — *fighting agent* : agent de lutte contre l'incendie.
 — *fighting equipment* : moyens de secours contre l'incendie.
 — *fighting plan* : plan d'intervention contre l'incendie = plan d'attaque.
 — *hose* : tuyau d'incendie.
 — *hydrant* : bouche d'incendie = poste d'eau.
 — *ins.* : ass. incendie = contre l'incendie.
 — *instructions* : consignes en cas d'incendie.
 — *ladder* : échelle d'incendie.
 — *load* : charge calorique.
 — *loss adjuster* : expert sinistre incendie.
 — *mark* : plaque incendie.
 — *marshall (Canada)* : commissaire aux incendies.
 — *marshal [USA]* : directeur de la sécurité incendie.
 — *mutual = fire ins. fund* : caisse d'ass. contre l'incendie.
 — *pail* : seau d'incendie.
 — *picket* : piquet d'incendie.
 — *plate* : + — mark.
 — *plug* : bouche d'incendie.
 — *prevention* : prévention incendie.
 — *proof* : à l'épreuve du feu = ignifuge.
 — *pump* : pompe d'incendie.
 — *regulations = procedures* : consignes d'incendie.
 — *resistance rating* : taux de résistivité = résistance au feu.
 — *resistant* : réfractaire.
 — *resistive* : résistant au feu.
 — *retardant* : retardateur incendie = ignifuge.
 — *risk* : risque d'incendie.
 — *spread* : propagation d'incendie.
 — *stairs* : escalier de secours.
 — *station* : poste de pompiers = de secours incendie.
 — *truck* : camion d'incendie.
 — *under control* : feu circonscrit.
 — *wall* : mur coupe-feu.
 — *well* : puits d'incendie.
 — *window* : fenêtre coupe-feu.
counter — : contre-feu.
creeping — : feu rampant.
direct — heat : feu nu.
earthquake — : incendie sismique.
electrical — : incendie d'origine électrique.
first loss — ins. : ass. au premier feu.
friendly — : feu de foyer domestique.
genuine — : incendie véritable.
high-rise — : incendie d'immeuble de grande hauteur.
hostile — : incendie.
large — : gros incendie = incendie grave.
outbreak of — : début de l'incendie.
probable — loss : coup de feu envisagé = probable.
running — : feu courant.
subterranean — : feu souterrain.
fireman : pompier ; sapeur-pompier.
 permanent — : sapeur-pompier permanent.
 voluntary — : sapeur-pompier volontaire = non-professionnel.
fire-proof = fire retardant : incombustible ; ininflammable ; ignifuge.
 — *= fire-resisting = fire-resistive construction* : construction incombustible.
 — *flooring* : plancher coupe-feu.
fire-proofing : ignifugation.
fire-resisting : incombustible ; résistant au feu.
 — *metal shutter* : rideau métallique pare-flammes.
firm : entreprise ; société.
 broking — : société de courtage.
first a. : premier(e).
 — *commission* : commission d'acquisition.
 — *loss [ACC]* : premier risque.
 — *loss fire ins.* : ass. au premier feu.
 on — death [L] : au premier décès [V].

first-aid : premiers soins.
— *center* = *station* : poste de secours.
— *equipment* : matériel de premiers soins = de secours.

fiscal a. : fiscal.
— *year* : exercice fiscal.

fixed a. : forfaitaire ; fixe.
— *objects [M]* : corps fixes.
— *term ass. [L]* : ass. à terme fixe [V].
— *premium* : prime forfaitaire.
— *premium policy* : police à prime forfaitaire.
— *sum excess* : franchise forfaitaire.

fixtures : agencements.
— *and fittings* : biens = équipements immobiliers.
additional — : biens immobiliers par incorporation.
permanent — *and fittings* : biens immobiliers par destination.

flammability : inflammabilité.

flammable : inflammable.

flash : éclair.
— *point* : point éclair.

fleet : flotte ; parc.
— *of motor cars* : parc d'automobiles.
— *policy [MV]* : police flotte [A].
— *rating* : tarification flotte.
synthetic — : flotte artificielle.

«flex» [L] [USA] + benefits

flight [AV] : vol.
in — : en évolution.

floater [USA] : garantie à tous endroits = « flottant».
installation — : ** ass. tous risques montage.
tourist = *personal effects* — : tous risques flottante sur effets personnels des touristes et voyageurs.

floating a. : flottant(te).
— *cover* : garantie flottante.
— = *floater policy [USA]* : police flottante = d'abonnement.

flood : inondation.
— *ins.* : ass. contre les inondations.

floor [F] : étage [I].
fire-proof — : étage voûté.
substandard — : étage ordinaire.

flow sheet : schéma de principe = de fabrication.

flying hours [AV] : heures de vol.

foam [F] : mousse [I].

— *carpet* : tapis de mousse.
— *extinguisher* : extincteur à mousse.
— *generator* : générateur à mousse.
— *liquid* : mousse liquide.
— *pattern* : nappe de mousse.
air — : mousse mécanique = à air = physique.
expansion — : mousse à foisonnement.
heavy — : mousse dense.
high expansion air — : mousse mécanique légère.
high expansion — : mousse à haut foisonnement = légère.
low expansion — : mousse à bas foisonnement = lourde.
mechanical — : + air.
medium expansion — : mousse à foisonnement moyen.
multi-purpose — : mousse à usages multiples.
synthetic — : mousse synthétique.

following form basis [ACC] : selon les mêmes termes et conditions (lignes successives).

food poisoning : intoxication alimentaire.

force : force.
« — *majeure* » = *act of God* : force majeure.
— *of mortality [L]* : taux instantané de mortalité [V].

foreclosure : forclusion.

forfeiture : déchéance.
— *clause* : clause de déchéance.
— *of premiums* : sans bénéfice de ristourne.
— *of rights* : déchéance des droits.

forgery : faux en écriture ; falsification ; contrefaçon.
— *bond* : garantie des faux en écriture.
depositors — : contrefaçon préjudiciable aux déposants.

foreign : + company + insurer.

form : bulletin ; formulaire.
adhesion — *[L]* : bulletin d'adhésion [V].
claims report — : formulaire de déclaration de sinistre.
manuscript — : «intercalaire» = conditions particulières.
policy — : formulaire de police.
proposal — : formulaire de proposition.
standard = *uniform* — : formulaire type.

formal notice = **official notification** : mise en demeure.

fortuitous a. : fortuit(e).
— *event* = *accidental case* : cas fortuit.

fortune : + reinsurer.

Lexique : anglais/américain - français

foundation : fondation.
— *exclusion clause [F]* : clause d'exclusion des fondations [I].

franchise : franchise.
— = *deductible clause [USA]* : clause de franchise.
— = *ordinary franchise* = *franchise deductible [USA]* : franchise atteinte = simple = relative.
— *insurance [L]* : assurance de groupe à polices individuelles [V].

fraternal benefit : secours mutuel.
— — *society* : caisse de secours mutuels.

fraternal fund : fonds de secours mutuels.
— — *insurance [L]* : assurance sans but lucratif (amicales et associations) [V].

fraud : dol. ; fraude ; escroquerie.
maritime — : fraude maritime.
ins. — : escroquerie à l'ass.

free a. [M] : franc ; franco.
— *alongside ship* = *alongside quay* : franco à quai = sous palan.
— *of average absolutely* : franc d'avaries absolument.
— *on board* : franco à bord.
— *of capture and seizure* : franc de capture et de saisie.
— *of particular average absolutely* : franc d'avaries particulières absolument.
— *of particular average unless* : franc d'avaries particulières sauf.
— *of reported casualty* : franc de sinistres déjà déclarés.
— *of strikes, riots and civil commotion* : à l'exclusion des grèves, émeutes et mouvements populaires.

freight = **freightage** : cargaison ; fret.
—, *carriage and insurance* : fret, port payé assurance comprise.
— *ins.* : ass. du fret.
advanced — : fret payé à l'avance.
collect — : fret payé à destination.
guaranteed — : paiement fret garanti.
pre-paid — : fret total payé à l'avance.

freighting : affrètement.

frequency : fréquence.
— = *interval rate* : taux de fréquence = de périodicité.
accident — : fréquence des accidents.
loss — : fréquence des sinistres.

friendly = **collecting society [L]** : société de secours mutuels = de collecte [V].

fringe a. : ** additionnel ; marginal.
— *benefits* : avantages sociaux.

— *market* : marché marginal.

to front (v.) : prêter son nom = sa façade.

fronter [USA] : qui prête son nom = sa façade.

frontier : frontière.
— *ins. certificate [MV]* : attestation d'ass. souscrite à la frontière [A].

fronting : prêtant son nom = sa façade.
— *company* = *underwriter* : compagnie prête-nom = de façade.
— *policy* : police de façade.

frost : gel.
— *damage ins.* = *freezing ins.* : ass. contre le gel.

full signed line : risque totalement placé.

fund : caisse ; fonds ; réserve.
— *open to new business [L]* : groupe ouvert [V].
claims settlement — : fonds de règlement des sinistres.
closed — *[L]* : groupe fermé [V].
complementary — : fonds social complémentaire.
contingency — : réserve pour éventualités diverses.
contributory sickness — : caisse maladie.
death benefit — = *mutual death benefit society [L]* : caisse de secours en cas de décès [V].
equalization — : fonds de compensation.
equity — : fonds d'investissement en actions.
fire ins. — = *fire mutual* : caisse d'ass. contre l'incendie = caisse départementale.
guarantee — : fonds de garantie.
industrial injuries — : caisse d'accidents du travail.
initial development — : fonds d'établissement.
ins. — : fonds d'ass.
investment — : fonds d'investissement.
life — : réserves mathématiques [V].
monopolistic State — *[USA]* : monopole d'Etat de l'ass. accidents du travail.
mutual — : ** sicav.
mutual ins. — : caisse d'ass. mutuelle.
pension = *retirement* = *superannuation* — : caisse de retraite.
property — : fonds d'investissement immobilier.
social ins. — : caisse d'ass. sociales.
staff benefit = *staff provident* — : caisse mutuelle des employés.
State ins. — : caisse d'ass. d'État.
trust — *[LL]* : caisse centrale.
trust — *[USA]* : dépôt de garantie (des sociétés étrangères).

trust — : institution de fidéicommis.
unemployment — : caisse de chômage.

fund-holder : rentier(e).

funding : financement; constitution d'un fonds; capitalisation.
— *agreement* : convention de capitalisation financière.
— *of risks* : financement des risques.
internal — : auto-financement.
post — : post-financement.
pre — : pré-financement.
retrospective — : financement rétrospectif.

funeral expenses : frais d'obsèques.

furniture : meubles ; mobilier.
— *and equipment* : matériel, mobilier et agencements.
— *ins. = household goods ins.* : ass. des meubles = des objets mobiliers.
locked — : meuble fermé à clef.

fuse : fusible.

fusible a. : fusible.
— *link* : lien = maillon fusible.

F

Terms	Translation

gain : plus-value.
  realized (capital) — : plus-value de = sur cession = de réalisation.
  unrealized (capital) — ; plus-value latente.

gap : discontinuité ; disparité.
  — *in coverage* : «trou» de garantie.

garage : garage.
  approved = selected — : garage conventionné = agréé.
  home — : lieu de garage.

general average [M] : avarie grosse = commune.

generator : générateur.
  foam — *[F]* : générateur à mousse [I].

glass ins. = plate glass ins. [USA] : ass. bris de glaces.

gong : gong ; cloche.
  — *alarm* : cloche d'alarme.

good faith : bonne foi.
  in — = *bona fides* : de bonne foi.
  utmost — = *uberrima fides* : bonne foi absolue.

good life [L] : bon risque [V].

good practice : règles de l'art.
  according to — : selon les règles de l'art.

goods : facultés [M] ; marchandises.
  — *afloat* : marchandises sur mer.
  — *in container* : marchandises en conteneur.
  — *in the open* : marchandises à l'extérieur = à l'air libre.
  — *in process* : marchandises en cours de fabrication = «les en cours».
  — *in stock = stock-in-hand = stock in trade* : marchandises en magasin.
  — *in transit* : marchandises transportées = en cours de transport.
  dangerous — *[M]* : marchandises dangereuses.
  undelivered — : marchandises manquantes.

goodwill ins. [F] : ass. de la perte du droit au bail = ass. valeur vénale des fonds de commerce [I].

grace period : délai de paiement (en cas de renouvellement).

gridiron [F] [USA] : réseau maillé [I].

gross earnings form [F] [USA] : + earnings.

gross limit = line : part brute en risque.

ground : sol ; terrain.
  — *coverage [AV]* : couverture au sol.
  — *risk [AV]* : risque au sol.
  on the — *[AV]* : au sol = à terre.

grounded [AV] : cloué au sol.

grounding [AV] : maintien au sol = empêchement de vol.
  — *coverage* : couverture du risque d'empêchement de vol.

grounding [F] : mise à la masse ; à la terre [I].

grounding [M] : échouement.

group : groupe.
  — *accident and health ins. [USA]* : ass. groupe accidents et maladies.
  — *enrollment card* : fiche d'inscription à police de groupe.
  — *ins.* = — *annuities [USA] [L]* : ass. groupe [V].
  — *life ass.* : ass. groupe sur la vie.
  age — *[L]* : groupe d'âge [V].
  rating — *[MV]* : groupe de tarification [A].

guarantee : garantie.
  — *fund* : caisse = fonds de garantie.
  contract — : garantie contractuelle.
  financial — : garantie financière.
  full out-turn — *[M]* : garantie de la différence de poids.
  products — *[ACC]* : garantie bonne tenue de produits.

guide + line :
  — *slip [LL]* : fiche de souscription indicative.

G

Terms	Translation

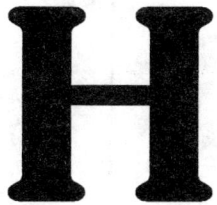

hacker [USA] : pirate informatique.
hail : grêle.
— *ins.* = *hailstorm ins.* : ass. contre la grêle.
— *storm* : orage de grêle.
— *storm crops ins.* = *crop-* — *ins.* : ass. grêle des récoltes.
State — *fund [USA]* : caisse grêle d'État.
halon : halon.
handling : gestion.
— *commission* : commission de gestion.
claims — : gestion de sinistres.
hanger [F] : support [I].
hazard : aléa ; risque.
— *classification* : catégorie de risque.
— *control* : contrôle des risques.
accident — : risque d'accident.
average — : risque moyen.
extra light — *[F]* : risque très léger [I].
moral — : risque moral = subjectif.
occupational — : risque professionnel.
ordinary = *common* — : risque ordinaire.
physical = *material* — : risque physique = objectif = matériel.
very high — = *target risk* : risque très lourd = de pointe = gros risque.
hazardous a. : dangereux ; risqué.
— *area* : zone dangereuse.
— *goods* : marchandises dangereuses.
— *material* : matériaux dangereux.
— *occupation* : profession dangereuse.
— *waste* : déchets toxiques.
head : tête ; + sprinkler.
— *guard* : protecteur de tête.
fused — : tête éclatée.
sprinkler — : tête d'extincteur automatique = d'arrosage = diffuseuse.
health : santé.
— *certificate* = *evidence of* — : certificat de santé.
— *check-up* : bilan = examen de santé.
— *ins. [USA]* = — *ins. benefits [USA]* : ass.

santé = ** ass. maladie.
— *maintenance organization [USA]* : organisation de médecine préventive et curative.
group — *ins. [USA]* : ass. santé de groupe.
permanent — *ins.* : assurance santé à garantie viagère.
held covered : tenu couvert.
— — *at a rate to be advised [LL]* : tenu couvert sous réserve de tarification.
hijacker [USA] : pirate terrestre.
hijacking [USA] : piraterie terrestre.
history : antécédents.
bad family — : tare héréditaire.
family — : antécédents familiaux.
medical — : antécédents médicaux.
hold harmless agreement [USA] : + agreement.
holder : détenteur(trice) ; porteur ; titulaire.
policy- — = *policy-owner [USA]* : détenteur = porteur de la police.
hold up [USA] : «hold-up» = attaque à main armée = braquage = ** coup de Chantilly.
to hold up (v.) : braquer.
home garage = garaging area : lieu de garage.
home service agent : démarcheur.
home service ins. : ass. de porte à porte.
honesty :
— *clause* : clause de bonne foi.
hook damage [M] : dommage par coup de crochet.
hose : tuyau.
— *cabinet* : placard = réserve à tuyaux.
— *reel* : dévidoir à tuyaux.
— *station [USA]* = — *reel cabinet* : robinet d'incendie armé.
— *strap* : porte-tuyaux.
delivery — : tuyau de refoulement.
fire — : tuyau d'incendie.

Lexique : anglais/américain - français

suction — : tuyau d'aspiration.

hospital income ins. [USA] : ** assurance des indemnités journalières en cas d'hospitalisation.

hospitalization : hospitalisation.
— *ins. = hospital benefit ins.* : ass. des frais d'hospitalisation.

hostile fire : + fire.

hostilities : hostilités.
— *whether war is declared or not* : hostilités avec ou sans déclaration de guerre.

house : immeuble ; maison.
private dwelling — : maison particulière.

house breaking : cambriolage.

household goods : mobilier domestique.

household ins. = domestic ins. : ass. des particuliers.

housekeeping [F] : entretien des locaux = tenue du risque [I] .

hull : corps.
— *ins.* : ass. sur corps.
— *market* : marché corps.
— *value* : valeur corps.
aircraft — ins. : ass. sur corps aériens = ass. «casse».
marine — ins. : ass. sur corps de navire.
ocean — ins. : ass. sur corps maritimes.
river — ins. : ass. sur corps fluviaux.

human element : facteur humain.

hunting : chasse.
— *ins.* : ass. chasse = ass. responsabilité civile du chasseur.

hydrant : bouche d'eau.
— *toggle* : pèse bouche d'eau.
fire — : bouche d'incendie.
frost-proof — : bouche d'incendie anti-gel.
pillar = post — : poteau = borne d'incendie.

hygiene : hygiène.
industrial — : hygiène du travail.

H

Terms	Translation

ignition : combustion ; inflammation.
— *point* : point d'inflammabilité.
self- — : auto-combustion.

impact : choc ; heurt.
— *damage* : dommage par choc = par heurt.
— *by any road vehicle [F] = vehicle impact [F] [USA]* : choc de véhicule terrestre [I].

impaired a. : taré(e).
— *lives* : risques tarés.
— *risk* : risque aggravé.

implied warranty : + warranty.

implosion : implosion.

improvements : embellissements.

incendiarism : incendie volontaire = dû à la malveillance.

incendiary a. : incendiaire.

incentive : motivation ; incitation ; prime.
financial — : motivation = prime financière.
safety — : prime de sécurité.

inception : effet ; prise d'effet.
— *= effective = attachment date* : date d'effet.

incidence : fréquence.
— *of cancellations* : fréquence des annulations.
— *of loss* : fréquence des sinistres.

income : revenu ; produit ; recette.
— *tax* : impôt sur le revenu.
business — *coverage* : couverture des pertes d'exploitation.
disability — : rente d'invalidité.
family — : revenu familial.
gross — : revenu brut.
investment — : produits de(s) placements = financiers.
operating — : bénéfice = résultat d'exploitation.
taxable — : revenu imposable.

increase : aggravation ; augmentation ; majoration.
— *for age [L]* : majoration d'âge [V].
— *endorsement* : avenant d'augmentation.
— *of hazard = of risk* : augmentation = aggravation de risque.
— *in premium = premium up* : augmentation = majoration de la prime.
— *in rate* : majoration du taux.
— *= accumulation in risk* : aggravation du risque.
— *of sum insured = of sum assured [L]* : augmentation de la somme assurée.
— *in value* : plus-value.
tariff approved — : majoration syndicale.
temporary — : majoration temporaire.

increased a. : aggravé(e) ; majoré(e).
— *premium* : prime majorée.

to incur (v.) : encourir ; subir.
— *debt* : contracter une dette.
— *liability* : être responsable.
— *loss* : subir une perte.
— *risk* : encourir un risque.

incurred : + claims.

indemnification : indemnisation.

to indemnify (v.) : indemniser ; dédommager ; compenser.

indemnitee : bénéficiaire d'une indemnité.

indemnitor : débiteur d'une indemnité.

indemnity : indemnisation ; indemnité.
— *agreement* : convention d'indemnisation.
— *company [USA]* : compagnie accidents.
— *period* : période d'indemnisation.
lump sum — : indemnité forfaitaire.
partial — *clause [MV] [UK]* : clause d'indemnisation partielle [A].
proportional reduction in — : réduction proportionnelle d'indemnité.

independent adjuster [F] : expert libre = indépendant [I].

Lexique : anglais/américain - français

Index : fichier ; indice.
— *clause* : clause d'indice variable.
— *linked ins.* : ass. indexée.
construction cost — : indice du coût de la construction.
cost of living — : indice du coût de la vie.
cost of repairs — *[M]* : indice des frais de réparation.
name = policyholder's = central card — : fichier clients.
renewal — : indice d'échéance.
wage — : indice des salaires.

Indexing : indexation.

Indisputability : incontestabilité.
— *clause [L]* : clause d'incontestabilité [V].

Industrial a. : industriel(le) ; ** populaire [V].
— *accident* : accident du travail.
— *agent [L]* : agent branche populaire [V].
— *disease* : maladie professionnelle.
— *fire risk ins.* : ass. incendie des risques industriels.
— *life ass.* : ass. vie populaire.
— *risk [F]* : risque industriel [I].

Injured a. : accidenté(e), blessé(e) ; lésé(e), sinistré(e).
— *party* : partie lésée.
— *person* : personne accidentée = blessée
— *third party* : tiers lésé.

Injury : blessure ; dommage ; lésion ; préjudice.
— *rate* : taux d'incapacité.
accidental bodily — : dommage corporel accidentel.
bodily — : dommage = préjudice corporel.
compensable — : préjudice indemnisable.
cumulative — : préjudice accumulé.
occupational = work — : accident du travail.
personal — : préjudice personnel.
recreational — : accident de loisirs.
self — : mutilation volontaire.
wilful = intentional — : blessure intentionnelle.

Inland marine ins. [USA] : ass. multirisque des objets transportés ou transportables (sauf maritime).

Inland waterways ins. [M] : ass. fluviale = ass. de navigation intérieure.

Innavigability : innavigabilité.

Inpatient : patient hospitalisé.

Inset : feuillet intercalaire.

Insolvency : insolvabilité.

Inspection : inspection.

Inspector : inspecteur(trice).

chief = senior — : inspecteur général.
claims — : inspecteur régleur = inspecteur sinistres.
district — *= special agent [USA]* : inspecteur divisionnaire.
new business — : inspecteur producteur.

Installation : installation.
deluge — : installation à déluge.
dry pipe — : installation à canalisation sous air.
fire protection — : installation de sécurité contre l'incendie.
preaction — : installation à préaction.
sprinkler — : installation d'extinction automatique à eau.
wet pipe — : installation à canalisation sous eau.

Installation floater [USA] : ** ass. tous risques montage.

Instalment of an annuity : arrérages de rente.

Institute : Institut.
— *of London Underwriters* : Institut des souscripteurs de Londres.
American — *of Marine Underwriters* : Institut américain des souscripteurs maritimes.
American — *of Property and Liability.*
Underwriters : Institut américain des souscripteurs dommages et responsabilité.

Insult : atteinte ; dommage.
environmental —*s [USA]* : dommages causés à l'environnement.

Insurability : assurabilité.
requirement for — : condition d'assurabilité requise.

Insurable a. : assurable.
— *interest* : intérêt assurable.
— *risk* : risque assurable.
— *value* : valeur assurable.

Insurance : assurance.
— *broker* : courtier d'ass.
— *business* : les ass. = l'ass. en général.
— *carrier [USA]* : assureur.
— *commissioner [USA]* : + commissioner.
— *company adjuster* : expert de compagnie d'ass..
— *consultant = adviser* : conseil en ass.
— *council* : ** conseil national des assurances.
— *fraud* : escroquerie à l'ass.
— *in force* : ass. en cours.
— *law* : droit des ass.
— *manager* : chargé = responsable = gestionnaire des ass.

74

— *manual* : guide des ass.
business income — : ass. de pertes de revenus = pertes d'exploitation.
to carry — : être assuré
co- — : coassurance.
coinsurance [USA] : + coinsurance.
collectible — : ass. à primes encaissables.
commercial — : ass. des entreprises.
convertible — : ass. transformable.
cut price — : ass. au rabais.
deductible — : ass. de la franchise.
domestic — : ass. locale = territoriale.
excess — : ass. en excédent.
government — : ass. d'Etat.
government operated automobile — plans : régimes d'ass. automobile étatiques.
group legal — [USA] : ass. protection juridique.
guaranteed cost — : ass. à prime fixe.
home service — : ass. de porte à porte.
land = non marine — : assurance terrestre.
loss = damage = casualty — [USA] : assurance de dommages.
no-fault — [MV] [USA] : ass. sans égard à la responsabilité = « sans faute » [A].
over- — : surassurance = excès d'assurance.
preliminary term — [L] : ass. temporaire préalable [V].
premium penalty — : ass. de la règle proportionnelle de prime.
primary — : ass. de base = de première ligne.
prior — : ass. précédente.
private — : ass. privée.
social — : ass. sociales.
State — : ass. d'Etat.
straight term — : ass. à terme fixe.
subsisting — : ass. existante.
under- — : sous-assurance = insuffisance d'ass.
universal life — [USA] : ass. vie (à prime et capital) variable.
variable life — : ass. vie à capital variable.
wrap-up — program [USA] : programme global d'ass. construction.

Insured a. : assuré(e).
— *object = matter = property* — : chose assurée.
— *sum* : valeur assurée.
comprehensively — [MV] : assuré tous risques [A].
self- — : auto-assuré.

insured = insuree : assuré(e).
additional — : assuré supplémentaire.
named — : assuré dénommé.

Insurer : assureur.
board — [USA] : assureur membre de bureau de tarification.
captive — : assureur «captif» = privé.
co- — : coassureur.
commercial — : assureur commercial.
composite — [UK] : assureur toutes branches.
conventional — : assureur classique.
direct = direct writing — : assureur direct.
domestic — [USA] : assureur autochtone.
foreign — = alien carrier [USA] : assureur étranger.
foreign — [USA] : assureur étranger à l'Etat.
leading — = leader : assureur apériteur.
main = principal — : assureur principal.
mushroom — : assureur éphémère.
mutual = co-operative — : assureur mutualiste.
primary — : assureur d'origine = de base.
self- = own — : propre assureur.

to insure (v.) : assurer = s'assurer.
— — *with* : s'assurer auprès de.

insuror [USA] : agent membre de l'association nationale des agents d'ass.

intangible assets : biens immatériels.

intent : intention.
felonious — : intention criminelle.
wilful — : intention de nuire = faute intentionnelle.

interest (1) : intérêt ; risque.
— *for delay = on arrears* : intérêts moratoires = de retard.
— *profit* : bénéfice d'intérêt.
accrued — : intérêt couru.
additional — : assuré additionnel.
compound — : intérêts composés.
insurable — : intérêt assurable.
rate of — : taux de l'intérêt.

interest [M] (2) : aliment.
declaration of — : déclaration = avis d'aliment.
full — admitted : intérêt assurable reconnu.

interinsurance exchange [USA] = reciprocal exchange [USA] : ** mutuelle privée à cotisations variables.

interruption : interruption.
— *ins. [F]* : ass. du risque d'interruption [I].
— *risk* : risque d'interruption.
business — ins. [F] : ass. pertes d'exploitation [I].

introducing agent : indicateur.

invasion : atteinte.
— *of privacy* : atteinte à la vie privée.
— *of rights* : atteinte aux droits d'autrui.

Lexique : anglais/américain - français

to investigate (v.) : enquêter ; rechercher.
  to — a claim : instruire un sinistre.
investment : placement.
  — income : produits financiers.
  — in real property : placement immobilier.
  — = closed trust [USA] : fonds d'investissement fermé.
  fixed — : placement fixe de capitaux.
  institutional — : investissement institutionnel.
  mortgage — : placement hypothécaire.
  profit on —s : bénéfice de placements.
investor : investisseur.
  institutional — : investisseur institutionnel.
irrespective of percentage [M] : sans application de la franchise.

issuance : émission.
  — of a policy : émission d'une police.
issue : émission ; établissement.
  — age = age at — [L] : âge à la souscription [V].
to issue (v.) : émettre ; établir.
  — a policy = a receipt : émettre une police = une quittance.
item : article.
  additional — : article supplémentaire.
  floating — : article flottant.
  optional — : article facultatif.

Terms	Translation

jacket [USA] : couverture.
   policy — : couverture de police (avec conditions générales).
jet [F] : lance [I].
   fire — = *fire branchpipe* : lance à incendie.
jetsam [M] : marchandises jetées à la mer (pour alléger le navire).
   — *and flotsam* : choses de flot et de mer.
jettison [M] : jet à la mer.
   — *and washing overboard* : jet à la mer et enlèvement par les lames.
jeweller : bijoutier.
   — *'s all risks ins.* = — *'s block ins.* : ass. tous risques bijoutier.
jewellery = jewels : bijoux.
   — *all risks ins.* = — *floater ins.* [USA] : ass. tous risques bijoux.
jobber [USA] : sous-traitant.
joint a. : conjoint(e).
   — *annuity [L]* : rente conjointe au premier décès [V].
   — *ins.* : ass. conjointe.
   — *liability* : responsabilité conjointe.
   — *life ins.* : ass. vie sur deux têtes.
   — *and several liability* : responsabilité conjointe et solidaire.
   — *and survivor annuity [L]* : rente conjointe au dernier survivant [V].
joint-venture : entreprise commune = groupement de circonstance = association de fortune = co-entreprise = groupement d'intérêts.
journal : journal.
   sea — *[M]* : journal de bord.
journey : voyage.
   break up — : voyage à la casse.
   homeward — : voyage retour.
   outward — : voyage aller.
judgment rate : taux au jugement = à l'appréciation (de l'assureur).
judicare = group legal ins. [USA] : ass. protection juridique.
jumbo risk : + risk.
jurisdiction : juridiction.
   — *clause* : clause de juridiction.
   clause to assign — : clause attributive de juridiction.
juvenile ins. [L] [USA] : ass. vie des enfants.

J

Terms	Translation

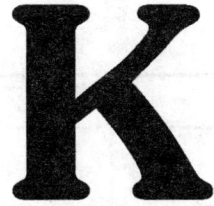

to keep (v.) **in force** : maintenir en vigueur.

« keep-off » **[USA]** : inassurable = à rejeter.

key : clé = clef.
— *ins. [ACC]* : ass. perte de clé [ACC].
use of skeleton — : usage de fausse clé.

keyman ass. [L] = **key executive ins. [L]** **[USA]** : ass. de «l'homme-clé» (d'une entreprise) [V].

kidnap and ransom ins. : ass. contre l'enlèvement et la demande de rançon.

kidnapper : ravisseur(euse).

knock : choc.
— *for* — *agreement [MV]* : convention de règlement à la suite de collision [A].

know-how : savoir-faire.

K

Terms	Translation

laboratory : laboratoire.
 fire testing — : laboratoire d'essais au feu ;
 ** station d'essais et laboratoire du feu.

lading : chargement.
 through bill of — *[M]* : connaissement direct.

landslip : glissement de terrain.

lapse : déchéance.

lapse ratio [L] : taux de chute [V].

lapsed a. : déchu(e).

larceny : larcin ; vol simple.

last survivor's ass. [L] : ass. au dernier survivant [V].

launch [AV] : lancement.
 — *failure ins.* = — *ins.* : ass. d'échec au lancement = de tir.

law : code ; droit ; loi.
 — *in force* : loi en vigueur.
 — *of large numbers* = *of averages* : loi des grands nombres.
 — *of mortality* : loi de mortalité = de survie.
 commercial — : code de commerce.
 common — : code civil = droit commun.
 criminal — : code pénal.
 labour — : code du travail.
 maritime = *admiralty* — : code maritime.

lawsuit : procès.

lay-days [M] : staries = jours de planche.

layer : tranche ; ligne.
 buffer — *[USA]* : ligne tampon.
 catastrophe — : ligne de risque catastrophique.
 working = *first* = *primary* — : première ligne.

layering : montage par tranches = lignes successives.

laytime [M] : délai de starie = planche.

lead : apérition.
 proposed — *[UK]* : apérition approchée = contactée.

 strong — : apérition de premier ordre.

leading insurer = underwriter : apériteur(trice).
 — *company* = *office* : compagnie = société apéritrice.

to lead (v.) : apériter.

leak [M] : voie d'eau.

leakage : coulage ; + sprinkler.
 — *location* = *identification* = *tracing source of* — : recherche de fuite.

leasing : crédit-bail.

legal a. : légal(e).
 — *aid ins.* = — *expenses ins.* : ass. défense et recours.
 — = *disputed claims department* : service contentieux.
 — *protection ins. [ACC]* : contre-assurance.
 — *reserve* : réserve légale.

lessee : preneur ; locataire.

lessor : bailleur ; loueur.

letter : lettre.
 — *of authority* = *of appointment* : lettre accréditive = mandat.
 — *of credit* : lettre de crédit.
 — *of indemnity [M]* : lettre de garantie.
 — *of reservation* : lettre de réserve.
 — *of subrogation* : avis de subrogation.
 broker of record — *[USA]* : ordre d'exclusivité.
 registered — : lettre recommandée.

level premium system : système de la capitalisation.

levelling : nivellement.
 — *of premiums* : nivellement des primes.

liability (1) : engagement ; garantie.
 — *admitted* : garantie accordée.
 — *any one occurrence* : engagement par événement.
 — *any one person* : garantie par personne.
 aggregate limit of — : engagement maximum

Lexique : anglais/américain - français

par événement ou période d'ass.
cumulative — : engagement maximum.
long-tail — : engagement de durée indéterminée.

liability (2) : obligation ; responsabilité.
— *at law* : responsabilité civile.
— *arising from negligence* = *in tort* : responsabilité délictuelle = quasi-délictuelle.
absolute = *strict* — *[USA]* : responsabilité présumée = objective.
admitted — *[AV]* : responsabilité civile présumée = de fait.
combined employer's and public — *policy* : police combinée responsabilité civile entreprise et accidents du travail.
commercial (comprehensive now obsolete) general — *policy [USA]* = *package policy [USA]* : police responsabilité civile générale = étendue.
contingent — : responsabilité civile du commettant = subsidiaire.
contractor's public — *ins.* : ass. responsabilité civile travaux des entrepreneurs de bâtiments.
contractual — : responsabilité contractuelle.
cross — : responsabilité croisée.
employer's — : responsabilité civile de l'employeur.
employer's — *ins.* : ass. responsabilité civile de l'employeur (accidents du travail).
environmental impairment — : responsabilité pour atteinte à l'environnement.
general public — *ins.* = *premises and operations* — : ass. responsabilité civile entreprise = travaux = exploitation.
joint — : responsabilité in solidum.
joint and several — : responsabilité conjointe et solidaire.
legal — *to passengers [AV]* : responsabilité civile passagers.
manufacturer's and contractor's — : responsabilité civile des fabricants et entreprises du bâtiment.
non-absolute — : responsabilité non présumée = relative.
non negligent — : responsabilité à raison du vice caché.
non owned automobile — *[USA]* : ** responsabilité civile automobile trajet-mission.
personal — : responsabilité civile personnelle.
products — : responsabilité civile produits = produits livrés.
products and completed operations — : responsabilité civile produits et après livraison ou travaux.
professional — : responsabilité civile professionnelle.
pro-rata — : responsabilité civile en proportion.
protective — *ins. [USA]* : ass. responsabilité civile du fait des co-contractants ou sous-traitants.
retroactive — *ins.* : ass. rétroactive de responsabilité civile.
strict — *in tort [USA]* : responsabilité civile délictuelle stricte.
tenant's — : responsabilité locative.
third party = *public* = *legal* — : responsabilité civile vis-à-vis des tiers.
umbrella — *ins. [USA]* : ass. responsabilité civile complémentaire et excédentaire.
vicarious — : responsabilité du fait d'autrui.

liability (3) : passif.

liable a. : responsable.
— *at law* : légalement responsable.
jointly — : conjointement responsable.
severally — : individuellement = séparément responsable.

libel and slander ins. : ass. responsabilité civile du risque de diffamation et de calomnie.

licence (1) : licence ; permis.
driving- = *driver's* — : permis de conduire.
international driving — : permis de conduire international.
loss of — *ins. [ACC]* : ass. perte de licence (débits de boissons).
loss of pilot's — *ins. [AV]* : ass. perte de licence de pilote.
provisional driving — : permis de conduire provisoire.
road = *car* — : certificat de circulation.

licence = license (2) : agrément ; autorisation ; concession.
— *fees* : frais d'agrément.
— *to operate* : autorisation d'exploiter = d'opérer.

lien : droit de rétention ; privilège ; nantissement.
broker's — *[UK]* : droit de rétention du courtier (de la police en cas de non paiement de la prime).

life a. : viager (ère).
— *annuity* : pension viagère.
— *contingency* : risque viager.

life : vie ; tête ; risque.
— *ass.* : ass. vie = ass. sur la vie = ass. en cas de vie.
— *assured* : tête assurée = assurée sur la vie.
— *expectancy* : espérance de vie.
— *in* = *on orbit ins. [AV]* : ass. vie en orbite.
— *insured [USA]* : tête assurée = assuré sur la vie.
— *- linked fund* : fonds d'investissement lié à

l'ass. vie.
— *table* : ordre de survie = ordre des vivants.
assessment — ass. : ass. vie par répartition.
ass. on the — of another : ass. sur la tête d'un tiers.
complete expectation of — : vie moyenne = espérance complète de vie.
female — : tête féminine.
group — ass. : ass. vie groupe.
impaired lives : risques tarés [V].
industrial — ass. : ass. vie branche populaire.
joint — ass. : ass. vie sur deux têtes.
limited payment — ass. : ass. vie à primes temporaires = limitées.
linked- — ass. : assurance vie liée à un fonds d'investissement.
male — : tête masculine.
non-medical — ass. = ass. without examination : ass. vie sans visite médicale.
normal lives : risques normaux [V].
ordinary — ass. : ass. vie grande branche.
ordinary = whole = straight [USA] = lifetime — ins. [USA] : ass. vie entière.
permanent — ins. : ass. vie entière.
private — [ACC] : vie privée.
satellite — ins. [AV] : ass. vie de satellite.
under-average = impaired = sub-standard.
lives : risques tarés = aggravés.
unit linked — ass. : ass. vie à capital variable.
universal — ins. [USA] : ass. vie à prime et capital variable.
variable — contract : contrat vie à capital variable.

lift-on/lift-off [M] : levage + lo-lo.

lighter [M] : allège.

lighterage : frais d'allège.

lightning : foudre.
— *arrester* : parafoudre.
— *conductor* : paratonnerre.
— *damage* : dégâts causés par la foudre.
stroke of — : chute de la foudre.

limit : montant ; plein ; limite ; limitation.
— *of cover = of coverage = of liability* : montant = plafond de la garantie.
—*s of shipping [M]* : limites de navigation.
acceptance — : montant de l'acceptation.
age — [L] : limite d'âge [V].
aggregate — of liability : + liability.
annual aggregate — : limitation globale par année = période d'ass.
basic — : limitation minimum = de base.
basic —s [USA] : minima obligatoires.
block — : cumul.
combined single — : montant tous dommages confondus.
divided = split — : limitation par type de dommage.
excess — : plein par excédent.
geographical —s : limites géographiques.
gross — = gross line = gross acceptance : plein d'acceptation = brut.
line — : limitation par branche.
location = block —[F] : plein topographique = principal [I].
maximum — = line : plein maximum.
net — = net line = retention — : plein de conservation = plein net.
per accident — : limitation par accident.
per person — : limitation par personne.
policy — : limitation de la police.
premium income — [LL] : plafond d'encaissement de primes.
scheduled — : limitation par type de sinistre.
single — : limitation par événement et par dommage.
specific — : limitation spécifique.
table = scale of —s = line guide [USA] = line sheet : tableau des pleins.
territorial —s : limites territoriales.
underwriting — = line : plein de souscription.
variable — : limitation variable.

limitation : limitation.
— *of liability* : limitation de responsabilité.

limited a : limité(e).
— *liability* : responsabilité civile limitée.
— *payment life ass.* : ass. vie à primes limitées.
— *premiums* : primes limitées.

line (1) : ligne ; part ; plein ; tranche [RE].
— *sheet = guide* : tableau des pleins.
— *slip [LL]* : pouvoir de souscription à aliments.
additional — : part supplémentaire = complémentaire.
broker — slip [LL] : faculté de souscription à aliments (client indéterminé).
closed — : part définitive = retenue à la clôture du placement.
excess = surplus —s [USA] : ligne primaire = excédentaire (+ broker).
gross — [RE] : part brute.
jumbo — [USA] : plein d'une importance inhabituelle.
net — : part nette.
over- — : part excédentaire = hors normes.
promised — [LL] : part acceptée sous réserve de confirmation.
retained — : plein conservé.
signed — : part acceptée.
surplus — : part supplémentaire = en excédent.

Lexique : anglais/américain - français

underwriting — = *limit* : plein de souscription.
written — : part souscrite = acceptée à l'origine.
line [USA] (2) : branche ; risque.
 — *of business* : catégorie de risque.
 — *card* : fiche client (1) ; fiche des communs = de cumul (2).
 accomodation = *oblige* — : risque accepté à titre commercial = participation de faveur.
 all — *s* : toutes branches.
 allied — *s [F]* : risques accessoires (I).
 commercial —*s* : risques commerciaux.
 multiple — : incendie ; accidents ; risques divers.
 personal —*s* : risques des particuliers.
link : + fusible.
liquidation : amortissement ; liquidation.
list : liste.
 as per — *[M]* : selon le «Lloyd's List» (date de navigation).
 black — *[M]* : liste noire.
 check- — : liste des contrôles.
 prohibited = *decline* — : liste des risques à refuser.
 renewal — : liste des renouvellements.
 sailings — *[M]* : liste des départs.
listing : listage ; tableau.
litigation : litige.
lives [L] + life : têtes ; risques [V].
live stock : bétail ; cheptel.
 — *ins.* : ass. mortalité du bétail.
Lloyd's : le Lloyd's (à proscrire : la Lloyd's ou les Lloyd's).
 — *acts* : lois régissant le Lloyd's.
 — *agent [M]* : agent du Lloyd's.
 — *associate* : membre associé du Lloyd's.
 — *audit* : contrôle comptable du Lloyd's.
 — *calendar [M]* : almanach du Lloyd's.
 — *central accounting office* : bureau central de comptabilité du Lloyd's.
 — *central fund* : fonds central du Lloyd's.
 — *Law Reports* : gazette juridique bi-mensuelle du Lloyd's.
 — *List and Shipping Gazette* = *Lloyd's List [M]* : publication quotidienne du Lloyd's indiquant les mouvements de navires.
 — *Loading List* : guide hebdomadaire (du Lloyd's) de l'exportateur.
 — *Log* : revue mensuelle interne du Lloyd's.
 — *of London* : le Lloyd's de Londres.
 — *market* : marché du Lloyd's.
 — *Policy Signing Office* : bureau de signature des polices du Lloyd's.
 — *Register [UK]* = *American Bureau of Shipping [USA] [M]* : ** Bureau VERITAS.
 — *Register of Shipping [M]* = *Green Book* = *Underwriter's Register* : registre de navigation du Lloyd's.
 — *Shipping Index [M]* = *Blue List* : répertoire quotidien (du Lloyd's) des navires de commerce.
 — *sub-agent* : sous-agent du Lloyd's.
 — *Syndicate Survey Department* : service d'inspection des syndicats du Lloyd's.
 — *Weekly Casualty Reports [M] [AV]* : publication hebdomadaire (du Lloyd's) des sinistres.
 Committee of — : comité du Lloyd's.
 Corporation = *Society of* — : corporation = société du Lloyd's.
load : chargement.
 deck- — *[M]* : chargement sur le pont = en pontée.
to load (v.) : charger.
 — *the premium* : charger la prime = surprimer.
loading : chargement ; charge.
 — *for acquisition costs* : chargement pour frais d'acquisition.
 — *for collecting costs* : chargement pour frais d'encaissement.
 — *for contingencies* : chargement de sécurité.
 — *for expenses of management* = *of administration* : chargement pour frais de gestion.
 — *for participation in profits* = *bonus [L]* : chargement de participation [V].
 — *profit [L]* : bénéfice sur chargement [V].
 — *risk* : risque de chargement.
 combustible — : charge calorifique = combustible.
 premium — : chargement de la prime.
loan : avance ; emprunt ; prêt.
 — *on policy [L]* : prêt sur police [V].
 — *value on policy [L]* : valeur d'emprunt sur police [V].
 bottomry — *[M]* : prêt à la grosse aventure = à la grosse.
 mortgage — : prêt hypothécaire.
location : lieu ; endroit ; situation.
 peak — : situation de pointe.
 risk — : situation du risque.
lock-out : grève patronale.
log book [M] : journal de bord.
London Gazette ** **Edinburgh Gazette** :
 ** Journal officiel.
long-tail business [LL] : affaires à répercussion éventuelle et tardive = à liquidation lente.

long term agreement : convention de durée ferme.
longevity : longévité.
loop : boucle.
— *main* : canalisation bouclée.
yard — : boucle de canalisation.
looting [M] : pillage.
loss : avarie [M] ; dommage ; perte ; sinistre.
— *of assets* : perte d'actifs.
— *over board [M]* : perte par les lames.
— *of claim* : perte du droit à indemnité.
— *of consortium* : perte d'affectivité = de compagnie d'un conjoint.
— *constant [USA]* : chargement de compensation.
— *control* : prévention des risques.
— *conversion factor* : coefficient des frais de gestion des sinistres.
— *development factor* : coefficient = ratio d'évaluation des sinistres connus.
— *of earnings [M]* : perte de revenus.
— *on exchange [RE]* : perte sur change.
— *expectancy* : sinistralité escomptée.
— *experience* : antécédents = évolution de la sinistralité = statistique sinistres.
— *financing* : financement des sinistres = des pertes.
— *of hire [M]* : perte d'affrètement.
— *incurred* : sinistre survenu.
— *on investments* : perte sur placements.
— *limit = limit of liability* : limitation contractuelle d'engagement.
— *loading [RE]* : facteur de chargement des sinistres.
— *making class* : branche déficitaire.
— *es outstanding* : sinistres en cours = en suspens.
— *es paid* : sinistre(s) réglé(s) = payé(s).
— *payable = payee clause [USA]* : clause de délégation de l'indemnité.
— *prevention* : prévention des sinistres.
— *probability* : sinistralité probable.
— *of profits ins. = business interruption. ins. [USA] = use and occupancy ins. [USA] [F]* : ass. pertes d'exploitation [I].
— *= claim ratio* : rapport des sinistres aux primes = taux de sinistre.
— *record* : statistique sinistres = «stat».
— *recovery plan* : plan de rétablissement après sinistre.
— *reduction* : réduction de la gravité des sinistres.
— *of rent ins. = rent ins. [USA] = rental value ins. [USA] [F]* : ass. perte des loyers [I].
— *report = reporting* : déclaration de sinistre.
— *reserve* : réserve pour sinistres.
— *retention* : rétention des sinistres.
— *of revenue ins. = of personal income ins. = of earnings ins.* : ass. contre la perte de revenus = de salaires.
— *run* : bordereau informatique des sinistres.
— *of sight ins.* : ass. contre la perte de la vue.
— *of time* : arrêt de travail.
— *of time ins.* : + loss of revenue.
— *in transit* : freinte ordinaire = de route.
— *trending* : prévision de sinistralité.
— *of turn over* : perte de chiffre d'affaires.
— *of use* : privation de jouissance = immobilisation [A] = chômage [A].
— *of use ins. = additional living expenses ins. [USA] = time element ins. [USA] [F]* : ass. de privation de jouissance [I].
— *of working capacity* : perte de la capacité de travail.
actual — : perte effective.
actual = absolute total — *[M]* : perte totale effective = réelle.
arranged = compromised total — *[M]* : perte totale transigée.
book — : perte comptable.
cash — *[RE]* : sinistre au comptant.
casualty — control [USA] : veille et prévention des accidents.
concealed — : perte non apparente = cachée.
consequential — : pertes indirectes.
consequential — *ins. = percentage of* — *ins. [F]* : ass. des pertes indirectes [I].
constructive total — *[M]* : perte réputée totale.
expected — *ratio* : rapport sinistres prévus à primes escomptées.
friction — : perte de charge.
funded — : sinistre capitalisé.
ground-up — : sinistre au premier franc.
major = heavy — *= major casualty [M]* : sinistre majeur = grave.
maximum foreseeable — *[USA] [F]* : sinistre maximum prévisible [I].
maximum possible — *[F]* : sinistre maximum possible [I].
minor = petty — : petit sinistre = sinistre bénin.
mortality — : perte de mortalité.
no known — : sous réserve de sinistre connu.
normal — : sinistre courant.
partial — : avarie = perte partielle.
previous — : sinistre précédent = antérieur.
probable maximum — *[F]* : sinistre maximum probable [I].
property — *control [USA]* : contrôle et protection des biens.
salvage — *[M]* : perte de sauvetage.
shock — : sinistre important = grave.
stop — *[RE]* : excédent de perte annuelle.
technical — : perte technique.

Lexique : anglais/américain - français

total — only [M] : perte totale seulement.
trade — es : pertes ordinaires = déchets.
trading — : perte commerciale = d'exploitation.
ultimate net — [RE] : sinistre net définitif.
underwriting — : perte de souscription.
lost : perdu ; sinistré(e).
    — *or not — clause [M]* : clause d'ass. sur bonnes ou mauvaises nouvelles.
    — *with all hands = totally — [M]* : perdu corps et biens.

lower mortality [L] : sous-mortalité [V].

lump : forfaitaire ; global(e).
    — *indemnity* : indemnisation forfaitaire.
    — *payment* : paiement forfaitaire.
    — *settlement* : règlement forfaitaire.
    — *sum* : somme globale.

Lutine bell [LL] : cloche de la Lutine.

L

Terms	Translation

mac - mat

machinery : machines.
— *breakdown ins.* = *boiler and — ins. [USA]* : ass. bris de machines.

main : canalisation.
city = *public* — : canalisation municipale.
dry — : colonne sèche.
feed — : canalisation principale.
loop — : canalisation bouclée.

maintenance : maintenance ; entretien.
— *period* : période de maintenance.
preventive — : entretien préventif.
routine — : entretien normal.

mala fide : de mauvaise foi.

malicious damage : dommage par acte de malveillance.

malpractice : faute professionnelle + medical.

malus : malus.

management : direction ; management ; administration ; gestion.
— *oversight and risk tree [USA]*. : méthode d'analyse des systèmes de sécurité.
risk — : gestion = management des risques.

manager : directeur(trice) ; gestionnaire ; «manageur».
risk — : gestionnaire de risques.
corporate risk — : gestionnaire de risques d'un groupe.
employee benefits — *[USA]* : gestionnaire des régimes retraite et prévoyance des employés.
underwriting — : souscripteur principal.

manifest [M] : manifeste.

manual : manuel + rate ; + rating.
ins. — : manuel = guide des ass.

manufacturer : fabricant.
— *'s output policy [USA]* : ass. tous risques de biens industriels (à tous endroits sauf lieux de fabrication).

manuscript [USA] : manuscript.
— *policy* : police sur mesure = rédigée = faite main.

margin : + solvency.

marine (a.) **+ inland marine** : maritime.
— *ins.* = *ocean — ins. [USA]* : ass. maritime.
— *law* : droit maritime.

mark : + fire.

market : marché ; secteur.
— *research* : étude de marché.
admitted — : marché agréé
companies' — : marché des compagnies.
free — : marché libre = hors tarif.
fringe — : marché marginal.
hard — : marché rigide = à la hausse.
home = *domestic* — : marché métropolitain = intérieur.
hull — *[M]* : marché corps.
indigenous — : marché local.
ins. — : marché de l'ass.
leading — : marché dominant = pilote.
limited — : marché restreint = étroit.
Lloyd's — : marché du Lloyd's.
loss of — : perte de marché.
non-admitted — : marché non agréé.
non-tariff — : marché dissident.
open — *[LL]* : marché général (hors pouvoir de souscription).
overdue — *[M]* : marché des portés manquants.
primary — *[RE]* : marché cédant = des cédantes = de première ligne.
residual — *mechanism [USA]* : accord de coassurance (pour risques lourds).
soft — : marché à la baisse.
target — : marché cible.
tariff — : marché «au tarif» = non-dissident.
tight — : marché restreint = étroit.

material : matières.
molten — *[F]* : matières en fusion [I].
raw — : matières premières.

material a. :
— *risk factor* : facteur de matérialité du risque.

Lexique : anglais/américain - français

material facts : éléments d'appréciation du risque = matérialité des faits.

maternity : maternité.
— *ins.* : ass. maternité.
— *grant* : allocation de maternité.

mathematical a. **[L]** : mathématique [V].
— *induction* : induction mathématique.
— *premium* : prime mathématique.
— *réserve* : réserve mathématique.
— *value* : valeur mathématique.

mathematics : mathématiques.
actuarial — [L] : mathématiques actuarielles [V].

maturity : échéance.
— *= expiry = due = anniversary date [USA] = quarter day* : jour = date d'échéance.
year of — : année d'échéance.

maxima : maxima.
table of — : tableau des maxima.

maximum a. : maximum.
— *acceptance* : acceptation maximum = absorption.
— *foreseeable loss [F] [USA]* : sinistre maximum prévisible [I].
— *possible loss [F]* : sinistre maximum possible [I].
— *retention* : conservation maximum.

measures : mesures.
protective = preservation — : mesures conservatoires.

medical a. : médical(e).
— *assessment* : expertise médicale.
— *assistance = repatriation* : assistance médicale = rapatriement médical.
— *benefit ins.* : ass. des frais de maladie.
— *certificate* : certificat médical.
— *examination* : examen médical.
— *examiner* : médecin ; médecin contrôleur = examinateur = conseil.
— *expenses ins.* : ass. des frais médicaux.
— *and hospital ins.* : ass. des risques de maladie et d'hospitalisation.
— *malpractice* : faute professionnelle médicale.
— *officer* : médecin contrôleur.
— *report* : rapport médical.

Member [LL] : membre.
underwriting — : membre souscripteur.

merit : + rating.

messenger :
— *and interior robbery ins. [USA] = inside and outside hold up ins. [USA]* : ass. vol manipulation et transport de fonds.
— *robbery* : vol sur la personne = «vol sur».

method : méthode ; système.
assessment — : méthode de répartition.
assessment — of ass. = pay-as-you-go — [L] : système de répartition [V].
level premium — [L] : système de capitalisation [V].
lump-sum — [L] : méthode globale [V].
prospective — [L] : méthode prospective [V].
Zillmer's — [L] : méthode de Zillmer [V].

midi-tail = extended reporting period : période subséquente.

mill construction [F] [USA] : + construction.

mine : mine.
— *risk [M]* : risque de mines.

misappropriation : détournement.

mischief : ** malveillance.
malicious — : acte de malveillance.

misconduct : faute.

misdemeanour : délit.

misrepresentation : fausse déclaration.
fraudulent — : fausse déclaration intentionnelle.
innocent — : fausse déclaration non-intentionnelle.

missing [M] : manquant.

misstatement : déclaration erronée = inexacte.

modification : modification.
experience — factor [USA] = «mod» : taux de modification selon la statistique.
interstate — [USA] [ACC] : modulation tarifaire inter-Etats = élément de tarification inter-Etats.

modifier [USA] :
experience — : facteur de sinistralité.

money ins. : ass. des espèces et valeurs.

monitor [F] : canon [I].
— *= — nozzle = — jet* : lance monitor = lance canon.

monoline [USA] : mono couverture pour risque unique.

moored : en stationnement à flot.

morbidity : morbidité.
— *rate* : taux de morbidité.

mortality [L] : mortalité [V].
— *charge* : coût de la mortalité.

— *curve* : courbe de mortalité.
— *profit* : bénéfice de mortalité.
— *rate* : taux de mortalité.
— *statistics* = *experience* : statistiques de mortalité.
— *table* : table de mortalité.
actual — : mortalité réelle.
excess — : surmortalité.
expected = *tabular* — : mortalité probable = présumée = prévisible.
force of — : intensité de mortalité = taux instantané de mortalité.
light — : sous-mortalité.

mortgage [L] : hypothèque [V].
— *ass.* : ass. d'hypothèque.
— *endowment ass.* = — *redemption ass.* [USA] : ass. mixte pour remboursement d'hypothèque.
— *guarantee ass.* : ass. de garantie d'hypothèque.

mortgagor : débiteur hypothécaire.

mortgagee : créancier hypothécaire.

motor : «auto».
— = *motoring accident* : accident d'automobile.
— *assessor* = *engineer* : expert automobile.
— *fire ins.* : ass. incendie automobile.
— *own damage ins.* = — *car collision ins.* = *automobile physical damage ins.* [USA] : ass. dommages à l'automobile = «tierce».
— *passenger ins.* : ass. des personnes transportées en automobile.
— *theft ins.* : ass. vol automobile.
— *third party ins.* : ass. responsabilité civile automobile = «directe».
— *trader's ins.* = — *dealer's ins.* : ass. des vendeurs d'automobiles.
— *ins. certificate* : attestation d'ass. automobile.
— *ins. sticker* : vignette d'ass. automobile.
— *ins.* = — *vehicle ins.* : ass. automobile.
— *insurer's bureau* = *unsatisfied judgment fund* [USA] = *guarantee fund* : ** fonds de garantie automobile.
comprehensive — *ins.* = *combination automobile ins.* [USA] : ass. tous risques automobile.
loss of use — *ins.* : ass. chômage automobile.

multiple indemnity [L] [USA] : effet de doublement, triplement ou plus [V].

multiple-line = **multi-line** = **multi-peril[USA]** : incendie ; accidents ; risques divers.
— - — *carrier* : assureur I.A.R.D.

mutilation : mutilation.
self — : mutilation volontaire.

mutual : mutuelle.
— *with fixed contributions* = ** *non-assessable* — [USA] : mutuelle à cotisations fixes.
— *ins.* : ass. mutuelle.
— *ins. fund* : caisse d'ass. mutuelle.
— *office* = *society* : société mutuelle.
— *with variable contributions* = ** *assessment* — [USA] : mutuelle à cotisations variables.
cut-price — : mutuelle «sauvage» = «de choc».
factory —*s* = *mills* —*s* [F] [USA] : mutuelles industrielles [I].
farming — : mutuelle agricole.

mutuality : mutualité.

mutualization : mutualisation.

M

Terms	Translation

nail : clou.
— *to* — *[M]* : de clou de support à clou de support [M] = «de clou à clou».
Name [LL] : membre souscripteur.
non-working — : membre souscripteur passif.
working — : membre souscripteur actif.
named a. : **+ insured + perils.**
national a. : national(e).
— *company* = *office* : compagnie nationale.
— *health ins.* : ass. maladie (régime national).
natural a. : **+ death + premium.**
navigation : navigation.
— *risk* : risque de navigation.
— *zone* : zone de navigation.
aerial — : navigation aérienne.
negligence : faute ; négligence.
comparative — : faute partagée = proportionnée.
contributory — : faute de la victime.
criminal — : ** faute inexcusable.
gross — : faute lourde.
wilful — : faute intentionnelle.
new a. : neuf(ve) ; nouveau(lle).
— *business* : affaires nouvelles.
— *business agent* : démarcheur.
— *business clause [F]* : clause de premier exercice [I].
— *business* = *underwriting department* : service de production.
— *business expenses* : frais de production.
— *business strain* : solde débiteur des affaires nouvelles.
— *for old [M]* : différence du vieux au neuf.
— *value* : valeur à neuf.
in — *condition* : à l'état neuf.
newspaper : journal.
— *ins.* : ass. abonnement = ass. consentie par un journal à ses abonnés.
next of kin = legal beneficiary : ayant droit.
no : sans.

— *claim bonus* : bonification pour non sinistre.
— *fault [USA] [MV]* : sans égard = sans rapport à la faute.
— *fault automobile ins. [USA]* : assurance responsabilité civile automobile sans égard à la faute.
non : non- ; sans.
— *-admitted* = *unauthorized* : non-agréé.
— *-assessable* : ** à prime fixe.
— *-assignable* : intransmissible.
— *-average policy* : police sans règle proportionnelle = avec abrogation de la règle proportionnelle.
— *-cancellable* = *uncancellable* : non-résiliable.
— *-contributory [USA]* : sans contribution (aux cotisations).
— *-delivery [M]* : non-livraison.
— *-disclosure* : réticence.
— *-flammable* : ininflammable.
— *-forfeiture* : non-déchéance.
— *-ins.* = —*ass. [L]* : non-assurance.
— *-liability* : non-responsabilité.
— *-marine* : branches autres que maritimes.
— *-medical ass. [L]* : ass. sans visite médicale [V].
— *-occupational* : hors vie professionnelle = vie privée.
— *-payment* : non-paiement.
— *-profits ass. [L]* = — *participating in. [L] [USA]* : ass. sans participation aux bénéfices.
— *-tariff* = *non-board company [USA]* : compagnie dissidente.
— *-underwriting member [LL]* : membre non-souscripteur.
not subject to average : sans application de la règle proportionnelle.
note : note.
cover- — = *binder [USA]* : note de couverture.
credit — *[LL]* : note de crédit.
debit — *[LL]* : note de débit.
interim = *temporary cover-* — : note de cou-

Lexique : anglais/américain - français

verture provisoire.
request — : note de présentation.
take — [RE] : note d'acceptation.

notice : avis ; préavis.
— *of abandonment* : avis de délaissement.
— *of cancellation* : avis = préavis de résiliation.
expiration — : avis d'expiration.
— *of loss = claim* : avis de sinistre.
prior — : avis préalable.
renewal — = debit note = premium — [USA] : avis d'échéance de prime = de renouvellement.

notification : avis ; déclaration.
— *of loss = claim = claim form* : déclaration de sinistre.
binding rate — = rate cart [USA] [F] : avis de tarification [I].

nozzle : lance.
— *delivery rate* : débit des lances.
air-foam — : lance à mousse.
fog — : lance brouillard.
monitor — : lance «monitor» = canon.
trigger — : lance pistolet = à gachette.

nuclear a. : nucléaire.
— *risk* : risque nucléaire.

nuisance : nuisibilité ; nuisance.
attractive — [USA] : nuisibilité attrayante.

null a. : nul(le).
— *and void* : nul et sans effet = nul et de nul effet.

number : numéro.
code — : numéro de code.
order — : numéro d'enregistrement.
policy — : numéro de police.
registration — : numéro d'immatriculation.

N

Terms	Translation

obj - ord

object : objet.
— *insured* : objet assuré.
floating —s [M] : corps flottants.

obligation : obligation.
— *to disclose* : obligation de déclarer.
— *to indemnify* : obligation d'indemniser.
— *to insure* : obligation d'ass. = d'assurer.

obligatory a. : obligatoire.
— *re.* : ré. obligatoire.

obligee : cautionné = obligataire.

obligor : caution = débiteur.

ocean marine [USA] : assurances maritimes.

occupancy : affectation ; occupation.
— *hazard* : risque d'occupation = d'affectation.

occupation : travail ; profession.
foreign to — : étranger à la profession = à l'activité.
at — [USA] : au cours = à l'occasion du travail.
hasardous — [ACC] : profession dangereuse.

occupational a. : professionnel(le).
— *disease* : maladie professionnelle.
— *safety* : sécurité du travail.

occurrence : événement ; survenance ; réalisation.
— *of loss = loss occurence* : survenance du sinistre.
— *of risk* : réalisation du risque.
any one — : par événement.

odd time : période d'ass. préalable ou postérieure à l'échéance.

off-premises : + premises.

offence : délit ; faute.
hit and run — : délit de fuite.
serious — : faute grave = lourde.
technical — : quasi-délit.

offer : offre.
— *and acceptance note* : note d'offre et d'acceptation.

office : bureau ; cabinet.
broking — = firm : cabinet = société de courtage.
district — : bureau régional.
home = head — [USA] : siège social.
Institute of London Underwriters' Policy Signing — [M] : bureau de signature des polices de l'Institut des souscripteurs de Londres.
Lloyd's Policy Signing — : bureau de signature des polices du Lloyd's.

officer : cadre dirigeant.

old age : vieillesse.
— — *ass. [L] = — — endowment [L]* : ass. veiillesse [V].

ombudsman : médiateur.
ins. — : médiateur d'ass.

omnibus clause [MV] [USA] : clause d'ass. pour compte = «prêt de volant» [A].

omnibus ins. : ass. pour compte de qui il appartiendra.

onus of proof : fardeau de la preuve.

open : + cover + fire + market + policy.

operation : fonctionnement.
faulty — : vice de fonctionnement.

opposing party : adversaire ; partie adverse.

option : option.
cash — [L] : option en capital [V].

orbit + life

order : ordre.
firm — = broker of record letter : ordre exclusif de placement.
payment — [M] : ordre de paiement (sinistre) ; pouvoir d'encaissement (des règlements d'avaries) conféré au courtier.

ordinary a. : ordinaire.
— *branch [L]* : grande branche [V].

Lexique : anglais/américain - français

— = *specific policy* : police ordinaire.
outage = extra expenses ins. [F] [USA] : ass. des frais supplémentaires [I].
outbuildings : dépendances.
outgoings : dépenses et débours.
outpatient : patient en consultation externe = patient externe.
oustanding a. : arriéré(e) ; en cours.
— *claims* : sinistres en encours.
— *premiums* : primes arriérées.
overline + line (1)
over the counter ins. : ass. au guichet.
overage : excédent d'âge.
— *premium* : surprime d'âge.
overflow : trop plein.
— *valve* : vanne de trop plein.
overflowing : débordement.
— *of water tanks* : débordement de réservoirs d'eau.
overheads : frais généraux permanents = frais de structure.
overheating : coup de feu.
overinsurance : surassurance.
overinsured : surassuré(e).

overlapping ins. : cumul = duplication = recouvrement d'ass.
overplacing = overdoing [LL] : placement excédentaire = «surplacement».
overridder : supercommission.
overriding a. :
— *commission* = *profit commission [RE]* : supercommission.
— = *supplementary commission* : supercommission = rappel de commission = surcommission.
overwriting commission [USA] : supercommission.
own case agent : agent n'apportant que ses affaires personnelles.
own damage [MV] : dommages accidentels ; «tierce» [A].
— — *motor vehicle ins.* = *automobile physical damage ins. [USA]* : ass. «tierce» automobile = ass. dommages au véhicule.
owner + principal : ** maître d'ouvrage.
own retention = self retention [RE] : part conservée.
oxidation : oxydation.
— *and rust risk [M]* : risque d'oxydation et de rouille.

O

Terms	Translation

package : + policy.
paid-loss [USA] : sinistralité.
— *retro plan* : plan de tarification rétrospective sur sinistralité.
paid-up [L] : libéré(e) [V].
— *ass.* = ass. free of premium : ass. libérée de prime.
— *capital* : capital libéré.
— *policy* : police libérée.
pallet : palette.
palletisable a. : palettisable.
parapet [F] : surélévation [I] = partie supérieure du mur coupe-feu = parapet.
parcel : colis.
— *ins.* : ass. des colis postaux.
parent [USA] : maison mère.
partial a. : partiel(le).
— *incapacity* : incapacité partielle.
— *ins. [F]* : ass. en valeur partielle [i].
— *loss* : sinistre partiel.
participant [USA] : adhérent ; affilié ; participant.
active — : participant en activité = actif.
terminated — : adhérent = affilié radié.
vested — : adhérent = affilié bénéficiaire.
participating ins. [L] [USA] : ass. avec participation aux bénéfices [V].
particular a. : + average.
partition : cloison.
fire — : cloison coupe-feu.
party : auteur ; partie.
— *at fault* : auteur responsable.
contracting — : partie contractante.
injured — : partie lésée.
requesting — : partie demanderesse.
passenger : passager ; personne transportée [A].
legal liability to — *[AV]* : responsabilité civile vis-à-vis des passagers.
pillion- — = *pillion-rider [ACC]* : passager arrière.
path : chemin ; voie.
critical — : chemin critique.
patient : patient(e) ; malade ; + inpatient ; + outpatient.
discharged — : malade sortant.
pay : paie.
— *as may be paid [RE]* : paiement suivant règlement original.
no cure no — *[M]* : pas de remède pas d'honoraires.
pay-as-you-go plan [L] : système de retraite par répartition [V].
sick — : indemnités maladie.
payee : bénéficiaire.
loss — : bénéficiaire de l'indemnité.
payment : paiement ; prestation ; règlement ; versement.
— *on account* : avance sur règlement = acompte.
— *in advance* = *advance* — : paiement par anticipation = paiement anticipé.
— *in arrear* : paiement à terme échu.
— *in cash* = *cash* — : règlement en espèces.
— *in kind* : prestation en nature.
—*s spread over a period* : paiements échelonnés.
deferred — : paiement différé.
ex gratia — : règlement à titre gracieux = commercial.
frozen — : prestation bloquée.
full — : règlement intégral.
lump sum — : paiement forfaitaire.
non — : non paiement = défaut de paiement.
payroll [USA] : état des salaires = masse salariale + deduction.
peak : pointe.
— *liability* : engagement de pointe.
— *location* : situation la plus importante.

Lexique : anglais/américain - français

— *risk* : risque de pointe.
— *value [RE]* : valeur de pointe.

penalty : pénalité.
coinsurance — : réduction d'indemnité (en cas de règle proportionnelle).
delay — : pénalités de retard.
premium — *ins.* : ass. de la règle proportionnelle de prime.

pension (1) : retraite.
— *annuity* : rente de retraite.
— *calculation* : liquidation de retraite.
— *credits* : droits à la retraite.
employees = staff — : retraite du personnel = des membres du personnel.
occupational — : retraite professionnelle.
old-age — *ass.* = — *ass.* : ass. retraite.
staff — *fund* : caisse de retraite des employés.
terminated — : retraite éteinte = liquidée.

pension (2) : pension ; rente.
— *fund* : fonds de pension.
— *on retirement = retirement* — : pension de retraite.
disablement — : pension d'invalidité.
graduated — : pension proportionnelle.
index — : pension indexée.
old-age — : pension de vieillesse.
State — : rente vieillesse d'Etat.
survivor's — : pension de reversion.

per capita [L] : par tête [V].
percentage : + irrespective of + deductible.
performance : + bond.
peril : risque.
— *s of the sea* : fortunes de mer.
extra —*s = special risks = allied lines [USA] [F]* : risques accessoires = annexes [I].
named —*s* : risques énumérés = dénommés.
war — *s [M]* : risques de guerre.

period : délai ; durée ; période.
— *of cancellation* : délai de dénonciation.
— *of ins.* : période d'ass.
— *of interruption* : période d'interruption.
— *of partial benefit* : période de garantie partielle.
— *of postponement* : période d'ajournement.
any one — : par période.
apprehensive — : période troublée = de tension.
current — : période en cours.
deferment — = *deferred* — *[L]* : période différée [V].
discovery — *[USA]* : période de garantie subséquente.
eligibility — : délai d'admission.
elimination — : période probatoire.

excepted = excluded — *[L]* : période d'attente [V].
grace — : délai de renouvellement.
indemnity — *[F]* : période d'indemnisation [I].
maintenance — *[ACC]* : période de maintenance.
payback — *[L]* : période rachetée [V].
qualifying = probationary — : période de stage = probatoire.
unexpired — : période restant à courir.
unoccupancy — : période d'inhabitation.
waiting = eliminating — *[USA]* : période d'attente.

permanent a. : + disablement + health + life.
permit : + welding.
person : personne.
— *entitled* : ayant droit.
any one — : par personne.
artifical — : personne morale = civile.
dependant — : personne à charge.
injured — : personne lésée.
named — : personne dénommée.
natural — : personne physique.

personal a. : individuel(le), personel(le).
— *accident and sickness ins.* : ass. individuelle accidents et maladies.
— *accident ins. excluding accidents at work = non-occupational* — *accident ins.* : ass. individuelle accidents vie privée.
— *effects* : effets personnels.
— *ins.* : ass. individuelle = personnelle.
— *lines* : risques des particuliers.
— *third party liability* : responsabilité civile personnelle.
additional — *accident ins. [L]* : ass. individuelle complémentaire [V].
aviation — *accident* : individuelle accidents aviation.
group — *accident ins.* : ass. individuelle accidents de groupe.
marine — *accident* : individuelle marine.
passengers — *accident benefits ins. [MV]* : ass. individuelle accidents des personnes transportées [A].

physical a. : + damage + examination + hazard.
pilferage [M] : menus vols = chapardage.
pipe : canalisation ; tuyau.
distribution — : canalisation de distribution.
dry — : colonne sèche.
range — : canalisation de rangée = rangée.
wet — : colonne humide = sous pression.

Pitot tube [F] : tube de Pitot [I].

place : lieu.
— *of payment* : lieu de paiement.
— *of signature* : lieu de signature.
— *of underwriting* : lieu de souscription.
to place (v.) : placer.
to — a risk : placer un risque.
placement + placing :
buying on — : achat en état de futur achèvement.
placer [USA] : placier.
placing : placement.
— *of a risk* : placement d'un risque
over — : + overplacing.
plaintiff : demandeur(deresse) : plaignant(e).
plan : plan ; schéma ; régime.
back-up — : plan de sauvegarde.
cafeteria — [L] [USA] : régime au choix = à la carte [V].
Carpenter — [RE] [USA] : plan de Carpenter (formule de partage des pertes et profits).
contingency — : plan de secours.
contributory — [L] : régime avec participation paritaire [V].
cost plus — : + cost plus.
deferred profit sharing pension — : régime de retraite à participation aux bénéfices différée.
defined benefit — : plan de retraite à niveau prédéterminé.
defined contribution — = money purchase — : régime de retraite à cotisations déterminées.
emergency — : plan = schéma d'évacuation.
floor — [L] : régime de retraite à seuil défini [V].
funded pension — : régime de retraite par capitalisation.
ins. — = scheme : plan = régime d'ass.
insured pension — : régime de retraite assurée.
master — : régime de base = de référence.
minimum premium — : régime à cotisations minima.
multi-employer — [L] : régime inter-entreprises [V].
non-contributory — [L] : régime patronal sans participation du bénéficiaire [V].
pension — : régime de retraite.
pension savings — : plan d'épargne retraite.
private pension — : régime de retraite privé.
profit sharing — : régime de retraite avec particpation aux bénéfices
prototype pension — [USA] : régime de retraite standard.
public pension — : régime de retraite général.
recovery — : plan de rétablissement.
registered = approved = qualified pension — :

régime de retraite agréé.
supplemental pension — : régime complémentaire de retraite.
unit benefit pension — : régime de retraite en pourcentage du salaire.
planned :
—, organized group action [F] : action concertée [I].
plant : établissement industriel ; usine [USA] ; machines et équipements [UK].
pledge : nantissement.
pluvius ins. : ass. pluie.
point : point.
boiling — : point d'ébullition.
fire — : point de feu.
flash — : point d'éclair.
ignition — : point d'inflammation.
melting — : point de fusion.
poisoning : intoxication.
food — [ACC] : intoxications alimentaires.
policy : police.
— *advance* : avance sur police.
— *to bearer = bearer —* : police au porteur.
— *drafting* : rédaction de police.
— *fees* : coût de police = droits de répertoire.
— *form* : formulaire de police.
— *holder* : détenteur = titulaire de la police.
— *in force* : police en cours.
— *number* : numéro de police.
— *owner* : titulaire de la police.
— *to order* : police à ordre.
— *loan* : prêt sur police.
— *proof of interest [M]* : police preuve d'intérêt.
— *subject to claim* : police sinistrée.
— *year experience* : statistique annuelle de la police.
actual cash value — : police en valeur de remplacement vétusté déduite.
additional = supplementary — : police complémentaire.
adjustable = reporting — : police ajustable.
anchor — : police Lloyd's.
approved — : police agréée.
average — : police avec règle proportionnelle.
blank — : police en blanc.
blanket = global — : police globale.
burner — [AV] : police à gros risques = à risques exceptionnels.
collective = syndicate policy [USA] : police collective.
combination — : police à risques groupés = multirisque.
combined — [F] : police combinée [I].

Lexique : anglais/américain - français

continuous — : police à durée indéterminée.
contributory — : police contributive.
coupon = snap out — [USA] : police à souches = à tickets = police-carnet.
declaration = floating — [M] : police d'abonnement.
deviation — : police dérogatoire.
difference in conditions — [USA] : police complémentaire ou supplémentaire aux conditions de la police de base.
economy in wording — [F] : police collective à gestion simplifiée [I].
equity-linked — [L] : police liée aux valeurs boursières [V].
first excess — : police en premier excédent = de deuxième ligne.
five point — [MV] [USA] : police à cinq garanties [A].
fleet — [MV] : police flotte [A].
floating — = *floater* = *open* — [M] : police flottante.
forward — : police à effet différé.
free — : police acquitée = libérée.
honour — [M] : police d'honneur.
index-linked — : police indexée.
Institute — [M] : police collective de l'Institut.
layered — : police par lignes.
long-term — : police de longue durée = polyennale.
manufacturer's output — [USA] : + manufacturer.
master — [USA] : police cadre = de base = de référence.
maximum value — [F] : police en valeur maximum [I].
named — : police nominative = avec bénéficiaire désigné.
no-amount — : police sans indication de valeur.
non-assessable — : police à cotisation fixe.
non-average — : police avec abrogation de la règle proportionnelle.
non-contributory — : police non contributive.
open — = *open end* — [USA] : police ouverte = à aliments.
open — [F] : police en valeur ordinaire [I].
original — [RE] : police réassurée.
package — [USA] : police de risques groupés = d'ass. multiples = «fourre-tout».
paid-up — [L] : police libérée [V].
pan european — : police unique européenne.
parasol — [USA] : police complémentaire et excédentaire de dommages matériels.
participating — [USA] = *with profits ass.* [L] : police avec participation aux bénéfices [V].
primary — : police de première ligne.
processors' — [USA] : police biens confiés (en sous-traitance).

property-linked — [L] : police à capital variable immobilier [V].
retention — [USA] : police avec franchise volontaire.
revised — : police remise en vigueur.
schedule — [USA] : police avec tableaux = annexes.
scheduled — : police en co-assurance.
single — : police unique.
singleton — : police combinée émise par une seule compagnie.
slip — [RE] : police «slip».
specific = itemized — [F] : police ordinaire = par articles [I].
standard = common — : police type.
stock declaration — = *reporting* — [USA] [F] : ** police révisable = en compte courant [I].
subscription — [USA] : police en co-assurance.
three «D» — [USA] : police trois D + détournements.
time — [M] : police à temps.
to set up a — : établir une police.
umbrella liability — [USA] : police complémentaire et excédentaire de responsabilité civile.
underlying — : police de base = de première ligne.
unit-linked — [L] : police à capital variable [V].
unvalued — : police à découvert.
valued = agreed value = admitted value — : police en valeur agréée.
voidable — : police annulable.
voyage — [M] : police au voyage.
world-wide — [USA] : police mondiale.
wrap-up — [USA] : police globale construction (responsabilité civile, accidents du travail et tous risques chantier).

pollution : pollution.
  accidental — : pollution accidentelle.
  air — [ACC] : pollution atmosphérique.
  environmental — : pollution de l'environnement.
  gradual — : pollution graduelle = progressive.
  ground — : pollution des sols.
  oil — [M] : pollution par hydrocarbures.
  water — [ACC] : pollution des eaux.

pool : consortium ; groupement ; «pool».
  atomic risks — : «pool» des risques atomiques.
  aviation — : «pool» aviation.
  insurers' — : groupement d'assureurs.

pooling : regroupement ; mise en commun.

port : port.
  — *of call* : port d'escale = de relâche.
  — *of entry* : port d'entrée.

— *of refuge* : port de refuge.
— *of registry* : port d'immatriculation.
— *of survey* : port de visite = de vérification.
final — *of discharge* : port de déchargement final — de reste.
home — : port d'armement.
hull — *risk* : risque de port sur corps.
loading — : port de chargement.
overside = craft = surf — : port de chargement/déchargement par allèges.
from — *to* — : de port à port.
quay — : port avec quai.
safe — : port de secours = de salut.
wintering — : port d'hivernage.

portfolio : portefeuille.
— *assumed [RE]* : portefeuille repris.
— *ceded [RE]* : portefeuille cédé.
— *entry [RE]* : entrée en portefeuille.
— *of no great value [RE]* : portefeuille non valable.
— *premium = consideration [RE]* : prime de portefeuille.
— *return [RE]* : reprise de portefeuille.
— *run-off [RE]* : queue de portefeuille.
assumption of — *[RE]* : reprise de portefeuille.
balanced — : portefeuille équilibré.
transfer of — : cession de portefeuille.
withdrawal of — *[RE]* : retrait de portefeuille.

possession : jouissance.
disturbance of — : trouble de jouissance.
right of — = *of user* : droit de jouissance.

postponement : ajournement.
— *of inception* : ajournement de la prise d'effet.

power : énergie (1) ; pouvoir (2).
— *of agency* : + agent.
— *of attorney* : procuration.
— *interruption ins. [ACC] [USA]* : ass. dommages par interruption de la source d'énergie.
usurped — : pouvoir usurpé.

predecease [L] : prédécès [V].

prejudice : préjudice.
without — : sans constituer de précédent = sans préjudice de tous droits.

to prejudice (v.) : porter atteinte ; causer un préjudice ; léser.

premises : locaux.
— *and operations liability ins.* : + liability.
business — : locaux commerciaux.
described — : locaux = lieux désignés.
off — : en dehors des locaux.
silent — : locaux sans activités = en chômage.

premium : cotisation ; prime.
— *adjustment = increase-decrease clause [F]* :

clause d'ajustabilité de la prime [I].
— *audit [USA]* : contrôle de prime.
— *base [RE]* : assiette de prime.
— *in arrears = outstanding = overdue* — : prime arriérée.
— *charged* : prime exigible.
— *collected* : prime perçue.
— *computation* : calcul de prime.
— *deposit* : dépôt de prime.
— *discount* : réduction de prime.
— *due date* : date d'échéance de prime.
— *s in force* : primes en cours.
— *income* : encaissement de primes.
— *ins. [F]* : ass. de reconstitution de prime [I].
— *s net of cancellations [L]* : primes nettes d'annulations [V].
— *notice* : avis d'échéance.
— *paid* : prime encaissée.
— *per capita* : prime par tête.
— *rate* : taux de prime.
— *receipt* : quittance de prime.
— *reserve [L]* : report de primes [V].
— *return* : ristourne de prime.
— *throughout life [L]* : prime viagère [V].
— *up X %* : prime en augmentation de X %.
— *s written* : primes émises = souscrites.
— *s written-gross [RE]* : primes brutes souscrites.
— *s written-net [RE]* : primes nettes souscrites.
accepted — *[RE]* : prime acceptée.
actual — : prime réellement due.
adjustment — : prime de régularisation = révisable.
advance = deposit — : prime provisionnelle.
annual = yearly — : prime annuelle.
average — : prime moyenne.
base — *[RE]* : + premium base.
basic — : prime de base.
cash — : prime au comptant.
ceded — *[RE]* : prime cédée.
decreasing — : prime décroissante = dégressive.
deferred — : prime différée.
direct — *[RE]* : prime originale.
direct written — : prime d'origine souscrite.
due — : prime échue.
earned — : prime acquise = absorbée.
excess of — *collected* : excédent de prime perçue.
experience rated — : prime selon statistique.
extra — : prime supplémentaire.
first — : première prime = prime au comptant.
first year — : prime de première année.
fixed — : prime fixe = forfaitaire.
gross net —*s [RE]* : primes brutes nettes de ristourne.
gross = office — = — *with loading* : prime

107

Lexique : anglais/américain - français

brute = chargée = commerciale.
half-yearly = semi-annual — : prime semestrielle.
increasing — : prime croissante = progressive.
initial — : prime initiale.
ins. of the — in the — [L] : ass. de la prime dans la prime [V].
instalment — : prime fractionnée.
investment portion of the — [L] : prime d'épargne [V].
investment — [L] : prime d'investissement [V].
level — [L] : prime constante = uniforme [V].
levelling of — : nivellement de la prime.
limited — [L] : prime temporaire [V].
loaded — : prime majorée.
market — : prime du marché.
minimum — : prime minimum.
naturel — [L] : prime pure [V].
net — : prime nette.
net — s written : primes nettes de ré.
nominal — [RE] : prime nominale = non perçue.
original — [RE] : prime originale.
original gross — [RE] : prime brute d'origine.
outstanding — : prime à recouvrer.
overdue — : arriéré de prime = prime arriérée.
paid — : prime acquittée.
portfolio — [RE] : prime de portefeuille.
pro rata — : prime au prorata temporis.
provisional = deposit = initial = advance — : prime provisionnelle.
pure — : prime pure.
quarterly — : prime trimestrielle.
redeemable — : prime remboursable.
reinstatement = restoration — [USA] : prime de reconstitution (des garanties).
re. — : prime de ré.
relative — : prime correspondante.
renewal — : prime de renouvellement = à terme = suivante.
return — : prime ristournée = ristourne de prime.
risk — : prime de risque = pure.
savings — : prime d'épargne.
single — [L] : prime unique [V].
step-rate — [L] [USA] : prime à majoration échelonnée.
subject — = underlying — [RE] : prime de base.
tabular — : prime du tarif.
time on risk — : prime pour l'ass. courue.
tiny — : prime très basse.
total — : prime totale.
unearned — : prime non-acquise = non absorbée.
unexpired — : prime non courue.

valuation — [L] : prime d'inventaire [V].
whole life — : prime viagère.
written —s : primes émises.
year marked — [LL] : prime affectée à l'année.

prescription : prescription.

pressure : pression.
— tank : bac de pression.
water — : pression d'eau.

prevention : prevention.
— of accidents : prévention des accidents.
fire — : prévention contre l'incendie.
loss = damage — : prévention des sinistres.
theft — : prévention contre le vol.

previous experience : antécédents.
— — of a risk : antécédents d'un risque.
driving — — [MV] : antécédents de conduite [A].

primacy a. : de première ligne = prioritaire.

primary a. : premier(ère) ; de base ; de première ligne.
— beneficiary : premier bénéficiaire.
— cover : garantie de base.
— ins. : ass. de base = de première ligne.
— insurer [RE] : assureur d'origine = la cédante.
— = underlying policy : police de première ligne.

principal : commettant ; ** maître d'ouvrage [UK].

priority [RE] : priorité.

pro rata : prorata.
— — clause [F] [USA] : clause de somme assurée selon un prorata (80, 90, 100 %)[I].
— — distribution clause [F] [USA] : clause de règlement au prorata des valeurs [I].
— premium : prime au prorata.

probable a. : probable.
— lifetime : vie probable.
— maximum fire risk [USA] = burning ratio [USA] [F] : coup de feu = sinistre maximum probable [I].

probability [L] : probabilité [V].
— of death : probabilité de décès.
— of disablement : probabilité d'invalidité.
— distribution : échelle des probabilités.
— of exit = rate of withdrawal. : probabilité d'extinction = de sortie.
— of loss : probabilité de sinistre.
— of survival : probabilité de survie.
alternative — : probabilité simple = alternative.
calculation of probabilities : calculs des probabilités.

conditional — : probabilité conditionnée.
corrected — : probabilité corrigée.
joint — : probabilité certaine.

producer : producteur.
business — : producteur d'affaires.

products : produits.
— *guarantee ins.* : ass. garantie de bonne tenue des produits = ass. garantie de produits.
— *ins.* : ass. qualité.
— *liability ins.* : ass. responsabilité civile produits.
— *recall = recapture [USA]* : rappel = retrait de produits.
— *safety programme [UK] = program [USA]* : programme de sécurité produits.

professional a. : professionel(le).
— *indemnity ins. [UK] = liability ins.* : ass. de responsabilité civile professionnelle.
— *reinsurer* : réassureur spécialisé (pratiquent la ré. exclusivement).

profit : bénéfice ; profit.
— *carried forward* : bénéfice reporté = report à nouveau.
— *centre* : centre de profit.
— *commission [RE]* : commission sur bénéfice réalisé.
— *on exchange [RE]* : plus-value de change.
— *on investments* : bénéfice sur placements = du portefeuille.
— *and loss account* : compte de profits et pertes.
— *on sale of securities* : bénéfice sur réalisations de valeurs.
— *series [L]* : séries de participation [V].
— *sharing scheme* : procédé = système de répartition des bénéfices.
actual — : bénéfice effectif.
anticipated — : profit espéré = escompté.
book — : bénéfice comptable.
distribution of —*s* : répartition des bénéfices.
excess — : superbénéfice.
excess = interest — : bénéfice d'intérêt.
gross — : bénéfice brut = marge brute.
loading — : bénéfice sur frais de gestion = sur chargement.
loss of —*s ins.* = —*s ins.* = *business interruption ins. [USA] [F]* : ass. des pertes d'exploitation [I].
mortality — *[L]* : bénéfice de mortalité [V].
net — : bénéfice net.
new business — : bénéfice sur les entrées.
rate of gross — *[F]* : pourcentage de bénéfice brut [I].
technical — : bénéfice technique.
underwriting = trading — : bénéfice commer-

cial = d'exploitation = de souscription.
with — *ass. = participating ins. [USA] = profit-sharing ins. [USA] [L]* : ass. avec participation aux bénéfices [V].
without — *ass. = non* — *ass. [L]* : ass. sans participation aux bénéfices [V].
yearly — : bénéfice annuel.

proof : preuve.
— *of loss = damage* : preuve du dommage.
onus of — : charge = fardeau de la preuve.
policy — *of interest [M]* : police preuve d'intérêt.

property : biens ; chose ; immeuble.
— *conservation* : sauvegarde des biens.
— *= physical damage [USA] [F]* : dommage matériel.
— *in care custody or control [ACC]* : objets confiés = biens confiés.
— *in the open* : biens en plein air.
— *ins. = damage ins. = non-life ins.* : ass. de choses = de biens.
— *loss control* : ingéniérie de sécurité.
— *of others* : biens d'autrui.
another's — : la chose d'autrui.
contributing — *[USA]* : carence de fournisseurs.
fixed — : biens immobiliers.
immovable — : biens immeubles ; immobilier.
intangible — : biens incorporels.
movable — : biens meubles ; mobilier.
personal — : biens meubles = mobiliers.
personal — *floater [USA]* : tous risques flottante sur biens mobiliers.
public — : biens publics.
real — *= buildings* : biens immobiliers = immeubles.
recipient — *(clause) [USA]* : carence de clientèle.
saved — : biens sauvés = récupérés.
scheduled — : biens spécifiquement identifiés et évalués.
surrounding — : biens environnants.
tangible — *= assets* : biens corporels.
tangible real — : immeuble par nature.

proposal : proposition.
— *form [UK] = application blank [USA] = application form [USA]* : formule de proposition.

proposer : contractant(e) ; proposant(e).

proprietary ins. : ass. à primes fixes.

pro rata : + distribution ; + reinsurance.

proration [USA] = apportionment : participation (de la coassurance).

prospect : client possible = assurable.

Lexique : anglais/américain - français

prospective insured : assurable.

protection : protection.
— *and indemnity clubs [M]* : mutuelles complémentaires.
— *and indemnity ins. [M]* : ass. de garanties complémentaires des armateurs.
fire — : protection contre l'incendie.
personal injury — [USA] [MV] : ass. frais médicaux et pertes de revenus [A].

protective a. : + liability.

protest : rapport ; procès-verbal.
captain's — : rapport de mer.

protocol : protocole.
Hague — [AV] : protocole de la Haye.

provident scheme : régime de prévoyance.

provision : disposition ; stipulation.
drop down = dip down — : stipulation de plongée de garantie.
special — : stipulation particulière.

provisional a. : + premium + rate.

proximate a. : + cause.

pump : pompe.
booster — : pompe à surpression = surpresseur.
centrifugal — : pompe centrifuge.
fire — : pompe à incendie.
jockey — : pompe de secours.
pressure — : pompe de refoulement.
sump — : pompe de vidange.
trailer — : moto-pompe.
— *discharge* : refoulement de la pompe.
— *house* : station de pompage = salle des pompes.

punitive a. : + damages.

pure a. : + captive + premium + risk.
— *endowment ass. [L]* : ass. de capital différé [V].

P

Terms	Translation

quadruple indemnity [L] [USA] : quadruplement (du capital décès) [V].

« quake » [USA] : tremblement de terre.

quality : qualité.
— *control* : contrôle qualité.

quarantine : quarantaine.
— *indemnity = benefit [USA]* : prestation en cas de quarantaine.

quarter : terme.
— *day* : jour de terme = d'échéance.

quay : quai.
— *to —* : de quai à quai.
alongside — : à quai.

questionnaire : questionnaire.

quittance [USA] : quittance.

quota : quotité ; participation.
— *cession [RE]* : quotité cédée.

quota-share : quote-part.
— *cover* : couverture par quotes-parts.
— *policy [USA]* : police en co-ass.
— *re.* : ré. en quote-part = en participation pure.
— *of premium* : quote-part de prime.
— *treaty [RE]* : traité en participation = en quote-part.

quotation : cotation.

Q

Terms	Translation

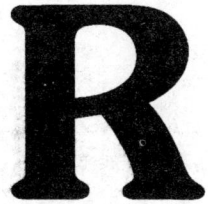

rack : casier ; rayonnage.
   high- — *storage* : stockage de grande hauteur.

rain : pluie.
   — = *weather* = *rainfall* = *pluvius ins.* : ass. mauvais temps.
   vacation — *ins.* [USA] : ass. pluie villégiature.

ransom : + kidnap.

ratable a. : tarifiable.

rate : taux ; tarif.
   — *of accumulation [L]* : taux de capitalisation [V].
   — *book* : tarif.
   — *card [USA]* : fiche de tarification : ** avis de tarification.
   — *credit [USA]* : réduction de taux.
   — *cutter* : «casseur» de taux.
   — *deficiency [USA]* : insuffisance de taux.
   — *of dividend increase* : taux de progression.
   — *of gross profit [F]* : pourcentage de bénéfice brut [I].
   — *making* : établissement du taux.
   — *manual* : tarif.
   — *of premium* = *premium* — : taux de prime.
   — *of return* : taux de rendement.
   — *of wages [F]* : pourcentage de salaires [I].
   — *on line [RE]* : taux garanti.
   — *presently paid* : taux appelé.
   absentee — : taux d'absentéisme.
   adjustment — : taux de révision.
   advisory = *judgement* — [USA] : taux de bon sens.
   average = *combined* — [USA] : taux moyen.
   basic — : taux de base.
   blanket — : taux global.
   book = *manuel* = *tariff rates* : taux du tarif.
   building — [F] : taux du bâtiment [I].
   commission — : taux de commission.
   compositive — : taux combiné.
   contents — [F] : taux du contenu [I].
   cut = *deviation* — [USA] : taux au rabais = dérogatoire.
   disablement — [ACC] : taux d'invalidité.
   equity — : taux en fonction de résultats exceptionnellement bons ou mauvais.
   flat — : taux forfaitaire.
   graded mortality — [L] : taux de mortalité ajusté [V].
   injury — : taux d'incapacité.
   judgement — : taux subjectif (sans référence au tarif).
   manual — : taux du tarif.
   morbidity — : taux de morbidité.
   mortality — : taux de mortalité.
   net — : taux net.
   primary — : taux de départ.
   severity — : taux de gravité.
   short period = *short* — : taux pour court terme = période temporaire.
   specific — : taux propre.
   standard — : taux d'appel.
   stock — : taux fixe.

to rate (v.) : tarifer.

to rate up (v.) : majorer.

rated-up : majoré(e).
   — *age [L]* : âge majoré [V].

rating : tarification.
   — *bureau [USA]* : bureau de tarification.
   — *class* : classe de tarification.
   — *up* : tarification des risques aggravés.
   — *up in age [L]* : vieillissement [V].
   block — : tarification globalisée.
   class — : tarification selon classification.
   experience = *merit* = *prospective* = *self* — [USA] : tarification personnalisée = selon la statistique.
   fire resistance — : classification de résistance au feu = taux d'incombustibilité.
   flat — : tarification forfaitaire = fixe.
   fleet — [MV] : tarification flotte [A].
   individual — : tarification personnalisée.
   individual risk — : tarification individuelle des risques.
   judgment — : tarification subjective.

Lexique : anglais/américain - français

layer — : tarification par ligne.
manual — : tarification selon tarif.
prior approval — : tarification sous réserve d'accord préalable.
prospective — : tarification prospective = anticipée.
retrospective — *[USA]* : tarification rétroactive selon la statistique.
schedule — *[F] [USA]* : tarification objective [I].

ratio : rapport.
burning — : rapport des sinistres aux capitaux assurés.
combined = *composite* — : rapport des sinistres aux primes nettes.
expense — : rapport des frais généraux aux primes.
incurred loss — : rapport des sinistres survenus aux primes acquises.
lapse — *[L]* : taux de chute [V].
loss = *claims* — : rapport des sinistres aux primes.
operating — : rapport des charges aux produits.

real estate : biens fonciers = immeubles.

real property : biens immeubles.

reassurance [L] : réassurance.

to reassure (v.) **[L]** : réassurer.

reassured [L] a. : réassuré(e).

reassurer [L] : réassureur.

rebate : rabais ; réduction.
income-tax — *[L]* : réduction d'impôt sur le revenu [V].
no-claim — : rabais pour non sinistre.
premium — : rabais de prime.

rebating of commission : ristourne de commission.

recapture (1) [RE] : reprise de portefeuille.

recapture (2) : rappel ; retrait.
product — : retrait de produit.

receipt : acquit ; quittance.
commission — = *note* : quittance de commission.
conditional — *[L]* : quittance provisoire [V].
first premium — : quittance au comptant.
premium — : quittance de prime.
renewal premium — : ** quittance à terme.

reciprocal a. : réciproque.
— *basis* : base de réciprocité.
— *ins.* = *interinsurance exchange [USA]* : assurance de réciprocité.
— *treaty* : traité de réciprocité.

reciprocity [RE] : réciprocité.

records (1) : archives ; fichier.
— *destruction ins. [F] [USA]* : ass. reconstitution d'archives [I].
costs of reinstating — *[F]* : frais de reconstitution d'archives [I].

record (2) : statistique.
clean driving — *[MV]* : statistique sans antécédents [A]
driving — *[MV]* : statistique de conduite [A].
risk — *[F]* = *street cards* = *street files* : fichier des risques par situations = des communs = de situation [I].

recourse : recours.
— *action* : action récursoire.

recovery : recours ; recouvrement.
— *plan* : plan de rétablissement = de récupération.
premiums — : recouvrement des primes.

redemption : amortissement.

reduction : réduction.
— *of the term of ass. [L]* : réduction du capital assuré [V].
— *value* = *paid-up value [L]* : valeur de réduction [V].

reel : dévidoir.
hose — : dévidoir à tuyaux.

referee : arbitre.

reference [USA] : arbitrage.

refund : ristourne ; remboursement.
commission — : remboursement de commission.
experience — *[L] [RE]* : ristourne de participation.
lay-up — *[M] [MV]* : ristourne pour immobilisation [A].
premium — : ristourne de prime.

register : registre.
— *of payment* : échéancier.
Lloyd's — *of Shipping* : registre de navigation du Lloyd's.

regulation : réglementation.
licensing — : réglementation des agréments.

«rehab» [USA] [L] : rééducation [V].

rehabilitation [USA] : réadaptation ; rééducation ; rétablissement.

reinstatement : reconstitution ; remplacement ; renouvellement.
— = *depreciation ins. [USA] [F]* : ass. en valeur à neuf [I].
— *of cover* : remise en vigueur de la garantie.

116

— *of property* : reconstruction.
— *of sum insured* : reconstitution du capital assuré.
— *value* : valeur de remplacement = de reconstruction.
automatic — : reconstitution automatique.

reinsurance : réassurance.
— *broker* : courtier de ré.
— *company* : compagnie de ré.
— *slip* : fiche d'application.
— *of quota-share* : ré. en quote-part pure.
— *treaty* : traité de ré.
accepted =inwards = assumed — : ré. acceptée = active.
aggregate excess of loss — : ré. en excédent de sinistre.
assumed — : ré. acceptée = active = acceptation en ré.
automatic — : ré. automatique.
ceded = outwards — : ré. cédée = passive.
combination — : ré. à combinaisons.
compulsory = obligatory — : ré. obligatoire.
excess of loss = excess loss = excess — : ré. en excédent de sinistres.
facultative — : ré. facultative.
financial — : ré. financière.
first surplus — : ré. en premier excédent.
non-proportional — : ré. non-proportionnelle.
participating = prorata — : ré. proportionnelle.
portfolio — : ré. de portefeuille.
proportional — : ré. proportionnelle.
quota-share = contribution — : ré. en quote-part.
risk premium — : ré. à la prime de risque.
second surplus — : ré. au deuxième excédent.
spread loss — : ré. en répartition de pertes.
stop loss — : ré. en excédent de pertes.
surplus — : ré. des excédents.
unsecured — : ré. non garantie.

to reinsure (v.) : réassurer.

reinsured : réassuré(e).

reinsurer : cessionnaire ; réassureur.
following — : réassureur suiveur = co-réassureur.
professional — : réassureur spécialisé (pratiquant la ré. exclusivement).
the — *shall follow the fortune of the ceding company* : le réassureur suit la fortune de la cédante.

relaunch [AV] : relancement.
— *cover* : garantie de relancement.

to relinquish (v.) : abandonner.

relinquishment : abandon.

remainder [RE] [USA] : part cédée.

remittance : règlement ; versement.

removal of wreck expenses [M] : frais de retirement d'épave.

renewable term ins. : ass. avec reconduction automatique.

renewal : reconduction ; renouvellement.
— *agreement* : convention de renouvellement.
— *certificate* : attestation de renouvellement.
— *commission* : commission de renouvellement.
— *notice* : avis d'échéance.
— *premium* : prime de renouvellement.
— *premium debit notice* : avis d'échéance de prime terme = de renouvellement.
— *receipt* : quittance de renouvellement.
tacit = automatic — : tacite reconduction.

rent [F] : loyer [I].
loss of — *ins. = rental value ins. [USA]* =
— *ins. [USA]* : ass. perte des loyers.

repair : réparation.
cost of —*s* : frais de réparation.
under —*s* : en cours de réparation.

repatriation : rapatriement.
— *expenses insurance [USA]* : ass. frais de rapatriement.
medical — : rapatriement sanitaire.

replacement : remplacement.
— *cost. ins.* : ass. en valeur à neuf.
— *in kind* : remplacement en nature.
— *value* : valeur de remplacement.

report : constat ; rapport.
accident — *[MV]* : constat d'accident [A].
annual — : rapport annuel.
expert's — : rapport d'expertise.
inspection — *= slip* : rapport d'inspection.
master's : rapport de mer.
medical — : rapport médical.
plan and — *[F]* : plan et rapport [I].
survey — : rapport de vérification.

reporting form [F] : formule ajustable = révisable [I].

representation : déclaration + misreprésentation.

rescue : sauvetage.
— *equipment* : matériel de sauvetage.
— *methods* : procédés de sauvetage.
— *team* : équipe de sauvetage.
— *work* : opérations de sauvetage.

Lexique : anglais/américain - français

reserve : provision ; réserve.
— *for claims admitted but not paid* : réserve pour sinistres restant à régler.
— *for depreciation of securities* : réserve de capitalisation.
— *to discharge liability* : ** apurement du passé.
— *for increasing age [L]* : réserve de vieillissement [V].
— *fund* : fonds de réserve = de prévoyance.
— *held in excess of actual liabilities* : réserve libre.
— *for increasing risks* : réserve pour risques croissants.
— *for outstanding claims* : réserve pour sinistres en suspens.
— *for re. accepted* : réserve pour ré. acceptée.
— *for re. ceded* : réserve pour ré. cédée.
— *for taxes* : réserve pour impôts.
— *for undistributed profits* : réserve pour bénéfices à distribuer.
— *for unearned premiums* : réserve pour primes non acquises.
— *for unexpired risks* : réserve pour risques en cours.
claims — : réserve pour sinistres.
contingency — : réserve pour éventualités diverses.
dividend — : réserve de participation.
free = catastrophe — : réserve pour imprévus = catastrophes.
gross — : réserve brute.
incurred but not reported claims — *[RE]* : réserve pour sinistres survenus mais non déclarés.
initial — *[L]* : réserve initiale [V].
legal — : réserve légale.
net — : réserve nette.
policy — *= net liability (in balance sheet)* : réserve mathématique à l'inventaire.
prospective — *[L]* : réserve prospective [V].
retrospective — *[L]* : réserve rétrospective [V].
statutory — : réserve statutaire.
supplementary technical —*s* : réserves techniques supplémentaires.
surplus — : réserve excédentaire.
technical = underwriting — : réserve technique.
undisclosed — : réserve cachée = implicite = tacite.

resurvey : contre-expertise.

retainage [RE] : rétention.
— *line* : part de rétention.

retention [RE] : conservation : plein. rétention.
— *capacity* : capacité de rétention.
— *limit = line* : plein de rétention.
net — : rétention nette.
self- — : propre rétention.
underlying — : conservation de base = rétention de premier degré.

retiree [USA] : retraité(e).

retirement : retraite ; + pension + allowance + plan.
deferred = delayed = late = postponed — : retraite ajournée = différée = retardée.
early — : retraite anticipée = pré-retraite.

retroactivity : rétroactivité.

retrocedant [RE] : + retrocedent.

retrocedent [RE] : rétrocédant.

to retrocede (v.) **[RE]** : rétrocéder.

retroceding a. : rétrocédant(e).
— *company = insurer* : compagnie rétrocédante = assureur rétrocédant.

retrocession [RE] : rétrocession.
quota-share — : rétrocession en participation.

retrocessionaire [RE] : rétrocessionnaire.

retrospective a. : + rating + reserve.

return : ristourne.
— *commission* : commission remboursée = extournée.
— *of premium = premium* : ristourne de prime = prime ristournée.
agreed — : ristourne de droit = convenue.
cancelling — : ristourne pour résiliation.
lay up — *= refund [M] [USA]* : ristourne de mise en rade = de désarmement.
— *for non-attachment* : ristourne pour non prise d'effet.

return ass. [L] = return of premium ass. [L] : contre-assurance [V].

to return (v.) : rembourser ; ristourner.

revaluation : revalorisation.

to revalue (v.) : revaloriser.

revenue : revenu.
investment — : revenu des fonds placés.

reversion [L] : réversibilité ; réversion [V].
contingent — : réversibilité conditionnelle.

revival [USA] = restoration : remise en vigueur.
policy — : remise en vigueur de police.

rider (1) [MV] : passager (sur moto-cycle) [A].

rider (2) [M] : allonge.

rider (3) [USA] : avenant ; intercalaire.

continuity = superseded suretyship — [USA] : avenant de reprise du passé.
family — [L] : avenant d'extension familiale [V].

right : droit.
— *of cancellation* : droit de résiliation.
— *of recovery = of recourse = alternative —* : droit de recours.
— *of user* : droit de jouissance.
marine = admiralty — = maritime law [USA] : droit maritime.
subrogation — : droits de subrogation.

riot : émeute.
strikes, —s and civil commotion ins. : ass. grèves, émeutes et mouvements populaires.

riser [F] : colonne montante [I].
live — : colonne humide.

risk : risque.
— *acceptance =* : acceptation du risque.
— *actually incurred* : risque effectivement couru.
— *analysis* : analyse de risque.
— *assessment* : évaluation du risque.
— *assumption* : acceptation du risque.
— *of atomic desintegration = atomic —* : risque de désintégration atomique = atomique.
— *concentration* : concentration des risques.
— *control* : contrôle des risques.
— *cost* : coût du risque.
— *discovery* : découverte du risque.
— *elimination* : élimination du risque.
— *engineering* : ingénierie des risques.
— *experience* : antécédents.
— *evaluation* : évaluation de risque.
— *exposure* : exposition au risque.
— *factors* : éléments du risque.
— *financing* : financement de risque.
— *funding* : autofinancement de risque.
— *identification* : identification de risque.
— *index = line card [USA] = aggregate liability index [F]* : fiche des communs = de cumul.
— *in force* : risque en cours.
— *location* : situation du risque.
— *management* : gestion de risques.
— *manager* : gestionnaire de risques.
— *manual* : guide du traitement des risques.
— *measurement* : mesure des risques.
— *for own account* : risque pour propre compte.
— *premium [L]* : prime de risque [V].
— *purchasing group [USA]* : groupement d'achat d'ass.
— *quantification* : quantification du risque.
— *recognition* : reconnaissance des risques.
— *reduction* : réduction des risques.
— *reserve* : réserve pour risques.
— *retention* : rétention de risque.
— *retention group [USA]* : groupement de conservation de risques = groupement corporatif d'ass. de responsabilité civile produits
— *selection* : sélection de risque.
— *sharing* : partage de risque.
— *spreading* : répartition des risques.
— *taker [USA]* : preneur de risque.
— *transfer* : transfert de risque.
abnormal = sub-standard — : risque anormal = de qualité inférieure.
accumulation — : risque de cumul.
adjacent = neighbouring — = exposure hazard [F] : risques de voisinage [I].
adjoining —s [F] : risques contigus [I].
aggravated = increased — : risque aggravé.
all —s [ACC] = comprehensive [MV] = floater [USA] = all in(clusive) [USA] : tous risques [ACC] [A] = tous sauf.
amount at — : capital en risque = montant assuré.
any one — : par risque.
assigned — [USA] : ** risque attribué d'office.
at — : en risque.
average — : risque moyen.
border line — : risque marginal.
break up — : risque de rupture = d'éclatement.
call — [M] : risque d'escale.
capacity — : risque de capacité = haut risque.
classified — : risque aggravé.
climatic — [ACC] [L] : risque climatique [V].
collision — [M] : risque d'abordage [M].
commencement = attachment of — : prise d'effet du risque.
commercial = mercantile [USA] = trading — : risque commercial.
commercial solvency — : risque d'insolvabilité = commercial.
communicating — : risque avec communication.
corporate — [USA] : risque à l'échelon du groupe.
cost of — : coût du risque.
covered — : risque couvert = garanti.
deck cargo — [M] : risque de pontée.
development — : risque de développement.
domestic — [USA] : risque autochtone.
dynamic — : risque dynamique = évolutif.
economical — : risque économique.
entrepreneurial = business — : risque d'entreprise.
excepted — : risque exclu.
exchange — : risque monétaire.
excluded — : risque exclu.
exotic — [USA] : risque très spécial = hors du commun.

Lexique : anglais/américain - français

financial — : risque financier.
foaling — : risque de poulinage = de mise bas.
fortuitous — : risque fortuit = aléatoire.
ground — [AV] : risque au sol.
harbour = *port* — : risque de port.
hard to place — : risque difficile à placer.
highly protected — [F] [USA] : risque hautement protégé = risque à protection renforcée [I].
household — : risque des particuliers.
impaired — [L] : risque aggravé [V].
industrial — [F] : risque industriel [I].
insurable — : risque assurable.
interruption — [F] : risque d'interruption d'exploitation [I].
jumbo — [USA] : risque exceptionnellement important = géant.
keep off — : risque à refuser.
kindred — : risque analogue = de même nature = assimilé.
lighter = *craft* — [M] : risque d'allége.
loading — [M] : risque de chargement.
major — : risque principal.
minor — : petit risque.
miscellaneous —*s* = *miscellaneous branches* = *casualty business* : risques divers.
mixed sea and land —*s* : risques mixtes maritimes et terrestres.
mortality — : risque de mortalité.
navigation — : risque de navigation.
no = *not on* = *not at* — : non encore en risque.
normal = *common* = *standard* = *run-of-the-mill* — : risque normal = courant.
nuclear — : risque nucléaire.
off — : hors risque.
omnibus — [USA] [F] : risque avec pluralité d'occupation [I].
on — : en risque.
operational — : risque d'exploitation.
peak — : risque de pointe.
political — : risque politique.
preferred — : risque excellent.
prohibited — : risque interdit (à l'assurance).
pure — : risque pur.
quay — : risque de quai.
recurring — : risque répétitif.
rejection — : risque rejeté = refusé.
residual — : risque résiduel.
retained — : risque conservé.
run-of-the-mill — : risque courant = ordinaire.
sea = *marine* — : risque maritime.
seasonal — : risque saisonnier.
selected — : risque sélectionné.
shore — [M] : risque de séjour à terre.
silent = *stacked* — [USA] : risque en chômage (sans activités).

simple — (non industriel) = *private* — [F] : risque simple = ordinaire [I].
speculative — : risque spéculatif.
split — : risque divisé (entre plusieurs assurances).
sprinklered — [F] : risque «sprinklé» = protégé par extincteurs automatiques à eau [I].
standard — : risque normal = classique.
static — : risque statique.
storied — [F] : risque à étages [I].
subjective — : risque subjectif.
systematic — : risque stable.
target — : risque de pointe.
termination = *cessation of* — : fin = cessation du risque.
to carry a — : supporter un risque.
ultimate — : risque ultime.
under average = *poor* — : risque mauvais.
undertaken — : risque assumé.
unexpired — : risque non-couru = en cours.
uninsurable — : risque inassurable.
untidy — [F] : risque mal tenu = en désordre [I].
unrelated — : risque sans relation = différent.
variable — : risque variable.
unsystematic — : risque imprévisible.
war and mines — [M] : risque de guerre et de mines.
warehouse — [M] : risque de magasin.
wet — [LL] : risque au contact de l'élément liquide = « risque pieds dans l'eau».

riskmap : cartographie du risque.

river : fleuve ; rivière.
   — *cargo ins.* : ass. facultés fluviales.
   — *hull ins.* : ass. corps fluviaux.
   — *marine ins.* [USA] : ass. fluviale.

robbery : vol à main armée.
   — *during transit* = *outside hold-up* [USA] : vol (à main armée) en cours de transport.

roll-on/roll-off [M] : roulage + ro-ro.

rolltainer [M] : conteneur roulant.

roof [F] : couverture [I].
   — *collapse* : effondrement de toiture.
   — *deflection* : flèche du toit.
   — *vent* : exutoire en toiture.
   hard = *approved* — : couverture dure.
   slate — : couverture en ardoise.
   thatched — : couverture en chaume.
   tile — : couverture en tuiles.
   wooden = *composition* — : couverture légère.

roofing [F] : couverture [I] ; classe [I].
   — *and ceiling* : clos et couvert.

Room [LL] : hall de souscription.

rostrum [LL] : estrade de l'annonceur.
rotation : assolement.
— *endorsement (hail)* : avenant d'assolement (grêle).
round : ronde.
recorded — = — watch : ronde contrôlée = pointée.
round voyage ins. [M] : ass. à la prime liée.
rugs, coats and personal effects [MV] : plaids, vêtements et effets personnels [A].

rule : règle.
term — : règle de durée ferme.
York-Antwerpen —s [M] : règles d'York et d'Anvers.
running down : + clause.
run-off period [LL] : période de garantie subséquente.
running off = run-off [RE] : queue de portefeuille = liquidation de sinistre = expiration naturelle de portefeuille.

R

Terms	Translation

sabotage : sabotage.
safe : coffre-fort.
— *burglary ins.* : ass. vol par effraction de coffre-fort.
— *depository liability ins.* : ass. contre la perte des dépôts en coffre-fort.
— *ins.* : ass. du coffre-fort.
approved — : coffre-fort agréé.
blow-pipe resisting — : coffre-fort anti-chalumeau.
explosion resisting — : coffre-fort anti-explosion.
fire-proof — : coffre-fort résistant au feu.
fixed — : coffre-fort scellé.
in or out of — : à l'intérieur ou à l'extérieur du coffre-fort.
thief resisting — : coffre-fort de sécurité.
whilst out of — : hors du coffre-fort.
safe arrival [M] : bonne arrivée.
— — *of ship* : bonne arrivée de navire.
ins. on — — = *ins. subject to* — — : ass. sur bonne arrivée.
safeguard : dispositif de protection.
safety : sécurité.
— *audit* : vérification des mesures de sécurité.
— *can* : bidon de sécurité.
— *check* : contrôle de sécurité.
— *committee* : commission de sécurité.
— *device* : dispositif de sécurité.
— *engineer* : ingénieur de sécurité.
— *engineering* : ingénierie de sécurité.
— *inspection* : inspection de sécurité.
— *inspection checklist* : liste de pointage d'inspection de sécurité.
— *instructions* : consignes de sécurité.
— *management* : gestion de la sécurité.
— *manual* : manuel de sécurité.
— *officer* : agent de sécurité.
— *programme* : programme de sécurité.
— *regulation* : règlements de sécurité.
— *standards* : normes de sécurité.
off-the job — : sécurité en dehors des lieux de travail.

salaries and wages : salaires et appointements.
salary : salaire.
— *deduction* = *payroll deduction* = — *savings* = — *allotment ins. [USA]* : ass. venant en déduction des salaires.
salvage : sauvetage.
— *association [M]* : association de sauvetage.
— *corps [F]* : corps de sauvetage [I].
— *costs* : frais de sauvetage.
— *and loss recoveries* : sauvetage et récupération sur sinistres.
— *value* : valeur de sauvetage.
— *of wreckage [M]* : sauvetage des épaves.
without benefit of — *[M]* : sans bénéfice du sauvetage.
sand bin : bac = caisse à sable.
satellite + life : satellite.
— *ground property ins.* : ass. dommages du satellite à terre.
— *life in orbit ins.* : ass. vie en orbite du satellite.
scale : barème ; échelle.
— *of compensation* : barème des prestations.
— *of disability benefits* = *Hunter disability table [USA]* : barème d'indemnisation des infirmités.
— *of dividends* : barème des participations au bénéfice.
— *of short term rates* = *odd time table* : barème à court terme
Richter — : échelle de Richter.
short date — *[USA]* : barème à court terme.
fees — : barème des honoraires.
sliding — *[RE]* : barème mobile.
sliding — *commission [RE]* : commission à échelle mobile.
scene : lieu.
— *of accident* : lieu de l'accident.
schedule : annexe ; tableau ; (tableau des conditions particulières).

Lexique : anglais/américain - français

— *policy* : police par articles.
scheme [UK] : combinaison ; plan ; régime.
   graduated superannuation — : régime de retraite proportionnelle.
   index-linked — : régime indexé.
   ins. — : combinaison = programme d'ass.
   national ins. — : régime d'assurances sociales.
   pension = superannuation — : régime de retraites.
scope : étendue ; portée.
   — *of coverage* : étendue de la garantie = couverture.
   — *of policy* : champ d'application de la police.
scorches by cigarettes [F] : accident de fumeur [I].
scorching [F] : roussissement [I].
   damage by — : dommage par roussissement.
sea : mer.
   perils of the — : accidents et fortunes de mer.
seaworthiness : navigabilité.
   — *certificate* : certificat de navigabilité.
seaworthy : en (bon) état de navigabilité.
second notice : rappel d'échéance.
secondary due date : échéance secondaire.
secure : sécuritaire ; de sécurité.
securities : valeurs ; titres.
   transferable — : valeurs mobilières.
   fixed interest — : valeurs à intérêt fixe.
   index-linked — : valeurs indexées.
security (1) : sûreté.
   — *manager* : responsable de la sûreté.
   industrial — : sûreté industrielle.
security (2) : solvabilité ; garantie.
   — *réserve* : réserve de solvabilité.
   market — : solvabilité du marché.
seepage : infiltration.
select lives [L] : risques sélectionnés [V].
selection : sélection.
   anti- = *adverse* = *counter* — : anti-sélection.
self-combustion : auto-combustion.
self-ignition : auto-inflammation.
self-insurance : autoassurance.
to self insure (v.) : s'autoassurer.
service : service.
   — *ins.* : ass. de prestations en nature.

contributory — : années de cotisations.
credited — : années accréditées.
future — : années restant à courir.
non-contributory — : années validées.
past — : services passés.
pensionable — : années ouvrant droit à retraite.
unbundled — : services facturés = facturables.
to settle (v.) : régler.
   — *a claim* : régler un sinistre.
   — *by mutual agreement* : régler de gré à gré.
settlement : liquidation ; prestation ; règlement.
   — *by abandonment [M]* : règlement par délaissement.
   — *in kind* : règlement en nature.
   full and final — : règlement total et définitif = pour solde de tout compte.
   loss = claim — : règlement des sinistres = des pertes.
   lump sum — : règlement forfaitaire.
   out-of-court — : règlement à l'amiable.
   proportional — : règlement au marc le franc.
   simultaneous — *clause [RE]* : clause de règlement simultané.
   structured — : règlement échelonné.
   voluntary — : règlement de gré à gré = transactionnel.
setting-up : établissement.
   — *a policy* : établissement d'une police.
severity : gravité ; intensité.
   — *rate* : taux de gravité.
share : part ; participation ; action.
   — *holder* : actionnaire.
   — *of profits = dividend [USA]* : part de bénéfice = tantième.
   compensation — : part bénéficiaire.
   quota- — *[RE]* : ré. en quote-part = en participation pure.
sharing : partage.
   commission — : partage de commission.
sheet : + *flow* + *line*.
shifting : déplacement (d'une affaire).
ship : bâtiment = navire.
   — *hull ins.* : ass. corps de navire.
   — *'s passport* : certificat de navigation.
   — *'s protest* : rapport de mer.
   — *'s sweat* : buée de cale.
   drill — : navire de forage.
   ex — : à bord du navire.
   lash — : navire porte-barges.
   sister — : navire jumeau.
   ore/bulk/oil — : pétro-vraquier-minéralier.
   roll-on/roll-off — : roulier.

shipper : expéditeur ; chargeur.
shipping : navigation.
— *accident* : accident de navigation.
— *agent* : agent maritime.
river — = *inland water transport* : transport par voie fluviale.
shock loss : + loss.
shop-lifting : vol à l'étalage.
short...
— *closing [LL]* : réduction du placement initial.
— *delivery [M]* : manquant.
— *period ins.* = *specific ins.* : ass. temporaire = à court terme.
— *rate* : taux court terme.
— *tail business [LL]* : affaires de courte durée.
— *term* : court terme = temporaire.
shortage : découvert ; manquant [M] ; manque ; manquement.
capacity — : manque de capacité.
inventory — : manquant d'inventaire.
sickness : maladie.
— *and accident ins.* : ass. maladie et accidents.
— *allowance* : indemnité en cas de maladie.
— *benefit* : prestations maladie.
— *and disablement ins.* : ass. maladie et invalidité.
— = *sick fund* : caisse-maladie.
— *ins.* = *health ins. [USA]* : ass. en cas de maladie = ass. santé.
— *risk* : risque de maladie.
long-term — : longue maladie.
permanent — *ins.* = *long term health ins.* [USA] : ass. maladie à garantie viagère = ass. santé viagère.
previous = *pre-existing* — : maladie antérieure = pré-existante.
sinking fund ins. : ass. capitalisation.
skyjacker : pirate de l'air.
skyjacking : piraterie aérienne.
slip [LL] : fiche de souscription = ** proposition.
— *policy [RE]* : fiche valant police.
closing — : fiche détaillée destinée à l'établissement de la police.
honeycomb — : fiche à cases.
line — : pouvoir de souscription à aliments.
original — : fiche initiale de souscription.
placing — : fiche de placement = note de présentation.
signing —= *off* — : copie de la fiche initiale.
standard — : fiche de souscription-type.

slot machines ins. : ass. des distributeurs automatiques.
smoke : fumée + detector + vent.
— = *smudge damage [USA]* : dommage de fumée.
— *exhauster* : extracteur de fumée.
social security : sécurité sociale.
society : association ; société.
benefit = *friendly* = *mutual aid* = *fraternal benefit* — *[L]* : société de secours mutuels [V].
classification — *[M]* : société de classification.
collecting — *[L]* : société de collecte [V].
friendly burial — *[L]* : société du franc au décès [V].
mutual benefit ins. — : société d'ass. mutuelle.
proprietary — : société à primes fixes.
provident — : société de prévoyance.
solvency : solvabilité.
— *margin* = *ratio* : marge de solvabilité.
— *rate* : taux de solvabilité.
— *test* : contrôle de la solvabilité.
sonic boom [AV] : explosion sonique = «bang» supersonique.
sonic boom cover [F] : ass. des dommages consécutifs au franchissement du mur du son [I].
spacecraft : engin spatial.
— *liability ins.* : ass. responsabilité civile engin spatial.
specification : intercalaire de police ; nomenclature.
split-dollar ins. [L] [USA] : ass. en co-participation [V].
spouse : conjoint.
dependent — : conjoint à charge.
sprayer [F] : diffuseur = pulvérisateur [I].
spreading : étalement.
— *of risks* : répartition des risques.
fire — *rate* : vitesse de propagation du feu.
sprinkler : sprinkleur = extincteur automatique à eau = ** tête d'arrosage = extinctrice.
— *head* = *orifice* : tête d'extincteur automatique à eau.
— *headguard* : protecteur de tête sprinkleur.
— *installer* : installateur de sprinkleur.
— *leakage ins.* : ass. fuite de sprinkleurs = ass. des déclenchements intempestifs des sprinkleurs.
— *riser* : colonne montante sprinkleur.
— *system* : réseau d'extinction automatique à eau = sprinkleur.
— *valve* : vanne de sprinkleur.

Lexique : anglais/américain - français

automatic fire- — installation : installation d'extincteurs automatiques à eau.
dry pipe — : sprinkleur sous air.
early suppression - fast response — : sprinkleur à déclenchement rapide et extinction précoce.
extended coverage — : sprinkleur à grande surface de protection.
extra-large orifice — : sprinkleur à grand orifice.
in rack — : sprinkleur intermédiaire = en casier.
large drop — : sprinkleur à grosses gouttes.
old-style — : sprinkleur ancien modèle.
on-off — : sprinkleur à ouverture-fermeture automatique.
open — : sprinkleur ouvert.
ornemental — : sprinkleur décoratif.
pendent — : sprinkleur à tête pendante.
preaction — : sprinkleur à pré-action.
quick-response — : sprinkleur à temps de réponse bref.
rated — : sprinkleur calibré.
recessed — : sprinkleur encastré.
residential — : sprinkleur d'habitation.
sidewall — : sprinkleur mural.
spray — : sprinkleur à haut pouvoir de diffusion.
standard = conventional — : sprinkleur classique = courant = conventionnel.
upright — : sprinkleur à tête debout.
wet pipe — : sprinkleur sous eau.

sprinklered : «sprinklé».
— *risk* : risque protégé par extincteurs automatiques à eau.
un — risk : risque non protégé par extincteurs automatiques à eau.

stabilization : consolidation.
— *date* : date de consolidation.

staff : personnel.
inside — : personnel intérieur.
outside — = fieldstaff [USA] : personnel extérieur.

stamp : timbre.
— *duty* : droit de timbre.

standpipe : colonne montante.
dry — : colonne sèche.

standpost hydrant : poteau = borne d'incendie.

state of the art : niveau actuel de la technique = degré d'avancement de la technologie.

statement : bordereau ; constat ; déclaration ; décompte ; état.
— *of values* : état des valeurs.

commission — : bordereau de commission.
financial —s : états financiers.
loss — : état des pertes.
premium — : décompte de prime.
receipt — : bordereau de quittance.

station : poste.
central — : poste d'incendie principal.

statistics : statistique.
accident — : statistique accident.
actuarial — : statistique actuarielle.
adverse — : statistique déficitaire.
cancellation — : statistique des annulations.
fire — = record : statistique incendie.
loss — = claims experience = claims record : statistique des sinistres = la statistique = «la stat.».

steamer : navire.
ins. — to be declared : ass. sur navire indéterminé = ass. in quovis = ass. sur navire à désigner.

stevedore [M] : arrimeur ; acconier.

stock (1) : marchandises ; produits ; «stock».
— *declaration policy = reporting policy [USA] [F]* : police à prime révisable = ajustable = en compte courant [I].
— *in hand* : existences = marchandises en magasins.
— *in open = open —* : marchandises en plein air.
— *in process* : produits en cours de fabrication = « les encours ».
— *in transit* : marchandises en cours de transport.
— *in transit ins.* : ass. des marchandises à tous stades (stockage, fabrication, transport).
closing — : stock final = en fin d'exercice.
finished — : produits finis.
opening — : stock initial = en début d'exercice.
semi-finished — : produits semi-finis.

stock (2) : actions ; titres.
— *holder* : actionnaire.
— *ins. company [USA] = — insurer [USA]* : société d'assurance par actions.
— *option plan [USA]* : plan d'actionnariat des salariés.

stop-gap [USA] : garantie responsabilité civile employeur.

stop-loss [RE] : «stop-loss» ; excédent de moyens et petits sinistres.

storage : dépôt ; stockage.
buffer — : stockage tampon.
high-racked = high-piled — [F] : dépôt de grande hauteur [I].

palletized — : stockage sur palettes.
storey = story [F] : étage [I].
storied risk : risque avec étages = à étages.
storm : tempête.
— *and tempest ins. [F]* : ass. tempête [I].
—, *tempest, hurricane [F]* : tempêtes, ouragans, cyclones [I].
— *damage* : dégâts causés par la tempête.
straight life ins. [USA] : ass. vie entière.
stranding : échouement.
voluntary — : échouement volontaire.
strike : grève.
— *s ins.* : ass. des risques de grèves.
— *s, riots and civil commotion ins.* : ass. grèves, émeutes et mouvements populaires.
— *risk* : risque de grève.
dry run — : grève d'avertissement.
go-slow — : grève perlée.
indefinite — : grève illimitée.
rotating — : grève tournante.
sélective — : grève ponctuelle.
sit in — : grève avec occupation des locaux.
sympathy — : grève de solidarité.
wild cat — : grève sauvage.
strongroom : chambre forte.
sub-agency : sous-agence.
sub-agent : sous-agent.
sub-office : bureau annexe.
subject...
— *to average* : avec application de la règle proportionnelle.
— *matter of ins.* : objet de l'assurance.
not — to average : sans application de la règle proportionnelle.
subrogation : subrogation.
contractual — : subrogation contractuelle.
equitable — : subrogation de plein droit.
subrogee : subrogataire.
subrogor : subrogeant.
subscriber : cotisant(e) ; souscripteur (trice).
annual — *[LL]* : cotisant annuel.
subscription : abonnement ; cotisation ; souscription + policy.
subsidence : tassement de terrain = subsidence.
subsidiary : filiale.
sue and labour clause [M] : clause de recours et de conservation.
suicide [L] : suicide [V].

— *while in a responsible state of mind = premeditated* — : suicide conscient = volontaire.
— *while in an irresponsible state of mind = unpremeditated* — : suicide inconscient.
attempted — : tentative de suicide.
sum : capital ; somme.
— *insured = assured [L] = principal* — : capital assuré = somme assurée.
— *payable at death = death benefit* : capital décès = en cas de décès.
lump — : somme globale = forfaitaire.
reduced — assured [L] : capital réduit [V].
summary [RE] : bordereau récapitulatif.
sunset [RE] [USA] : + clause.
superannuation : + scheme.
superintendent [USA] : + commissioner.
supervision : contrôle ; surveillance.
ins. — : contrôle des ass.
supervisory authority : autorité de contrôle.
suppliers' deficency [F] [USA] : carence de fournisseurs [I].
suppliers' premises ins. = contingent business interruption ins. [USA] [F] : ass. carence de fournisseurs [I].
supply : réserve.
public water — : réseau d'eau municipal.
water — : réserve = source d'eau.
surcharge : complément de prime ; majoration ; surprime.
surety bond : caution.
surety = suretyship : caution ; cautionnement ; garant ; garantie.
fidelity and — bond [USA] : ass. vol et détournement des employés.
surgical expense = benefits ins. : ass. des frais chirurgicaux.
surplus [USA] : + broker + line + treaty.
surplus [RE] : excédent.
— *re.* : ré. en excédent de plein.
— *release* : ré. sur lignes en excédent.
— *re. treaty* : traité de ré. en excédent.
— *share* : ré. au prorata de l'excédent.
policyholders — : excédents non distribués (des titulaires de police).
surrender [L] : rachat [V].
— *charges* : frais de rachat.
— *provisions* : règles de rachat.
— *value* : valeur de rachat.
cash — *value* : valeur de rachat au comptant.

Lexique : anglais/américain - français

enforced — : rachat d'office.
guaranteed — *value* : valeur de rachat garantie.

to surrender (v.) **[L]** : racheter [V].

survey : inspection ; vérification.
— *report* : rapport de vérification.
— *fees* : frais de vérification.

surveyor : vérificateur ; inspecteur-vérificateur.
boiler — : vérificateur de chaudières.
fire — : vérificateur incendie.

survival : survie.
— *rate* : taux de survie.

surviving a. : survivant.
— *spouse* = *life* : conjoint survivant.

survivorship : survie.
— = *survivors'* = *contingent ass.* : ass. de survie.

contingent — *annuity* = *reversionary annuity* : rente de survie.

suspension : suspension.
— *of cover* = *of guarantee* : suspension de garantie.

«switching» [USA] : reprise.

syndicate [LL] : groupe de souscripteurs = syndicat de souscription.
underwriting — : syndicat de souscription.

system : système ; méthode.
contingent fees — *[USA]* : système d'honoraires conditionnels (proportionnels en cas de succès).
jury award — *[USA]* : système de règlement des litiges par jury.
no-fault — *[USA]* : + no-fault.
tort — *[USA]* : système de responsabilité civile délictuelle ou quasi-délictuelle.

S

Terms	Translation

table (1) : barème ; tableau.
— = *scale of limits = line guide [USA] = line sheet [USA]* : tableau de pleins.
— = *scale of rates* : barème de taux.
premiums — = *scale* : barème de primes.

table [L] (2) : table [V].
aggregate — : table agrégée.
annuitants' mortality — : table de mortalité de rentiers.
benefits — : barème d'indemnisation.
build — *[USA]* : table des poids normaux.
commisioners' standard ordinary — *[USA]* : table CSO (table des commissaires aux assurances).
conversion — : table de conversion.
decrement — = — *of exists* = *withdrawals* : table d'élimination = d'extinction = de sortie.
disability percentage — ; barème d'invalidité.
double decrement — : table de double élimination.
expectation of life = *survival* — : table de survie.
morbidity — : table de morbidité.
mortality combined experience — : table de mortalité = de survie.
mortality — *(assured lives)* : table de mortalité d'assurés.
mortality — *of selected lives* : table de mortalité de risques sélectionnés.
selected mortality — *[USA]* : table de sélection.
sickness — : table de morbidité.
ultimate — : table ultime = finale = de sélection.
weight and height — : table des poids et tailles.

tabular [L] : tabulaire [V].
— *morbidity* : morbidité tabulaire.
— *mortality* : mortalité tabulaire.

to take (v.) : prendre.
— *effect* = *to attach* = *to become effective* : prendre effet.

— *out an ins.* : souscrire une ass.
— *over a risk* : prendre un risque en charge.

taker : preneur.
ins. — : preneur d'ass.

tank : réservoir ; bac.
break — : réservoir intermédiaire.
cushion — : réservoir tampon.
gravity — : château d'eau.
holding — : bac de rétention.
pressure — : bac de pression.
pressure equilibrating — : réservoir d'expansion.
priming — : réservoir d'amorçage.
suction — : réservoir d'aspiration.
water — : réservoir d'eau.

tanker : bateau-citerne.

target risk [USA] : risque de pointe.

tariff : tarif.
— *agreement* : convention tarifaire.
— *company* : compagnie dite «au tarif».
— *rate* : tarif syndical (officiel).
basic — : tarif de base.
blanket — : tarif global = général.
flat — : tarif forfaitaire = fixe.
grated — = *step rate* : tarif échelonné.
industrial — = *manufacturers' schedule [USA]* : tarif «rouge» = des risques industriels [I].
preferential — : tarif de faveur.
premium — : tarif de primes.
standard — : tarif de référence.

to tariff (v.) : tarifer.

tax : taxe.
— *and board [USA]* : taxe et contributions.
— *credit* : déduction fiscale.
— *ins. [L] [USA]* : ass. des droits de succession [V].
ins. — = *premium* — *[USA]* : taxe d'ass. = taxe unique d'ass.

taxying [AV] : en évolution au sol.

temporary a. **[L]** : temporaire [V] ; + *disablement*.

Lexique : anglais/américain - français

— *ass.* : ass. temporaire.
convertible — *ass.* : ass. temporaire transformable.
decreasing — *ass.* : ass. temporaire dégressive.
term : durée.
— *ass.* = *short ass.* [L] : ass. temporaire [V].
— *certain* : durée certaine.
— *of ins.* : durée de l'ass.
— *tariff* : tarif pour courte durée.
extended — *ins.* : ass. à prolongation automatique.
long — *ins.* = — *ins.* : ass. de longue durée = de durée ferme (excédant un an).
short — *ins.* : ass. de courte durée.
termination : dénonciation ; expiration ; extinction ; fin.
— *of policy* : expiration de la police.
— *of risk* : fin de risque.
ins. terminates de jure : l'ass. prend fin de plein droit.
theft : vol.
— *ins.* : ass. vol = ass. contre le vol.
— *pilferage and non delivery clause* [M] : clause vol, chapardage et non livraison.
aggravated — : vol qualifié.
attempted — : tentative de vol.
employee — : + fidelity.
third country national [USA] : citoyen de tierce nationalité = expatrié étranger.
third party : tiers.
— — *road traffic act* = *act liability ins.* [MV] : ass. dite «aux tiers» = ass. responsabilité civile automobile.
— — *passenger* : tiers transporté.
beneficiary — — : tiers bénéficiaire.
injured — — : tiers blessé = accidenté = lésé.
introduction to third parties : appel en garantie.
responsible — — = *party at fault* : tiers responsable.
throughout life : viager(e).
— *ass.* : ass. viagère.
premiums — : primes viagères.
thunderbolt [F] : chute de la foudre [I].
ticket : ticket.
— *counter ins.* : ass. par distributeur automatique.
— *policy* : police à tickets.
time : délai ; durée ; temps.
— *deductible* : franchise en temps.
— *ins.* [M] : ass. à temps.
— *limit* : prescription.

— *on risk* : période de couverture.
lead — [USA] : délai de remplacement.
title : titre.
— *ins.* : ass. de titre de propriété.
tontine [L] : tontine [V].
tontinelike : tontinier.
— *society* : société à forme tontinière.
— *system* : méthode tontinière.
top limit [RE] : engagement maximum.
tornado : tornade.
— *ins.* : ass. contre les tornades.
tort : + system.
— *-feasor* : auteur d'un délit.
liability in — : responsabilité délictuelle = quasi-délictuelle.
tortious : délictueux.
— *act* : acte délictueux.
total loss experience : sinistralité.
tow boat [USA] : remorqueur = pousseur.
towage [M] : remorquage.
towing : remorquage.
— *charges* : frais de remorquage.
traffic : circulation.
— = *road accident* : accident de circulation.
transaction : affaire ; opération.
ins. — = *ins. business* : opération d'ass.
transcontainer [M] : transconteneur.
transfer : aliénation ; cession ; reprise ; transfert [RE].
— *of insured property* : aliénation de la chose assurée.
portfolio — [RE] : transfert de portefeuille.
transferee : cessionnaire.
transferor : cédant.
transit : transport.
cash in — *ins.* : ass. transport d'espèces.
goods in — *ins.* = *inland marine ins.* [USA] : ass. des transports terrestres.
in — [ACC] : en cours de transport.
marine — : transport maritime.
piggyback — : transport rail-route.
securities in — *ins.* : ass. transport de valeurs.
stock in — *ins.* : ass. des marchandises à tous stades (fabrication, stockage, transport).
transport : transport.
domestic — : transport intérieur.
inland — : transport terrestre.
public passenger — = *carrying* [MV] : trans-

port public de voyageurs [A].

transportation [USA] : transport.
public — : transports en commun.

travel : voyage.
— *personal accident ins.* : ass. individuelle accidents voyage.
— *ticket ins.* : ass. voyage au ticket.
air — = *air trip [USA]* : voyage aérien.

traveller : voyageur.
—*'s accident ins.* : ass. accidents de voyage.

treaty [RE] : traité.
automatic — : traité sans réciprocité.
blind — : traité aveugle.
bouquet of treaties : ensemble de traités.
catastrophe excess of loss — : traité d'excédent de sinistres catastrophe = traité à haute priorité.
excess cover — : traité d'excédent = de trop plein.
excess of loss — : traité en excédent de sinistres.
excess of loss ratio — : traité des excédents de pourcentages de sinistres.
facultative — : traité facultatif.
facultative obligatory — : traité facultatif obligatoire = facob.
first surplus = *first line* — : traité en premier excédent.
foreign = *general foreign* — : traité des affaires à l'étranger.
home — : traité des affaires métropolitaines.
inward and outward — : traité de cession et d'acceptation.
obligatory — : traité obligatoire.
open — = *cover* : traité ouvert semi-obligatoire.
participation — : traité en participation.
quota-share — : traité en quote-part.

reciprocal — : traité de réciprocité.
retrocession — : traité de retrocession.
surplus — : traité en excédent de pleins.
working cover — : traité à basse priorité = d'excédent de sinistre par risque.
world-wide — : traité monde entier.

tree + fault

triple benefits [USA] [L] : triplement [V].

truck : camion.
fire — : camion à incendie.
pumper — : camion = fourgon pompe.

trucker [USA] : camionneur.
—*s down time ins.* : ass. perte de revenus des camionneurs.

trust fund (1) [USA] [LL] : fonds = dépôt de garantie.

trust fund (2) : institution de fidéicommis.

tug boat [M] : remorqueur.
— — *and tow* : remorqueur et remorqué.
salvage — — : remorqueur de sauvetage.

tuition + fees

turnkey : clé en main.
— *project* : marché clé en main.

turnover : chiffre d'affaires.
— *ins.* : ass. du chiffre d'affaires.
— *rate* : taux de rotation (du personnel).
annual — : chiffre d'affaires annuel.
gross — : chiffre d'affaires brut.
loss of — : baisse du chiffre d'affaires.
net — : chiffre d'affaires net.
standard — [F] : chiffre d'affaires de référence [I].
on — *basis* : sur la base du chiffre d'affaires.

twisting [USA] = transfer : reprise (d'un contrat).

T

Terms	Translation

ullage [M] : coulage.
  trade — = *ordinary leakage* : coulage ordinaire.
umbrella liability ins. [ACC] [USA] : ass. responsabilité civile complémentaire et excédentaire.
umpire : tiers arbitre = tiers expert.
unassured [L] : inassuré(e) ; non-assuré(e).
uncancellable a. : non résiliable.
under-average : taré(e).
  — - — = *impaired lives [L]* : risques tarés = aggravés [V].
under-insurance : sous-assurance.
under-rated : sous-tarifé.
under-rating : sous-tarification.
to undercut rates : souscrire au rabais.
underlying = master policy = underlyer [USA] : police de base = de première ligne = police mère.
underlying premium [RE] : prime de base.
to underwrite (v.) : souscrire.
underwriter : souscript(eur) (trice).
  active — *[LL]* : souscripteur actif.
  head — *[LL]* : souscripteur principal.
  lead = leading — : souscripteur apériteur.
  Lloyd's — = *Name* : souscripteur du Lloyd's.
underwriting : souscription.
  — *account* : compte de souscription.
  — *agency* : agence de souscription.
  — *agent [LL]* : agent souscripteur.
  — *limit = line* : plein de souscription.
  — *loss* : perte de souscription = technique.
  — *Member [LL]* : membre souscripteur.
  — *profit* : bénéfice de souscription = technique.
  — *in the red* : souscription déficitaire.
  — *room = the Room [LL]* : hall de souscription.
  — *syndicate [LL]* : syndicat de souscription.

  cash-flow — : souscription financière.
  joint — : souscription commune.
  selective — : souscription sélectionnée = avec sélection.
  unselective — : souscription non sélectionnée = sans sélection.
unemployment : chômage.
  — *benefit* : allocation = indemnité de chômage.
  — *fund* : fonds = caisse de chômage.
  — *ins.* : ass. contre le chômage.
unexpired a. : non-couru.
  — *risk reserve* : réserve pour risques en cours = non courus.
uninsurable a. : inassurable.
uninsured a. : inassuré(e) ; non-assuré(e).
unit trust : société d'investissement à capital variable.
  — — *linked ass. [L]* : ass. à capital variable [V].
  — — = *mutual fund [USA]* : fonds d'investissement ouvert.
unloading [M] : déchargement.
unoccupancy [USA] : inhabitation.
  — *period [ACC]* : période d'inhabitation.
upset [USA] : versement.
  — *coverage [MV]* : garantie versement [A].
unseaworthiness : innavigabilité.
unsprinklered : + sprinklered.
use : jouissance ; usage.
  — *and occupancy [USA]* : affectation et usage.
  — *and occupancy ins. [USA] [F]* : ass. pertes d'exploitation = privation de jouissance = chômage [I].
  — *value* : valeur d'usage.
  business — *[MV]* : usage affaires = déplacements professionnels [A].
  class of — *[MV]* : catégorie d'usage [A].

135

Lexique : anglais/américain - français

drive to work — *[MV]* : usage trajet-travail [A].
loss of — *[F]* : privation de jouissance [I].
occasional business — *[MV]* : usage déplacements professionnels occasionnels = «missions» [A].

utilisation : usage.
— *value* : valeur d'usage.

utmost good faith : bonne foi absolue.

U

Terms	Translation

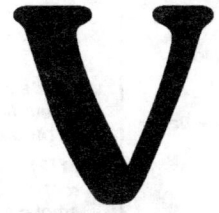

vacancy [USA] : inhabitation.
— *provision* : stipulation d'inhabitation.
vacation rain ins. [USA] : + rain.
validation [L] : validation [V].
valuables : objet de valeur.
valuable papers : titres et valeurs.
valuation : estimation ; évaluation ; expertise ; inventaire.
— *base* : base d'évaluation = d'estimation.
— *premium [L]* : prime d'inventaire [V].
dual — clause [F] : clause de double évaluation [I].
value : valeur.
— = *valued policy* : police en valeur agréée.
— *as new* = *new* — : valeur à neuf.
—*s at risk* : existences en risque.
actual — : valeur réelle = effective.
actual cash — *[F]* : valeur de remplacement vétusté déduite = valeur d'ass. [I].
actual cash — *[MV]* : valeur vénale [A].
actuarial — : valeur actuarielle.
affection — : valeur affective.
agreed = *admitted* — : valeur agréée.
agreed — *ins.* : ass. en valeur agréée.
annuity — *[L]* : valeur de rente [V].
assets — : valeur d'actifs.
basic — : valeur de base.
book — : valeur comptable.
book — *per share* : actif net par action.
break up — *[M]* : valeur à la casse.
capitalized — *of the annuity [L]* : valeur de la rente en capital [V].
cash surrender — *[L]* : valeur de rachat au comptant [V].
cash — *[L]* : valeur au comptant [V].
commuted = *completion* — : valeur escomptée.
completed — : valeur à l'achèvement.
contributory — *[M]* : valeur contributive.
current list — *[MV]* : valeur à la cote = ** valeur «Argus» [A].
current replacement — : valeur de remplacement au cours du jour = au jour du sinistre.
discount — : valeur escomptée.
equivalent of — *as new* : valeur assimilée à valeur à neuf.
estimated — : valeur estimative = d'estimation.
face — : valeur nominale.
free policy — : valeur de libération.
full = *new replacement* — : valeur de remplacement à neuf.
full — : valeur totale.
full — *ins.* : ass. en valeur totale.
hull — *[M]* : valeur corps.
indemnity — *[UK]* : valeur vétusté déduite.
ins. for less than full — : ass. en valeur partielle.
ins. — : valeur d'ass.
insurable — : valeur assurable.
insured — : valeur assurée.
intangible — : valeur incorporelle.
intrinsic — : valeur intrinsèque.
loan — : valeur de nantissement.
market — : valeur vénale.
maturity — *[L]* : valeur à l'échéance [V].
nominal — : valeur nominale.
non-forfeiture — *s [L]* : valeurs garanties de réduction et de rachat [V].
normal sale — : valeur de vente normale.
paid-up — *[L]* : valeur de réduction [V].
par — : valeur nominale.
pre-accident market — : valeur vénale avant l'accident.
present — : valeur actuelle.
real — : valeur effective.
realization — : valeur de réalisation.
redemption — : valeur de remboursement.
reinstatement — *ins.* = *depreciation ins. [USA]*
replacement cost ins. [USA] [F] : ass. en valeur à neuf [I].
rental — *[F]* : valeur locative [I].
salvage — : valeur de sauvetage.
scrap = *junk* — *[USA]* : valeur d'épave = résiduelle = de rebut.
secondhand — : valeur d'occasion.
sentimental — : valeur sentimentale = affecti-

Lexique : anglais/américain - français

ve = subjective.
sound — : valeur en parfait état.
standard market — : valeur vénale étalon.
surrender — *[L]* : valeur de rachat [V].
tangible — : valeur corporelle.
total — *at risk* : valeur totale en risque = valeur des objets assurés.
true — : valeur réelle.
use = *user* — : valeur d'usage.
utilization — : valeur d'utilisation.

valuer : expert.

values at risk : existences ; valeurs en risques.

valve [F] : vanne ; clapet.
alarm check — : vanne d'alarme.
alternate — *(dry/wet)* : vanne mixte (air/eau).
anti-water hammer — : vanne anti-coup de bélier.
butterfly — : vanne papillon.
by-pass — : vanne de dérivation.
check — : clapet anti-retour.
control — : poste de contrôle.
deluge — : vanne déluge.
discharge — : clapet de refoulement.
divisional — : vanne de sectionnement.
drain = *drip* — : vanne de vidange.
dry pipe — : vanne sous air.
float — : vanne flotteur.
gate — : vanne de barrage = robinet vanne.
indicating — : vanne à indicateur d'ouverture.
main — : vanne principale.
overflow — : vanne de trop plein.
post indicator — : vanne de contrôle à colonnette.
quarter-turn plug — : vanne quart de tour.
safety shut-off — : électrovanne.
stop = *shut-down* — : vanne d'arrêt.
test — : vanne d'essai.
wet pipe — : vanne sous eau.

vandalism : vandalisme.

vault [USA] : chambre forte.
fire resistive — : chambre forte incombustible.

vehicle : véhicule ; voiture.
air cushion — = *hovercraft* : véhicule sur coussin d'air.
commercial — = *car* : véhicule commercial.
motor — = *motor car* : véhicule automobile.
private — = *passenger car* : véhicule particulier.

vendor's coverage [USA] : garantie du distributeur (extension de l'ass. responsabilité civile produits du fabricant).

vent [F] : exutoire [I].
roof — : exutoire de toiture.
smoke and heat — : exutoire de fumée et de chaleur.

venture [M] : aventure + bottomry.

vessel : bateau ; navire.
— *under flag of convenience* : navire sous pavillon de complaisance.
container — : navire porte-conteneurs.
overage — : navire âgé.
seagoing — : navire de mer.
unclassified — : navire non-classé.

vesting : droits (à retraite).
deferred — : droits différés.
full — : droits intégraux.
graded = *graduated* = *progressive* — : droits progressifs.
sudden = *immediate* — : droits immédiats.

vice : vice.
inherent — : vice propre.

vis major : ** force majeure.

voluntary a. : facultatif(ve) ; librement consenti.
— *excess [MV]* : franchise facultative [A].
— *ins.* : ass. facultative.
— *reserve* : réserve libre.

voyage : voyage.
— *clause [M]* : clause de définition du voyage.
— *ins.* = *trip ins.* [USA] [M] : ass. au voyage.
— *risk* = *traveller's risk* : risque de voyage.
— *variation [M]* : changement de voyage.
frustration of — [M] : rupture de voyage.
round — : voyage aller-retour.
round — *ins.* [M] : ass. à prime liée.

vulnerability : vulnérabilité.
— *level* : seuil de vulnérabilité.

140

V

Terms	Translation

wages : appointements ; salaires.
— *statement = declaration* : déclaration de salaires.
dual basis — [F] : salaires selon la double option [I].
rate of — [F] : pourcentage de salaires [I].
waiter [LL] : huissier.
waiting : attente.
— *period* : période d'attente = de carence.
— *year* : année d'attente = de carence.
waiver : abandon ; désistement ; exonération ; renonciation ; abrogation.
— *of average clause* : abrogation de la règle proportionnelle.
— *clause [M]* : clause d'abandon = de désistement.
— *of coinsurance [F] [USA]* : abandon conditionnel de la règle proportionnelle [I].
— *of inventory [F] [USA]* : renonciation conditionnelle à un état des pertes [I].
— *of premiums (in case of disability) [L]* : exonération du paiement des primes (en cas d'invalidité) [V].
— *of recourse* : abandon de = renonciation à recours.
— *of restoration premium [USA]* : renonciation à la reconstitution de prime.
— *of subrogation* : renonciation au droit à subrogation.
wall : mur.
— *to wall* : ** de clou à clou.
anti-blast — : mur anti-explosion.
bearing — : mur porteur.
blank — : mur plein.
curtain — : mur rideau.
dividing = division — : mur de séparation = séparatif ordinaire.
enclosing — : mur de clôture.
fire = fire proof — = cut-off : mur coupe-feu = séparatif coupe-feu.
foundation — : mur de fondation.
low — : mur d'appui.
ordinary — : mur ordinaire.
panel — : mur panneau.
party — : mur mitoyen.
retaining — : muret de rétention.
surrounding — : mur d'enceinte.

war : guerre.
— *loss = damage* : dommage de guerre.
— *and mines risk [M]* : risques de guerre et de mines.
— *perils [M]* : risques de guerre.
— *risk clause [M]* : clause des risques de guerre.
— *risk ins. [M]* : ass. des risques de guerre.
— *risk zone* : zone à risque de guerre.
civil — : guerre civile.
foreign — : guerre étrangère.

warehouse : magasin.
— *risk [M]* : risque de magasin.
— *to — clause [M]* : clause de magasin à magasin.
bonded — : magasin sous douane.
high-bay = high-rack = high stacked — [USA] [F] : magasin de grande hauteur [I].

warranty : devoir ; garantie ; obligation.
— *basis = clause* : aux clauses et conditions de l'apériteur = suivant l'apériteur.
— *company line* : plein de l'apériteur.
— *ins.* : ass. d'exécution de contrat = ass. de garantie contractuelle.
— *of legality [M]* : garantie de légalité.
— *of nationality [M]* : garantie de nationalité.
— *of neutrality [M]* : garantie de neutralité.
— *of seaworthiness [M]* : garantie de bon état de navigabilité.
— *policy* : police de référence = garante.
affirmative — : garantie ferme.
breach of — : violation des devoirs = d'une disposition (incombant à l'assuré).
breach of express — : + breach.
breach of implied — : + breach.
express — : garantie explicite = formelle.
implied — : garantie tacite = implicite.
promissory — : engagement de maintenir.

Lexique : anglais/américain - français

Warsaw convention [AV] : convention de Varsovie.
washing over board [M] : enlèvement par les lames.
wastage [M] : freinte.
— *in bulk* : freinte en volume.
watch : surveillance.
recorded — : surveillance = ronde pointée.
watchdog : vigile.
watchman : gardien ; rondier ; surveillant.
— *clause* : clause de gardiennage.
— *'s clock* : contrôleur de ronde.
— *round* : ronde de surveillance.
— *station* : point de contrôle de ronde = «mouchard».
watchroom : poste de gardiennage
water : eau.
— *curtain [F]* : rideau d'eau [I].
— *damage* : dégâts des eaux.
— *drive* : poussée d'eau.
— *flow [F]* : débit d'eau [I].
— *hammer* : coup de bélier = d'eau.
— *intake* : prise d'eau.
— *main* : conduite d'eau principale.
— *reserve* : réserve d'eau.
— *storage station* : station d'eau.
— *tank* : réservoir d'eau.
— *tower* : château d'eau.
— *works* : service des eaux.
city — : eau de ville.
coastal — *s [M]* : eaux côtières.
forbidden — *s [M]* : eaux prohibées.
fresh — *[M]* : eau douce.
ground — : eau souterraine.
light — *[F]* : eau légère = allégée [I].
raw — : eau non traitée.
sea — : eau de mer.
slippery — *[F]* : eau «glissante» [I].
territorial — *s [M]* : eaux territoriales.
well — : eau de puits.
wet — *[F]* : eau «mouillante» [I].
water supply [F] : source d'eau [I].
automatic — — : source d'eau automatique.
city = inexhaustible — — : source d'eau inépuisable.
waterborne [M] : «waterborne» = transporté par voie d'eau = flottant.
— *agreement* : convention d'ass. du risque de guerre des facultés maritimes.
— *risk* : risque de guerre des facultés embarquées.
— *craft = vessel* : engin flottant.
wave damage ins. : ass. des dommages dus aux vagues.
way-bill : lettre de voiture.
wear and tear : usure normale ; vétusté.
— *less* — — : vétusté déduite.
weather ins. : ass. contre les intempéries.
weight : pesée.
— *of a group [L]* : pesée d'un groupe [V].
welding : soudure.
cutting and — *permit* : ** permis de feu.
wetting : mouille.
— *agent [F]* : agent mouillant [I].
wharfage : droits de quai.
whole life : viager(e).
— — *annuity* : rente viagère.
— — *ass. = straight life ins. [USA]* : ass. vie entière.
wholesale + broker
wholesale ins. [USA] [L] : ass. par groupe ouvert [V] + franchise ins.
wider benefits [ACC] : indemnités majorées.
widow [L] : veuve [V].
— *annuity = pension* : rente de veuve.
— *pension ass.* : ass. pension de veuve.
widower : veuf.
wilful injury : + injury.
winding-up : liquidation.
— *of portfolio* : liquidation de portefeuille.
windscreen ins. [MV] : ass. bris des glaces et pare-brise [A].
windstorm ins. : ass. tempêtes.
withdrawal : retrait.
— *of authorisation* : retrait d'agrément.
— *of portfolio [RE]* : retrait = sortie de portefeuille.
without prejudice : sans constituer de précédent = sans préjudice de tous droits.
wording : libellé ; texte.
— *of policy* : libellé de police.
specification — : texte de l'intercalaire.
work : travail.
— *in progress* : travaux en cours.
accident at — = *industrial accident = employment injury [USA]* : accident du travail.
manual — : travail manuel.
«*work. comp*»... *[USA]* : ... accidents de travail.

«workcomp» [USA] : garantie accidents du travail.

workers : travailleurs.
—' *compensation act [USA]* : loi d'ass. contre les accidents de travail.
—' *compensation ins. [USA]* : ass. accidents de travail.

workers' compensation [USA] : + workers.

working cover [RE] : tranche de garantie exposée.

workmanship : métier ; maîtrise.
faulty — : malfaçon ; erreur de fabrication.

working member [LL] : membre actif.

works of art : objets précieux = objets d'art.

world : monde.

— *wide policy* : police monde entier.
— *to* — *[M]* : de toute partie du monde à toute partie du monde.

wrap up [USA] : + policy.

wreck : épave ; ruine.

wreckage : débris ; épaves.

to write (v.) : ** assurer ; souscrire.

writer : ** souscripteur.
direct — : souscripteur direct.

writing : ** souscription.
direct — : souscription directe.
direct — *company* : compagnie à souscription directe.

written : + business + premium.

W

Terms	Translation

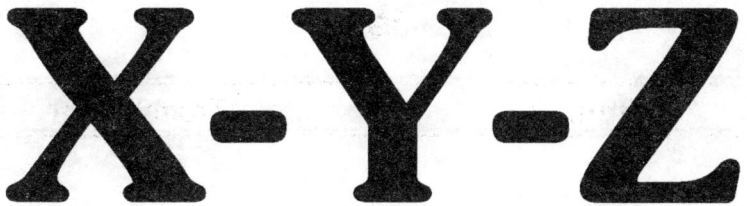

X table [USA] : table expérimentale de tarification.

yard : + loop.

year : an ; année.
— *free of premium* : année libérée = exonérée de prime.
— *of maturity* = *of payment* : année d'échéance.
— *of service [USA]* : ** année de présence.
—*s to run* : ...années à courir.
accident-free — : année sans accident.
accounting — = — *account* : année comptable = exercice.
any one ins. — : par année d'ass.
claim-free — : année sans sinistres.
expired — : année échue.
financial — : exercice social.
legal — : année civile.
policy — : année d'ass.
underwriting — : année de souscription.
waiting — : année de carence = d'attente.

year book : annuaire.
the Insurance Directory and — — : annuaire des sociétés d'assurance = ** annuaire «rouge».

yearly a. : annuel a.
— *renewable term ins. [USA]* : ass. temporaire annuelle renouvelable.
— *renewable term plan [RE]* : ré. de l'excédent du risque de mortalité.

York-Antwerp Rules [M] : règles d'York et d'Anvers.

Zillmer [L] [V]
— *factor* : coefficient de Zillmer.
— *method* : méthode de Zillmer.
— *proportion* : quote de Zillmer.

«zillmerisation» [L] : «zillmérisation» [V].

to «zillmerise» (v.) **[L]** : «zillmériser» [V].

zone : zone + area.
— *rating* : tarification par zone.
insurance free trade — *[USA]* : zone de libre souscription d'assurance.
war risk — : + war.

zoning : zonage.

X Y Z

Terms	Translation

Lexique

français-anglais/américain
french-english/american

Mieux vaut prévenir que guérir

Prevention is better than cure

abandon *(m.)* : abandonment ; relinquishment ; waiver.
— *d'action* : abandonment of action.
— *de commission* : relinquishment of commission.
— *de droit de subrogation* : waiver of subrogation rights.
— *de recours* : waiver of recourse.
— *de règle proportionnelle* : waiver of average clause.
avis d'— [M] : notice of abandonment.
clause d'— = de désistement : waiver clause.

abandonnataire *(m.)* [M] : abandonee.

abandonné(e) a. *(m.) (f.)* : abandoned.
navire — : abandoned ship.

abandonner *(v.)* : to abandon ; to relinquish ; to surrender.

abonnement *(m.)* : subscription.
— *prévention-contrôle* [I] : subscription to property loss control service [F].
ass. — = ass. consentie par un journal à ses abonnés : newspaper ins.
police d'— [M] = *à aliments = à applications* : floating policy = floater = open policy.

abordage *(m.)* [M] : collision.
clause de faute commune en cas d'— : both to blame collision clause.
clause d'— : collision = running down clause.
risque d'— : collision risk.

abrogation *(f.)* : cancellation ; waiver.
— *de la règle proportionnelle* : without average clause = not subject to average.
police avec — de la règle proportionnelle : non-average policy.

absolu(e) a. *(m.) (f.)* : absolute.
franchise — = déduite : excess.
perte totale — = effective [M] : absolute total loss.
valeur — : absolute value.

absorption *(f.)* : absorption ; gross limit = line ; maximum acceptance.

abstinent *(m.)* : abstainer.
ass. des — : abstainers' ass.

abus *(m.)* : breach ; misuse.
— *de confiance* : breach of trust.

acceptation *(f.)* : acceptance.
— *de risque à titre commercial* : accomodation line.
bordereau d'— = bulletin d'— = slip d'— [RE] : acceptance slip.
limite d'— = plein d'— [RE] : acceptance limit = gross line limit.
obligation d'— : acceptance duty.

accepté(e) a. *(m.) (f.)* : accepted.
ass. — : accepted = written ins.

accepter *(v.)* : to accept ; to assume [RE].
— *une proposition d'ass. = une demande d'ass.* : to accept an application for ins.

accessoires *(m. pl.)* : accessories ; charges ; effects.
— *de navire* : ship's effects.
— *de police* : policy fees.
— *de prime* : charges additional to premium.

accident *(m.)* : accident ; casualty [USA] ; crash ; injury.
— *d'automobile* : motor vehicle = motor = motoring accident.
— *d'avion = d'aviation* : aircraft = aviation accident = airplane crash.
— *s caractérisés* [M] : specified perils.
— *causé aux tiers* : accident to third parties.
— *en chaîne = carambolage* [A] : pile up = «concertina» accident [MV].
— *de circulation* : traffic accident.
— *par conducteur non identifié* [A] : hit-and-run accident [MV].
— *corporel* : accidental bodily injury.
— *domestique* : household accident.
— *de fumeur* [I] : scorches by cigarettes [F].
— *de loisir* : recreational injury.
— *grave* : major accident.
— *matériel* : accidental damage to property.
— *ménager = de ménage* [I] : household

Lexicon : french - english/american

accident [F].
— *mortel* : fatal accident = injury.
— *de navigation* : shipping accident.
— *de personne* : personal injury.
— *professionnel* : occupational accident.
— *de la route* : road = street accident.
— *s successifs* : consecutive accidents.
— *de trajet* : accidental bodily injury (on the way to and from work).
— *du travail* : occupational = industrial accident = accident at work.
— *par versement [A]* : rollover accident [MV] [USA].
— *vie privée* : non occupational accident.
ass. —*s et maladies* : accident and sickness ins. = accident and health ins. [USA].
ass. —*s et risques divers* : accident and miscellaneous ins. = casualty ins. [USA].
ass. —*s* : accident ins. = casualty ins. [USA].
ass. *contre les* —*s et les dommages* : accident and material damage ins.
ass. —*s complémentaire [V]* : additional accident benefit ins. [L].
ass. —*s du travail volontaire* : voluntary compensation ins.
ass. *contre les* —*s des voyageurs* : travellers' accident ins.
ass. *contre les* —*s du travail* : employer's liability ins. = workers compensation ins. = compensation ins. = industrial injuries ins.
ass. *individuelle* —*s* : personal accident ins.
assureur —*s* : accident insurer = casualty underwriter [USA].
constat d'— : accident reporting form.
déclaration d' — : accident report form.
fréquence des —*s* : accident rate.
lieu de l'— : scene of accident.
loi d'ass. contre les —*s du travail* : workmen's compensation act.
par = pour chaque — : any one accident.
prévention des —*s* : accident prevention.
probalité d'— : accident probability.
risque d' — : accident hazard = risk.
sans — : accident free.
taux de gravité des —*s* : accident severity rate.

accidenté(e) *(m.) (f.)* : injured person.

acconier *(m.)* [M] : stevedore.

accord *(m.)* : agreement.
— *inter-compagnies* : inter-companies agreement.
— *tarifaire* : rating = tariff agreement.

accumulation *(f.)* : accumulation ; concentration.
— = *cumul des indemnités* : accumulation of benefits.
— *maximum* : aggregate accumulation.
— = *cumul des risques* : accumulation of risks.
— *de valeurs* : concentration of values.
risque d'— : accumulation risk.

achat *(m.)* : purchase.
— *en état de futur achèvement* : buying on placement.

acquisition *(f.)* : acquisition ; vesting.
— *d'affaires nouvelles* : acquisition of new business.
— *différée* : deferred vesting.
— *en bloc* : sudden vesting.
— *graduelle* : graded = graduated = progressive vesting.
— *intégrale* : full vesting.
commission d'— : first commission.
frais d'— : acquisition costs.
frais d' — *non amortis* : acquisition costs not written off.

acquit *(m.)* : discharge ; receipt.

acquitter (v.) : to settle ; to discharge ; to release from liability.

acte *(m.)* : act ; certificate.
— *de décès [V]* : death certificate [L].
— *délictueux* : tortious act.
— *de malveillance* : malicious act.
— *préjudiciable* : wrongful act.
— *s de terrorisme et de sabotage* : acts of terrorism and sabotage.
— *volontaire* : wilful act.

actifs *(m. pl.)* : assets ; value.
— *nets par action* : book value per share.

action *(f.) (1)* : action.
— *concertée* : planned = organized group action.
— *directe* : direct action.
— *en dommages et intérêts* : claim for damages.
— *judiciaire* : legal action.
— *récursoire* : direct = recourse action.

action *(f.) (2)* : share ; stock [USA].
société d'ass. par —*s* : proprietary limited liability ins. company = stock ins. company [USA].

actionnaire *(m.)* : shareholder ; stockholder [USA].

actuaire *(m.) (f.)* : actuary.

actuariat *(m.)* : actuarial science.
service d'— : actuarial department.

actuariel(le) a. *(m.) (f.)* : actuarial.
ass. — = *complémentaire* : additional ins.

152

calculs —s : actuarial calculations.
additionnel(le) *a. (m.) f.)* : additional.
prime — = surprime : additional premium.
adhérent(e) *(m.) (f.)* : adherent ; member ; participant [USA].
adhésion *(f.)* : contribution ; adhesion ; membership ; enrollment.
— *facultative* : facultative adhesion.
— *obligatoire* : compulsory adhesion.
bulletin d'— [V] : adhesion form = enrollment card [L].
adjuger *(v.)* : to award ; to adjudicate.
— *un marché* : to award a contract.
administrateur *(m.)* : director.
— *judiciaire* : official receiver (bankruptcy).
admission *(f.)* : enrollment.
bulletin d'— : enrollment card.
adversaire *a. (m.) (f.)* : opposing party = adverse claimant.
aérien(ne) *a. (m.) (f.)* : aerial ; air.
fret — : air freight.
risque — : air risk.
transport — : air transport.
aéronef *(m.)* : aircraft.
chute d'— : falling aircraft.
affaires *(f.) (pl.)* : business ; deal ; transaction.
— *courantes* : run-of-the-mill business.
— *directes* : direct business.
— *en cours = en portefeuille* : business in force.
— *de l'étranger* : foreign business.
— *étrangères traitées dans le pays de l'assureur* : home-foreign business.
— *indirectes (par voie de RE)* : indirect business.
— *à liquidation lente [RE]* : long-tail business.
— *métropolitaines = intérieures* : home business.
— *nouvelles* : new business.
— *d'outre-mer* : overseas business.
— *réalisées = souscrites* : written business.
— *réciproques [RE]* : reciprocal business.
apporteur d'— : business-getter.
chiffre d'— : turnover.
clause d'— nouvellement créées [I] : new business clause [F].
réaliser l'— : to secure the business.
reprise d'une — = d'un portefeuille : taking over business.
affectation *(f.) (1)* : allocation.
— *de biens* : allocation of assets.
— *globale* : global = block allocation.
— *aux réserves* : allocation to = transfer to reserves.
affectation *(f.) (2)* : occupation ; use.
— *et usage* : use and occupancy [USA].
risque d'— : occupancy hazard.
affiliation *(f.) [V]* : affiliation [L].
bulletin d'— : enrollment card.
affilié(e) *(a.) (f.)* : affiliate ; participant.
affrètement *(m.)* : chartering ; freighting.
âge *(m.) [V]* : age [L].
— *à l'anniversaire le plus proche* : age nearest birthday.
— *atteint* : age attained.
— *central = actuariel* : central age.
— *au dernier anniversaire* : age last birthday.
— *à l'entrée* : age at entry = entry age.
— *limite* : limiting age.
— *majoré* : rated up age.
— *de la majorité* : full age.
— *moyen* : equal age.
— *au prochain anniversaire* : age next birthday.
— *reconnu exact* : age admitted.
— *de la retraite* : pensionable age.
— *à la sortie = de sortie* : age at exit = at withdrawal.
— *à la souscription* : age at issue.
— *à terme = à l'échéance* : age at expiry = at maturity.
changement — : age change.
échelon = groupe d'— : age group.
limite d'— : age limit.
majoration d'— = vieillissement : rating up in age = majoration increase for age.
agence *(f.)* : agency.
— *générale* : general agency.
— *de souscription* : underwriting agency.
— *toutes branches* : all lines agency [USA].
contrat d'— = traité de nomination : agency agreement = contract.
réseau d'—s : agency network
agencements *(m.) (pl.)* : fixtures and fittings.
agent *(m.) (1)* : agent ; representative.
— *n'apportant que ses affaires personnelles* : own case agent.
— *branche populaire* : industrial agent.
— *- courtier* : broker-agent.
— *démarcheur à domicile = de porte à porte* : home service agent = door-knocker agent = knocking agent = door to door agent.
— *encaisseur* : collecting agent = debit agent [USA].
— *réalisateur* : agent of record.
— *social* : agent of the firm.

Lexicon : french - english/american

— *n'établissant pas les pièces* : cash agent [UK] = survey agent [USA] = application agent [USA].
— *établissant les pièces* : account agent = accredited agent = credit agent [UK] = recording agent = policy writing agent [USA].
— *exclusif* : captive agent [USA] = exclusive agent.
— *general d'ass.* = *directeur particulier* : general ins. agent.
— *gestionnaire de sinistres [M]* = — *payeur [M]* : claims agent [USA] = claims settling agent.
— *du Lloyd's* : Lloyd's agent.
— *local* : local agent.
— *de maîtrise* : senior clerk = senior employee.
— *occasionnel* : part-time agent.
— *pouvant régler à l'étranger [M]* : payable abroad agent.
— *régleur* : settling agent.
— *de seconde profession* : regular part-time agent.
— *souscripteur (pour compte de plusieurs compagnies) [M]* : underwriting agent (on behalf of several companies).
— *à temps complet* : full time agent.
— *à temps partiel* : part-time agent.
mandat d'— : agent's license.
sous- — : sub-agent = survey agent [USA].
traité de nomination d'— : agent's appointment letter = agency agreement.

agent *(m.)* **(2)** : agent.
— *extincteur* : extinguishing agent.
— *mouillant [l]* : wetting agent [F].

aggravation *(f.)* : aggravation ; increase.
— *du risque* : increase = aggravation in risk = ** special hazard.

aggravé(e) a. *(m.) (f.)* : abnormal ; aggravated ; increased.
risque — = *taré* = *anormal [V]* : abnormal risk [L].

agréé(e) a. *(m.) (f.)* : admitted ; licensed ; agreed ; accepted ; valued ; registered.
clause de valeur — : agreed value clause.
compagnie — : licensed = admitted = authorized = approved company.
police en valeur — : valued policy.
valeur — : agreed value = valued amount.

agrément *(m.)* : agreement ; authorisation ; license ; filing [USA].
— *politique* : political authorisation.
— *pour pratiquer (des opérations d'ass. ou de réass.)* : license to operate = agreement to carry out (ins. business).

— *technique* : technical authorisation.
frais d'— : license fees.
certificat d'— : certificate of registration.

agricole a. *(m.) (f.)* : agricultural.
ass. — *intégrale [I]* : farming stock ins. [F].
ass. loi — : ** farmer's liability ins.
ass. — : agricultural ins.
mutualité — : farmer's mutual plan.
risques —s : agricultural risks.

ajournement *(m.)* : postponement ; deferment.
— *de la prise d'effet* : postponement of inception.
— *de la retraite* : deferment of retirement.
coefficient d'— : late retirement factor.

ajourner (v.) : to defer ; to postpone.
— *une proposition [V]* : to defer a proposal for later consideration [L].

ajustabilité *(f.)* : adjustment.
clause d'— *[I]* : premium adjustment = increase -decrease clause [F].

ajustable a. *(m.) (f.)* : adjustable.
ass. — : adjustable ins.
police — *[ACC]* : adjustable policy.
police — *[I]* : stock declaration policy [F] = reporting policy [USA] [F].
prime — : adjustable premium.

ajustement *(m.)* : adjustment ; graduation.
— = *révision de prime* : adjustment of premium.
— *de tarif* : rating adjustment.

alarme *(m.)* : alarm.
— = *avertisseur automatique d'incendie* : automatic fire alarm.
— *contre le vol* : burglar alarm.
cloche d'— : alarm gong.
— *de sprinkleur* : sprinkler alarm.
fausse — : false alarm.
signal d'— : warning signal.
système d'— : alarm system.
vanne d'— *[I]* : alarm valve [F].

aléa *(m.)* : fortuitous event ; hazard.

aléatoire a. *(m.) (f.)* : hazardous ; fortuitous ; unintended.
dommage — : unintended damage.

aliénation *(f.)* : transfer.
— *de la chose assurée* : transfer of insured property.

aliment *(m.)* **[M]** : interest ; risk.
déclaration = *avis d'*— : declaration of interest.
police à —*s* = *à alimenter* : open policy.

allège *(f.)* **[M]** : lighter.
frais d'— : lighterage.

allié(e) a. *(m.) (f.)* : allied.
compagnie — = associée : allied = associated company.

allocataire *(m.) (f.)* : recipient of an allowance.

allocation *(f.)* : allocation ; allowance.
— *d'assistance = de tierce personne* : guardian's allowance.
— *de chômage* : unemployment benefit.
— *s familiales* : family allowances [UK] = chidren's allowances [USA].
— *de maternité* : maternity grant.
— *de retraite* : retirement allowance.
— *de salaire unique* : single-wage allowance.

allonge *(f.)* **[M]** : rider.

amiable a. *(m.) (f.)* : amicable ; conciliatory.
à l'— : amicably = privately.
constat — [A] : agreed statement of facts on motor vehicle accident = accident report form [MV].
règlement — : amicable settlement.
régler à l'— : to settle out of court = by mutual agreement.

amortissement *(m.)* : amortization ; liquidation ; redemption ; depreciation ; writing off.
— *partiel* : writing-down.
— *total* : writting-off.
période d'— : amortization period.

ampliation *(f.)* **[M]** : exemplification.
pour — : true = certified copy.

an *(m.)* : annum ; year.
par — : per annum.

analyse *(f.)* : analysis.
— *par arbre des causes* : fault tree analysis.
— *par arbre des événements* : event tree analysis.

année *(f.)* : year.
— *s à courir* : years to run.
— *sans accident* : accident-free year.
— *de carence* : waiting year.
— *civile* : legal year.
— *= exercice comptable* : accounting year = year of account.
— *d'échéance* : year of payment = of maturity.
— *échue* : expired year.
— *fiscale* : fiscal year.
— *libérée = exonérée de prime* : year free of premium.
— *ouvrant droit à retraite [V]* : pensionable service [L].
— *police* : policy year.

— *de présence [V]* : year of service [L].
— *s accréditées [V]* : credited service [L].
— *s de cotisation [V]* : contributory service [L].
— *s restant à courir [V]* : future service [L].
— *s validées [V]* : non-contributory years of service [L].
— *sans sinistre* : claim-free year.
— *validée [V]* : validated year [L].
par — d'ass. : any one ins. year.

annexe *(f.)* : schedule ; specification.
— *dommages exceptionnels [ACC] = clause Janin* : disastrous occurrences = mass disaster clause.

anniversaire *(m.)* : anniversary ; birthday.
— *de naissance* : birthday.

annuaire *(m.)* : directory ; year book.
— *des sociétés d'assurances = «annuaire rouge»* : insurance directory and year book.

annualité *(f.)* **[RE]** : annual payment.

annuel(le) a. *(m.) (f.)* : annual ; yearly.
chiffre d'affaires — : annual turnover.
prime —le : annual = yearly premium.
versement — : annual contribution.

annuité *(f.)* : annuity.
— *d'amortissement* : annual amortization.
— *certaine* : annuity certain.
— *complète* : complete annuity.
— *croissante* : increasing annuity.
— *différée* : deferred annuity.
— *fractionnée* : annuity by instalments.
— *immédiate* : immediate annuity = pay out annuity.
— *perpétuelle* : perpetual = perpetuity annuity.
— *réversible* : reversionary annuity.
— *temporaire* : temporary annuity.
— *versée* : paid annuity.
— *viagère* : life annuity.
ass. d'— : annuity ass.
ass. d'— en cas de décès : family income ass.

annulable a. *(m.) (f.)* : cancellable ; voidable.

annulation *(f)* : avoidance ; cancellation.
— *de commission* : cancellation of commission.
— *prématurée* : mid-term cancellation.
— *de prime* : cancellation of premium.

annulé(e) a. *(m.) (f.)* : cancelled ; void.

annuler (v.) : to cancel ; to cease.
— *un contrat* : to void a contract.

anormal(e) a. *(m.) (f.)* : abnormal.
fréquence —e : abnormal frequency.

Lexicon : french - english/american

risque — : abnormal risk.

antécédents *(m. pl.)* : history ; loss experience ; previous experience ; claims record.
— *de conduite [A]* : driving experience [MV].
— *familiaux* : family history.
— *médicaux* : medical history.
— *d'un risque* : previous experience of a risk

anticipation *(f.)* : anticipation ; advance.
coefficient d' — *[V]* : early retirement factor [L].

antidatation *(f.)* **[V]** : antedating ; back dating [L].

antidaté(e) a. *(m.) (f.)* : antedated ; back dated.
garantie — : back dated cover.

anti-sélection *(f.)* : adverse-selection ; anti-selection ; counter-selection.

«**apériter**» (v.) ou mieux **apérir** : to lead.

apérit(eur) (rice) *(m.) (f.)* : leading insurer = company = office = underwriter.

apérition *(f.)* : conduct ; lead.
— *de premier ordre* : strong = recognized lead.
clause d'— : binding clause [USA].
commission d'— : leading fees = commission.

apparaux *(m. pl.)* **[M]** : apparel.

appel *(m.)* : appeal.
— *en garantie* : introduction of third parties = impleader.
— *de prime* : premium notice.

application *(f.)* : application ; declaration [M].
— *faite à une police d'abonnement [M]* : declaration to a floating policy.
— *de la règle proportionnelle* : with average clause.

appointements *(m. pl.)* : wages.

apporteur *(m.)* : getter ; ** agent = broker.
— *d'affaires* : business getter.
— *complet [A]* : production agent [MV].
— *-gestionnaire complet [A]* : full handling agent [MV].
— *gestionnaire partiel [A]* : partial production and claims agent [MV].
— *simple [A]* : introducing agent [MV].

appréciation *(f.)* : assessment ; estimate.
— *du risque* : assessment risk.

apurement *(m.)* : auditing ; verifying.
— *des comptes* : auditing of accounts.
— *du passé* : reserves to discharge liability.

arbitrage *(m.)* : arbitration ; reference [USA] ; conciliation.

— *à frais communs* : arbitration with costs equally divided.
clause d'— : arbitration clause.
commission d'— : conciliation board.
convention d'— : arbitration agreement.
procédure d'— : arbitration proceedings.
recours à l'— : appeal to arbitration.
sentence d'— : arbitration award.
tribunal d'— : arbitration tribunal.

arbitre *(m.)* : arbitrator ; referee.
tiers — : umpire.

arbre *(m.)* : tree.
— *des événements* : event tree.

architecte *(m.)* : architect.
honoraires d'— : architect's fees.

archives *(f. pl.)* : archives ; records.
frais de reconstitution d'— *[I]* : costs of reinstating records [F].

armoire *(f.)* : cabinet.
— *à incendie* : fire cabinet.
— *de sécurité* : safety cabinet.

arrérages de rente *(m. pl.)* : annuity instalment.

arrêt de travail *(m.)* : sick leave.

arrêté *(m.)* **[M]** : slip ; binder [USA] ; cover note.

arrêté de comptes *(m.)* : statement of account.

arriéré *(m.)* : arrears ; outstanding.
primes —*es* : arrears in premiums = outstanding premiums.

arrimeur *(m.)* **[M]** = **acconier** : stevedore.

arrivée *(f.)* : arrival.
— *à terme* : expiry.
ass. sur bonne — *[M]* : ins. on safe arrival = ins. subject to safe arrival.
bonne — *de navire* : safe arrival of ship.

article *(m.)* : article [USA] ; entry ; item.
— *compensatoire* : counter item = entry.
— *facultatif* : optional item.
— *flottant* : floating item.
— *supplémentaire* : additional item.

assemblée *(f.)* : assembly.
— *plénière (des sociétés d'ass. contre l'incendie)* : ** fire offices' committee.

assiette *(f.)* : basis.
— *de cotisation* : contribution basis.
— *de la prime* : premium basis.

assistance *(f.)* : assistance.
— *en mer* : assistance at sea.
— *médicale = rapatriement médical* : medical assistance = repatriation.
ass. — *[ACC]* : emergency assistance ins.

association *(f.)* : association ; society.
— *de sauvetage et d'expertise maritimes* : salvage association [M]
— *de souscription [LL]* : underwriting association.

assolement *(m.)* : rotation.
avenant d'— (grêle) : rotation endorsement (hail).

assurabilité *(f.)* : insurability.

assurable *(m.) (f.)* : prospect ; prospective insured.

assurable a. *(m.) (f.)* : assurable [L] ; insurable.
intérêt — : insurable interest.
risque — : insurable risk.
valeur — : insurable value.

assurance *(f.)* : assurance [L] ; insurance.
— *à prime fixe* : guaranteed cost ins.
— *à primes encaissables* : collectible ins.
— *à terme fixe* : straight term ins.
— *de base = de première ligne* : primary ins.
— *de dommages* : loss = damage = property ins. [USA].
— *de la franchise* : deductible ins.
— *de navigation de plaisance* : amateur sailing ins.
— *de règle proportionnelle de prime* : premium penalty ins.
— *des entreprises* : commercial ins.
— *des pertes de revenus* : business income ins.
— *d'État* : State = government ins.
— *en excédent* : excess ins.
— *existante* : existing ins. = ins. in force.
— *liée à la propriété [V]* : unit-linked ass.[L]
— *liée aux valeurs boursières [V]* : equity-linked ass. [L].
— *locale = territoriale* : domestic ins.
— *multirisque des co-propriétaires* : condominium ins. [USA].
— *de porte à porte* : home service ins.
— *précédente* : prior ins.
— *privée* : private ins.
— *protection juridique* : group legal ins. [USA].
— *qualité* : product ins.
— *au rabais* : cut-price ins.
— *réciproque* : inter ins.
— *sans égard à la responsabilité [A]* : no-fault ins. [MV] [USA].
— *s sociales* : social ins.
— *temporaire préalable [V]* : preliminary term ins.
— *terrestre* : land = non-marine ins.
— *toutes branches* : all lines ins. [USA] = composite ins.
— *transformable* : convertible ins.
— *vie à capital variable* : variable life ins.
co-— : co-ins. = quota-share ins. [USA].
conseil en — : ins. consultant = adviser.
conseil national des —s : ** ins. council.
les —s : the ins. business.
droit des —s : ins. law.
escroquerie à l'— : ins. fraud = crime.
expert de compagnie d'— : ins. company adjuster.
sous- — = insuffisance d'— : under-ins.
sur- — = excès d'— : over-ins.

assuré(e) a. *(m.) (f.)* : assured [L] [M] [LL] ; insured = insuree ; policy holder.
— *dénommé* : named assured.
— *d'origine [RE]* : original assured.
— *supplémentaire* : additional insured.
— *sur la vie* : life assured.

assuré(e) a. *(m.) (f.)* : assured [L] [M] [LL] ; insured.
— *tous risques [A]* : comprehensively insured [MV].
auto-— : self-insured.
tête — : assured life.
valeur — : insured sum.

assurer *(v.)* : to assure [L] ; to insure.
à — : to be insured.
s' — : to take out ins.
s' — auprès d'une compagnie : to be insured with a company.

assureur *(m.)* : assurer [L] [M] ; carrier [USA] ; insurer ; insuror [USA].
— *agréé* : authorized = licensed insurer.
— *apériteur* : leading insurer = leader.
— *de base* : primary insurer.
— *«captif» = privé* : captive insurer.
— *classique* : conventional insurer.
— *-conseil* : ins. adviser.
— *de lignes en excédent* : excess insurer.
— *direct* : direct = direct writing insurer.
— *d'origine* : primary carrier.
— *éphémère* : mushroom insurer.
— *étranger* : foreign insurer = alien carrier [USA].
— *d'origine [RE] = la cédante* : primary insurer = ceding company.
— *mutualiste* : cooperative insurer.
— *principal* : main = principal insurer.
— *toutes branches* : composite insurer = all lines insurer [USA].
co-— : co-insurer.
être son propre — : to be one's own insurer.
propre — : self = own insurer.

atomique *(m.) (f.)* : atomic.
ass. des réacteurs —s : atomic reactors ins.

Lexicon : french - english/american

ass. du risque — : atomic risk ins.
dommages —*s* = *nucléaires* : atomic energy damage.
énergie — : atomic energy.

atteinte *(f.)* : damage ; injury ; insult.
— *à la vie privée* : invasion of privacy.
— *aux droits d'autrui* : invasion of rights.
— *(morale) à la personne* : personal injury (libel, slander) [USA].

attentat *(m.)* : criminal = terrorist act = attack

atterrissage *(m.)* : landing.
— *forcé* = *violent* = *d'urgence* : crash landing.

attestation *(f.)* : attestation ; certificate ; certification.
— *d'ass. provisoire* : temporary certificate of ins.
— *d'ass. automobile* : certificate of motor ins. = road traffic act certificate.
— *d'ass. frontière* : frontier motor ins. certificate.
— *d'ass. permanente* : permanent certificate of ins.
— *de contre-garantie du réassureur à l'assuré* [RE] : assumption certificate ; cut-through clause.
— *quittance* : certificate with receipt.
— *de renouvellement* : renewal certificate.
— *de vérification des machines* [M] : machinery certificate.

augmentation *(f.)* : increase.
— *de la prime* : increase in premium.
— = *aggravation de risque* : increased hazard = risk increase.
— *de la somme assurée* : increase of sum insured = assured [L].
avenant d'— : increase endorsement.

auteur *(m.)* : party ; originator ; author.
— *d'un accident* : party at fault in an accident.
— *du sinistre* = *du dommage* : person who caused the damage = the loss.

auto-assurance *(f.)* : self-insurance.

auto-assurer *(v.)* : to self insure.

auto-combustion *(f.)* [I] : self-ignition [F].

auto-courtage *(m.)* : own case agency = captive broking firm [USA].

auto-inflammation *(f.)* [I] : self-combustion ; self-ignition [F].

automatique a. *(m.)* *(f.)* : automatic.
ass. des distributeurs —*s* : slot machines ins.
ass. à prolongation — : extended term ins.

extincteur — *à eau* : sprinkler.
garantie — : automatic cover = coverage.
individuelle — [AV] : admitted liability = automatic personal accident cover.
reconstitution = *rétablissement* — *de la garantie* : automatic reinstatement of cover.
renouvellement — : automatic renewal.

automatisation *(f.)* : automation.

automobile *(f.)* : automobile [USA] ; motor vehicle ; motor car.
accident d'— : motor accident = motoring accident.
ass. — : motor ins. = motor vehicle ins.
ass. — *à la sortie* : ** non-owned vehicles ins.
ass. chômage des —*s* : loss of use motor ins.
ass. des personnes transportées en — : motor passenger ins.
ass. des vendeurs d'—*s* : motor traders' ins. = motor deaters' ins.
ass. dommages à l'— = «*tierce*» : motor own damage ins. = motor car collision ins. = automobile physical damage ins. [USA] = accidental damage ins. [UK].
ass. incendie — : motor fire ins.
ass. responsabilité civile — = « *directe* » : motor third party ins.
ass. tous risques — : comprehensive motor ins. = combination automobile ins. [USA].
ass. vol — : motor theft ins.
attestation d'ass. — : motor ins. certificate.

autopompe *(f.)* : fire truck.

auto-réassurance *(f.)* : self-reinsurance.

autorisa(teur) (trice) *(m.)* *(f.)* : examiner.

autorité *(f.)* : authority.
— *de contrôle* = *de surveillance* = *de tutelle* : supervisory = regulatory authority.

autrui *(m.)* : third party ; others.
construit sur terrain d'— [I] : held under lease [F].

avance *(f.)* : advance ; loan [L].
— *sur contrat* [V] : loan on policy [L].
— *sur recours* : advance payment on recovery.
— *sur règlement* : payment on account.
— *sur police* [V] : loan on policy = policy loan [L].

avantages *(m. pl.)* : benefits.
— *accessoires* = *complémentaires* [V] : ancillary benefits [L].
— *en nature* : benefits in kind.
— *sociaux* : fringe benefits.

avarie *(m.)* **[M]** : average ; damage ; loss.
— *commune selon les règles étrangères* : foreign general average.
— *commune = grosse* : general average.
— *au coton (survenant pendant le ramassage et avant embarquement)* : country damage.
— *frais* : average charges.
— *occasionnée par un autre chargement* : damage by other cargo.
— *par eau de mer* : sea-water damage.
— *par eau douce* : fresh-water damage.
— *payable sans application de la franchise* : average irrespective of percentage.
— *de route* : damage in transit.
— *particulière = simple* : particular average.
avec — particulière : with particular average.
classement d'— : average statement.
commissaire d'—s : average adjuster.
compromis d'— : average bond.
dépôt d'— : average deposit.
en état d'— : in a damaged condition.
frais d'— : average expenses = charges.
franc d'—s absolument : free of average absolutely.
franc d'—s communes : free of general average.
franc d'—s particulières absolument : free of particular average absolutely.
franc d'—s particulières sauf : free of particular average unless.
menues —s : petty average.
règlement d'— : adjustment of average.
répartiteur d'—s = dispacheur : average adjuster.
subir une — : to be damaged = to sustain damage.

avenant *(m.)* : «addendum» ; endorsement ; rider [USA].
— *d'ajustabilité = de révision* : reporting endorsement.
— *d'assolement* : rotation endorsement.
— *de banque = documentaire [M]* : certificate.
— *= allonge [M]* : rider.
— *d'annulation = de résiliation* : endorsement cancelling the policy.
— *d'augmentation* : increase endorsement.
— *de contre-garantie du réassureur à l'assuré [RE]* : cut-through endorsement.

— *de déclaration = d'ordre = d'application* : pro-forma endorsement.
— *de mutation = de transfert* : change of interest endorsement.
— *de réduction* : decrease endorsement.

aventure *(f.)* **[M]** : adventure ; venture.
contrat de prêt à la grosse — : bottomry bond.
prêt à la grosse — : bottomry loan.

avertisseur *(m.)* : alarm.
— *automatique* : automatic alarm.
— *à bris de vitre* : break-glass alarm.
— *d'effraction* : burglar alarm.
— *d'incendie* : fire alarm.
— *d'intrusion* : intruder alarm.

aviation *(f.)* : aviation ; flying.
ass. — = aérienne : aviation ins.
pool — : air pool.
risque d'— : aviation risk.

avion *(m.)* : aeroplane ; aircraft.
— *-citerne = porteur d'eau = bombardier d'eau = «CANADAIR»* : air tanker.
accident d'— : aircraft accident = crash
ass. personnes transportées en — : aircraft passengers ins.
clause chute d'— = d'aéronef [I] : falling aircraft clause [F].
dommages causés par la chute d'— = d'aéronef : aircraft damage.

avis *(m.)* : advice ; notice; notification.
— *d'aliment [M]* : declaration of interest.
— *de bordereau [RE]* : bordereau advice.
— *de délaissement* : notice of abandonment.
— *d'échéance de prime* : premium debit note = premium notice [USA].
— *d'expiration* : expiration notice.
— *préalable* : prior notice.
— *de résiliation* : notice of cancellation.
— *de sinistre* : notice of loss = of claim.
— *de subrogation* : letter of subrogation.
— *de tarification [I]* : binding rate notification = rate card [USA] [F].
— *de rappel d'échéance de prime* : second advice of premium debit note.

ayant droit *(m.)* : eligible party ; legal beneficiary ; next of kin.

A

Termes	Traduction

bac *(m.)* : bin ; tank.
— = *caisse à sable* : sand bin.
— *de pression* : pressure tank.
— *de rétention* : holding tank.
bagages *(m.) (pl.)* : baggage ; luggage.
ass. des — = *ass. contre la perte des* — : baggage ins. = travellers' baggage ins. = tourist floater [USA].
bailleur *(m.)* : lessor.
banque *(f.)* : bank.
avenant de — *[M]* ; bank certificate.
globale de — : banker's blanket bond.
banquier *(m.)* : banker.
tous risques — = *globale de banque* : banker's blanket bond.
baraterie *(f.)* **[M]** : barratry.
— *de patron* : barratry of master.
barème *(m.)* : scale ; table ; tabular.
— *conventionnel* : ordinary scale.
— *à court terme* : scale of short term = odd time table = short date table [USA].
— *des honoraires* : fees scale.
— *d'invalidité* : disability percentage table.
— *mobile [RE]* : sliding scale.
— *des prestations* : scale of compensation.
— *des prestations d'infirmités* : scale of disability benefits = Hunter disability table [USA].
— *de primes* : premiums table = scale.
— *de taux* : table = scale of rates.
base *(f.)* : basis.
— *de calcul* : basis of calculation.
— *d'évaluation* = *d'estimation* : valuation basis.
— *de la moyenne des trois années [RE]* : three-years average basis.
— *des pertes jusqu'à leur apurement [RE]* : losses to extinction basis.
— *de valeur agréée* : valued basis.
convention de — : basic agreement.
garantie de — : primary coverage.
individuelle de — *[ACC]* : ** contractor's liability ins.
police de — : underlying = master policy [USA].
prime de — : basic premium.
salaires de — : basic wages.
tarif = *taux de* — : basic rate.
valeur de — : basic value.
bateau *(m.)* : boat ; vessel.
— *-citerne* : tanker.
— *de pêche* : fishing-boat.
— *-pompe [I]* : fire-boat [F].
— *-pompe aéroglisseur* : aircushioned fire-boat.
— *remorqueur* : tug = tug-boat.
— *de sauvetage* : salvage boat.
bâtiment *(m.)* : building.
— *à étages* : storried building.
— *à usage de bureaux* : office building.
— *à usage d'habitation* : apartment building.
— *à usage industriel* : industrial building.
ass. des —*s* : building ins.
dégâts au — : building damage.
bâtiment *(m.)* **(2)** : ship ; vessel.
— *de mer* : ship = seagoing vessel.
bénéfice *(m.)* : benefit ; bonus ; profit.
— *annuel* : yearly profit.
— *brut* : gross profit.
— *commercial* = *d'exploitation* : underwriting = trading profit.
— *comptable* : book profit.
— *effectif* : actual profit.
— *sur les entrées* : new business profit.
— *sur frais de gestion* = *sur chargement* : loading profit.
— *d'intérêt* : excess = interest profit.
— *de mortalité* : mortality profit.
— *net* : net profit.
— *sur placements* = *du portefeuille* : profit on investments.
— *sur réalisations de valeurs* : profit on sale of securities.
— *reporté* : profit carried forward.
— *technique* : technical profit.

Lexicon : french - english/american

ass. *avec participation aux —s [V]* : with profits ass. [L].
ass. *sans participation aux —s [V]* : without profit ass. = non profit ass. [L].
participation aux —s [RE] : profit commission.
pourcentage de — brut [I] : rate of gross profit [F].
procédé = système de répartition des —s : profit sharing scheme.
répartition des —s : distribution of profits.
super — : excess profit.

bénéficiaire *(m.) (f.)* : beneficiary ; recipient.
— *à titre gratuit* : donee beneficiary.
— *à titre onéreux* : credit beneficiary.
— *créancier* : creditor beneficiary.
— *dénommé* : named beneficiary.
— *irrévocable [V]* : non-revokable beneficiary [L].
— *principal* : primary beneficiary.
— *privilégié* : preferred beneficiary.
— *révocable* : revokable beneficiary.
— *subsidiaire* : contingent beneficiary.
clause — [V] : beneficiary clause [L].
tiers — : third party beneficiary.

bétail *(m.)* : cattle ; live stock.
ass. mortalité du — : live stock ins.

bidon *(m.)* : can.
— *de sécurité* : safety can.

biens *(m. pl.)* : assets ; estate ; property.
— *d'autrui* : third party property.
— *confiés [ACC]* : property in care, custody and control ; bailors' goods [USA].
— *corporels* : tangible property = assets.
— *environnants* : surrounding property.
— *immobiliers = immeubles* : real property = buildings.
— *immobiliers = équipements immobiliers = agencements* : fixtures and fittings = fixed property.
— *immobiliers par destination* : permanent fixtures.
— *immobiliers par incorporation* : additional fixtures.
— *incorporels* : intangible property.
— *matériels* : physical property.
— *mobiliers = meubles* : personal = movable estate = contents.
— *meubles* : personal property.
— *en plein air* : property in the open.
— *sauvés = récupérés* : saved property.
— *d'une société* : company's assets.
— *spécifiquement identifiés et évalués* : scheduled property.
ass. de — : property ins.
ass. tous risques flottante sur — mobiliers : personal property floater ins. [USA].

bijoutier *(m.)* : jeweller ; jeweler [USA].
ass. tous risques — : jeweller's all risk ins. = jeweler's block ins. [USA].

bijoux *(m. pl.)* : jewelry [USA] ; jewellery [UK] jewels.
ass. tous risques — : jewellery all risks ins. = jewelry floater ins. [USA].

bilan *(m.)* : balance sheet.
— *consolidé* : consolidated balance sheet.

bilan de santé *(m.)* : health check-up.

blessé(e) *(m.) (f.)* : injured person.

blessure *(f.)* : injury.
— *intentionnelle* : willful [USA] = wilful = intentional injury.

«blow-out» [I] = éruption *(f.)* : blow-out [F].
— *et formation de cratère* : blow-out and cratering.

bon *(m.)* : note.
— *de commission* : commission note.

bonification *(f.) =* **boni** *(m.)* : allowance ; bonus ; discount.
— *anticipée = escomptée [A]* : initial = immediate = introductory discount [MV].
— *en cas de vie à l'échéance [V]* : guaranteed maturity bonus = dividend [L].
— *progressive pour non-sinistre [A]* : cumulative no claim bonus [MV].
— *pour non-sinistre [A]* : no claim bonus = discount [MV].

bonne arrivée *(f.)* **[M]** : safe arrival.
— *de navire* : safe arrival of ship.
ass. sur — : ins. on safe arrival = subject to safe arrival.

bonne foi *(f.)* : good faith.
— *absolue* : utmost good faith = uberrima fides.
de — : in good faith = bona fides.

bonnes ou mauvaises nouvelles *(f. pl.)* **[M]** : lost or not lost.
ass. sur — : ins. made lost or not lost.

bonus *(m.)* : bonus.
— *composé* : compound bonus.

bordereau *(m.)* : bordereau ; memorandum ; statement.
— *x [RE]* : bordereaux.
— *de cession [RE]* : cession bordereau.
— *de commission* : commission statement.
— *corps [M]* : hull bordereau.
— *de prime [RE]* : premium bordereau.
— *de quittance* : receipt statement.
— *récapitulatif [RE]* : summary.

— *de sinistre [RE]* : loss bordereau.
avis de — [RE] : bordereau advice.

borne d'incendie *(f.)* : + poteau.

bouche d'eau *(f.)* : hydrant.

bouche d'incendie *(f.)* : fire-hydrant ; fire-plug.
— — *anti-gel* : frost-proof hydrant.
— — *armée [I]* : standpost hydrant [F].

boucle *(f.)* : loop.
— *de canalisation* : yard loop.

bouquet *(m.)* **[RE]** : bouquet.
— = *ensemble de traités* : bouquet of treaties.

bourse *(f.)* : exchange
— *incendie* : fire exchange.
— *maritime* : marine exchange.

(de) bout en bout *(m.)* **[M]** : door to door = ****** from consignor to consignee (ins. of war risk).

branche *(f.)* : branch ; business ; class ; field [USA] ; line [USA].
— *accessoire = annexe* : subsidiary branch = sub-branch.
— *d'affaires* : class of business.
— *complémentaire* : complementary class.
— *élémentaire [RE]* : non-life branch.
— *populaire [V]* : industrial branch [L].
— *principale* : main class = branch.
compagnie toutes —s : composite company.
grande — [V] : ordinary branch [L].
toutes —s : all classes = all lines [USA] = multiple line [USA].

braquage *(m.)* : hold up.

braquer (v.) : to hold up

braqueur *(m.)* : armed robber.

brigade *(f.)* : brigade.
— *de sapeurs-pompiers* : fire-brigade.

bris *(m.)* : breakage ; breaking.
— *accidentel* : accidental breakage.
— *des glaces fixes* : fixed glass breakage.
— *de miroirs* : mirror breakage.
ass. — de machines : machinery breakdown ins. = boiler and machinery ins. = engineering ins. [USA].
ass. — des glaces : plate-glass breakage ins. = glass breakage ins.
ass. — des glaces = de pare-brise [A] : windscreen ins. [MV].

buée de cale *(f.)* **[M]** : ship's sweat.

bulletin *(m.)* : bulletin ; form.
— *d'adhésion [V]* : adhesion form [L].

bureau *(m.)* : bureau [USA] ; office.
— *annexe* : sub-office.
— *central de répartition [I]* : claims apportionment office [F].
— *central de tarification [A]* : central rating office [MV].
— *des incendiés [I]* : fire ins. fund [F].
— *régional* : district office.
— *de signature des polices du Lloyd's* : Lloyd's Policy Signing Office.
— *de tarification* : rating bureau [USA].
— *Veritas [M]* : ****** Lloyd's Register [UK] = American Bureau of Shipping [USA].

B

Termes	Traduction

cabinet *(m.)* : office.
— = *société de courtage* : broking office = firm.

caisse *(f.)* : cash ; fund.
— *d'accidents du travail* : industrial injuries fund.
— *d'ass. contre l'incendie* = — *départementale des incendiés [I]* : fire ins. fund = fire mutual.
— *d'ass. d'État* : State ins. fund.
— *d'ass. mutuelle* : mutual ins. fund.
— *d'ass. populaire [V]* : collecting society [L].
— *d'ass. sociale* : social ins. fund.
— *centrale des mutuelles agricoles* : central fund of farming mutuals.
— *centrale de réassurance* : State owned re. company [FR].
— *de garantie* : guarantee fund.
— *maladie [V]* : contributory sickness fund [L].
— *mutuelle des employés [V]* : staff benefit = staff provident fund [L].
— *de retraite [V]* : pension = retirement = superannuation fund [L].
— *de secours en cas de décès [V]* : death benefit fund = mutual death benefit society [L].
espèces en — : cash in hand.

calcul *(m.)* : calculation.
— *actuariel* : actuarial calculation.
— *de primes* : calculation = computation of premiums.
— *des probabilités* : calculation of probabilities = theory of probability.

cambriolage *(m.)* : housebreaking.

camion *(m.)* : truck.
— *à incendie* : fire truck.
— *-pompe* = *fourgon pompe* : pumper truck.

«Canadair» : + avion.

canalisation *(f.)* : main ; pipe.
— *bouclée* : loop main.
— *de distribution* : distribution pipe.
— *municipale* : city main.
— *principale* : feed main.
— *de rangée* : range pipe.

canon *(m.)* **[I]** : cannon ; monitor [F].
— *à eau* : water cannon = monitor.
— *à mousse* : foam cannon = monitor.
— *à poudre* : powder cannon = monitor.

canot de sauvetage *(m.)* : rescue = life boat.

capacité *(f.)* : capacity.
— *additionnelle* = *supplémentaire* : additional capacity.
— *automatique* : automatic capacity.
— *du marché* : market capacity.
insuffisance de — : lack of capacity = capacity gap.
— *vierge* = *naïve* : innocent capacity.
sous- — : under-capacity.
sur- — : over-capacity.

«capi» : + capitalisation.

capital *(m.)* : capital ; sum.
— *assuré* = *de base* : sum insured = assured [L] = principal sum.
— *constitutif de rente [V]* : annuity purchase money [L].
— *décès* = *en cas de décès* : sum payable at death = death benefit.
— *différé* = *en cas de vie [V]* : pure endowment [L].
— *doublé en cas de décès accidentel [V]* : double indemnity accident benefit [L].
— *effectif* = *réel* : paid-up capital.
— *émis* : issued capital.
— *entièrement versé* = *libéré* : fully paid-up capital.
— *exigible* : due capital.
— *d'exploitation* : operating capital.
— *indexé* : sum insured on an index basis.
— *initial* : initial capital = sum insured.
— *partiellement libéré* : partly paid-up capital.
— *réduit [V]* : reduced sum assured [L].

Lexicon : french - english/american

— *réservé [V]* : annuity purchase money returnable in case of death [L].
— *restant à verser = non libéré* : uncalled capital.
— *social* : authorized = registered capital = share capital.
— *souscrit* : subscribed capital.
ass. *à — variable [V]* : unit trust linked ass. [L].
ass. *de — différé [V]* : pure endowment ass. [L].
ass. *de remboursement de — [V]* : capital redemption ass. [L].

capitalisation *(f.)* : capitalization ; funding.
bon de — : capitalization = funding bond.
ass. *—* : sinking fund ins.
constat de — : bond investment.
convention de — financière : funding agreement.
facteur de — : accumulation factor.
système de la — : funding system = level premium system.

«**captive**» = **compagnie captive** *(f.)* : captive ins. company.

caractéristiques *(f. pl.)* :
— *des biens* : description of property.

carambolage *(m)* [A] : pile-up = «concertina» accident [MV].

carence *(f.)* : default ; defaulting ; deficiency.
— *de clientèle [I]* : recipient property [USA] ; customers deficiency [UK] [F].
— *de fournisseur [I]* : contributing property [USA] ; suppliers extension [UK] [F].
année de — : waiting year.
ass. *— de fournisseurs [I]* : suppliers' premises ins. [UK] = suppliers' deficiency [USA] = contingent business interruption ins. [USA] = contingent use and occupancy ins. [USA] [F].
délai de — : waiting period.
période de — : period of partial benefit.

cargaison *(f.)* : cargo ; freight.
— *débarquée en moins [M]* : short-landed cargo.
— *embarquée en moins [M]* : short-shipped cargo.

carte *(f.)* : card.
« *— grise* » [A] : car = road fund licence [MV].
— *internationale d'ass. automobile* : international motor ins. card.
— *perforée* : punched card.
— *verte internationale* [A] : international green card [MV].

carteneur *(m.)* [M] : cartainer.

cas *(m.)* : case ; event.
— *de force majeure* : case of « force majeure » = ** act of God.
— *fortuit* : accidental case = fortuitous happening.
barème — graves [ACC] : capital benefits scale.
en — de décès : in the event of death.
en — de sinistre : in the event of loss.

casse *(f.)* : breakage.
ass. *— de corps aériens* : aircraft hull ins.
ass. *contre la —* : breakage ins.
clause de — [M] : breakage clause.
tous risques y compris — [M] : all risks including breakage.

catastrophe *(f.)* : catastrophe ; disaster.
— *aérienne* : air disaster.
— *naturelle* : natural disaster.
garantie de — : catastrophe cover.
plan de rétablissement en cas de — : disaster recovery plan.
réserve pour — : catastrophe reserve.
risque de — : catastrophe risk = hazard.
traité de — [RE] : catastrophe treaty.
traité d'excédent de sinistre de — [RE] : catastrophe excess of loss treaty.

catégorie *(f.)* : business ; category ; class.
— = *branche d'assurance* : class = ins. branch.
— *de risques* : class of risks = line of business.
— *d'usage* [A] : class of use [MV].

«**cat. nat.**» = **catastrophe naturelle** *(f.)* : natural disaster.

cause *(f.)* : cause ; suit.
— *s diverses ou inconnues* : other known or unknown causes.
— *immédiate = directe du dommage* : proximate cause of loss.
— *du sinistre* : cause of loss.
arbres des —s : cause tree.
gain de — : recovery of judgement.
mettre en — : to implicate.
mettre hors de — : to exonerate.

caution *(f.)* **(1)** : bond ; bail ; guarantee ; security.
— *de bonne exécution de mandat* : fiduciary bond.
— *de bonne exécution et d'achèvement* : performance bond.
— *de bonne fin* : completion bond.
— *de maintenance = d'entretien* : maintenance bond.
— *de paiement de la main-d'œuvre et des fournisseurs* : labour and material payment

bond.
— *de pénalité* : penalty bond.
— *de restitution d'acompte* : advance payment bond.
— *de retenue de garantie* : retention money bond.
— *de soumission* = *de garantie d'offre* : bid = tender bond.

caution *(f.)* **(2)** = **débiteur** : obligor.

cautionné(e) *(m.) (f.)* = **obligataire** : obligee.

cautionnement *(m.)* : guarantee ; bond ; deposit ; surety bond [USA].
ass. de — : bonding ins.
société de — : guarantee society = Surety [USA].

cédant(e) *(m.) (f.)* **[RE] (1)** : cedant ; ceding insurer ; ceding office ; transferor.
compagnie —*e* = *la* —*e* : ceding company = cedant.

cédant(e) *(m.) (f.)* **(2)** : assignor.

céder (v.) **[RE]** : to cede.

centre *(m.)* : centre ; center [USA].
— *de profits* : profit center.
— *de secours* [I] : approved fire-brigade [F].

certificat *(m.)* : certificate.
— *d'âge* : evidence of age.
— *d'ass.* : ins. certificate.
— *de décès* : death certificate = evidence of death.
— *d'enregistrement* : registration certificate
— *de navigabilité [AV]* : airworthiness certificate.
— *de navigabilité [M]* : seaworthiness certificate.
— *de navigation [M]* : ship's passport.
— *d'origine* : certificate of origin.
— *de perte* = *d'avarie* : certificate of loss = of average.
— *de renouvellement* : renewal receipt.
— *de santé* : health certificate = evidence of health.
— *de vie* : certificate of existence = of life.
— *de visite annuelle [M]* : annual survey certificate.

cessation *(f.)* : cessation.
— *du paiement des primes* : cessation of payment of premiums.
— *du risque* : cessation = termination of risk.

cessible *(a.)* : assignable.

cession *(f.)* : assignment ; cession ; transfer.
— *conventionnelle [RE]* : contractual cession.
— *directe* : direct cession.

— *de l'intérêt assuré* : assignment = transfer of interest.
— *légale [RE]* : legal cession.
— *de la police* : assignment = transfer of policy.
— *de portefeuille* : cession = transfer of portfolio.
— *réciproque [RE]* : reciprocal cession.

cessionnaire *(m.) (f.)* : assignee ; reinsurer ; transferee.
compagnie — *[RE]* : accepting office.

chaland *(m.)* **[M]** : barge.

chambre forte *(f.)* : strongroom = vault [USA].
— *incombustible* : fire resistive [USA] = resistant strongroom = vault.

changement *(m.)* : alteration ; change.
— *de domicile* : change of residence.
— *dans la matérialité du risque* : change material to the risk.
— *de propriétaire* : change of owner.
— *du risque* : alteration of the risk.
— *de route [M]* : deviation.
— *de voyage [M]* : voyage variation.

chantier *(m.)* : working site ; yard.
ass. tous risques — : ** contractors' all risks ins. [UK] = builders' all risks ins. [USA].
globale de — *[ACC]* : ** contractors' guarantee ins. (public works) [FR].

charge *(f.)* : burden.
— *de la preuve* : burden = onus of proof.
— *des sinistres* : burden of losses.
prendre un sinistre en — : to admit liability.

charge calorifique *(f.)* : fire load.

chargé de clientèle *(m.)* = **de compte** : account executive = manager.

chargé des ass. *(m.)* : ins. manager.

chargement *(m.)* : charging [USA] ; loading ; load.
— *de compensation* : loss constant [USA].
— *pour frais de gestion* : management expenses loading = costs administration.
— *pour frais d'acquisition* : loading for acquisition costs.
— *pour frais d'encaissement* : loading for collecting costs.
— *de participation [V]* : loading for participation in profits = bonus loading [L].
— *sur le pont* = *en pontée [M]* : deck-load.
— *de la prime* : premium loading.
— *de sécurité* : loading for contingencies.
bénéfice sur — *[V]* : loading profit [L].
risque de — : loading risk.

Lexicon : french - english/american

charger (v.) : to load.
— *la prime* : to load the premium.

charges *(f. pl.)* : expenses.
— *à payer* : accrued expenses.
— *administratives de gestion* : general expenses.
— *d'exploitation* : production and administration expenses.
— *de(s) placement(s)* : investment expenses.

chargeur *(m.)* **[M]** = **expéditeur** : shipper.

charte-partie *(f.)* **[M]** : charter-party.

chasse *(f.)* : hunting.
ass. — = ass. responsabilité civile des chasseurs : hunting ins.

château d'eau *(m.)* : gravity tank = water tower.

chaudière *(f.)* : boiler.
— *à vapeur* : steam boiler.

chauffage *(m.)* : heating.
moyens de — : heating system.

chaufferie *(f.)* : boiler house.

chemin *(m.)* : path.
— *critique* : critical path.

chiffre d'affaires *(m.)* : turnover.
— *annuel* : annual turnover.
— *brut* : gross turnover.
— *net* : net turnover.
— *de référence [I]* : standard turnover [F].
ass. du — : turnover ins.
baisse du — : loss of turnover.
sur la base du — : on turnover basis.

choc *(m.)* : collision ; impact ; knock.
— *de véhicule terrestre [I]* : impact by any road vehicle = vehicle impact = impact of land vehicle [F] [USA].
dommage par — : impact damage.

chômage *(m.)* : unemployment.
— *[A]* : loss of use [MV].
allocation de — : unemployment benefit.
ass. contre le — : unemployment ins.
ass. de — [I] : consequential loss ins. = use and occupancy ins. [USA] [F].
fonds = caisse de — : unemployment fund.
indemnité = secours de — : unemployment benefit.

chôm(eur) (euse) *(m.) (f.)* : unemployed person ; unemployed worker.

chose *(f.)* : property.
— *assurée* : insured object = matter = property.
— *d'autrui* : third party property.
— *s de flot et de mer [M]* : jetsam and flotsam.
ass. de —s : property ins. = damage ins. = non-life ins.

chute *(f.)* : collapse ; crash ; drop ; fall.
— *d'aéronef [I]* : falling aircraft [F].
— *d'appareils de navigation aérienne ou de parties d'appareils ou d'objets qui en proviennent* : falling aircraft and other aerial devices or articles dropped therefrom.
— *de la foudre [I]* : stroke of lightning [F].
— *des objets transportés [A]* : fall of goods carried [MV].

circonscription *(f.)* : area ; district ; field [USA].
— *d'un inspecteur* : inspector's district.

circonscrire (v.) :
— *un incendie* : to bring a fire under control.

circonstances aggravantes (du risque) *(f. pl.)* : conditions increasing (the risk = the hazard = the exposure) [USA].

circulation *(f.)* : traffic.
accident de — : traffic = road accident.

clapet *(m.)* : + vanne.

classe *(f.)* : category ; class.
— = *couverture [I]* : classification of roofing [F].
— *de rabais* : rebate class.
— *de risque* : class of risk.
— *de tarification* : rating class.

classification *(f.)* : classification.
— *des risques* : classification of risks.
clause de — [M] : classification clause.
société de — [M] : classification society.

clause *(f.)* : clause.
— *attributive de juridiction* : clause to assign jurisdiction.
— *d'abandon = dérogatoire* : waiver clause.
— *d'abordage [M]* : running down clause.
— *d'ajustabilité = d'augmentation/réduction [I]* : premium adjustment clause = increase/decrease clause [F].
— *d'ajustement = d'ajustabilité [RE]* : stabilisation = stability clause.
— *d'arbitrage = compromissoire* : arbitration clause.
— *de bonne foi* : honesty clause.
— *en cas d'assistance ou de collision entre navires d'un même armement [M]* : sister ship clause.
— *du bénéficiaire = de faveur* : beneficiary clause.
— *de casse [M]* : breakage clause.
— *de déchéance* : forfeiture = contestable

clause.
— *de délégation de l'indemnité* : loss payable = payee clause.
— *de dommage par collision [M]* : collision clause.
— *de double évaluation [M]* : dual valuation clause.
— *de durée ferme* : long term agreement.
— *d'estimation* : appraisal clause.
— *d'exclusion* : exclusion clause.
— *de faute commune en cas d'abordage [M]* : both to blame collision clause.
— *de garantie complète en cas d'abordage [M]* : four-fourth running down clause.
— *de garantie éventuelle [M]* : escalator clause.
— *de garantie subséquente* : continuity clause [UK] = discovery clause [USA].
— *de gardiennage [I]* : watchman clause [F].
— *hypothécaire* : mortgagee clause.
— *d'incontestabilité* : indisputability clause.
— *d'indice variable = d'indexation* : price index clause.
— *d'infirmité* : incapacity clause.
— *d'insolvabilité* : insolvency clause.
— *s de l'Institut [M] [UK]* : Institute clauses.
— *d'intermédiaire* : intermediary clause.
— *de juridiction* : competence = jurisdiction clause.
— *de libération [V]* : commutation clause [L].
— *de non-cumul* : non-contribution clause.
— *de parenté [V]* : relationship clause [L].
— *de participation aux frais de conservation [M]* : sue and labour clause.
— *de pluralité d'ass.* : other ins. clause [USA] = contribution clause [UK].
— *au porteur* : bearer clause.
— *de premier exercice [I]* : new business clause [F].
— *de rabais* : discount clause.
— *de règle proportionnelle* : coinsurance clause [USA] = average clause [UK].
— *de règlement par secteur = service [I]* : departmental clause [F].
— *de règlement simultané [RE]* : simultaneous settlement clause.
— *de régularisation* : payment clause.
— *pas de remède pas d'honoraires [M]* : no cure no pay clause.
— *de répartition d'indemnité* : apportionment clause.
— *restrictive* : conditional clause.
— *de risques de guerre [M]* : war risks clause.
— *de signature* : attestation = signature clause.
— *subsidiaire* : subsidiary clause.
— *type* : standard clause.

— *de valeur agréée* : agreed value clause.
— *de valeur totale [I]* : full value clause [F].

clé = clef *(f.)* : key.
usage de fausse — : use of skeleton key.
ass. de l'homme — [V] : key man ins. [L].

clé-en-main *(f.)* : turnkey.
marché — : turnkey project.

client(e) *(m.) (f.)* : client ; customer.
— *direct* : direct-writing client.
— *possible = éventuel* : prospect.
ass. de la clientèle : customers' ins.

climatique a. *(m.) (f.)* : climatic.
risque — : climatic risk.

cloche d'alarme *(f.)* : alarm gong.

cloison *(f.)* : partition.
— *coupe-feu* : fire partition.

clos *(m.)* :
— *et couvert* : roofing and ceiling.

clou *(m.)* : nail.
de — à — [M] : from nail to nail = ** from wall to wall.

club *(m.) [M]* : club.
— *mutualiste* : mutual club.
— *de protection et d'indemnité* : protection and indemnity club.

coassurance *(f.)* : co-assurance [L] ; co-insurance ; contributing ins. = quota-share ins. [USA].

coassurer (v.) : to co-insure.

coassureur *(m.)* : co-assurer [L] ; co-insurer ; contributing insurer [USA].

code *(m.)* : code ; law.
— *d'agent* : agent's code.
— *des ass.* : code of ins. law.
— *civil* : code of common law.
— *de commerce* : code of commercial law.
— *maritime* : maritime = admiralty law.
— *pénal* : code of criminal law.
— *de procédure civile* : rules of civil procedure.
— *de la route* : highway code.
— *du travail* : labour law.

coefficient *(m.)* : coefficient ; factor.
— *s légaux* : legal coefficients.
— *d'ajournement de retraite [V]* : late retirement factor [L].
— *d'anticipation de retraite [V]* : early retirement factor [L].
— *de redressement* : readjustment coefficient.

Lexicon : french - english/american

— *des frais de gestion de sinistres* : loss conversion factor.
— *d'évaluation des sinistres connus* : loss development factor.
— *d'extraction* : extraction factor.
— *de Zillmer [V]* : Zillmer factor [L].

co-entreprise *(f.)* = *groupement d'intérêts* : joint-venture.

coffre-fort *(m.)* : safe.
— *agréé* : approved safe.
— *anti-chalumeau* : blow-pipe resisting safe.
— *anti-explosion* : explosion resisting safe.
— *résistant au feu* : fire-proof safe.
— *scellé* : fixed safe.
à l'intérieur ou à l'extérieur du — : in or out of safe.
ass. contre la perte des dépôts en — : safe depository liability ins.
ass. contre l'effraction de — : safe burglary ins.
ass. du — : safe ins.
hors — : whilst out of safe.

colis *(m.)* : package ; parcel.
ass. des — : parcels ins.
ass. des — *postaux* : post parcels ins.

collecte *(f.)* : collecting.
société de — *[V]* : collecting society [L].

collectif (ve) a. *(m.) (f.)* : collective.
ass. — : collective = group = wholesale ins.
police — : collective = syndicate [USA] = combined policy [UK].

collision *(f.)* : collision ; crash.
clause de dommage par — *[M]* : running down clause.
«*tierce* —» = *dommage* — *[A]* : own damage restricted to collision = collision coverage [MV].

colonial(e) a. *(m.) (f.)* : colonial.
risque — = *climatique* : climatic risk.

colonne *(f.)* : pipe.
— *humide* = *sous pression* : wet pipe.
— *montante* : riser = stand pipe.
— *sèche* : dry = stand pipe.

combinaison *(f.) (1)* : scheme [UK] ; plan [USA].
— *d'ass.* : ins. scheme = plan.

combinaison *(f.) (2)* : suit.
— *de secours* : emergency suit.

combiné(e) a. *(m.) (f.)* : combined.
ass. — : combined ins.
police — = *multirisque* : combined = comprehensive policy.

combustion *(f.)* : combustion ; ignition.
— *lente* : slow combustion.
— *spontanée* : spontaneous combustion.
— *vive* : blazing = quick combustion.
auto- — : self-ignition.
taux = *vitesse de* — : rate of burning = burning rate.

comité *(m.)* : committee.
— *de direction* : executive committee.
— *d'entreprise* : workers' council.
— *de sécurité* : safety committee.
— *de tarification* : rating committee.

commettant *(m.)* : principal.

commissaire *(m.)* : commissioner.
— *d'avaries* : average adjuster.
— *aux comptes* : auditor.
— -*contrôleur* : commissioner [USA].

commission (1) *(f.)* : brokerage ; commission.
— *d'acquisition* = *de production* : new business = first = initial commission.
— *à amortir* : commission to be amortized.
— *d'apérition* : remuneration of leading company.
— *d'apport* = *d'indication* : introductory commission.
— *sur bénéfice réalisé [RE]* : profit commission.
— *de bénéfice sur souscriptions* : underwriting profit commission.
— *de cession* = *de ré.* : ceding commission.
— *conditionnelle* : contingent commission.
— *dégressive* : decremental commission.
— *à échelle mobile [RE]* : sliding scale commission.
— *d'encaissement* : collecting commission.
— *escomptée* : discounted = commuted commission.
— *de gestion* : management commission.
— *remboursée* = *ristournée* : return commission.
— *de renouvellement* : renewal commission.
— *forfaitaire* : straight commission.
— *suivant barème* = *échelonnée* : graded = graded scale commission.
— *uniforme* = *invariable* : flat commission.
bon de — : commission receipt.
bordereau de — : commission statement.
partage de — : commission sharing.
rappel de — : supplementary commission.
remboursement de — : commission refund.
remise de — : commission rebating.
rétrocession de — : commission split.
ristourne de — : commission refund = rebate [USA].
surcommission = *supercommission* : overri-

ding = overwriting commission [USA].
commission (2) *(f.)* : board.
— *d'arbitrage* : conciliation board.
commissionnement *(m)* : commission.
— *à échelle [RE]* : scale commission.
— *réglementé* : regulated commission.
commissionner *(v.)* : to commission.
commun *(m.)* **[I]** : accumulation [F].
communauté de risque *(f.)* **[I]** : risk common to another [F].
commutation *(f.)* : commutation.
nombre de — [V] : commutation function [L].
table de — [V] : commutation table = column [L].
compagnie *(f.)* : company ; office.
— *par actions* : proprietary = stock company [USA].
— *adverse* : opponent company.
— *affiliée* : affiliated company.
— *agréée* : admitted company.
— *alliée* : allied company.
— *apéritrice* : leading company.
— *apparentée* : related company.
— *d'ass.* : ins. company.
— *d'ass. toutes branches* : composite ins. company = general ins. company = ins. company.
— *associée* : associated company.
— *captive* : captive company.
— *cédante [RE]* : ceding company.
— *de complément* : supplementary company.
— *dérogatoire = dissidente* : non-tariff = non-board company [USA].
— *de l'Entente [A] = syndiquée = liée par une entente tarifaire* : tariff company = tariff office.
— *étrangère* : foreign = alien company [USA].
— *de façade = «fronting» = prête-nom* : fronting company.
— *filiale* : subsidiary company.
— *à forme tontinière* : tontine company.
— *gérante* : acting company.
— *«holding» = de portefeuille* : controlling = holding company.
— *indépendante* : independent company.
— *membre de l'Institut [M] [UK]* : Institute company.
— *mère* : parent company.
— *métropolitaine = nationale* : domestic = home company.
— *mutuelle d'ass.* : mutual ins. company.
— *nationalisée = étatisée* : nationalized =

State owned company.
— *non-agréée* : non admitted company.
— *précédente* : previous company.
— *de première ligne = de base* : primary company.
— *privée* : private company.
— *au rabais* : cut-price company.
— *de ré.* : = accepting company.
— *de ré. «professionnelle» = de ré. spécialisée* : professional re. company.
— *à souscription directe* : direct writing company.
compensation *(f.)* : compensation ; equalization.
— *des risques* : balancing of portfolio = equalization of risks.
fonds de — : equalization fund.
complément *(m.)* **de prime** : policy fees : surcharge ; charges additional to premium.
complémentaire a. *(m.)* *(f.)* : complementary.
ass. — : complementary = additional = surplus ins.
ass. — accidents : supplementary accident ins.
branche — : complementary class.
— *de groupe = d'ouvrage [ACC]* : ** contractors' guarantee ins. (first excess) (now obsolete) [FR].
compromis *(m.)* : bond.
— *d'arbitrage* : appraisement bond.
— *d'avarie commune [M]* : general average bond.
comptable *(m.)* : accountant.
expert - — agréé : certified public accountant.
comptant a. *(m.)* : cash.
au — : on a cash basis.
prime au — : cash premium.
sinistre au — [RE] : cash loss.
valeur au — : cash value.
compte *(m.)* **(1)** : account.
— *avec participation* : participating account.
— *commun* : joint account.
— *s consolidés = intégrés* : consolidated accounts.
— *courant* : current account = account current.
— *créditeur* : credit account.
— *d'agent* : agent's account.
— *débiteur* : debit account.
— *d'épargne* : savings account.
— *d'exploitation* : trading account.
— *de profits et pertes = de résultats* : profit and loss account.
— *de recettes et dépenses* : in and out

Lexicon : french - english/american

account.
— *- rendu* : report.
— *de résultats [V]* : adjustment on results [L].
— *sans participation* : non-participating account.
ass. en — *courant [I]* = *de marchandises en* — *courant [I]* : declaration = stock declaration ins. [F].
établissement des —*s* : submission of accounts.
porter en — : to put on account.
solde d'un — : balance.

compte *(m.)* **(2)** : on behalf.
ass. pour le — *de qui il appartiendra* : ins. on behalf of whom it may concern = ins. on behalf of whom it shall be deemed advisable.
ass. pour le — *d'autrui* : ins. on behalf of another.
ass. pour son propre — : ins. on own behalf = account.

comptoir *(m.)* : counter.
ass. au — = *au guichet* : counter = over the counter ins.

concurrence *(f.)* : competition.
— *déloyale* : unfair competition.
— *illicite* : fraudulent competition.
— *au rabais* : cut-rate competition.

conditions *(f. pl.)* : conditions ; terms.
— *d'admission* : conditions of entry.
— *complémentaires* : additional conditions.
— *expresses* : express conditions.
— *générales* : general conditions.
— *légales* : statutory conditions.
— *modèles* = *types* : standard = uniform conditions.
— *d'origine [RE]* : original conditions.
— *résolutoires* : conditions subsequent.
— *sous-entendues* = *implicites* : implied conditions.
— *spéciales* = *particulières* : special = particular conditions.
— *suspensives* : conditions precedent.
«*différence de* —» = *ass. complémentaire ou supplémentaire aux conditions de l'ass. de base* : difference in conditions ins. [USA].

conduc(teur) (trice) *(m.) (f.)* : driver ; rider (motor cycle).
— *ayant pris la fuite* : hit and run driver.
— *dénommé* : named = (one) named driver.
— *en état d'ivresse* : driver under the influence of alcohol.
— *exclusif* : owner only driving.
— *non identifié* : unidentified driver.
— *non autorisé* : unauthorized driver.
— *non-dénommé* : unnamed driver.
— *sans accident* : accident-free driver.
— *sans sinistre* : claim-free = non-claiming driver.
jeune = *nouveau* — : new = recent driver.

conduite (1) *(f.)* : driving [A] [MV].
— *en état d'ivresse* = *d'ébriété* : drunken driving.
— *en état d'ivresse* = *sous l'empire d'un état alcoolique* : driving under influence of alcohol.
— *exclusive* : driving restricted to one named person = restricted driving.
— *sans accident* : accident-free driving.
— *trajet* : to drive to work.

conduite (2) *(f.)* : main.
— *d'eau (principale)* : water main.

confiscation *(f.)* **[M]** : confiscation.

conflagration *(f.)* : conflagration.
zone de — : conflagration area.

conjoint(e) *(m.) (f.)* : spouse.
— *à charge* : dependent spouse.
— *survivant [V]* : surviving life [L].
rente de — : joint annuity.

conjoint(e) a. *(m.) (f.)* : joint.
ass. —*e* : joint ins.
responsabilité —*e* : joint liability.
responsabilité —*e et solidaire* : joint and several liability.

connaissement *(m.)* **[M]** : bill of lading = way bill [USA].
— *direct* : through bill of lading.
chargé sans — : loaded without bill of lading.

conseil (1) *(m.)* : advice.
— *en ass.* : ins. consultant = adviser.
assureur- — : ins. consultant = ** broker.

conseil (2) *(m.)* : board ; council.
— *d'administration* : board of directors.
— *national des ass.* : national ins. council [FR].
— *de surveillance* : board of trustees.

conservation *(f.)* **[RE]** : retention.
— *de base* : underlying retention.
plein de — = *de retention* : retention limit = line.
propre — = *rétention* : self-retention.

consignes *(f. pl.)* : instructions.
— *d'incendie* : fire regulations = procedures.
— *de sécurité* : safety instructions.

consolidation *(f.) [V]* : stabilization [L].
date de — : stabilization date.

consortium *(m.)* : consortium ; pool.
constat *(m.)* : certificate ; report ; statement.
— *d'accident [A]* : accident reporting form [MV].
— *amiable [A]* : agreed statement of facts on motor vehicle accident = accident report form [MV].
— *d'avaries* : certificate of loss = of damage.
— *de décès* : death certificate.
dresser un — : to establish a report.

construction *(f.)* **[I]** : building ; construction [F].
— *en dur = ordinaire = normale* : standard = massive [LL] = ordinary construction [USA].
— *incombustible de sécurité* : fire-proof = fire resisting = slow burning [USA] = mill construction [USA].
— *légère = mixte = non conforme aux bases du tarif* : non-standard = non-massive [LL] = flimsy construction [USA].
nature de la — : type of construction.
— = risque : classification.
ass. des risques de la — : construction risks ins.
risques de — [M] : builder's risks.
vice de — : faulty construction = flaw in construction = constructional defect.

construire *(v.)* : to build ; to erect.
construit et couvert en dur [I] : brick or stone built and slated or tiled [F].
construit sur terrain d'autrui : held under lease.

contact *(m.)* : contact.
dommage de — [M] : contact damage.

contenant *(m.)* **[I]** : building [F].
— *et contenu* : building and contents.

conteneur *(m.)* : container.
— *à déchets* : waste container.
— *roulant [M]* : rolltainer.
navire porte- — : container ship.
porte- — [M] : container carrier.

conteneurisation [M] : containerization.

conteneuriser *(v.)* : to containerize.

contentieux *(m.)* : litigation.
service — : legal = disputed claims department.
service — primes : overdue premium recovery department.

contenu *(m.)* **[I]** : contents [F].

contigu(ë) a. *(m.) (f.)* **[I]** : adjoining ; contiguous [F].
— *avec ou sans communication* : adjoining with or without communication.
risque — : contiguous = adjoining risk.

contiguïté *(f.)* **[I]** : contiguity ; exposure [USA] [F].
— *aggravante* : hazard increasing contiguity.
risque de — = d'influence : contiguity risk = exposure hazard [USA].

contractant(e) a. *(m.) (f.)* : contracting.
les parties — s = les contractants : the contracting parties.

contracter *(v.)* : to contract ; to take out ; to incur ; to enter into.
— *une ass.* : to contract = to effect = to take out ins.
— *une dette* : to incur debt.
— *une obligation* : to enter into an obligation.

contractuel(le) a. *(m.) (f.)* : contractual.
responsabilité —le : contractual liability.

contrat *(m.)* : contract.
— *d'abonnement [M]* : floating contract = floater.
— *d'adhésion* : contract in set form.
— *d'agence* : agency contract = certificate of authority [USA].
— *aléatoire* : aleatory contract.
— *à l'année* : annual contract.
— *d'ass.* : ins. policy.
— *à effet différé* : forward contract.
— *ouvert* : open contract.
— *synallagmatique* : bilateral contract.
— *type* : standard contract.
cautionnement d'exécution de — : contract bond.
ne pas honorer un — : to dishonour a contract.

contre-assurance *(f.)* : return ins.
— *[ACC]* : legal protection ins.
— *des primes [V]* : return ass. = return of premiums ass. [L].
— *étendue [A]* : extended motor ins. [MV].

contre-expertise *(f.)* : resurvey.

contrefaçon *(f.)* = **falsification** : counterfeit ; forgery.
garantie contre la — des espèces : counterfeit currency coverage.

contre-feu *(m.)* : counter-fire.

contrestaries [M] : additional demurrage.

contribution *(f.)* : contribution.
— *d'avarie commune [M]* : general average contribution.
clause de — [M] : contribution clause.
droit de — : right of contribution.

contrôle *(m.)* : control ; supervision ; check.
— *d'accès* : entry check.

Lexicon : french - english/american

— *des ass.* : ins. supervision.
— *de sécurité* : safety check.
— *des sinistres* : claims control.
— *des pertes* : loss control.
autorités de — : supervisory authority.
poste de — [I] : control panel [F].

contrôleur *(m.)* : auditor ; commissioner [USA].
— *des ass.* : ins. commissioner = superintendant of ins. [USA].
— *des ass. de l'État [USA]* : State ins. commissioner.
— *de ronde* : watchman's clock.

convention *(f.)* : agreement ; convention.
— *d'arbitrage* : arbitration agreement.
— *de base* : general agreement.
— *collective* : collective bargaining agreement.
— *d'indemnisation* : indemnity agreement.
— *d'indemnisation directe de l'assuré [A]* :
** direct indemnification of insured agreement [MV].
— *de longue durée* : long term agreement.
— *de partage des sinistres responsabilité [A] (dommages corporels)* : third party claims sharing agreement = sharing agreement [MV].
— *de règlement des sinistres* : claims settling agreement.
— *de renouvellement* : renewal agreement.
— *tarifaire* : rating agreement.
— *transitoire* : credit for existing ins.
— *de Varsovie [AV]* : Warsaw Convention.
sauf — et prime spéciales : except as may be agreed and subject to special premium.

coopérative *(f.)* : co-operative society.
société — d'ass. : co-operative ins. society [UK] = mutual benefit ins. company [USA].

copropriétaire *(m.) (f.)* : joint-owner.
ass. multirisque des —(s) : condominium unit owners package form [USA].

copropriété *(f.)* : condominium ownership [USA] ; joint ownership [UK].

corporel(le) a. *(m.) (f.)* : bodily.
dommage — = lésion corporelle : bodily injury.

corps *(m.)* **(1)** : hull.
— *fixes [M]* : fixed objects.
— *flottants [M]* : floating objects.
ass. — de navire : marine hull ins.
ass. — fluviaux : river hull ins.
ass. — maritimes : ocean hull ins.
ass. de — aériens : aircraft hull ins.
ass. — de véhicule [A] : own damage motor vehicle ins. = automobile physical damage ins. [USA] = accidental damage ins. [UK] [MV].
ass. sur — : hull ins.
perdu — et biens [M] : lost with all hands.
valeur — : hull value.

corps *(m.)* **(2)** : corps.
— *de sapeurs-pompiers* : fire brigade.
— *de sauvetage* : salvage corps [USA].

cotation *(f.)* : quotation.

cotisant(e) *(m.) (f.)* : contributor ; subscriber ; contributing member.
— *annuel [LL]* : annual subscriber.

cotisation *(f.)* : contribution ; subscription.
— *complémentaire* : supplementary contribution.
— *contractuelle* : regular contribution.
— *facultative* : voluntary additional contribution.
— *fixe* : fixed contribution.
— *forfaitaire* : flat contribution.
— *obligatoire* : compulsory contribution.
— *patronale* : employer's contribution.
— *salariale* : employee contribution.
— *à taux progressif ou dégressif* : graduated contribution.
— *variable* : variable contribution.
appel de — : renewal notice = subscription demand.
police à — fixe : non-assessable policy.

cotiser (v.) : to contribute.

coulage *(m.)* : leakage ; ullage ; wastage.
— *ordinaire* : trade ullage = ordinary leakage.

coup *(m.)* : blow ; stroke.
«— *de Chantilly» [ACC]* : hold up inside premises.
— *de crochet [M]* : hook damage.
— *d'eau = de bélier [ACC]* : water hammer.
— *de feu = sinistre maximum probable [I]* : probable maximum loss = probable fire loss = single fire risk [USA] = burning ratio [USA] = amount subject [USA] [F].
— *de foudre [I]* : thunderbolt [F].

coupe-feu *(m.) (f.)* **[I]** : fire break [F].
cloison — : fire-partition.
mur — : cut-off = fire-wall.
plancher — : fire-proof flooring.
porte — : fire-door = fire-proof door.
rideau — : fire-curtain.

courbe *(f.)* : curve.
— *de mortalité [V]* : mortality curve [L].
— *des sinistres* : loss curve = loss graph.

cours *(m.)* : course ; current.
police en — : policy in force.
rente en — : current annuity.
réserve pour risques en — : unexpired risks reserve.
risque en — : current = unexpired risk.
travaux en — : works in progress.

courtage *(m.)* : brokerage ; broking ; brokering.
— *d'ass./de ré.* : ins./re. broking.
co- — : co-brokerage.
commission de — : brokerage commission.
marché de — : brokerage market.
société = cabinet de — : broking firm = office = broker's office.

courtier *(m.)* : broker.
— *accrédité = dûment mandaté* : broker of record.
— *apporteur* : originating broker.
— *coté en bourse* : public broker [USA].
— *d'ass.* : ins. broker.
— *captif (de l'assuré)* : captive broker.
— *-juré d'ass. [M] (now obsolete)* : sworn ins. broker.
— *au Lloyd's* : Lloyd's broker = broker at Lloyd's.
— *non admis au Lloyd's* : outside broker.
— *occasionel* : part-time broker.
— *placier* : wholesale broker.
— *de ré.* : re. broker.
— *à temps complet* : full-time broker.
— *tenant = créateur* : holding broker.
— *traditionnel* : retail broker.
co- — : co-broker.

coût *(m.)* : cost.
— *moyen des sinistres* : average cost of claims.
— *moyen par tête* : average cost per head.
— *de police* : policy fees = additions.
— *de relogement temporaire* : cost of temporary accommodation.
— *de réparation* : cost of repairing = repair.
— *du sinistre pur [RE]* : burning cost.

couverture *(f.) (1)* : cover ; coverage.
— *complète* : full coverage.
— *forfaitaire* : lump-sum cover.
— *sans franchise* : whole coverage.
— *globale* : blanket cover.
— *gratuite* : free cover.
— *d'office* : automatic cover.
— *provisoire* : interim cover = coverage.
— *des réserves* : coverage of the reserves.
note de — : cover note = binder [USA].
note de — *provisoire* : interim cover note = interim receipt = interim binder [USA].

couverture *(f.) (2)* : roof ; roofing.
— *en ardoise* : slate roof.
— *en chaume* : thatched roof.
— *= classe [I]* : roofing [F].
— *dure = en dur* : hard roof = approved roof.
— *légère* : wooden = composition roof [USA].
— *en tuiles* : tile roof.

couverture *(f.) (3)* : blanket.
— *pare-flammes* : fire blanket.

couvrir *(v.)* : to cover.
— *un risque* : to cover a risk.
tenu couvert : held covered.

cratère *(m.)* : crater.
risque de — *[I]* : cratering [F].

créancier(e) *(m.) (f.)* : creditor.
— *hypothécaire* : mortgagee.

crédirentier(e) *(m.) (f.)* : grantee of an annuity ; annuity holder.

crédit *(m.)* : credit.
— *-bail* : leasing.
— *documentaire [M]* : documentary credit.
ass. — : credit ins.
ass. — *à l'exportation* : export credit ins.
lettre de — : letter of credit.

crise *(f.)* : crisis.
gestion de — : crisis management = planning.

cumul *(m.)* : accumulation.
— *des indemnités = des prestations* : accumulation of benefits = overlapping [USA].
— *de risques* : accumulation of risk.
— *physique* : block limit.
risque de — : accumulation risk.

cumulati(f) (ve) a. *(m.) (f.)* : cumulative.
ass. — : cumulative = double = overlapping ins. [USA].
assurances — *ves* : other ins. [USA] ; contribution ins. [UK].

C

Termes	Traduction

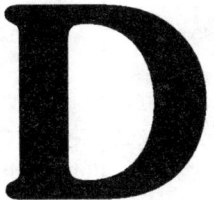

date *(f.)* : date.
— *d'acceptation* : acceptance date.
— *d'arrivée [LL]* : presentation date.
— *du décès* : date of death.
— *d'échéance* : expiry = renewal = maturity = due = anniversary date.
— *d'effet* : inception = effective = attachment date.
— *d'effet rétroactif* : back dating date.
— *d'émission* : issue date.
— *d'entrée en jouissance* : commencement date.
— *de prise d'effet* : attachment date.

débit *(m.)* : débit.
— *d'eau [I]* : water flow [F].
— *des lances [I]* : nozzle delivery rate [F].

débi(teur) (trice) a. *(m.) (f.)* : debtor ; debit.
— *hypothécaire* : mortgagor
compte — : debit account.
solde — : debit balance.

débirentier(e) *(m.)* : grantor of an annuity.

déblaiement *(m.)* : clearing.
frais de — *[I]* : cost of removal of debris [USA] = debris removal = demolition cost [F].

débordement *(m.)* : overflowing.
— *de réservoirs d'eau* : overflowing of water tanks.

débris *(m.)* : debris ; wreckage.

décennal(e) a. *(m.) (f.)* : decennial.
ass. responsabilité civile — : ** contractors' guarantee ins.
période — : ten year period.

décédé(e) *(m.) (f.)* : deceased ; decedent [USA].

décès *(m.)* : death ; decease.
— *accidentel* : accidental death.
— *effectif* : actual death.
— *naturel* = *mort naturelle* : natural death.
— *possibles* = *prévisibles* : expected deaths.
— *prématuré* : previous death.

acte de — : death certificate.
ass. d'une indemnité en cas de — : death benefit ass.
ass. — *en faveur d'un tiers* : death ass. in favour of a third party.
ass. en cas de — : death ass.
ass. temporaire — : death risk ass. = term ass.
caisse de secours en cas de — = *caisse* — : death benefit fund.
certificat de — : evidence of death = death certificate.
date du — : date of death.
indemnité en cas de — : death indemnity.
jour du — : day of death.
au premier — : on first death.
probabilité de — : probability of death = death probability.
risque de — : death risk.
taux — : death rate.

déchargement *(m.)* **[M]** : unloading.

déchéance *(f.)* : forfeiture ; lapse.
— *des droits* : forfeiture of rights.
clause de — : forfeiture clause.

déchets *(m. pl.)* : waste.
— *toxiques* : hazardous waste.

déchu(e) a. *(m.) (f.)* : deprived ; lapsed.
être — *de ses droits* : to forfeit one's rights.
être — : to be deprived.

déclaration *(f.)* : declaration ; disclosure ; notification ; representation ; report ; statement.
— *d'aliment [M]* : declaration on open policy = of interest.
— *de désistement* : declaration of renunciation.
— *erronée* : misstatement.
— *du risque* : declaration of risk.
— *de salaires* : wages declaration.
— *de santé* : declaration = notification of health.
— *de sinistre* = *d'accident* : notification = report of loss = of claim.

fausse — : misrepresentation.
fausse — intentionnelle : fraudulent misrepresentation.
fausse — non-intentionnelle : innocent misrepresentation.
formulaire de — de sinistre : claim = loss reporting form = claim form.
non — : non disclosure.

décompte *(m.)* : statement.
— *de prime* : premium statement.

découvert *(m.)* : non insured quota ; shortage.
— *obligatoire* : compulsory self-ins. = coinsurance requirement [USA].
police à — contractuel [I] : policy with coinsurance clause [USA] [F].

déduction *(f.)* : deduction.
— *fiscale* : tax deduction.
— *du neuf au vieux [M]* : deduction new for old .
— *de l'original [RE]* : original deduction = discount.

défaillance *(f.)* : failure.
— *de lancement = de tir [AV]* : launch failure.

défaut *(m.)* : fault ; defect ; bug.
— *de conception* : faulty design.
— *de matériel* : faulty materials.
— *de mise en œuvre = de main d'œuvre* : faulty workmanship.

défendeur (défenderesse) *(m.) (f.)* : defendant.

défense *(f.)* : defence ; protection ; defense [USA].
ass. — et recours : legal aid = legal expenses = defence and recovery ins.
ass. frais de — : defence costs ins.

déficitaire a. *(m.) (f.)* : in deficit.
branche — : loss-making class.
statistique — : adverse experience.

dégâts *(m. pl.)* : damage.
— *consécutifs aux émeutes* : damage due to riots.
— *des eaux* : water damage.
— *matériels* : material = property = physical = tangible damage.
— *subis [A]* : own damage [MV].
ass. contre les — des eaux : water damage ins.

délai *(m.)* : delay ; ** period ; ** term.
— *d'admission* : eligibility period.
— *de carence = d'attente* : waiting period = time.
— *de dénonciation = de résiliation* : period of cancellation.

— *de paiement* : grace period.
— *de prescription* : prescription delay.
— *de stage* : qualifying delay.
— *de starie [M]* : laytime.
— *de validité* : validity period.

délaissement *(m.)[M]* : abandonment.

délégation *(f.)* : branch office.

délictuel(le) a. *(m.) (f.)* : criminal.

délit *(m.)* : misdemeanour ; offence.
— *de fuite [A]* : hit and run offence [MV].
quasi- — : technical offence.

déluge *(m.)* : deluge.
système — : deluge system.
vanne — : deluge valve.

demande *(f.)* : action ; claim ; request.
— *d'indemnité* : claim = claim for damage.
— *reconventionnelle* : counter claim = cross action.

demandeur (demanderesse) *(m.) (f.)* : plaintiff.

démarcheur *(m.)* : home service agent ; salesman.

démolition *(f.)* : demolition.
frais de déblaiement et de — [I] : debris removal costs [USA] = demolition costs [F].

dénonciation *(f.)* : cancellation ; termination.
avis de — : notice of cancellation.
délai de — : period of cancellation.

départ *(m.)* :
— *usine [M]* : ex works.

dépendances *(f. pl.)* : outbuildings.
— *d'usage courant* : domestic outbuildings.

dépenses *(f. pl.)* : disbursement ; expenditures.
— *d'avarie commune [M]* : general average disbursement.
— *et débours* : outgoings.

déplacement *(m.)* : journey ; trip.
— *professionnel* : business trip.
— *(s) à usage professionnel [A]* : business use [MV].
— *(s) privés [A]* : social, domestic and pleasure purposes [MV].

déplacement (d'une affaire) *(m.)* : shifting.

déposant *(m.)* : depositor [UK] ; bailor [USA].

dépositaire *(m.)* : depositary [UK] ; bailee [USA].
responsabilité civile — : bailee's liability [USA].

dépôt *(m.)* **(1)** : deposit ; reserve [RE].
— *de garantie d'avarie commune [M]* : general average deposit.
— *de prime [RE]* : premium deposit.

dépôt *(m.)* **(2)** : storage.
— *de grande hauteur [I]* : highracked = high piled storage [F].

dépréciation *(f.)* : depreciation.
garantie de — : depreciation cover.

dérogation *(f.)* : dispensation.
— *à la règle proportionnelle* : not subject to average.

désistement *(m.)* : waiver.
clause de — *[M]* : waiver clause.

destinataire *(m.)* : consignee.

détecteur *(m.)* : detector.
— *aérothermique* : air-governed heat detector.
— *de chaleur* : heat detector.
— *d'élévation de température = thermo-différentiel* : rate-of-rise heat detector.
— *d'étincelles* : sparks detector.
— *de flamme* : flame detector.
— *de flamme par infrarouge* : infra-red flame detector.
— *de fumée* : smoke detector.
— *de gaz* : gas detector.
— *à ionisation* : ionisation detector.
— *par hyperfréquence* : microwave detector.
— *d'incendie* : fire detector.
— *d'intrusion* : intrusion detector.
— *de surchauffe* : overheating detector.
— *thermique* : thermal detector.

détection *(f.)* : detection.
— *d'incendie* : fire detection.

déten(teur) (trice) *(m.) (f.)* : bearer ; holder ; owner.
— *de la police* : policy-holder = policy-owner [USA].

détérioration *(f.)* : damage ; deterioration.
—*s immobilières [ACC]* : deteriorations to buildings = to immovables.
— *lente = graduelle = progressive [ACC]* : gradual deterioration.
— *de la statistique sinistre* : deterioration of claim experience.

détournement *(m.)* : conversion ; embezzlement ; misappropriation.
— *d'aéronef* : sky-jacking.
— *de loyers [I]* : conversion of rent [F].
ass. contre les —*s, abus de confiance et malversations* : fidelity guarantee ins.

déviation *(f.) = déroutement* *(m.)* **[M]** : deviation.
clause de — : deviation clause.

dévidoir *(m.)* : reel.
— *à tuyau* : hose reel.

devises *(f. pl.)* : currency.
ass. en — *étrangères* : ins. in foreign currency.

différé(e) a. *(m.) (f.)* : deferred [L] ; delayed ; postponed.
ass. à participation —*e* : deferred dividend ass.
ass. —*e* : defferred ass.
capital — : pure endowment.
participation —*e* : deferred dividend.
rente-annuité —*e* : deferred annuity.

différence *(f.)* : difference.
« — *de conditions* » : difference in conditions [USA].
— *de cours [M]* : changes in market prices.
— *du vieux au neuf [M]* : new for old.
garantie de la — *de poids [M]* : full out-turn guarantee.

différend *(m.) + litige (m.)* : dispute.

diffuseur *(m.)* **[I]** : sprayer [F].

diminution *(f.)* : decrease ; diminution.
— *d'encaissement* : fall in premium income.
— *du risque* : diminution of = decrease in risk.

direct(e) a. *(m.) (f.)* : direct.
affaire —*e* : direct business.
assureur — *(souscrivant sans intermédiaire)* : direct insurer = direct writing company = direct writer [USA].
dommage — *= matériel* : direct damage = direct loss = material damage.
«*La* —*e*» *[A]* : third party ins. = act liability ins. [MV].
risque — *[I]* : physical damage [F].

direc(teur) (trice) *(m.) (f.)* : manager ; director ; vice-president [USA].
— *des ass.* : ** ins. superintendent = commissioner of ins. [USA].
« — *particulier* » = *agent général d'ass.* : general ins. agent.

direction *(f.)* **des assurances** : ** ins. supervision = ins. authority = ins. department [USA].

dirigeants sociaux *(m. pl.)* : directors and officers [USA].
ass. de la responsabilité civile des administrateurs et — — : directors and officers' liability ins. [USA].

Lexicon : french - english/american

dispache *(f.)* **[M]** : average adjustment ; average statement.
— *d'avarie commune* : general average adjustment.

dispacheur (d'avarie) *(m.)* **[M]** : average adjuster.

disparition *(f.)* : disappearance.
— *[M]* : non-delivery.
— *des circonstances aggravantes* : risk-increasing factors no longer exists.
— *du risque* : risk disappearance.

dispositif *(m.)* **de sécurité** : safety device.

disposition *(f.)* : arrangement ; provision ; stipulation.
—*s générales* : general conditions.
—*s particulières* : particular conditions.
—*s tarifaires* : tariff regulations.

dissimulation *(f.)* : concealment.
— *frauduleuse* : fraudulent concealment.

distributeur *(m.)* : slot-machine.
ass. des —*s automatiques* : slot-machine ins.
ass. par — *automatique* : ticket counter ins.

dommage *(m.)* : damage ; injury ; loss.
— *à caractère répétitif* : cumulative damage.
— *par acte de malveillance* : malicious damage.
— *aux biens* : damage to property.
— *de brûlure = roussissement* : damage by scorching.
— *causé à l'environnement* : environmental insult [USA] = impairment.
—*s collision au véhicule [A]* : own damage restricted to collision [MV].
— *corporel* : bodily injury.
— *direct* : direct damage = loss.
— *direct [I]* : physical damage [F].
—*s électriques [I]* : electrical damage [F].
—*s exceptionnels [ACC]* : + annexe.
—*s aux existants* : damage to existing = surrounding property.
— *de fermentation* : damage by fermentation.
— *de fumée* : smoke damage.
— *grave* : heavy damage.
— *immatériel = patrimonial* : consequential damage = consequential loss = indirect financial loss.
— *immatériel non consécutif = «pur»* : ** pure financial loss.
— *indemnisable* : compensable injury.
— *indirect* : indirect = contingent damage [USA].
—*s et intérêts* : damages.
— *matériel* : material damage = loss = property = physical damage [USA].

—*s ménagers [I]* : household damage [F].
— *possible* : potential damage.
— *réel = effectif* : actual damage.
— *par souillure [M]* : sympathetic damage.
—*s au véhicule = dégâts subis [A]* = — *tous accidents* : own damage = physical damage [USA] [MV].
ass. des —*s* : damage = loss = property ins. [USA].
ass. —*s ouvrage [ACC]* : ** damage to the works ins. [FR].
causer un — : to damage = to injure.
petit — = — *mineur* : minor = trivial damage.
tous —*s confondus [ACC]* : combined single limit.

données *(f. pl.)* : data.
banque de — : data bank.
recueil de — : data book.
traitement des — : data processing.
traitement électronique des — : electronic data processing.

dotal(e) a. *(m.)* *(f.)* : dotal.
ass. — : dowry ass. = children's endowment ass.

double a. *(m.)* *(f.)* : double.
— *ass.* : double ins.
— *effet = paiement [V]* : double benefits = indemnity [USA] [L].
— *option [I]* : dual basis [F].

doublement *(m.)* **[V]** : double benefits ; double indemnity [USA] [L].
— *du capital décès en cas d'accident* : double accident death benefit.
— *en cas d'accident* : double accident benefit.

droit *(m.)* **(1)** : law.
— *des ass.* : ins. law.
— *maritime* : marine/admiralty right = maritime law [USA].
— *positif = jurisprudence* : jurisprudence.

droit *(m.)* **(2)** : right ; claim.
— *s acquis* : vested benefit = right.
— *s des consommateurs* : consumer rights.
— *s différés* : deferred vesting.
— *s immédiats* : sudden = immediate vesting.
— *de jouissance* : right of user.
— *s progressifs* : graded = graduated vesting.
— *de propriété* : ownership.
— *de recours* : right of recovery = of recourse = alternative right.
— *de résiliation* : right of cancellation.
— *s à la retraite* : pension credits.
— *de subrogation* : subrogation right.

l'ass. prend fin de plein — : ins. comes to an end de jure.
ouvrir — : entitle.

droit *(m.)* **(3)** : duty ; charge ; fee ; tax.
— *d'entrée* : entrance fee.
— *de quai [M]* : wharfage.
— *de répertoire* : policy fees.
—*s de succession = de mutation après décès* : succession = death = estate duty.
— *de timbre* : stamp duty.

ducroire *(m.)* : delcredere.

«**dur**» (e) a. *(m.) (f.)* **[I]** : ** brick

—/— *[I]* : brick or stone built and slated or tiled risk = brick [USA] [F].
risque construit et couvert en — [I] : brick or stone built and slated or tiled risk [F].

durée *(f.)* : duration [USA] ; period ; term ; currency.
— *de l'ass.* : term of ins.
— *certaine* : term certain.
— *du risque* : time on risk.
ass. de courte — : short term ins.
ass. de longue — = de — ferme (excédant un an) : long term = term ins.
tarif pour courte — : term tariff.

D

Termes	Traduction

eau *(f.)* : water.
— *x cotières* : costal waters.
— *douce* : fresh-water.
— *glissante [I]* : slippery water [F].
— *gluante [I]* : sticky water [F].
— *légère = allégée [I]* : light water [F].
— *de mer* : sea water.
— *mouillante [I]* : wet water [F].
— *non traitée* : raw water.
— *x prohibées [M]* : forbidden waters.
— *de puits* : well water.
— *souterraine* : ground water.
— *x territoriales [M]* : territorial waters.
— *de ville* : city water.
dégâts des —x : water damage.
prise d'— : water intake.
réserve d'— : water reserve.
rideau d'— [I] : drencher = water deluge = water curtain [F].
voie d'— : leak.

échange *(m.)* : exchange.
— *réciproque [RE]* : reciprocal exchange.

échéance *(f.)* : anniversary [USA] ; expiry ; maturity.
— *principale* : main due date.
— *secondaire* : secondary due date.
année d'— : year of maturity.
avis d'— : premium debit notice.
jour = date d'— : maturity = expiry = due = anniversary date [USA].
venir = arriver à — : to become = to fall due.

échéancier *(m.)* : register of payment.

échelle *(f.) d'incendie* : fire ladder.

échelle de Richter : Richter scale.

échouement *(m.) [M]* : grounding ; stranding.
— *volontaire* : voluntary stranding.

éclair *(m.)* : flash ; lightning.
point — : flash point.

effet *(m.)* **(1)** : attachment ; commencement ; inception.
— *différé* : forwarded effect.
— *de doublement, de triplement ou plus [V]* : multiple indemnity [L] [USA].
— *rétroactif* : back dated effect.
date d'— : inception = effective = attachment date.
double- — [V] : double benefits = double indemnity [L] [USA].
prendre — : to become effective = to take inception = to come into force.
prise d'— : inception ; coming = entering into force.

effets (2) *(m.) pl.)* : effects.
— *et objets mobiliers* : contents, goods and chattels.
— *mobiliers* : contents.
— *personnels* : personal effects.

effondrement *(m.)* : collapse.
— *de bâtiment = de toiture* : building = roof collapse.

effraction *(f.)* : house breaking.
ass. vol par — : burglary ins.
pénétration avec — : burglarious entry [USA] ; breaking and entering [UK].
vol avec — : burglary.

élément *(m.)* : factor.
— *s d'appréciation du risque* : material facts.
— *s du risque* : risk factors.

embellissements *(m. pl.)* : fixtures and fittings, improvements.

embrasement *(m.)* : conflagration.
zone propre à l'— : conflagration area.

émettre *(v.)* : to draw up ; to issue.
— *une police = une quittance* : to issue a policy = a receipt.

émeute *(f.)* : riot.
ass. grèves, —s et mouvements populaires : strikes, riots and civil commotion ins.

émission *(f.)* : issuance ; close-out [USA].
— *d'une police* : issuance of a policy.

emprunt *(m.)* : loan.

— *et avance sur police [V]* : loan and advance on policy [L].
— *à la grosse (aventure) [M]* : bottomry bond.
— *sur police [V]* : loan on policy [L].
valeur d'— sur police [V] : loan value on policy [L].

encaissement *(m.)* : collection ; premium income.
— *direct* : collect direct = direct billing [USA].
— *des primes* : collection of premiums.
— *de primes* = *encaissement primes* : premium income.
commission d'— : collecting commission.
frais d'— : collection charges.

encaisser (v.) : to collect.

encaisseur *(m.)* : collector.
agent — : collecting agent.

en cours (1) : in process ; + marchandises.

en cours (2) : in... ; + cours.

engagement *(m.)* : commitment ; face amount [USA] ; liability.
— *par événement* : liability any one occurrence.
— *éventuel* : contingent commitment.
— *maximum* : cumulative liability.
— *maximum [RE]* : top limit.
— *maximum par événement ou période d'ass.* : aggregate limit of liability.

engin *(m.)* : craft.
— *flottant* : waterborne craft.
— *spatial* : spacecraft.
ass. responsabilité civile d'— spatial : spacecraft liability ins.

enlèvement *(m.)* : kidnap ; kidnapping.
— *par les lames [M]* : washing over board.
ass. contre l'— et la demande de rançon : kidnap and ransom ins.

«entente» *(f.)* **[A]** : rating and underwriting agreement [MV].
— *préalable* : prior approval = authorization.

entrée *(f.)* : entry ; commencement of.
— *en jouissance* : coming into use = enjoyment.
— *de portefeuille [RE]* : porfolio entry.
— *en vigueur* : coming into force.
âge à l'— : age at entry.

entretien *(m.)* **des locaux [I] = tenue du risque** : house-keeping [F].
— *planifié = systématique* : routine maintenance.

— *préventif* : preventive maintenance.

environnement *(m.)* : environment.
atteinte à l'— : environmental impairment = insult [USA].

épave *(f.)* : derelict ; wreck ; wreckage.
droit d'— : escheat.

épuisement *(m.)* : absorption ; depletion.
— *du montant garanti* : depletion of sum insured.

équipe *(f.)* : brigade ; crew ; team.
— *de premier secours* = *de première intervention* : first-aid brigade.

équipement *(m.)* : equipment.
— *de premier secours* : first-aid equipment.

erreur *(f.)* : error ; mistake ; bug.
— *d'appréciation* : error in judgement.
— *de calcul* : miscalculation.
— *de conception* : faulty design.
— *de fabrication* : faulty workmanship.
— *de manœuvre* = *de manutention* : error in handling.

éruption *(f.)* : blow out.
— *et formation de cratère* : blow out and cratering.

escroquerie *(f.)* : fraud.
— *à l'ass.* : ins. fraud = crime.

espèces *(f. pl.)* : cash.
— *en caisse* : cash in hand.
— *en dépôt* : cash in deposit.
— *monnayées* : specie = cash.
— *en cours de transport* : cash in transit.
ass. des envois ou transports d'— : cash in transit ins.
ass. des — et valeurs : money ins.
cautionnement en — : cash deposit.
participation en — : cash dividend.

espérance *(f.)* **[V]** : expectation [L].
— *abrégée de vie* : curtailed expectation of life.
— *complète de vie* : complete expectation of life.
— *mathématique* : actuarial expectation.
— *moyenne de vie* : average expectation of life.
— *de vie* : life expectancy.

espionnage *(m.)* : espionage ; spying.
— *industriel* : industrial espionage.

essai *(m.)* : test.
— *de collision* = *de choc avec écrasement* [A] : crash test [MV].

estarie *(f.)* **[M]** : lay day.

184

estimation *(f.)* **[I]** : appraisal ; appraisement ; estimate ; valuation [F].
— *préalable* : preliminary estimate.
— *préalable codifiée* : codified preliminary estimate.
— *en valeur à neuf* : estimate of reinstatement value.
— *en valeur d'ass.* : ins. value estimate.
— *en valeur vénale* : estimate of market value.

établir (v.) **une police** : to set up a policy.

établissement *(m.)* : establishment ; setting up.
— *d'une police* : setting up a policy.
liberté d'— = de constitution : freedom of establishment.

établissement industriel *(m.)* : plant.

étage *(m.)* **[I]** : floor ; storey ; story [F].
— *ordinaire* : substandard floor.
— *voûté* : fire-proof floor.
risque avec — = à — : storied risk.
surprime pour — : additional premium for storied risk.

état *(m.)* : account ; statement.
— *= relevé de compte* : statement of account.
— *s financiers* : financial statements.
— *modèle* : standard form of account report = convention blank [USA].
— *des pertes* : loss statement.
— *des salaires* : payroll.
— *des valeurs* : statement of values.
en — d'avarie [M] : in damaged condition.
à l'— neuf : in new condition.

État *(m.)* : State.
ass. d'— : State ins. = National ins.
caisse d'ass. d'— : State ins. fund.

étendue *(f.)* : extent ; size.
— *de la garantie* : scope of coverage.
— *territoriale* : territorial limit.

étude *(f.)* :
— *de marché* : market research.
— *de faisabilité* : feasibility study.

évacuation : evacuation ; exit.
exercice d'— : exit drill.
plan d'— : evacuation plan.

évaluation *(f.)* : assessment ; evaluation ; valuation.
— *de risque* : risk evaluation.
clause de double — [I] : dual valuation clause [F].

événement *(m.)* : event ; happening ; occurrence.
— *fortuit* : fortuitous event.
— *de mer [M]* : perils of the sea.
par — : any one occurrence.

éventualité *(f.)* : contingency.
réserve pour —s diverses : contingency reserve fund.

éventuel(le) a. *(m.)* *(f.)* : contingent.
bénéficiaire — : contingent beneficiary.
engagement — : contingent commitment.
garantie — = «—» [I] : provision for automatic increase in sum insured [F].
rente — : contingent annuity.

évolution *(f.)* :
— *de la sinistralité* : loss experience.
en — [AV] : in flight.
en — au sol [AV] : taxying.

examen *(m.)* : examination.
— *médical [V]* : medical = physical examination [L].

examina(teur) (trice) *(m.)* *(f.)* : examiner.

excédent *(m.)* **[RE]** : excess ; excess of own retention ; surplus = surplus line.
— *de perte annuelle* : stop loss.
— *de (gros) sinistres* : damage excess = excess of loss = excess loss.
garantie des —s de sinistres : excess of loss cover.
ré. en — de plein : surplus re.
ré. en — de sinistres : excess of loss re.
traité de ré. des —s de pourcentage de sinistres : excess of loss ratio treaty = stop-loss treaty.
traité de ré. en — : surplus re. treaty.
traité d'— = de trop-plein : excess cover treaty.
en — de sinistres : excess of loss.

excédent d'âge *(m.)* : overage.

exclu(e) a. *(m.)* *(f.)* : excepted ; excluded.
risques —s : excluded = excepted perils.

exclusion *(f.)* : exception ; exclusion.
— *(générale)* : exclusion.
— *(particulière)* : specific = exception exclusion.

exemplaire *(m.)* : blank [USA] ; form ; example ; copy.
— *de déclaration de sinistre* : claim form.
— *de proposition* : proposal form.
— *type* : standard = uniform form.

exercice *(m.)* **(1)** : business year ; year of account.

Lexicon : french - english/american

— *financier* : financial year.
— *fiscal* : fiscal = tax year.
— *social* : financial year.
clause de premier — [I] : new business clause [F].

exercice *(m.)* **(2)** :
— *d'incendie* : fire drill.

existants *(m. pl.)* : existing = surrounding property.

existences *(f. pl.)* **[I]** : values at risk [F].

exonération *(f.)* : exemption ; waiver.
— *du paiement des primes (en cas d'invalidité)* [V] : waiver of premiums (in case of disability [L].

expéditeur *(m.)* **[M]** : = **chargeur** : shipper.

expert *(m.)* : assessor ; appraiser ; adjuster ; expert ; valuer ; adjustor [USA].
— *assuré* : public adjustor [USA].
— *en ass.* : ins. adviser = ins. expert.
— *automobile* [A] : motor assessor = engineer [MV].
— *de compagnie d'ass.* : ins. company adjustor.
— *judiciaire* : expert appointed by court.
— *libre = independant* : independant adjuster.
— *sinistre* : loss adjuster.
honoraires d'— [I] : assessor's = adjustor's fees [F].
mandat d'— : adjustor's brief.
rapport d'— : adjustor's report.
tiers- — : umpire.

expertise *(f.)* : adjustment [USA] ; appraisal ; appraisement ; survey ; valuation.
— *contradictoire* : cross-appraisement.
— *judiciaire* : judiciary appraisement.
— *préalable* : preliminary valuation = survey.
bureau d'— : adjusting bureau [USA].
contre- — : resurvey.
rapport d'— : survey report.

expertiser *(v.)* : to adjust.
— *un sinistre* : to adjust a claim.

expiration *(f.)* : expiration ; expiry ; termination.
— *naturelle (d'un portefeuille)* [RE] : running off (of portfolio).

exploitation *(f.)* : working ; operating ; running.
ass. d'— : operational ins.
ass. contre les pertes d'— [I] : consequential loss ins. = business interruption ins. [USA] [F].
frais d'— [I] : cost of working [F].
police arrêt de l'— [I] = *perte brute d'—* : gross earnings policy [F] [USA].

résultat d'— : operating income = results.
risque d'— : operational risk.

explosion *(f.)* : explosion.
— *naturelle = non accidentelle* : inherent explosion.
— *sonique* [AV] : sonic boom.
ass. contre les —s : explosion ins.
risque d'— : explosion risk.

exportation *(f.)* : export.
ass. crédit à l'— : export credit ins.

exposition *(f.)* **(1)** : exhibition.
ass. tous risques — : exhibition all risks ins.

exposition *(f.)* **(2)** : exposure.
— *à une perte* : loss exposure.
— *au risque* : risk exposure.

extension *(f.)* : extension.
— *de couverture* : extension of cover.
— *à des risques annexes* [I] : extended coverage [F] [USA].

extincteur *(m.)* : «extincteur» ; extinguisher.
— *à acide carbonique* : soda acid extinguisher.
— *à gaz carbonique* : carbon dioxide extinguisher.
— *antigel* : anti-freeze extinguisher.
— *automatique à eau* : sprinkler = automatic fire-sprinkler.
— *commandé à distance* : remotely operated extinguisher.
— *contre l'incendie* : fire extinguisher.
— *à eau* : water type extinguisher.
— *à halogène* : halogen extinguisher.
— *à main* : hand extinguisher.
— *manuel* : hand-operated extinguisher.
— *mobile* : mobile extinguisher.
— *à mousse chimique* : chemical foam extinguisher.
— *à neige carbonique* : carbon dioxide snow extinguisher.
— *polyvalent* : general fire extinguisher.
— *portatif* : portable extinguisher.
— *à poudre* : chemical = powder extinguisher.
— *à poudre sèche* : dry powder extinguisher.
— *sur roues* : wheel extinguisher.
— *sphérique* : spherical extinguisher.
agent — : extinguisher agent.
ass. des déclenchements intempestifs des —s automatiques à eau : sprinkler leakage ins.
produit — : extinguishant.
recharge d'— : recharging extinguisher.
tête d'— automatique à eau : sprinkler head = orifice.

extinction *(f.)* : extinguishing (1) ; termination (2).

— *de la police* : termination of policy.
installation d'— incendie : fire extinguishing installation.
moyens d'— [I] : extinguishing appliances [F].

extracteur *(m.)* **de fumée** : smoke exhauster.

extraterritorial (e) a. *(m.) (f.)* : offshore.

exutoire *(m.)* **[I]** : vent [F].
— *de fumée et de chaleur* : smoke and heat vent.
— *en toiture* : roof venting.
— *de toiture* : roof vent.

E

Termes	Traduction

façade (m.) : + «fronting».
facteur humain (m.) : human element.
facultatif (ve) a. (m.) (f.) : facultative ; optional ; voluntary.
   article — : optional item.
   ass. — ve : voluntary ins.
   franchise — ve [A] : voluntary excess [MV].
   ré. — ve : facultative re.
facultés (f. pl) [M] : cargo ; goods.
   — fluviales : inland waterway cargo.
   — maritimes : marine cargo.
   ass. sur — : cargo ins.
fait (m.) : act ; fact.
   — d'autrui = d'un tiers : act of third party.
   —s ou engins de guerre [I] : acts or instruments of war [F].
   —s ou fautes : acts or torts.
   matérialité des —s : material facts = circumstances.
familial(e) a. (m.) (f.) [V] : family [L].
   ass. —e : family protection ass.
   ass. rente —e : family income ass.
   revenu — : family income benefits.
fardeau (m.) **de la preuve** : burden of proof ; onus of proof.
faute (f.) : negligence ; offence; misconduct.
   — de la victime : contributory negligence.
   — dolosive = grave : serious offence.
   — inexcusable : criminal negligence.
   — intentionnelle : wilful negligence.
   — lourde : gross negligence.
   — partagée = proportionnelle : comparative negligence.
   — professionnelle : malpractice.
faux (m.) : forgery.
fermentation (f.) : fermentation.
   dommage par — [I] : damage by fermentation [F].
feu (m.) : fire.
   — de brousse : bushfire.

   — circonscrit : fire under control.
   — courant : running fire.
   — électrique : electrical fire.
   — de foyer domestique : friendly fire.
   — nu : direct fire heat.
   — rampant : creeping fire.
   — souterrain : subterranean fire.
   ass. au deuxième — : ** additional first loss fire ins.
   ass. au premier — : first loss fire ins.
   contre- — : counter-fire = backfire.
   coup de — : overheating.
   coup de — envisagé = probable : probable fire loss.
   dommage causé par le — : fire damage = loss.
   à l'épreuve du — : fire-proof.
   permis de — : welding and cutting permit.
   point de — : fire point.
   résistance au — = taux de résistivité : fire resistance.
   résistant au — : fire-resisting = fire-resistant.
   saut de — : breakover.
fiche (f.) : card ; index card ; slip.
   — d'application : re. slip.
   — des communs = de cumul = d'accumulation des risques [I] : risk index = line card [USA] = aggregate liability index [F].
   — d'expiration : expiration card.
   — de police : policy card.
   — de risque [LL] : bureau sheet.
   — de situation de risque [I] : street card [F].
   — de souscription [LL] : slip.
fichier (m.) : index ; record.
   — clients : name = policy holder's = central card index.
   — des risques par situation = des communs = de situation [I] : risk records = street cards = street files [F].
filiale (f.) : affiliated = subsidiary company.
fin (f.) : termination.
   — de risque : termination of risk.

l'ass. prend — de plein droit : ins. terminates de jure.
financement *(f.)* : funding ; financing.
— *des risques* : risk funding.
— *des sinistres* = *des pertes* : loss financing.
auto- — : internal self funding.
fixation *(f.)* : assessment ; fixing.
— *des dommages* : loss assessment.
— *de plein* : assessment of limit.
— *de la prime* : assessment of premium.
flot *(m.)* **[M]** : floating.
choses de — *et de mer* : jetsam and flotsam.
en stationnement à — *[AV]* : moored.
flottant(e) a. *(m.) (f.)* : floater ; floating.
garantie — *e* : floating cover.
police — *e* = *d'abonnement* : floating policy = floater = multiple location policy [USA].
tous risques — *e* : floater [USA].
flotte *(f.)* : fleet.
— *artificielle* : artificial = synthetic fleet.
— *d'automobiles* : motor fleet = automobile fleet [USA].
police — *[A]* : fleet policy [MV].
tarification — : fleet rating.
fluvial(e) a. *(m.) (f.)* : fluvial.
ass. — *e* = *ass. de navigation intérieure* : inland waterway ins. = river marine ins. [USA].
foi *(f.)* : faith.
bonne — : good faith.
bonne — *absolue* : utmost good faith = uberrimae fides.
de bonne — : bona fide = in good faith.
de mauvaise — : mala fide.
fondation *(f.)* : foundation.
clause d'exclusion des —*s [I]* : foundations exclusion clause [F].
fonds *(m.)* : cash ; fund.
— *d'ass.* : ins. fund.
— *de chômage* : unemployment fund.
— *de compensation* : equalization fund.
— *d'établissement* : development fund.
— *de garantie* : guarantee fund.
— *de garantie automobile* : ** motor insurers' bureau = unsatisfied judgment fund [USA] = motor guarantee fund.
— *d'investissement* : investment fund.
— *d'investissement en actions* : equity fund.
— *d'investissement fermé* : closed investment trust [USA].
— *d'investissement immobilier* : property fund.
— *d'investissement lié à l'ass. vie* : life linked fund.
— *d'investissement ouvert* : unit trust = mutual fund [USA].
— *de règlement de sinistres* : claims settlement fund.
— *de réserve* : reserve fund.
— *de roulement* : working capital.
détournement de — : embezzlement = wrongful conversion.
transport de — : cash in transit.
force majeure *(f.)* : ** act of God = «force majeure» = vis major.
forclusion *(f.)* : foreclosure.
forfaitaire a. *(m.) (f.)* : fixed ; lump ; flat.
franchise — : fixed sum excess.
indemnisation — : flat indemnity.
paiement — : lump payment.
prime — : fixed premium.
règlement — : lump settlement.
formulaire *(m.)* : form ; blank [USA].
— *de déclaration* : reporting form.
— *de police* : policy form.
formule *(f.)* **ajustable ou révisable [I]** : stock declaration = stock reporting method [F].
fortuit(e) a. *(m.) (f.)* : fortuitous.
cas — : fortuitous event = accidental case.
fortune *(f.)* : fortune.
—*s de mer* : perils of the sea.
le réassureur suit la — *de la cédante* : the reinsurer shall follow the fortune of the ceding company.
foudre *(f.)* : lightning.
chute de la — : stroke of lightning = thunderbolt.
dégâts causés par la — : lightning damage.
fournisseur *(m.)* **+ carence** : supplier.
foyer *(m.)* : fire-place.
— *d'incendie* : source of fire.
fractionnement *(m.)* : instalment.
— *de la prime* : premium by instalment.
surprime de — : additional premium for payment by instalment.
frais *(m. pl.)* : charges ; costs ; expenses.
— *accessoires* = *de répertoire* : charges additional to premium.
— *d'acquisition* = *d'apport* : acquisition costs.
— *d'apérition* : expenses of leading company.
— *de clôture provisoire [ACC]* : costs of temporary boarding = barricading.
— *de contrôle* = *d'inspection* : supervisory

fin - fra

charges.
— *de déblai et de démolition [I]* : costs of debris removal [F].
— *de défense [A]* : defence costs [MV].
— *de déplacement et de replacement [I]* : cost of removing and replacing [F].
— *d'encaissement* : collection costs.
— *d'enlèvement [M]* : costs of removal.
— *de nettoiement* : clean-up expenses.
— *d'expédition accélérée* : expediting expenses.
— *d'expertise* : survey fees.
— *d'exploitation [I]* : costs of working = running expenses.
— *engagés* : incurred expenses.
— *fixes* : fixed charges = expenses.
— *funéraires* : funeral expenses.
— *généraux* : general expenses.
— *généraux permanents [I]* : standing = fixed = invariable charges = overheads [F].
— *de gestion = d'administration* : management = administration expenses.
— *d'hospitalisation* : hospitalization costs.
— *de justice* : legal = law costs.
— *de magasinage* : warehousing costs.
— *médicaux et chirurgicaux* : medical and surgical expenses.
— *médicaux = de traitement médical* : medical expenses = costs of medical care.
— *de mise à terre [M]* : landing charges.
— *de nettoyage [M]* : clean-up = cleaning costs.
— *d'obsèques* : burial expenses.
— *pharmaceutiques* : costs of medicine = drugs.
— *de port [M]* : port charges = port dues.
— *de reconstitution d'archives [I]* : costs of reinstating records [F].
— *de reconstruction [I]* : reinstatement costs [F].
— *de recouvrement = d'encaissement* : collection charges.
— *de règlement* : costs of claim settling.
— *de remorquage [M]* : towing charges.
— *de réparation [M]* : costs of repairs.
— *de répertoire* : registration fees.
— *de retirement (d'épave) [M]* : removal of wreck expenses.
— *de sauvetage [M]* : salvage costs.
— *spéciaux* : special charges.
— *de structure* : overheads = standing = fixed charges.
— *supplémentaires [I]* : additional charges [F].
— *supplémentaires d'exploitation [I]* : additional = increased cost of working = extra working expenses [F].
— *variables [I]* : working expenses [F].

ass. de — supplémentaires [I] : extra expense ins. [F] [USA].
ass. des — d'études = de scolarité : tuition fees ins.
ass. des — de maladie : medical benefit ins.
ass. des — d'études [V] : educational endowment ass. [L].
ass. des — d'incinération : cremation expenses ins.

franc a. *(m.)* **[M]** : free.
— *d'avaries absolument* : free of average absolutely.
— *d'avaries particulières absolument* : free of particular average absolutely.
— *d'avaries particulières sauf* : free of particular average unless.
— *bord* : freeboard.
— *de capture et de saisie* : free of capture and seizure.
— *de sinistres déjà connus* : free of reported claims.

franchise (f.) : déductible [USA] ; excess ; franchise.
— *absolue = déduite = forfaitaire* : excess = fixed sum excess = straight deductible [USA].
— *atteinte = simple = relative* : franchise = ordinary franchise = franchise deductible.
— *combinée* : combined deductible.
— *d'avarie* : deductible average.
— *décroissante* : diminishing deductible.
— *en temps* : time deductible.
— *facultative [A]* : voluntary excess [MV].
— *globale annuelle = par année d'assurance* : aggregate annual deductible.
— *en pourcentage = proportionnelle* : percentage excess = percentage deductible [USA].
— *particulière* : special deductible.
— *primaire = de base = de première ligne* : working excess.
— *primaire globale* : aggregate working excess.
— *rachetable* : buy back deductible [USA].
rachat de la — : deductible buyback.
sans application de la — [M] : irrespective of percentage.

franchissement du mur du son [I] : ** sonic boom [F] [USA] = breaking of sound barrier.

franco ad. **[M]** : free.
— *à bord* : free on board.
— *à quai = sous palan* : free alongside ship = alongside quay.

fraude (f.) : deception ; fraud ; crime [USA].
— *informatique* : computer crime.

191

Lexicon : french - english/american

— *maritime* : maritime fraud.

freinte *(f.)* **[M]** : wastage.
— *de route = ordinaire* : loss = leakage in transit.
— *en volume* : wastage in bulk.

fréquence *(f.)* : frequency ; incidence.
— *des accidents* : accident frequency.
— *des annulations* : incidence of cancellations.
— *des sinistres* : claims frequency.
taux de — = périodicité : frequency rate = interval rate.

fret *(m.)* **[M]** : freight ; freightage.
— *aérien* : air cargo.
— *garanti* : guaranteed freight.
— *partiellement payé à l'avance* : advanced freight.
— *payé à destination* : collect freight.
— *total payé à l'avance* : pre-paid freight.
—, *port payé assurance comprise* : freight, carriage and insurance paid.

ass. du — : freight ins.

frontière *(f.)* : frontier ; border.
attestation d'ass. souscrite à la — [A] : frontier ins. certificate [MV].

« **fronting** » : fronting.
compagnie «—» = prête-nom = de façade : fronting company = underwriter.
police «—» = de façade : fronting policy.

fuite *(f.)* : leak ; leakage.
— *de sprinkleur* : sprinkler leakage.
recherche de — : leakage location = identification = tracing source of leakage.

fumée *(f.)* : smoke ; smudge [USA].
dommage de — : smoke = smudge damage [USA].

fusible *(m.)* : fuse.

fusible a. : fusible.
lien = maillon — : fusible link.

F

Termes	Traduction

garage (m.) [A] : garage [MV].
— *conventionné = agréé* : approved = selected garage.
lieu de — : home garage.

garantie (f.) : cover ; coverage ; guarantee ; liability ; warranty [M].
— *accordée* : cover granted.
— *acquise* : cover operating on risk.
—*s annexes* [I] : extended coverage [F] [USA].
— *de base* : primary = underlying cover.
— *biennale de bon fonctionnement* [ACC] : two-years' good working order guarantee.
— *bon état de navigabilité* [AV] : warranty of airworthiness.
— *bon état de navigabilité* [M] : warranty of seaworthiness.
— *bonne tenue de produits* [ACC] : products guarantee .
— *épuisable* : aggregate limit.
— *explicite = formelle* : express warranty.
— *financière* : financial guarantee.
— *flottante* : floating cover.
— *fixe* : fixed cover.
— *globale* : blanket cover.
— *gratuite* : free cover.
— *de légalité* [M] : warranty of legality.
— *maximum* : maximum guarantee.
— *de nationalité* [M] : warranty of nationality.
— *de neutralité* [M] : warranty of neutrality.
— *d'office = automatique* : automatic cover.
— *de parfait achèvement* [ACC] : one-year completion guarantee.
— *de participation aux bénéfices* : guaranteed dividend.
— *provisoire* : interim = provisional cover.
— *révisable* : reporting cover.
— *supplémentaire* : additional coverage.
— *s concordantes* : concurrent coverage.
— *tacite = implicite* : implied warranty.
appel en — : introduction to third parties.
caisse = fonds de — : guarantee fund.
lettre de — [M] : letter of indemnity.

garantir (v.) : to cover ; to grant ; to guarantee.

garde juridique (f.) : legal custody.

gardien (ne) (m.) (f.) : watchman (1) ; custodian (2).
— *de la chose* : legal custodian.

gel (m.) : frost.
ass. contre le — : frost damage ins. = freezing ins.

générateur (m.) : generator.
— *à mousse* [I] : foam generator [F].

gestion (f.) : administration ; handling ; management.
— *de risques* : risk management.
— *des sinistres* : claims handling.
commission de — : handling commission.
frais de — : administration expenses.

gestionnaire (m.) (f.) : manager ; manageress.
— *d'ass. = des ass.* : ins. manager.
— *de risques* : risk manager.

glace (f.) : plate glass.
— *fixe* : fixed glass.
ass. bris des —*s* [ACC] : plate glass breakage ins.
ass. bris des —*s* [A] : windscreen ins. [MV].

glissement de terrain : landslip.

global(e) a. (m.) (f.) : blanket ; overall ; total.
— *de banque* : banker's blanket bond.
— *de chantier* [ACC] : ** contractor's guarantee ins. (public works) [FR].
ass. —*e* : blanket cover [UK] = blanket ins. [USA] = global ins.
attestation — [A] : blanket certificate [MV].
police —*e vols et détournements et malversations* [ACC] : blanket crime policy [USA].
somme — : overall = lump sum.

globalisation (f.) : blanketing.
— *des risques* : risk blanketing.

goulet = goulot (m.) **d'étranglement** : bottleneck.

Lexicon : french - english/american

gravité *(f.)* : severity.
  taux de — : severity rate.

grêle *(f.)* : hail.
  ass. contre la — : hail ins. = hailstorm ins.
  ass. — des récoltes : hailstorm crops ins. = crop-hail ins.
  orage de — : hailstorm.

grève *(f.)* : strike ; walkout [USA].
  — avec occupation des lieux : sit-in strike.
  — d'avertissement : dry run strike.
  — de solidarité : sympathy strike.
  — illimitée : indefinite strike.
  — patronale : lock-out strike.
  — perlée : go-slow strike.
  — ponctuelle : selective strike.
  — sauvage : wild cat strike.
  — tournante : rotating strike.
  ass. contre les —s : strikes ins.
  ass. —s, émeutes et mouvements populaires : strikes, riots and civil commotion ins.
  piquet de — : picketing.
  risque de — : strike risk.

Grinnel (Frederick) [I] : Grinnell [F].
Inventeur en 1883 d'un système automatique d'extinction à eau qui porte son nom.
  risque «grinnellé» : risk protected by a sprinkler installation = sprinklered risk.
  «Grinnellé», ou mieux - protégé - : sprinklered.

grosse *(f.)* [M] : + aventure.

groupe *(m.)* [V] : group [L].
  — d'âges : age group.
  — fermé : closed fund.
  — ouvert : open contract.
  — de tarification [A] : rating group [MV].
  ass. — : group ins. = employee benefits ins. [USA].
  ass. — accidents et maladies : group accident and health ins. [USA].
  ass. par — ouvert : franchise = wholesale ins. [USA].

groupement *(m.)* : pool.
  — d'assureurs : insurers' pool.
  — technique accidents : ** accident offices' association.
  — technique incendie : ** fire offices' committee.

guerre *(f)* : war.
  — civile : civil war.
  — étrangère : foreign war.
  ass. du risque de — : war risk ins.
  clause des risques de — [M] : war risks clause.
  dommage de — : war loss = damage.
  risques de — [M] : war perils.
  risques de — et de mines [M] : war and mine risk.

guichet *(m.)* : counter.
  ass. au — : over the counter ins.

guichetier *(m.)* : counterman.

guide *(m.)* **des ass.** : ins. manual = guidelines.

G

Termes	Traduction

habitation *(f.)* : dwelling.
— *privée = particulière = simple* : dwelling-place.
ass. multirisque — : householder's comprehensive ins. = dwelling package ins. [USA].

halon *(m.)* : halon.

heurt *(m.)* : impact.

«Holding» = société de portefeuille : holding company.

«hold-up» + braquage : hold up [USA] ; robbery [UK]

honoraires *(m. pl.)* : fees.
— *d'agence* : agency fees.
— *d'architecte* : architect's fees.
— *d'expert* : assessor's = surveyor's fees.
— *d'expert-comptable* : auditor's fees.
— *médicaux* : medical = physician's fees.
— *de règlement* : settling fees.
— *de vétérinaire* : veterinary fees.

pas de remède, pas d'— [M] : no cure no pay.

hospitalisation *(f.)* : hospitalization.
ass. des frais d'— : hospitalization ins. = hospital benefit ins.
ass. des indemnités journalières en cas d'— : hospital income ins.

hostilités *(f. pl.)* : hostilities.
— *avec ou sans déclaration de guerre [M]* : hostilities whether war is declared or not.

hygiène *(f.)* : hygiene.
— *du travail = industrielle* : industrial hygiene.

hypothèque *(f.)* **[V]** : mortgage [L].
ass. de garantie d'— : mortgage guarantee ass.
ass. d'— : mortgage ass.
ass. mixte pour — : mortgage redemption ass. [USA].
ass. mixte pour remboursement d'— : mortgage endowment ass.

H

Termes	Traduction

identification *(f.)* : identification.
— *du risque* : risk identification.

ignifugation *(f.)* : fire proofing.

ignifuge a. *(m.) (f.)* : fire-proof ; fire-retardant ; fire-resistant.

illimité(e) a. *(m.) (f.)* : unlimited.
garantie — [ACC] = *sans limitation de somme* : unlimited cover.

immatériel(le) a. *(m.) (f.)* : intangible.
biens —*s* : intangible assets.
dommages —*s* : consequential loss.

immédiat(e) a. *(m.) (f.)* : immediate.
garantie — : immediate cover.
rente — : immediate annuity.

immeuble *(m.)* : building ; house ; property.
—*s en communication* : communicating buildings.
— *par destination* : fixtures = fixtures and fittings [USA].
— *de grande hauteur* : high-rise building.
— *par nature* : tangible real property.
— *par l'objet auquel il s'applique* : intangible real property.
— *tour* : multi-storey building.
— *à usage d'habitation* [I] : building for dwelling purposes only [F].
biens —*s* : real estate.

immobilisation *(f.)* :
— [A] : loss of use [MV].
— = *actif immobilisé* : fixed assets.

implosion *(f.)* : implosion.

inassurable a. *(m.) (f.)* : uninsurable ; unassurable [L].

inassuré(e) a. *(m.) (f.)* : unassured [L] [M] [LL] ; uninsured.

incapacité *(f.)* [ACC] : disability [USA] ; disablement ; incapacity.
— *permanente partielle* : permanent partial disablement.
— *permanente totale* : permanent total disablement.
— *récurrente* = *périodique* : recurring disability.
— *temporaire partielle* : partial temporary disablement.
— *temporaire totale* : temporary total disablement.
— *de travail* : industrial disablement.

incendiaire a. *(m.) (f.)* : incendiary.

incendiaire *(m.) (f.)* : arsonist ; incendiary.

incendie *(m.)* : fire ; hostile fire.
— *d'immeuble de grande hauteur* : high rise fire.
— *d'origine électrique* : electrical fire.
— *sismique* : earthquake fire.
— *véritable* : genuine fire.
— *volontaire* = *criminel* : arson = incendiary fire.
avertisseur d'— : fire alarm.
caisse d'ass. contre l'— : fire mutual = fire ins. fund.
consignes en cas d'— : fire instructions.
exercice d'— : fire drill.
piquet d'— : fire picket.
poste de secours — = *poste de pompiers* : fire station.
prévention — : fire prevention.
règlements d'— : fire regulations.
retardateur — : fire retardant.
risque d'— : fire risk.
robinet d'— *armé* : hose reel cabinet.
seau à — : fire pail.

incendier (v.) : to set on fire.
incendié : burnt down.

incombustible a. *(m.) (f.)* : fire-proof ; fire-resisting.
construction — : fire-proof = fire-resisting = fire resistant construction.

incontestabilité *(f.)* : indisputability.
clause d'— [V] : indisputability clause [L].

Lexicon : french - english/american

indemnisation *(f.)* : compensation ; indemnification ; indemnity.
— *forfaitaire* : lump sum compensation.
convention d'— : indemnity agreement.
période d'— : indemnity period.

indemniser *(v.)* : to indemnify ; to compensate.

indemnité *(f.)* : allowance ; benefit ; compensation ; indemnity.
— *de chômage* : unemployment benefit.
— *contractuelle* : stated benefit.
— *en cas de décès* : death benefit.
— *forfaitaire* : flat indemnity.
— *journalière = quotidienne* : daily benefits = allowance.
— *pour immobilisation [A]* : compensation for loss of use [MV].
— *de résiliation* : withdrawal = cancellation indemnity.
— *s de licenciement.* : lay off = severance pay = redundancy payment.
— *s maladie* : sick pay.
action en — : claim for compensation.
bénéficiaire d'une — : indemnitee.
débiteur d'une — : indemnitor.
droit à — : right to compensation.
période d'— : benefit period.
réduction proportionnelle d'— : proportional reduction in indemnity.

indexation *(f.)* : adjustment.
coefficient d'— : index adjustment.

indexé(e) *(m.) (f.)* : indexed.
ass. — : index linked ins.

indicateur *(m.)* : introducing agent.

indice *(m.)* : index.
— *du coût de la construction [I]* : construction cost index [F].
— *du coût de la vie* : cost of living index.
— *d'échéance* : renewal index.
— *des frais de réparation [M]* : cost of repairs index.
— *des salaires* : wage index.
ass. à — *variable* : ins. with index clause.
clause d'— *variable* : index clause.

individuelle a. *(f.)* : individual ; personal.
— *accidents* : personal accident.
— *accidents aviation* : aviation personal accident.
— *accidents voyage* : travel personal accident.
— *automatique [AV]* : admitted liability = automatic personal accident.
— *de base [ACC]* : contractor's decennial liability ins. [FR] (now obsolete).
— *marine* : marine personal accident.

ass. — *accidents de groupe* : group personal accident ins.
ass. — *accidents et maladies* : personal accident and sickness ins.
ass. — *accidents vie privée* : personal accident ins. excluding accidents at work = non-occupational personal accident ins.
ass. — *accidents complémentaire [V]* : additional personal accident ins. [L].
ass. — *des personnes transportées [A]* : passengers personal accident benefits ins. [MV].
ass. — = *personnelle* : personal ins.

industriel(le) a. *(m.) (f.)* : industrial.
ass. incendie des risques —*s* : industrial risk fire ins.
risque — *[I]* : industrial risk [F].
tarif des risques —*s = tarif «rouge» [I]* : industrial risks tariff [F].

infiltration : seepage.

infirmité *(f.)* : infirmity ; **+ incapacité** : + disablement + disability [USA].

inflammabilité *(f.)* : flammability.

inflammable a. *(m.) (f.)* : flammable.

inflammation *(f.)* : ignition ; inflammation.
point d'— *[I]* : ignition point [F].

information *(f.)* : + données.

ingénierie *(f.)* : engineering.

ingénieur *(m.)* : engineer.
— *de comptes clients* : account engineer.
— *de sécurité* : safety engineer.
— *vérificateur de risque* : engineer-surveyor [UK] = field engineer [USA].

inhabitation *(f.)* : left unoccupied ; unoccupancy [USA] ; vacancy [USA].
période d'— *[ACC]* : unoccupancy period.
stipulation d'— : vacancy provision.

ininflammable a. *(m.) (f.)* : fire-proof ; non-flammable.

innavigabilité *(f.)* : innavigability ; unseaworthiness ; unairworthiness.

inondation *(f.)* : flood.
ass. contre les —*s* : flood ins.

insolvabilité *(f.)* : insolvency.
garantie — *des tiers [A]* : family protection coverage [MV] [USA].

inspecteur (trice) *(m.) (f.)* : district manager ; inspector.
— *divisionnaire* : district inspector = special agent [USA] = fieldman [USA].
— *général* : chief = senior inspector.
— *producteur* : new business inspector =

getter.
— *régleur = inspecteur sinistre* : claims inspector.
— *vérificateur [I]* : surveyor [F].

inspection *(f.)* : inspection ; survey.

installation *(f.)* **[I]** : installation [F].
—*s et agencements* : fixtures and fittings.
— *à déluge* : deluge installation.
— *électrique de sécurité* : approved electrical installation.
— *électrique ordinaire* : standard electrical installation.
— *d'extinction automatique à eau* : sprinkler installation.
— *à préaction* : pre action installation.
— *de sécurité = de protection contre l'incendie* : fire protection installation.
— *sous air* : dry pipe installation.
— *sous eau* : wet pipe installation.

intempéries *(f. pl.)* : bad weather.
ass. contre les — = *contre le mauvais temps* : weather ins.

intention *(f.)* : intent.
— *criminelle* : felonious intent.
— *de nuire = faute intentionnelle* : wilful intent.

intercalaire *(m.)* : specification ; rider [USA].
— *de police* : policy manuscript.
feuillet — ; inset.

intérêt *(m.)* : interest.
— *assurable* : insurable interest.
—*s composés* : compound interest.
—s *courus* : accrued interest.
—s *moratoires = de retard* : interest for delay = on arrears.
bénéfice d'— : interest profit.
dommages- — *s* : damages.
taux de l'— : rate of interest.

intoxication *(f.)* : poisoning.
— *alimentaire [ACC]* : food poisoning.

invalide *(m.) (f.)* : disabled person.

invalidité *(f.)* **[V]** : disability ; disablement [L].
— *absolue et définitive* : total permanent disability.
barème d'— : disability table.
cotisation d'— : disability contribution.
pension d'— : disability pension.
rente d'— : disability annuity.
taux d'— : degree of disability.

inventaire *(m.)* : inventory ; valuation.
— *des biens = des avoirs* : assets inventory.
prime d'— *[V]* : valuation premium [L].

investissement *(m.)* : investment.
— *institutionnel* : institutional investment.

investisseur *(m.)* : investor.
— *institutionnel* : institutional investor.
+ «zinzins».

ivresse *(f.)* : drunkenness ; intoxication.
conduite en état d'— *ou sous l'empire d'un état alcoolique [A]* : driving whilst under the influence of alcohol = whilst intoxicated [MV].

Termes	Traduction

jet *(m.)* : jet.
 — *à la mer* : jettison.
 — *à la mer et enlèvement par les lames* : jettison and washing overboard.

jouissance *(f.)* : possession ; use.
 droit de — : right of possession = of user.
 privation de — *[I]* : loss of use [F].
 trouble de — : disturbance of possession.

jour *(m.)* : day.
 — *du décès [V]* : day of death [L].
 — *d'échéance* : due = maturity date = quarter-day.
 — *franc* : clear day.
 — *ouvrable* : working day.
 — *ouvré* : worked day.
 — *de paie* : pay day.

—*s de planche = staries [M]* : lay days.
—*s de surestaries [M]* : extra lay days = days of demurrage.
ces deux —*s inclus* : both days inclusive.

journal *(m.)* : journal.
 — *de bord [M]* : log book.
 — *officiel* : ** London Gazette ; ** Edinburgh Gazette.
 — *de route [M]* : sea journal.

journée *(f.)* : day.
 police à la — : one day = day policy.

juridiction *(f.)* : jurisdiction.
 clause de — : jurisdiction clause.

jurisprudence *(f.)* : jurisprudence.

J

Termes	Traduction

laboratoire *(m.)* : laboratory.
— *d'essais au feu* = *station d'essais et — du feu* : fire testing laboratory.

lance *(f.)* **[I]** : branchpipe ; jet ; nozzle [F].
— *brouillard* : fog nozzle.
— *à incendie* : fire jet = fire branchpipe.
— *monitor* = *— canon* : monitor = monitor nozzle = monitor jet.
— *à mousse* : air-foam nozzle.
— *pistolet* = *à gachette* : trigger nozzle.

lancement *(m.)* : launch.
ass. d'échec au — = de tir [AV] : launch failure ins.

larcin *(m.)* : larceny.

«léger(e)» a. *(m.) (f.)* **[I]** : ** non-standard building material [F].
«semi-léger» : sub-standard building material.

lésé(e) a. *(m.) (f.)* : injured person.
partie — : injured party.
tiers — = le — : injured third party = person.

lésion *(f.)* : injury ; lesion.
— *corporelle* : bodily injury.
— *professionnelle* = *accident du travail* : occupational injury.

lettre *(f.)* : letter.
— *accréditive* = *mandat* : letter of authority = of appointment.
— *de change* : bill of exchange.
— *de crédit* : letter of credit.
— *de garantie* : letter of indemnity.
— *recommandée* : registered letter.
— *de réserve* : letter of reservation.
— *de transport aérien* : airway bill.
— *de voiture* = *récépissé de transport* : waybill.

levage **[M]** : lift-on / lift-off.

libellé *(m.)* : wording.
— *de police* : policy wording.

libération *(f.)* **+ exonération** : exemption ; waiver.

libéré(e) a. *(m.) (f.)* **[V]** : paid-up [L].
ass. —e de prime : paid-up ass. = ins. free of premium.
capital — : paid-up capital.
police —e : paid-up policy.

libérer (v.) : to exempt.

licence *(f.)* : licence.
ass. perte de — (débits de boissons) [ACC] : loss of licence ins.
ass. perte de — de pilote [AV] : loss of pilot's licence ins.

lien *(m.)* **fusible** : fusible link.

lieu *(m.)* : area ; place ; scene.
— *de l'accident* : scene of accident.
— *de garage* : home garage = place of garaging = garaging area.
— *de paiement* : place of payment.
— *du risque* : risk location.
— *de signature* : place of signature.
— *de souscription* : place of underwriting.
— *x désignés* : described premises.
sur les —x : on the premises.

ligne *(f.)* : excess ; line ; layer.
— *de risque catastrophique* : catastrophe layer.
police de deuxième (etc.) — : first (etc.) excess policy.
police de première — = de base : underlying = master policy.
première — : working = first = primary layer.

limitation *(f.)* : limitation.
— *contractuelle d'indemnité* : loss limit = limit of indemnity = of liability.
— *de la police* : policy limit.
— *de responsabilité* : limit of liability.
— *globale* : blanket limit.
— *globale par année* : annual aggregate limit.
— *minimum* = *de base* : basic limit.
— *par accident* : per accident limit.
— *par branche* : line limit.
— *par événement et par dommage* : single

Lexicon : french - english/american

limit.
— *par personne* : per person limit.
— *par type de dommages* : divided = split limit.
— *par type de sinistre* : scheduled limit.
— *spécifique* : specific limit.
— *variable* : variable limit.
—*s territoriales* : territorial = geographical limits.

limité(e) a. *(m.) (f.)* : limited.
ass. vie à primes —*s* : limited payment life ass.
primes —*s* : limited premiums.
responsabilité civile — : limited liability.

limite *(f.)* : limit ; measure.
— *d'acceptation* : acceptance limit.
— *d'âge [V]* : age limit [L].
— *de garantie* : limit of cover = of indemnity.
—*s géographiques* : geographical limits.
— *d'indemnité* : loss limit.
—*s de navigation* : limits of shipping.

liquidation *(f.)* : liquidation ; settlement ; winding-up.
— *anticipée [V]* : anticipated liquidation [L].
— *de portefeuille* : winding-up of portfolio.
— *de retraite [V]* : pension calculation [L].
— *de sinistres* : loss settlement.
demande de — *[V]* : claim for settlement [L].

listage *(m.)* : listing.

liste *(f.)* : list.
— *de contrôle des ass.* : ins. check-list.
— *de contrôle des risques* : risk check-list.

litige *(m.)* : dispute ; litigation.

Lloyd's *(à proscrire* : «la Lloyd's» ou «les Lloyd's»).
— *de Londres* : Lloyd's of London.
agent du — *[M]* : Lloyd's agent.
comité du — : Committee of Lloyd's.
marché du — : Lloyd's market.
membre associé du — : Lloyd's associate.
membre souscripteur du — : Lloyd's underwriting member.

local *(m.)* **locaux** *(pl.)* : building ; premises.
— *sans activités = en chômage* : silent building = premises.
— *commercial* : business premises.
— *d'habitation* : dwelling-place.
hors locaux : off premises.

locataire *(m.) (f.)* : tenant = lessee.
co- — : co-tenant.
responsabilité civile — *[l]* : tenant's third party liability [F].
sous— : subtenant.

locatif(ve) a. *(m.) (f.)* : rental
risques —*s [l]* : tenant's risk = tenant's liability [F].

loi *(f.)* : act ; law.
— *d'ass. automobile obligatoire* : ** road traffic act.
— *des grands nombres [V]* : law of large numbers = of averages [L].
— *de mortalité = de survie* : law of mortality.
— *relative aux accidents de travail* : workmen's compensation act.
— *relative aux compagnies d'ass.* : ins. companies act.
— *en vigueur* : law in force.

longévité *(f.)* : expectation of life ; longevity.

loueur *(m.)* : lessor.

«loupé» *(m.)* : bug.

loyer *(m.)* **[l]** : rent.
ass. perte des —*s* : loss of rent ins. = rental value ins. [USA] = rent ins. [USA].
perte des —*s* : loss of rent.

lutte contre l'incendie : fire-fighting.
agent de — : fire-fighting agent.
moyens de — : fire-fighting appliances.

L

Termes	Traduction

machine *(f.)* : machine ; machinery.
ass. bris de —s : machinery breakdown ins. = boiler and machinery ins. [USA].

magasin *(m.)* : warehouse.
— de grande hauteur [I] : high-bay = high-rack = highstaked warehouse [F].
— sous douane : bonded warehouse.
risque en — [M] : warehouse risk.
clause de — à — [M] : warehouse to warehouse clause.

maintenance *(f.)* : maintenance.
période de — : maintenance period.

maintenir (v.) : to keep up.
— en vigueur : to keep in force.

maison *(f.)* : house.
— particulière [I] : private dwelling house [F].

maître d'œuvre *(m.)* : ** construction manager [USA].

maître d'ouvrage *(m.)* : ** principal contractor = the principal [USA] ; owner [UK].

majoration *(f.)* : addition ; increase ; rating-up ; surcharge.
— d'âge [V] : increase for age [L].
— de l'âge [V] : addition to age [L].
— de la prime = de prime : increase in the premium = premium up.
— syndicale : tariff approved increase.
— du taux de la prime = de prime : increase in rate of premium.
coefficient de — de retraite [V] : late retirement factor [L].

majoré(e) a. *(m.) (f.)* : increased ; rated-up.
âge — [V] : rated-up age [L].
prime —e : increased premium.

malade *(m.) (f.)* **+ patient** : patient.

maladie *(f.)* : disease ; illness ; sickness.
— antérieure = pré-existante : previous = pre-existing sickness.
— contagieuse : contagious disease.
— infectieuse : infectious disease.
— de longue durée : long-term sickness.
— professionnelle : occupational = industrial disease.
— récurrente = périodique : recurring disease.
— tropicale : tropical disease.
ass. des risques de — et d'hospitalisation : medical and hospital ins.
ass. en cas de — : sickness ins. = health ins. [USA].
ass. — (régime national) : national health ins.
ass. — à garantie viagère : permanent sickness ins. = long term health ins. [USA].
ass. — et invalidité : sickness and disablement ins.
caisse- — : sickness = sick fund.
congé de — : sick-leave.
indemnité en cas de — : sickness allowance.
longue — : long-term sickness.
risque de — : sickness risk.

malfaçon *(f.)* : defect ; faulty workmanship.

malhonnêteté *(f.)* :
actes de — : fraudulent acts

malus *(m.)* : malus.

malveillance *(f.)* : malevolence ; malice ; ill-will.
acte de — : malicious mischief.
dommage par acte de — : malicious damage.

malversation *(f.)* : embezzlement.

management *(m.)* : management.
— des risques : risk management.

mandat *(m.)* : appointment ; binding-authority.
— d'agent : agent's license = agent's appointment.
— = pouvoir de souscription : binding authority.

mandataires sociaux *(m. pl.)* : directors and officers.
ass. responsabilité civile des — : directors & officers' liability ins.

Lexicon : french - english/american

manifeste *(m.)* **[M]** : manifest.

manquant *(m.)* **[M]** : short delivery ; shortage ; missing.
— *d'inventaire* : inventory shortage.

manque *(m.)* : shortage ; lack of.
— *de capacité* : capacity shortage.

manuel *(m.)* : manual.
— = *guide des ass.* : ins. manual.
— *de sécurité* : safety manual.

marchandises *(f. pl.)* : cargo ; goods ; merchandise ; stock.
— *en cale [M]* : cargo under deck = under deck cargo.
— *en conteneur* : goods in container.
— *en cours de fabrication* = «*les en cours*» : stock-in process.
— *dangereuses [M]* : hazardous goods.
— *très dangereuses [I]* : highly hazardous goods [F].
— *doublement «hasardeuses» [I]* : doubly hazardous goods [F].
— *faciles à endommager [I]* : goods easy to be damaged [F].
— «*hasardeuses*» *[I]* : hazardous goods [F].
— *jetées à la mer (pour alléger le navire)* : jetsam.
— *en magasin* : goods in stock = stock-in-hand.
— *manquantes* : undelivered goods.
— *sur mer* : goods afloat.
— *ordinaires [I]* : ordinary goods [F].
— *en plein air* = *à l'extérieur* : stock in the open = open stock.
— *en pontée [M]* : deck cargo.
— *transportées* = *en cours de transport* : goods in transit.
— *en vrac [M]* : bulk cargo.

marché *(m.)* : market ; project.
— *à la baisse* : soft market.
— *agréé* : admitted market.
— *de l'ass.* : ins. market.
— *cédant* = *de première ligne [RE]* : primary market.
— *clé en main* : turnkey project.
— *cible* : target market.
— *corps [M]* : hull market.
— *dissident* : non-tariff market.
— *dominant* = *pilote* : leading market.
— *libre* = *hors tarif* : free market.
— *du Lloyd's* : Lloyd's market.
— *marginal* : fringe market.
— *métropolitain* = *intérieur* : home = domestic market.
— *non agréé* : non-admitted market.
— *restreint* = *étroit* : tight market.
— *rigide* = *à la hausse* : hard market.
— *souple* = *à la baisse* : soft market.
— «*au tarif*» = *non dissident* = tariff market.
adjuger un — : to award a contract.
étude de — : market research.
perte de — : loss of market.

marge *(f.)* : margin.
— *de solvabilité* : solvency margin.
— *brute* : gross profit.
— *brute d'auto-financement* : cash flow.

maritime a. *(m.)* *(f.)* : marine ; maritime.
agent — : shipping agent.
ass. — : marine ins. = ocean marine ins. [USA].
droit — : marine law.

matérialité *(f.)* **des faits** : material facts.

matérialité *(f.)* **du risque** : material risk factor.

matériel(le) a. *(m.)* *(f.)* : material.
accident — : accidental damage to property.
dommage — : property damage.

matériel *(m.)* : appliances ; equipment.
— *électrique anti-déflagrant* : explosion proof electrical equipment.
— *de lutte contre l'incendie* : fire-fighting equipment.
— *de premier secours* = *de première intervention [I]* : first aid equipment [F].
— , *mobilier et agencements* : furniture and equipment.
— *roulant* : rolling stock [USA].

maternité *(f.)* : maternity.
ass. — : maternity ins.

mathématique a. *(m.)* *(f.)* **[V]** : mathematical [L].
induction — : mathematical induction.
prime — : mathematical premium.
réserve — : mathematical reserve.
valeur — : mathematical value.

mathématiques *(f. pl.)* : mathematics.
— *actuarielles [V]* : actuarial mathematics [L].

matières *(f. pl.)* : material.
— *en fusion [I]* : molten material [F] [USA].
— *premières* : raw material.

maxima *(m.)* : maxima.
tableau des — : table of maxima.

maximum *(m.)* : limit ; maximum.
— *de conservation* : maximum retention.
— *déterminé [RE]* : aggregate.

maximum a. *(m.)* *(f.)* : maximum.
engagement — : aggregate limit.
sinistre — *possible [I]* : maximum possible

loss [F].
sinistre — *probable [I]* : probable maximum loss [F].

médecin *(m.)* : doctor ; physician.
— *agréé = examinateur* : medical examiner = referee.
— *contrôleur* : medical officer.
— *traitant* : medical attendant = attending physician.
— *du travail* : works medical officer = industrial physician.

médecine *(f.) du travail* : industrial medicine ; labor health maintenance [USA].

médiateur *(m.)* **médiatrice** *(f.)* : mediator ; ombudsman.
— *d'ass.* : ins. ombudsman.

médical(e) a. *(m.) (f.)* : medical.
ass. *des frais médicaux* : medical expenses ins.
certificat — : medical certificate.
examen — : medical examination.
expertise — : medical assessment.
rapport — : medical report.
traitement — : medical treatment.

mer *(f.)* : sea.
accidents et fortunes de — : perils of the sea.
jet à la — : jettison.
rapport de — : ship's protest.

mesures *(f. pl.)* : measures.
— *conservatoires* : protective = preservation measures.
— *de protection contre l'incendie* : fire prevention measures.
— *= opérations de sauvetage* : salvage operations.

méthode *(f.)* : method.
— *globale [V]* : lump-sum method [L].
— *prospective [V]* : prospective method [L].
— *de répartition* : assessment method.
— *de Zillmer [V]* : Zillmer's method [L].

meubles *(m. pl.)* : furniture.
— *fermés à clef* : lock-up furniture.
ass. *des* — : furniture ins. = household goods ins.
biens — : personal estate.

mine *(f.)* : mine.
risque de — *[M]* : mine risk.

ministère *(m.)* : ministry.
— *du commerce et de l'industrie* : department of trade [UK].
— *des finances* : finance ministry = the Exchequer [UK].

minoration *(f.)* : decrease.
coefficient de — *de retraite [V]* : early retirement factor [L].

mise *(f.)* :
— *à la masse = à la terre* : grounding.

mise en demeure *(f.)* : formal notice ; official notification ; premium reminder.

missionner *(v.)* : to appoint.
— *un expert* : to appoint = to call in a loss adjuster.

mixte a. *(m.) (f.)* **[V]** : ** endowment [L].
ass. — : endowment ass.
ass. — *à capital doublé en cas de vie* : double endowment ass.
ass. — *éducation* : educational endowment ass.
ass. — *sur deux têtes* : joint endowment ass.

mobilier *(m.)* : furniture ; movable property.
— *commercial* : furniture of offices or shops.
— *domestique* : household goods.
ass. *du* — : movable property ins.

modèles et dessins *(m. pl.)* **[I]** : models and drawings [F].

moins-value *(f.)* : decrease in value ; capital loss.

monde *(m.)* : world.
de toute partie du — *à toute partie du* — = *de tous points du* — *à tous points du* — *[M]* : world to world.
police — *entier* : world-wide policy.

montage *(m.)* : erection.
ass. *tous risques* — : erection all risks ins. = installation floater [USA].

montant *(m.)* : amount ; limit.
— *de l'ass.* : sum insured.
— *assuré = de la garantie* : amount insured.
— *assuré par rapport à la valeur totale* : amount insured to total value.
— *du dommage* : amount of damage.
— *tous dommages confondus [ACC]* : combined single limit.

morbidité *(f.)* : morbidity.
— *tabulaire* : tabular morbidity.
table de — : morbidity table.
taux de — : morbidity rate.

mort *(f.)* **+ décès** : death.

mortalité *(f.)* **[V]** : death-rate ; mortality [L].
— *probable = présumée = prévisible* : expected = tabular mortality.
— *réelle* : actual mortality.
— *tabulaire* : tabular mortality.
bénéfice de — : mortality profit.

courbe de — : mortality curve.
coût de la — : mortality charge.
intensité de — = *taux instantané de* — : force of mortality.
sous- — : light mortality.
statistiques de — : mortality statistics = experience.
sur — : excess mortality.
table de — : mortality table.
taux central de — : central death rate.

moto-pompe *(f.)* : motor-pump.

«mouchard» *(m.)* : watchman station.

mouille *(f.)* **[M]** : wetting.

mousse *(f.)* **[I]** : foam [F].
— *aérée* : mechanical = air foam.
— *à bas foisonnement* : low expansion foam.
— *chimique* : chemical foam.
— *dense* : heavy foam.
— *à foisonnement moyen* : medium expansion foam.
— *à haut foisonnement* : high expansion foam.
— *légère* : high expansion foam.
— *liquide* : liquid foam.
— *lourde* : low expansion foam.
— *mécanique légère* : high expansion air foam.
— *synthétique* : synthetic foam.
— *à usages multiples* : multi-purpose foam.
générateur à — : foam generator.
nappe de — : foam pattern.
tapis de — : foam carpet.

mouvement *(m.)* : movement.
—*s populaires* : civil commotion.
— *du portefeuille* : movement of business.

moyen(ne) a. *(m.) (f.)* : average ; mean.
—*ne arithmétique* : arithmetical mean.
coût — : average cost.
taux — *[I]* : average rate [F].
vie — *ne* : complete expectation of life.

moyens *(m. pl.)* : appliances [USA] ; means ; equipment.
— *de lutte contre l'incendie* = *de secours* : fire-fighting appliances.
— *de protection contre l'incendie* : fire protection appliances.

multirisque a. *(m.) (f.)* : block [USA] ; combined ; comprehensive ; multi-peril [USA] ; multiple line [USA] ; package [USA].
ass. — = *ass. combinée [I]* : comprehensive ins. = combined ins. = multi-peril ins. [USA] [F].
ass. — *automobile* : comprehensive motor ins. = combination automobile ins. [USA].

ass. — *commerciale* : commercial comprehensive ins. = commercial block ins. [USA]. : mercantile block ins. [USA].
ass. — *habitation [I]* : householder's comprehensive ins. = dwelling package ins. [USA] [F].

mur *(m.)* : wall.
— *anti-explosion* : anti-blast wall.
— *d'appui* : low wall.
— *de clôture* : enclosing wall.
— *coupe-feu* = *séparatif coupe-feu* : fire = fire-proof wall = cut-off.
— *d'enceinte* : surrounding wall.
— *de fondation* : foundation wall.
— *mitoyen* : party wall.
— *ordinaire* : ordinary wall.
— *panneau* : panel wall.
— *plein* : blank wall.
— *porteur* : bearing wall.
— *rideau* : curtain wall.
— *de séparation* = *séparatif ordinaire* : dividing = division wall.
— *de soutènement* : retaining wall.
franchissement du — *du son [I]* : ** sonic boom [F] [USA] = sonic bang = breaking of sound barrier.

muret *(m.)* **de rétention** : retaining wall = dike [USA].

mutilation *(f.)* : dismemberment ; mutilation.
— *volontaire* : self-mutilation.

mutualisation *(f.)* : mutualization.

mutualiste *(m.) (f.)* : member of a mutual.

mutualité *(f.)* : mutuality.
— *agricole* : farmer's mutual plan.

mutuelle *(f.)* : mutual society.
— *agricole* : farming mutual.
— *à cotisations fixes* : mutual with fixed contributions = ** non-assessable mutual [USA].
— *à cotisations variables* : mutual with variable contributions = ** assessment mutual [USA].
— *«sauvage»* = *de pointe* = *de rabais* : cut-price mutual.

mutuel(le) a. *(m.) (f.)* : mutual.
ass. —*le* : mutual ins.
caisse d'ass. —*le* : mutual ins. fund.
société à forme —*le* : ** open mutual society.
société de secours —*s* = *de collecte* = *franc au décès [V]* : friendly = collecting society [L].
société —*le* : mutual office = society.

M

Termes	Traduction

nantissement *(m.)* : pledge security.
natalité *(f.)* : birth rate.
ass. de — *[V]* : birth ass. [L].
national(e) a. *(m.) (f.)* : national.
ass. — : State ins.
compagnie — : national company = office.
nationalisé(e) a. *(m.) (f.)* : nationalized.
compagnie — : nationalized = State owned company.
naufrage *(m.)* : shipwreck.
faire — : to be shipwrecked.
navigabilité *(f.)* : airworthiness ; seaworthiness [M].
certificat de — *[AV]* : airworthiness certificate.
certificat de — *[M]* : seaworthiness certificate.
en bon état de — = en bon état de vol : airworthy.
en bon état de [M] — : seaworthy.
navigation *(f.)* : navigation ; shipping ; sailing.
— *aérienne* : aerial navigation.
— *fluviale* : river = inland water shipping.
accident de — : shipping accident.
ass. de — intérieure = ass. fluviale : inland waterways ins. = river marine ins. [USA].
ass. — de plaisance : amateur sailing ins.
certificat de — : ship's passport.
risque de — : navigation risk.
zone de — : navigation zone.
navire *(m.)* : bottom ; ship ; steamer ; vessel.
— abandonné : derelict.
— âgé : overage vessel.
— -citerne = pétrolier : tanker.
— de forage : drill ship.
— jumeau : sister ship.
— méthanier : liquefied petroleum gas carrier.
— minéralier : bulk carrier.
— non-classé : unclassed vessel.
— porte-barges : lash ship (lighter aboard ship).

— sous pavillon de complaisance : vessel under flag of convenience.
— porte-barges : barge carrier.
— porte-conteneurs : container vessel.
ass. corps de — : ship hull ins.
ass. sur — indéterminé = ass. in quovis = ass. sur — à désigner : ins. steamer to be declared.
négligence *(f.)* : malpractice [USA] ; neglect ; negligence.
neu(f) (ve) a. *(m.) (f.)* : new.
ass. en valeur à — *[I]* : reinstatement ins. = depreciation ins. [F] [USA].
différence du vieux au — *[M]* : new for old.
état — : new condition.
valeur à — : new value.
nivellement *(m.)* : levelling.
— des primes : premiums levelling.
nomination *(f.)* : appointment.
— d'agent : agent's appointment.
non- : in... ; non- ; un...
— -agréé : non-admitted = unauthorized.
— -assurance : non-insurance = non-assurance.
— -assuré : uninsured = unassured.
— -avarié : undamaged.
— -couru : unexpired.
— -déchéance : non-forfeiture.
— -garantie : without cover.
— -livraison *[M]* : non-delivery.
— -paiment : non-payment.
— -responsabilité : non-liability.
— résiliable : non-cancellable = uncancellable.
normes *(f. pl.)* : standards.
— de sécurité : safety standards.
note *(f.)* : memorandum ; note.
— d'acceptation *[RE]* : take note.
— de couverture = de garantie : cover-note = binder [USA].
— de couverture provisoire : interim = tem-

Lexicon : french - english/american

porary cover-note = interim binder [USA].
— *de crédit [LL]* : credit note.
— *de débit [LL]* : debit note.
— *de présentation* : request note = placing slip [LL].
nouvelles *(f. pl.)* : news.
sur bonnes ou mauvaises — *[M]* : lost or nor lost.
nucléaire a. *(m.) (f.)* : nuclear.
risque — : nuclear risk.
nul(le) a. *(m.) (f.)* : null.

— *et sans effet* : null and void.
contrat — : void contract.
nullité *(f.)* : nullity.
numéro *(m.)* : number.
— *de code* : code number.
— *d'enregistrement* : order number.
— *d'immatriculation* : registration number.
— *de police* : policy number.
nuptialité *(f.)* : nuptiality.
ass. de — *[V]* : = wedding day ass. [L].
probabilité de — : probability of marriage.

N

Termes	Traduction

objet *(m.)* : article ; object.
— *de l'assurance* : subject matter of ins.
— *assuré* : object insured.
—*s confiés (ACC)* : property in care, custody and control.
—*s de collection* : collectibles.
—*s mobiliers* : furniture = household goods.
—*s précieux* = *d'art* : works of art.
—*s de valeur* : valuables.

obligation *(f.)* : liability ; obligation.
— *d'assurance* = *d'assurer* : obligation to insure.
— *de l'assuré* : insured's liabilities.
— *de déclarer* : obligation to disclose.
— *d'indemniser* : obligation to indemnify.
— *éventuelle* : contingent liability.
— *de moyens* : obligation of means = power liability.
— *de résultat* : obligation of result = result liability.

obligatoire a. *(m.) (f.)* : compulsory ; obligatory.
ass. — : compulsory ins.
ré.— : obligatory re.
traité — *[RE]* : automatic treaty.

obsèques *(f. pl.)* : funeral rites.
frais d'— : funeral expenses.

occupant(e) *(m.) (f.)* : occupant ; occupier.

occupation *(f.)* : occupancy ; occupation.
risque d'— : occupancy hazard.
sans — : out of work = silent = stacked [USA].

offre *(f.)* : offer.

note d'— *et d'acceptation [RE]* : offer and acceptance note.

opération *(f.)* : business ; transaction.
— *d'ass.* : ins. transaction = ins. business.

opposable a. *(m.) (f.).*
être — *à l'assuré* : to be invoked = held against the insured.

option *(f.)* : option.
— *en capital [V]* : cash option [L].
double — *[I]* + *salaires* : dual basis [F] + wages.

ordinaire a. *(m.) (f.)* : ordinary ; specific.
police — : ordinary = specific policy.

ordre *(m.)* : order.
— *d'aliment* : declaration order = of interest.
— *de communication de pièces* : documents communication order.
— *exclusif de placement* = *d'exclusivité* : firm order = broker of record letter [USA].
— *d'extinction [V]* : table of decrements [L].
— *de paiement (sinistre)* : payment order.
— *de remplacement* : letter of record [USA].
— *de sortie [V]* : table of withdrawals [L].
— *de survie* = *des vivants [V]* : life table [L].

ouragan *(m.)* + **tempête** : hurricane.

ouvrage *(m.)* : work.
ass. dommages — *[ACC]* : ** damage to the works ins. [FR].
maître d'— : principal.

oxydation *(f.)* : oxidation.
risque d'— *et de rouille [M]* : oxidation and rust risk.

O

Termes	Traduction

pacte *(m.)* **de garantie** : ** hold-harmless agreement.

paiement *(m.)* : pay ; payment.
— *par anticipation = anticipé = d'avance* payment in advance = advance payment.
— *différé* : deferred payment.
— *s échelonnés* : payments spread over a period.
— *en espèces* : payment in cash = cash payment.
— *forfaitaire* : lump sum payment.
— *fret garanti* : freight guaranteed
— *suivant règlement original [RE]* : pay as may be paid.
— *à terme échu* : payment in arrears.
non — *= défaut de paiement* : non-payment.

palette *(f.)* : pallet.

palettisable a. *(m.) (f.)* : palletisable.

parafoudre *(m.)* : lightning arrester

parapet *(m.)* **[I]** : parapet [F].

paratonnerre *(m.)* : lightning conductor.

part *(f.)* : line ; share.
— *de bénéfice = tantième* : share of profits = dividend [USA].
— *bénéficiaire* : compensation share.
— *brute [RE]* : gross line.
— *cédée [RE]* : remainder [USA] ; quota-cession.
— *conservée [RE]* : own = self retention.
— *excédentaire* : over line.
— *nette [RE]* : net line.
— *souscrite* : written line.
quote- — *[RE]* : quota-share.

partage *(m.)* : scheduling ; sharing.
— *de commission* : commission sharing.
— *d'un risque = division* : scheduling of a risk = splitting.

participant(e) *(m.) (f.)* : participant.
— *en activité* : active participant.
— *sorti* : terminated participant.

participation *(f.)* : contribution ; dividend [USA] ; participation ; share.
— *aux bénéfices* : profit-sharing = participation in profits = dividend [USA].
— *différée [V]* : tontine dividend [L] [USA].
— *venant en déduction de la prime [V]* : dividend deduction on premium [L].
ass. avec — *aux bénéfices [V]* : with profits ass. = participating ins. [L] [USA].
ass. avec — *de l'assuré aux cotisations* : contributory ins. [USA].
ass. sans — *aux bénéfices [V]* : non-profits ass. = non-participating ins. [L][USA].
capitalisation des — *s [V]* : compounding of dividends [L].
pourcentage de — *fixe = forfaitaire* : flat dividend.
ré. en — *pure* : quota-share re.
réserve de — *[V]* : undivided policy-holder's profit [L].
série close de — *[V]* : closed profit series [L].
série de — *[V]* : profit series [L].
traité en — *= en quote-part [RE]* : quota-share treaty.

particuliers *(m. pl.)* : private persons.
ass. des — : household ins. = domestic ins. = personal lines ins. [USA].

partie *(f.)* **(1)** : part ; party.
— *contractante* : contracting party.
— *demanderesse* : requesting party.
— *en litige* : disputant = litigant.
— *lésée* : injured party.

partie *(f.)* **(2)** : area = zone.
—*s communes [I]* : shared = common areas [F].

partiel(le) a. *(m.) (f.)* : partial.
ass. en valeur — *[I]* : partial ins. [F].
incapacité — : partial incapacity.
sinistre — : partial loss.

passager(e) *(m.) (f.)* : passenger ; rider.
— *arrière [ACC]* : pillion-passenger = pillion-rider.

Lexicon : french - english/american

responsabilité civile vis-à-vis des —s [AV] : legal liability to passengers.

patient(e) *(m.) (f.)* : patient.
— *hospitalisé* : in-patient.
— *sortant* : discharged patient.
— *en consultation externe = — externe* : out-patient.

patrimoine *(m.)* : estate ; assets.

pavillon *(m.)* **de complaisance [M]** : flag of convenience.

pénalisation *(F.)* : penalization.

pénalité *(f.)* : penalty.
—*s contractuelles* : liquidated damages.
—*s extra-contractuelles* : extra-contractual damages = damages in tort.

pension *(f.)* **[V]** : pension [L].
— *indexée* : index pension.
— *d'invalidité* : disablement pension.
— *proportionnelle* : graduated pension.
— *de retraite* : pension on retirement = retirement pension.
— *de réversion* : survivor's pension.
— *viagère* : life annuity.
— *de vieillesse* : old age pension.
fonds de — : pension fund.

perdu(e) *(m.) (f.)* : lost.
— *corps et biens [M]* : lost with all hands = totally lost.
— *ou non [M]* : lost or not lost.

péril *(m.)* : peril.

période *(f.)* : period.
— *d'ajournement* : period of postponement.
— *d'ass.* : period of ins.
— *d'attente* : waiting = eliminating period [USA].
— *d'attente = probatoire [V]* : elimination [USA] = eliminating = excepted = waiting period [L].
— *en cours* : current period.
— *de couverture provisoire* : time on risk.
— *de garantie subséquente* : discovery = continuity period.
— *différée [V]* : deferment = deferred period [L].
— *d'indemnisation [I]* : indemnity period [F].
— *d'indemnité* : benefit period.
— *d'inhabitation* : unoccupancy period.
— *d'interruption* : period of interruption.
— *de maintenance [ACC]* : maintenance period.
— *de pointe* : peak period.
— *de stage = probatoire* : qualifying = probation period.

— *rachetée [V]* : payback period [L].
— *restant à courir* : unexpired period.
— *subséquente* : midi-tail = extended reporting period.
— *troublée = de tension* : apprehensive period.
par — : any one period.

périodicité *(f.)* : frequency.

permis *(m.)* : licence ; permit ; certificate.
— *de chasser* : hunting permit.
— *de circulation [A]* : road = car licence [MV].
— *de conduire [A]* : driving-licence = driver's licence [MV].
— *de conduire international [A]* : international driving licence [MV].
— *de conduire provisoire [A]* : provisional driving licence [MV].
— *de construire* : building permit.
— *de feu (travail par points chauds) [I]* : cutting and welding = fire permit [F].
— *d'utilisation = de réutilisation* : clearance certificate.

personne *(f.)* : person.
— *à charge* : dependant person.
— *dénommée* : named person.
— *morale = civile* : corporate body = artificial person.
— *physique* : natural person.
—*s transportées [A]* : passengers [MV].
ass. individuelle —s transportées [A] : personal accident benefits ins. = automobile death and disability coverage [USA] [MV].
par — : any one person.
tierce — : third party.

personnel *(m.)* : staff.
— *extérieur* : outside staff = field-staff [USA].
— *intérieur* : inside staff.

personnel(le) a. *(m.) (f.)* : personal.
ass. —le : personal ins.
responsabilité civile —le : personal third party liability.

perte *(f.)* : loss ; missing [M].
— *d'affection = de compagnie d'un conjoint* : loss of consortium.
— *d'affrètement [M]* : loss of hire.
— *de la capacité de travail* : loss of working capacity.
— *sur change [RE]* : loss on exchange.
— *de charge* : friction loss.
— *de chiffre d'affaires* : loss of turnover.
— *commerciale = d'exploitation* : trading = underwriting loss.
— *comptable* : book loss.
— *du droit à indemnité* : loss of claim.

— *effective* : actual loss.
— *encourue* = *subie* : incurred loss.
—*s indirectes* : consequential loss.
— *par les lames [M]* : loss over board.
— *de mortalité [V]* : mortality loss [L].
—*s ordinaires* = *déchets* : trade loss.
— *partielle* : partial loss.
— *sur les placements* : loss on investments.
— *réputée totale [M]* : constructive total loss.
— *de revenus [M]* : loss of earnings.
— *de sauvetage [M]* : salvage loss.
— *technique* : technical loss.
— *totale* : total loss.
— *totale effective* = *réelle [M]* : actual = absolute total loss.
— *totale seulement [M]* : total loss only.
— *totale transigée [M]* : arranged = compromised total loss.
ass. contre la — *de la vue* : loss of sight ins.
ass. contre la — *de revenus* = *contre la* — *de salaires* : loss of revenue ins. = of personal income ins. = earnings ins.
ass. de la — *du droit au bail [I]* : good will ins. [F].
ass. des — *indirectes [I]* : consequential loss ins. = percentage of loss ins. [F].
ass. — *des loyers [I]* : loss of rent ins. = rental income ins. [USA] = rental value ins. [USA] [F].
ass. —*s de bénéfice* = —*s d'exploitation [I]* : loss of profits ins. = business interruption ins. [USA] = use and occupancy ins. [USA] [F].
police —*s indirectes [I]* : consequential loss policy = pay-as-paid policy [F].

pesée *(f.)* : weight.
— *d'un groupe [V]* : weight of a group [L].

pétro-vraquier *(m.)* : ore bulk oilship.

pièce *(f.)* : document.
—*s justificatives* : documents in proof = in support = documentary proof.

pillage *(m.)* **[M]** : looting.

piquet *(m.)* **d'incendie** : fire picket.

pirate *(m.) (f.)* : hijacker [USA] ; pirate.
— *informatique* : hacker [USA].

pirate *(m.) (f.)* **de l'air** : sky-jacker [USA].

piraterie *(f.)* : piracy.
— *aérienne* : sky-jacking [USA].
— *terrestre* : hijacking [USA].

Pitot = tube de Pitot [I] : Pitot tube [F].

placard *(m.)* : cabinet.
— *à tuyaux [I]* : hose cabinet [F].

placement *(m.)* : investment ; placing.
— *excédentaire [LL]* : overplacing = overdoing.
— *d'excédents [RE]* : placing of surplus = excess lines.
— *fixe de capitaux* : fixed investments.
— *hypothécaire* : mortgage investment.
— *immobilier* : investment in real property.
— *d'un risque* : placing of a risk.
bénéfice de — : profit on investments.

placer *(v.)* : to place.
— *un risque* : to place a risk.

«placier» *(m.)* : broker ; placer [USA].

plafond *(m.)* : limit ; ceiling.
— *d'encaissement de primes [LL]* : premium income limit.
— *de la garantie* : limit of coverage = of liability.
— *du régime de retraite* : pension plan ceiling.
faux — *[I]* : suspended ceiling [F].

plafonner *(v.)* : to limit.

plaignant(e) *(m.) (f.)* : plaintiff.

plan *(m.)* : diagram ; plan ; scheme.
— *de l'accident* : accident diagram.
— = *schéma d'ass.* : ins. plan = scheme.
— *d'évacuation* : emergency plan.
— *d'intervention [I]* : fire-fighting plan [F].
— *d'épargne retraite [V]* : pension savings plan [L].
— *de rétablissement* : recovery plan.
— *de sauvegarde* : back-up plan.
— *de secours* : contingency plan.
— *des lieux [I]* : ground plan = mapping [USA] [F].
— *de rétablissement après sinistre* : loss recovery plan.

planche *(f.)* **[M]** : laytime.
jour de — : layday.
temps de — : laytime.

plaque *(f.)* **d'ass. incendie** : fire mark.

plate-forme *(f.)* : barge.
— *mobile de forage en mer [M]* : offshore mobile drilling barge.
ass. tous risques — *de forage en mer [M]* : drilling barge all risks ins.

plein *(m.)* : acceptance [RE] ; limit ; line ; retention.
— *d'acceptation* = *brut* : gross limit = line = acceptance.
— *de conservation* = *net* = *de rétention* : net limit = line = retention limit.
— *conservé* : retained line.
— *géographique* : location limit.
— *maximum* : maximum limit = line.

Lexicon : french - english/american

— *de souscription* : underwriting limit = line.
— *topographique* = *principal [I]* : location = block limit [F].
tableau des —*s* : table = scale of limits ; line guide [USA] = line sheet [USA].

pluie *(f.)* : rain.
ass. — = *mauvais temps* : rain ins. = weather ins. = rainfall ins. = pluvius ins.

pluralité *(f.)* **d'ass.** : concurrent ins. ; double ins.

plus-value *(f.)* : appreciation ; capital gain ; increase in value.
— *en capital* : capital gain.
— *de change [RE]* : profit on exchange.
— *de* = *sur cession* = *de réalisation* : realized (capital) gain.
— *latente* : unrealized (capital) gain.

point *(m.)* : point.
— *d'ébullition [I]* : boiling point [F].
— *d'éclair [I]* : flash point [F].
— *de fusion [I]* : melting point [F].
— *d'inflammation [I]* : ignition point [F].
— *de retraite* : pension point.
valeur du — *[V]* : point value [L].

point *(m.)* **d'eau [I]** : water supply [F].

pointe *(f.)* : peak.
risque de — : target risk [USA] = peak risk.
valeur de — *[RE]* : peak value.

police *(f.)* : policy.
— *d'abonnement [M]* : declaration = floating policy.
— *avec abrogation de la règle proportionnelle* : non-average policy.
— *acquittée* : free policy.
— *à durée déterminée* : continuous policy.
— *ajustable* : adjustable = reporting policy.
— *à aliments* : declaration = open policy.
— *annulable* : voidable policy.
— *par articles* : schedule = specific = itemized policy.
— *de base* = *cadre* = *de référence* = *de première ligne* = *mère* : underlying = primary = master policy [USA].
— *en blanc* : blank policy.
— *à capital variable [V]* : unit-linked policy [L].
— *à capital variable immobilier [V]* : property-linked policy [L].
— *de cautionnement* : fidelity bond.
— *en coassurance* : quota-share policy.
— *collective* : collective = syndicate policy [USA].
— *combinée [I]* : combined policy [F].
— *complémentaire* : additional = supplementary policy.
— *avec cotisations fixes* : non assessable policy.
— *à découvert* : unvalued policy.
— *dérogatoire* : deviation policy.
— *de durée ferme* : time policy.
— *d'échange* : exchange policy.
— *à effet différé* : forward policy.
— *flottante [M]* : floating policy = floater = open policy.
— *flottante sur marchandises [I]* : policy on floating stocks [F].
— *flotte [A]* : fleet policy [MV].
— *globale* : blanket = global policy.
— *d'honneur [M]* : honour policy.
— *indexée* : index-linked policy.
— *libérée [V]* : paid-up policy [L].
— *Lloyd's* : anchor policy.
— *de longue durée* = *polyennale* : long-term policy.
— *mondiale* : world-wide policy.
— *multirisque* : comprehensive = package = all risks policy.
— *nominative* = *avec bénéficiaire désigné* : named policy.
— *non admise* = *occulte* : non-admitted policy.
— *à ordre* : policy to order.
— *ouverte* = *à aliments* : open policy = open end policy [USA].
— *par lignes* : layered policy.
— *avec participation aux bénéfices [V]* : participating policy [USA] = with profits policy [L].
— *au porteur* : policy to bearer = bearer policy.
— *en premier excédent* = «*de deuxième ligne*» : first excess policy.
— *preuve d'intérêt [M]* : policy proof of interest.
— *réassurée [RE]* : original policy.
— *remise en vigueur* : revised policy.
— *révisable* = *en compte courant [I]* : stock declaration = reporting policy [F] [USA].
— *de risques groupés* = *d'ass. multiples* = «*fourre-tout*» : package policy.
— *sinistrée* : policy subject to claim.
— *à souches* = *à tickets* = *police-carnet* : coupon = snap out policy [USA].
— *sur mesure* = «*faite main*» : manuscript policy [USA] = tailor-made policy.
— *(s) de base* : underlyers [USA].
— *à temps [M]* : time policy.
— *type* : standard = common policy.
— *unique* : single policy.
— *en valeur agréée* : valued = agreed value = admitted value policy.
— *en valeur de remplacement vétusté déduite [I]* : actual cash value policy [F].

— *au voyage* [M] : voyage policy.
avance sur — [V] : policy advance = loan on policy [L].
coût de — : policy fees.
détenteur = titulaire de la — : policyholder.
établir une — : to set up a policy.
établissement de la — : drawing up of policy.
exemplaire de — : policy form = blank.
numéro de — : policy number.
prêt sur — : policy loan.
rédaction de — : policy drafting.
statistique annuelle de la — : policy year experience.

pollution *(f.)* : pollution.
— *accidentelle* : accidental = unintended pollution.
— *de l'atmosphère = atmosphérique* : air pollution.
— *des eaux* : water pollution.
— *des sols* : ground pollution.
— *graduelle = progressive* : gradual pollution.
— *par hydrocarbures* [M] : oil pollution.
contrôle de la — : pollution control.

pompe *(f.)* **[I]** : pump [F].
— *centrifuge* : centrifugal pump.
— *à incendie* : fire pump.
— *de refoulement* : pressure pump.
— *de secours* : jockey pump.
— *de surpression* : booster pump.
— *de vidange* : sump pump.
moto- — : trailer pump.
refoulement de la — : pump discharge.
salle des —s = station de pompage : pump house.

pompier *(m.)* : fire fighter ; fireman.

pontée *(f.)* **[M]** : deck .
en — : on deck = over deck.
chargement en — : deck load.
marchandises en — : deck cargo.
risque de — : deck load risk.

«pool» = groupement *(m.)* : pool.
«—» *aviation* : aviation pool = air pool.
«—» *des risques atomiques* : atomic risks pool.

populaire a. *(m.) (f.)* **[V]** : home service ; industrial [L].
agent branche — : industrial agent.
ass. vie — : industrial life ass.
branche — : industrial branch.

port *(m.)* : harbour ; port.
— *d'armement* : home port.
— *de chargement* : loading port.
— *de chargement/déchargement par allèges* : overside = craft ≈ surf port.
— *de déchargement final = de reste* : final port of discharge.
— *d'entrée* : port of entry.
— *d'escale = de relâche* : port of call.
— *d'hivernage* : wintering port.
— *d'immatriculation* : port of registry.
— *avec quai* : quay port.
— *de refuge* : port of refuge.
— *de secours = de salut* : safe port.
— *de visite = de vérification* : port of survey.
de — à — : from port to port.
risque de — sur corps : hull port risk.

portabilité *(f.)* :
— *des primes* : qualifies those premiums payable at insurer's premises.

portable a. *(m.) (f.)* :
prime — : premium payable at insurer's premises.

porte *(f.)* **[I]** : door [F].
— *blindée* : metal covered door.
— *coupe-feu* : fire-proof = fire check door.
— *coupe-feu automatique* : automatic = self-operating fire-door.
— *coupe-feu simple* : single fire-door.
— *de sécurité incendie* : fire resisting door.
doubles —s en fer : double iron doors.
ass. de — à — : home service ins.

portefeuille *(m.)* : portfolio.
— *d'ass. en cours* : business = ins. in force portfolio.
— *cédé* [RE] : portfolio ceded.
— *équilibré* : balanced portfolio.
— *repris* [RE] : portfolio assumed.
— *de valeurs mobilières* : stock of securities.
— *non viable* [RE] : portfolio of no great value.
cession de — : transfer of portfolio.
prime de — [RE] : portfolio premium = consideration.
queue de — [RE] : portfolio run-off.
reprise de — [RE] : assumption of portfolio.
retrait de — [RE] : withdrawal of portfolio = portfolio return .

porteur *(m.)* : bearer ; holder.
— *de la police* : policy-holder.
police au — : bearer policy.

poste *(m.)* : station.
— *de pompiers = de secours incendie* : fire station.
— *de secours* : first-aid station = centre.
— *d'incendie principal* : central fire station.

poste de contrôle *(m.)* **[I]** : control valve [F].

poste d'eau *(m.)* **[I]** : fire hydrant ; water point [F].

Lexicon : french - english/american

poste de gardiennage *(m.)* : watchroom.
poteau d'incendie *(m.)* : standpost hydrant ; pillar hydrant.
poudre *(f.)* **[I]** : powder [F].
— *sèche* : dry powder.
pourcentage *(m.)* : percentage ; rate ; ratio.
— *de bénéfice brut [I]* : rate of gross profit [F].
— *de frais par rapport aux primes* : expense ratio.
— *de salaires [I]* : rate of wages [F].
— *de sinistres à primes* : loss = claims ratio.
poussée *(f.)* : drive.
— *d'eau* : water drive.
pousseur *(m.)* **[M]** : tow boat [USA] = tug boat.
pouvoir *(m.)* : authority ; power.
— *de souscription [LL]* : binding cover.
— *usurpé* : usurped power.
préavis *(m.)* : notice ; previous notice.
— *de résiliation* : notice of cancellation.
prédécès *(m.)* **[V]** : predecease [L].
préjudice *(m.)* : damage ; injury ; prejudice.
— *accumulé* : cumulative injury.
— *affectif = moral* : sentimental damage.
— *d'agrément* : pleasure damage = loss of amenities.
— *corporel* : bodily injury.
— *esthétique* : disfiguration damage.
— *indemnisable* : compensable injury.
— *matériel* : material damage.
— *patrimonial = immatériel* : consequential damage.
premier(e) a. *(m.) (f.)* : first ; primary.
ass. au — feu : first loss fire ins.
au — décès [V] : on first death [L].
au — franc : from ground up.
— *bénéficiaire* : primary beneficiary.
— *risque [ACC]* : first loss.
clause de — exercice [I] : new business clause [F].
prendre (v.) : to take.
— *une ass.* : to take out an ins.
— *effet* : to take effect = to attach = to become effective.
— *fin* : to terminate.
— *un risque en charge* : to take over a risk.
preneur *(m.)* : lessee ; tenant.
preneur d'ass. *(m.)* : ins. buyer ; party insuring.
préposé(e) *(m.) (f.)* : agent ; employee.
commettant et — : principal and agent.
prescription *(f.)* : limitation ; prescription ; time limit ; time-barred.
présomption *(f.)* : presumption ; assumption.
— *de responsabilité* : assumption of liability.
pression *(f.)* : pressure.
— *d'eau* : water pressure.
bac de — : pressure tank.
prestataire *(m.)* : payee.
prestation *(f.)* : benefit ; payment ; settlement.
— *bloquée* : frozen payment.
— *déchue* : forfeited payment.
— *en espèces* : cash payment.
— *pour incapacité* : disability benefit.
— *maladie* : sickness benefit.
— *maternité* : maternity benefit.
—*s modulables = à la carte* : flexible = cafeteria benefits.
— *en nature* : payment in kind.
— *de raccordement* : bridge benefit.
—*s de la sécurité sociale* : payments of social security.
— *de services* : rendering of services.
—*s sociales* : ** employee benefits.
prêt *(m.)* : advance ; loan.
— *à la grosse aventure = à la grosse [M]* : bottomry loan.
— *hypothécaire* : mortgage loan.
— *sur police [V]* : loan on policy [L].
prêt *(m.)* **de volant [A]** : ** others drivers [MV].
pretium doloris : pain and suffering damages.
preuve *(f.)* : evidence ; proof.
— *du dommage* : proof of loss = of damage.
charge = fardeau de la — : onus = burden of proof.
police — d'intérêt [M] : policy proof of interest.
renversement du fardeau = de la charge de la — : reversed onus of proof.
prévention *(f.)* : prevention.
— *des accidents* : prevention of accidents.
— *incendie* : fire prevention.
— *des risques* : loss control.
— *des sinistres* : loss = damage prevention.
— *vol* : theft prevention.
prévoyance *(f.)* : ** employee benefits.
— *sociale* : State = social ins. = social security.
fonds de — : reserve fund.
régime de retraite et de — : employee benefits plan.
prime *(f.)* **(1)** : premium.
— *acceptée [RE]* : accepted premium.
— *acquise = absorbée* : earned premium.
— *acquittée* : paid premium.
— *affectée à l'année [LL]* : year marked premium.

— *annuelle* : annual = yearly premium.
— *arriérée* : premium in arrears = outstanding = overdue premium.
— *pour la période d'ass. courue* : time on risk premium.
— *augmentée de X %* : premium up X %.
— *de base [RE]* : basic = underlying premium.
— *brute* : gross = office premium.
—*s brutes nettes de ristourne [RE]* : gross net premiums.
— *brute originale [RE]* : original gross premium.
—*s brutes souscrites [RE]* : premiums written-gross.
— *cédée [RE]* : ceded premium.
— *chargée* : gross premium.
— *commerciale = globale* : gross = office premium = premium with loading.
— *au comptant* : cash premium.
— *constante = uniforme [V]* : level premium [L].
— *correspondante* : relative premium.
—*s en cours* : premiums in force.
— *croissante = progressive* : increasing premium.
— *décroissante = degressive* : decreasing premium.
— *différée* : deferred premium.
— *échue* : due premium.
—*s émises* : premiums written.
—*s encaissées* : premiums paid.
— *d'épargne* : savings premium.
— *exigible* : premium charged.
— *fixe = forfaitaire* : fixed = flat premium.
— *fractionnée* : instalment = deferred premium.
— *hebdomadaire* : weekly premium.
— *indexée* : index-linked premium.
— *initiale* : initial premium.
— *d'inventaire* : [V] valuation premium [L].
— *d'investissement [V]* : investment premium [L].
— *majorée* : loaded premium.
— *du marché* : market premium.
— *mensuelle* : monthly premium.
— *minimum* : minimum premium.
— *moyenne* : average premium.
— *naturelle [V]* : natural premium [L].
— *nette* : net premium.
—*s nettes de ré.* : net premiums written.
—*s nettes d'annulations [V]* : premiums net of cancellation [L].
—*s nettes souscrites [RE]* : premiums written net.
— *nominale = non perçue [RE]* : nominal premium.
— *non courue* : unexpired premium.
— *non acquise = non absorbée* : unearned premium.
— *originale [RE]* : original = direct premium.
— *perçue* : premium collected.
— *personnalisée = selon statistique* : experience rated premium.
— *portable [FR]* : premium payable at insurer's premises.
— *de portefeuille [RE]* : portfolio premium.
— *de première année* : first year premium.
— *progressive* : increasing premium.
— *au prorata temporis* : prorata premium.
— *provisionnelle* : provisional = deposit = initial = advance premium [USA].
— *pure* : pure premium.
— *quérable [FR]* : premium collectible at insured's premises.
— *de ré.* : re. premium.
— *de reconstitution (des garanties)* : reinstatement = restoration premium [USA].
— *à recouvrer* : outstanding premium.
— *réellement due* : actual premium.
— *de régularisation = révisable* : adjustment premium.
— *remboursable* : redeemable premium.
— *de renouvellement = à terme = suivante* : renewal premium.
— *de risque = pure* : risk premium.
— *ristournée* : return premium.
— *semestrielle* : half-yearly = semi-annual premium.
— *subséquente* : renewal premium.
— *supplémentaire* : extra premium.
— *du tarif* : tabular = manual premium [USA].
— *technique* : pure = technical premium.
— *temporaire [V]* : limited premium [L].
— *par tête* : premium per capita.
— *totale* : total premium.
— *trimestrielle* : quarterly premium.
— *unique [V]* : single premium [L].
— *viagère [V]* : premium throughout life = whole life premium [L].
arriéré de — = — arriérée : overdue premium.
ass. à —s fixes : proprietary ins.
ass. à — liée [M] : round voyage ins.
ass. à — prélevée sur compte bancaire : bank account deduction ins.
ass. de la — dans la — [V] : ins. of the premium in the premium [L].
ass. de reconstitution de — [I] : reinstatement of premium ins. [F].
calcul de — : premium computation.
encaissement de — : premium income.
excédent de — perçu : excess of premium collected.
première — : first premium.

prime *(f.)* **(2)** : incentive.
— *de sécurité* : safety incentive.

Lexicon : french - english/american

— *financière* : financial incentive.

priorité *(f.)* **[RE]** : priority.

prise *(f.)* **d'effet** : attachment ; coming into force ; inception.

privation de jouissance *(f.)* : loss of use.
ass. de la — [I] : loss of use ins. = additional living expenses ins. [USA] = time element ins. [USA] = extra expense ins. [USA] [F].

prix *(m.)* : cost ; price.
ass. à — coûtant de gestion : cost plus ins. [USA].

probabilité *(f.)* **[V]** : probability [L].
— *conditionnée* : conditional probability.
— *conjointe* : joint probability.
— *corrigée* : corrected probability.
— *de décès* : probability of death.
— *d'extinction = de sortie* : probability of exit = rate of withdrawal.
— *simple = alternative* : alternative probability.
— *d'invalidité* : probability of disablement.
— *de sinistre* : probability of loss.
— *de survie* : probability of survival.
— *de vie* : expectation of life.
calcul des —s : calculation of probabilities.
échelle des —s : probability distribution.

procédure *(f.)* : procedure.
— *d'arbitrage* : arbitration proceedings.

procès *(m.)* : lawsuit.

procuration *(f.)* : power of attorney.

« **producteur** » *(m.)* : business getter [USA] ; producer.
agent — : new business agent.

production *(f.)* : production.
— *d'affaires* : business production.
agent de — : new business agent.
frais de — : new business expenses.
service de — : new business = underwriting department.

produits *(m. pl.)* : products ; stock.
— *en cours de fabrication = «les en cours»* : stock in process.
— *financiers* : investment income.
— *finis* : finished stock.
— *semis-finis* : semi-finished stock.
ass. garantie de bonne tenue de — = ass. de garantie de — : products guarantee ins.
ass. responsabilité civile — = — livrés = après livraison : products liability ins.

profession *(f.)* : occupation ; profession.

— *aggravant les risques [I]* : trade with increased fire hazard [F].
— *dangereuse [ACC]* : hazardous occupation.

professionnel(le) a. *(m.) (f.)* : occupational ; professional.
ass. de responsabilité civile — : professional indemnity ins. = professional liability ins. [USA] = malpractice liability ins. [USA] = errors and omissions ins. [USA].
maladie — : occupational disease.

profit *(m.)* : profit.
— *espéré = escompté* : anticipated profit.
compte de —s et pertes : profit and loss account.
centre de — : profit centre.

programme *(m.)* : plan ; programme ; program [USA].
— *mondial d'ass.* : world-wide ins. plan = programme.
— *de sécurité* : safety plan = programme.

promenade *(f.)* **[A]** : ** social, domestic and pleasure [MV].
usage — : social, domestic and pleasure purposes only.
usage — trajet : social, domestic and pleasure and way to and from work.

proportionel(le) a. *(m.) (f.)* : proportional.
avec application de la règle — : subject to average.
règle — de capitaux : average = prorata distribution clause.
règle — de primes : premium average clause.

proposant(e) *(m.) (f.)* : applicant [USA] ; proposer.

proposition *(f.)* : application [USA] ; proposal ; ** slip [LL].
— *- quittance [V]* : acceptance letter [L].
formule de — : proposal form ; application blank [USA] = application form [USA].

prorata *(m.)* : pro rata ; share.
— *temporis* : pro rata.
prime au — : pro rata premium.

prorogation *(f.)* : extension of time ; postponement ; deferment.
coefficient de — de retraite [V] : late retirement factor [L].

protection *(f.)* : protection.
dispositif de — : safeguard = safety device.

protégé(e) a. *(m.) (f.)* : sprinklered.

protocole *(m.)* : protocol.
— *de La Haye [AV]* : The Hague protocol.

provision *(f.)* : provision ; reserve.
—s *techniques* : technical = underwriting reserves.

provisoire a. *(m.) (f.)* : provisional ; temporary.

garantie — : provisional cover.
note de couverture — : interim cover note = interim binder [USA].

pulvérisateur *(m.)* **[I]** : sprayer [F].

pyromane a. *(m.) (f.)* : pyromaniac.

pyromanie *(f.)* : pyromania.

P

Termes	Traduction

quai *(m)* : quay ; wharf.
   à — : alongside quay.
   de — à — : from quay to quay.
   franco — : free alongside ship.

qualité *(f.)* : quality.
   contrôle de — : quality control.

quarantaine *(f.)* **[M]** : quarantine.

quérabilité *(f.)* **[FR]** :
   — des primes : nature of those premiums collectible at insured's premises.

quérable a. [FR] : collectible at domicile.
   prime(s) —(s) : premium(s) collectible at insured's premises.

questionnaire *(m.)* : application [USA] ; questionnaire.

queue *(f.)* **de portefeuille [RE]** : running off.

quittance *(f.)* : discharge ; quittance [USA] ; receipt.
   — attestation : combined receipt and ins. certificate.
   — avenant : combined receipt and endorsment.
   — de commission : commission quittance = note.
   — au comptant : first premium receipt.
   — d'indemnité = de règlement : discharge.
   — de prime : premium receipt.
   — provisoire [V] : conditional receipt [L].
   — de renouvellement : renewal receipt.
   — subrogative : receipt with subrogation.
   — à terme = quittance terme [FR] : ** renewal premium receipt.

quitus *(m.)* : discharge.
   donner — : to grant discharge.

quote *(f.)* : quota.
   — de Zillmer [V] : Zillmer proportion [L].

quote-part *(f.)* : contribution [USA] ; quota ; quota-share ; share.
   — de prime : quota-share of premium.
   couverture par — : quota cover.
   ré. en — : quota-share re.

quotité *(f.)* : amount ; proportion ; quota.
   — cédée [RE] : quota cession.

Q

Termes	Traduction

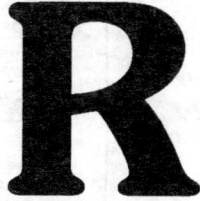

rabais *(m.)* : cut-price ; discount ; rebate ; credit [USA].
— *de prime* : premium rebate.
— *pour non-sinistre* : no-claim rebate.
compagnie au — : cut-price company.

rachat *(m.)* **[V]** : surrender [L].
— *d'office* : enforced surrender.
frais de — : surrender charges.
valeur de — : surrender value.
valeur de — au comptant : cash surrender value.
valeur de — garantie : guaranteed surrender value.

racheter (v.) **[V]** : to surrender [L].

rapatriement *(m.)* : repatriation.
— *sanitaire* : medical repatriation.
ass. frais de — : repatriation expenses ins.

rappel *(m.)* :
— *de commission* : supplementary commission.
— *de cotisation* : supplementary contribution = assessment [USA].
— *d'échéance* : second notice.
— *de prime* : supplementary premium = assessment [USA].
— *de produits* : product recall = recapture.
police avec — de cotisation : assessable policy [USA].

rapport *(m.)* : ratio (1) ; report (2).
— *annuel* : annual report.
— *d'expert = de vérificateur* : expert's = surveyor's report.
— *de frais généraux à primes* : expense ratio.
— *d'inspection* : inspection report = slip [USA].
— *de mer* : captain's protest = report = ship's protest = master's report.
— *de mer circonstancié* : extended protest.
— *des charges aux produits* : operating ratio.
— *des sinistres à primes* : loss = claim ratio.
— *des sinistres aux primes nettes* : combined = composite ratio.
— *des sinistres aux capitaux assurés [RE]* : burning ratio.
— *des sinistres survenus aux primes acquises* : incurred loss ratio.
— *du total des sinistres réglés à l'encaissement en primes nettes [RE]* : burning cost.
— *de vérification = d'expertise* : survey report.

ravisseur *(m.)* **ravisseuse** *(f.)* : kidnapper.

réadaptation *(f.)* : rehabilitation ; « rehab » [USA].

réalisation *(f.) du risque* : occurrence of risk.

réassurance *(f.)* : reassurance ; reinsurance.
— *acceptée = active* : accepted = inwards = assumed re.
— *automatique* : automatic re.
— *cédée = passive* : ceded = outwards re.
— *de portefeuille* : portfolio re.
— *au deuxième excédent* : second surplus re.
— *au prorata de l'excédent* : surplus share re.
— *en répartition de pertes* : spread loss re.
— *en excédent de pertes* : stop loss re.
— *en excédent de sinistres cumulés* : aggregate excess of loss re.
— *en excédent de sinistres* : excess of loss = excess loss = excess re.
— *des excédents* : surplus re.
— *facultative* : facultative re.
— *financière* : financial re.
— *sans garantie* : unsecured re.
— *non-proportionnelle* : non-proportional re.
— *obligatoire* : compulsory = obligatory re.
— *en premier excédent* : first surplus re.
— *à la prime de risque* : risk premium re.
— *proportionnelle* : proportional = participating re.
— *en quote-part* : quota-share = contribution re.
— *en quote-part pure* : re. of quota cession.
— *sur lignes en excédent* : surplus release re.
compagnie de — : re. company.
courtier de — : re. broker.

Lexicon : french - english/american

traité de — : re. treaty.
réassuré(e) *(m.) (f.)* : reassured ; reinsured.
réassurer (v.) : to reassure [L] ; to reinsure.
réassureur *(m.)* : reassurer [L] ; reinsurer.
— *spécialisé (pratiquant la ré. exclusivement)*: professional reinsurer.
— *suiveur = co-réassureur* : following reinsurer.
le — suit la fortune de la cédante : the reinsurer shall follow the fortune of the ceding company.
réception *(f.)* : ** acceptance ; hand-over.
— *définitive* : definitive acceptance.
— *provisoire* : provisional acceptance.
réciprocité *(f.)* **[RE]** : reciprocity.
ass. de — [RE] : reciprocal ins. = interinsurance exchange [USA].
base de — : reciprocal basis.
traité de — : reciprocal treaty.
réclamant(e) *(m.) (f.)* : claimant ; claimer.
réclamation *(f.)* : claim.
— *en dommages-intérêts* : claim for damages.
récolte *(f.)* : crop.
ass. des —s sur pied : growing crop ins.
ass. grêle des —s : crop hail ins.
ass. —s = ass. des récoltes : crop ins.
ass. tous risques des —s : all risks crop ins.
reconduction *(f.)* : renewal.
ass. avec — automatique : renewable term ins.
tacite — : tacit = automatic renewal.
reconnaissance *(f.)* : acknowledgment ; admission.
— *de responsabilité* : admission of liability.
simple — : mere admission.
reconstitution *(f.)* : reinstatement.
— *automatique* : automatic reinstatement.
— *du capital assuré* : reinstatement of sum insured.
ass. — d'archives [I] : records destruction ins. [USA] = reinstating of records ins. [F].
reconstruction *(f.)* **[I]** : reinstatement of property [F].
— *à l'identique* : reinstatement in an identical form.
valeur de — à neuf : reinstatement value.
recours *(m.)* : recourse ; recovery.
— *judiciaire = action récursoire* : recourse action.
— *des locataires [I] [FR]* : tenants' right of recovery [F].
— *des tiers* : third parties' right of recovery = third party recoveries.
— *des voisins [I] [FR]* : neighbours legal right of recovery [F].
ass. défense et — : legal aid ins. = legal expenses ins.
clause de — et conservation [M] : sue and labour clause.
droit de — : right of recourse = of recovery.
recouvrement *(m.)* : recovery.
— *des primes* : premiums recovery.
rédac(teur)(trice) *(m.) (f.)* : policy drafter.
— *sinistres* : claims examiner.
rédaction *(f.)* : drafting.
— *de police* : policy drafting.
rédiger (v.) : to draft ; to draw up.
— *une police* : to draw up a policy.
réduction *(f.)* : rebate ; reduction.
— *du capital assuré [V]* : reduction of the term of assurance [L].
— *d'impôt sur le revenu* : income tax rebate.
— *du placement initial [LL]* : short closing.
— *de prime* : premium reduction.
— *de taux* : rate reduction.
avenant de — : decrease endorsement.
valeur de — [V] : reduction = paid-up value [L].
rééducation *(f.)* : rehabilitation ; « rehab » [USA].
refonte *(f.)* **de police** : redrafting of policy.
régime *(m.)* : scheme ; system ; plan.
— *agréé* : registered = approved = qualified plan.
— *d'assurances sociales* : national ins. scheme.
— *de base = de référence* : master plan.
— *au choix = à la carte* : cafeteria plan [USA].
— *à cotisation déterminée* : defined contribution = money purchase plan.
— *à cotisation minimum* : minimum premium plan.
— *avec participation aux bénéfices* : profit sharing plan.
— *avec participation du bénéficiaire* : contributory plan.
— *sans participation du bénéficiaire* : non-contributory plan.
— *indexé* : index-linked scheme.
— *inter-entreprises* : multi-employer plan.
— *de retraite* : pension plan = superannuation scheme.
— *de retraite à seuil défini* : floor pension plan.
— *de retraite assuré* : insured pension plan.

— *de retraite avec participation aux bénéfices* : deferred = profit sharing pension plan.
— *de retraite complémentaire* : supplemental pension plan.
— *de retraite générale* : public pension plan.
— *de retraite par capitalisation* : funded pension plan.
— *de retraite en pourcentage-salaire* : unit benefit pension plan.
— *de retraite privé* : private pension plan.
— *de retraite et de prévoyance des employés* : employee benefits plan [USA].
— *de retraite proportionnelle* : graduated superannuation scheme.
— *de retraite standard* : prototype pension plan.

registre *(m.)* : book ; register.
— *du commerce* : trade register.
— *des données* : data book.
— *des ordres de garantie* : order book.

règle *(f.)* : rule.
— *proportionnelle* : average clause = conditions of average = coinsurance clause [USA].
— *du quart de l'immeuble [I] [FR]* : rule on simple risks including a proportion of hazardous risks [F].
— *du quart pour mille [ACC] [FR]* : rule whereby daily benefits are not to exceed 0,25 ‰ of the death benefit.
— *de rachat [V]* : surrender provisions [L].
— *de réduction [V]* : paid-up policy provision [L].
— *d'York et d'Anvers [M]* : York-Antwerp rules.
avec application de la — proportionnelle : subject to average.
sans application de la — proportionnelle : not subject to average.
police avec — proportionnelle : average policy.
police sans — proportionnelle : non average policy.

règlement *(m.)* : adjustment ; payment ; settlement.
— *amiable = à l'amiable* : amicable arrangement = settlement = out of court settlement.
— *au marc le franc [FR]* : proportional settlement.
— *d'avaries [M]* : average adjustment.
— *de construction* : building regulations.
— *par délaissement [M]* : settlement by abandonment.
— *échelonné* : structured settlement.
— *en espèces* : payment in cash.
— *forfaitaire* : lump sum settlement.
— *de gré à gré = transactionnel* : voluntary settlement.

— *intégral* : full payment.
— *en nature* : settlement in kind.
— *des sinistres = des pertes* : loss = claim settlement.
— *à titre gracieux = commercial* : ex gratia payment.
— *total et définitif* : full and final settlement.
clause de — par département [I] : departmental clause [F].

réglementation *(f.)* :
— *des agréments* : licensing regulation.

régler (v.) : to pay ; to settle.
— *à l'amiable* : to settle out of court.
— *de gré à gré* : to settle by mutual agreement.
— *un sinistre* : to settle a claim.

règles *(f. pl.)* **de l'art** : good practice ; rules of the trade.
selon les — — : according to good practice.

régleur *(m.)* **de sinistres** : claims adjuster.

régularisation *(f.)* : adjustment.
— *de police* : policy adjustment.
prime de — : adjustment premium.

rejet *(m.)* : declination.

relancement *(m.)* **[AV]** : relaunch.
garantie de — : relaunch cover.

remise *(f.)* **(1)** : discount ; rebate.
— *de commission* : commission rebating.

remise *(f.)* **(2)** : remittance.
— *en vigueur* : revival [USA] = reinstatement [UK] = restoration [USA].
— *en vigueur de police* : policy revival [USA] = reinstatement [UK].

remorquage *(m.)* **[M]** : towage ; towing.
frais de — : towing charges.

remorqueur *(m.)* **[M]** : tow boat [USA] ; tug boat : tug.
— *et remorqué* : tug and tow.
— *de sauvetage* : salvage tug.

remplacement *(m.)* : reinstatement ; replacement ; replacing.
— *en nature* : replacement in kind.
ordre de — [FR] : ** broker of record letter [USA].
valeur de — : reinstatement value.

rendement *(m.)* : yield ; return.
taux de — : rate of return.

renonciation *(f.)* : waiver.
— *à recours* : waiver of recourse.

Lexicon : french - english/american

— *au droit de subrogation* : waiver of subrogation rights.

renouvellement *(m.)* : reinstatement ; renewal.
attestation de — : renewal certificate.
convention de — : renewal agreement.
prime de — : renewal premium.
quittance de — : renewal receipt.

rente *(f.)* : annuity ; pension.
— *acquise* : vested annuity.
— *à annuités réservées* : instalment refund annuity.
— *sans arrérages au décès = abrégée* : non-apportionable = curtailed annuity.
— *à capital réservé* : cash refund annuity.
— *certaine* : annuity certain.
— *complète = avec arrérages au décès : apportionable* = complete annuity.
— *conjointe au premier décès* : joint annuity.
— *continue* : continuous annuity.
— *avec contre-ass.* : premium refund annuity.
— *en cours* : current annuity.
— *croissante* : increasing annuity.
— *au dernier survivant* : last survivor annuity.
— *différée* : deferred annuity.
— *d'éducation* : educational annuity.
— *éteinte* : terminated pension.
— *fixe* : fixed annuity.
— *fractionnée* : annuity by instalments.
— *d'invalidité* : disability annuity income.
— *mobile* : escalating annuity.
— *d'orphelin* : orphan's pension.
— *payable d'avance* : annuity due = payable in advance.
— *payable à terme échu* : annuity payable in arrears.
— *sur plusieurs têtes* : annuity on several lives.
— *de retraite* : pension = endowment annuity.
— *de retraite anticipée* : early retirement annuity.
— *réversible* : joint annuity.
— *de survie* : joint and survivor annuity.
— *temporaire* : temporary annuity.
— *à terme* : terminable annuity.
— *variable* : varying annuity.
— *versée* : annuity paid.
— *de veuve* : widow's pension.
— *viagère = perpétuelle* : life annuity.
— *viagère à capital remboursable* : refund life annuity.
— *viagère différée* : deferred life annuity.
— *viagère immédiate* : immediate life annuity.
— *viagère avec minimum de rentes certaines* : capital life annuity.
— *viagère réversible* : two-life = reversionary annuity.
— *de vieillesse* : old age pension.

ass. — *d'éducation = d'études* : children's education ass. = educational endowment ass.
ass. familiale avec — *temporaire* : family protection ass. with limited income benefit.
ass. — *familiale* : family income ass. = protection ass.
constitution de — : annuity purchase.
service de la — : annuity = pension payment.
titre de — : annuity bond.

rentier(e) *(m.) (f.)* : annuitant ; fund-holder.
— *à deux têtes* : joint annuitant.
— *par réversion* : contingent annuitant.
— *viager* : life annuitant.

réparateur *(m.)* : repairer.
— *agréé = conventionné [A] [FR]* : approved = selected repairer [MV].

réparation *(f.)* : compensation (1) ; repair (2).
— *civile* : compensation.
— *du dommage* : compensation for loss = damage.
en cours de — : under repair.

répartition *(f.)* : allotment ; apportionment ; distribution.
— *des bénéfices* : profits distribution.
— *des existences* : distribution of values.
— *des risques* : spreading of risks.
— *du sinistre (entre co-assureurs)* : loss apportionment.
système de la — *[V] [FR]* : assessment system = pay-as-you-go-system [L].

répertoire *(m.)* : registration.
frais de — : registration fees.

report *(m.)* :
— *d'excédent [I]* : carrying forward of excess portion (of coverage) = off-setting of underinsurance [F].
— *de primes [M]* : premium reserve.

reprise *(f.)* :
— *d'un contrat* : ** switching [USA] = twisting [USA] = transfer.
— *du passé* : retroactive = prior acts coverage.
— *de portefeuille = entrée [RE]* : assumption of portfolio = portfolio return.

réseau *(m.)* **d'eau municipal** : public water supply.

réserve *(f.)* : fund ; reserve.
— *pour bénéfices à distribuer* : reserve for undistributed profits.
— *brute* : gross reserve.
— *cachée = implicite = tacite* : undisclosed reserve.
— *de capitalisation* : reserve for depreciation

of securities.
— *pour éventualités diverses* : contingency reserve.
— *excédentaire* : surplus reserve.
— *pour impôts* : reserve for taxes.
— *pour imprévus = pour catastrophes* : free = catastrophe reserve.
— *initiale* : initial reserve.
— *légale* : legal reserve.
— *libre* : voluntary reserve.
— *mathématique à l'inventaire* : policy reserve = net liability (in balance sheet).
— *mathématiques [V]* : life fund [L].
— *nette* : net reserve.
— *de participation* : dividend reserve.
— *pour primes non acquises* : reserve for unearned premiums.
— *prospective [V]* : prospective reserve [L].
— *pour ré. cédées* : reserve for re. ceded.
— *rétrospective [V]* : retrospective reserve [L].
— *pour risques en cours* : reserve for unexpired risks.
— *pour risques croissants* : reserve for increasing risks.
— *pour sinistres* : claim = loss reserve.
— *pour sinistres en suspens* : reserve for outstanding claims.
— *pour sinistres restant à régler* : reserve for claims admitted but not paid = for pending claims.
— *pour sinistres survenus mais non déclarés [RE]* : incurred but not reported claims reserve.
— *statutaire* : statutory reserve.
— *technique* : technical = underwriting reserve.
— *de vieillissement* : reserve for increasing age.
constituer des —*s* : to build up reserves.
fonds de — : reserve fund.
réserve *(f.)* **d'eau** : water supply.
réserves *(f. pl.).* : reserves ; reservations.
sous toutes — : without prejudice.
faire des — : to make reserves.
réservoir *(m.)* : tank.
— *d'amorçage* : priming tank.
— *d'aspiration* : suction tank.
— *d'eau* : water tank.
— *d'expansion* : pressure equilibrating tank.
— *intermédiaire* : break tank.
— *tampon* : cushion tank.
résiliable a. *(m.) (f.)* : cancellable.
— *annuellement* : yearly cancellable.
non — : non-cancellable.

résiliation *(f.)* : cancellation.
— *à effet rétroactif* : retrospective cancellation.
— *annuelle* : annual cancellation.
— *après sinistre* : cancellation following loss.
— *pour ordre* : protective cancellation.
— *prorata temporis* : pro rata cancellation.
— *selon barème à court terme* : short rate cancellation.
avis de — : notice of cancellation.
délai de — : period for cancellation.
droit = faculté de — : right of cancellation.
préavis de — : prior notice of cancellation.
résilié(e) *(m.)* a. *(f.)* : cancelled.
résilier (v.) : to cancel ; to terminate.
résolutoire a. *(m.) (f.)* : cancelling.
clause — *annuelle* : annual cancellation clause.
responsabilité civile *(f.)* : legal liability ; public liability.
— — *absolue* : strict liability.
— — *en circulation [A] [FR]* : legal liability in use [MV].
— — *hors circulation [A] [FR]* : legal liability not in use [MV].
— — *du commettant = subsidiaire* : contingent liability.
— — *pour compte d'autrui* : vicarious liability.
— — *conjointe et solidaire* : joint and several liability.
— — *contractuelle* : contractual liability.
— — *croisée* : cross liability.
— — *décennale [FR]* : decennial liability.
— — *délictuelle = quasi-délictuelle = extra contractuelle* : liability arising from negligence = liability in tort.
— — *de l'employeur* : employer's liability.
— — *incendie [FR]* : fire public liability.
— — *locative [I] [FR]* : tenant's liability [F].
— — *partagée = solidaire* : joint liability.
— — *passagers [AV]* : legal liability to passengers.
— — *personnelle* : personal legal liability.
— — *présumée = de fait* : admitted liability.
— — *présumée = objective = causale = de plein droit* : absolute = strict liability [USA].
— — *non-présumée = relative* : non-absolute liability.
— — *produits = produits livrés* : products liability.
— — *professionnelle* : professionnal liability.
— — *propriétaire d'immeuble* : landlord's liability.
— — *reconnue* : admitted liability.
— — *in solidum* : joint and several liability.
— — *vis-à-vis des tiers* : third party = public =

Lexicon : french - english/american

legal liability.
— — *après travaux* = *après livraison* : completed operations [USA] = completed construction and installation works [USA] : liability after completion of work.
— — *à raison du vice caché* : non negligent liability.
ass. — — *complémentaire et excédentaire* : umbrella liability ins. [USA].
ass. — — *décennale [FR]* : ** contractor's guarantee ins.
ass. — — *entreprise* = *travaux* = *exploitation* : general public = premises and operations liability ins. [USA].
ass. — — *obligatoire des véhicules terrestres à moteur* : ** road traffic act ins. [UK] = compulsory motor = automobile act ins.
ass. — — *professionnelle* : professional indemnity ins. = errors and omissions ins. [USA].
ass. *rétroactive de* — — : retroactive liability ins.
engager sa — : to incur liability.
police — — *étendue* = *générale* : commercial general liability policy [USA] = package liability policy [USA].

responsable *(m.) (f.)* **(d'un dommage)** : party liable.

responsable a. *(m.) (f.)* : liable.
civilement — : liable at law.
conjointement — : jointly liable.
être — : to incur liability.
individuellement = *séparément* — : severally liable.

résultats *(m. pl.)* : results.
— *techniques* : underwriting results.
état des — : statement of income (and expenses)

rétention *(f.)* : retention ; retainage.
— *nette [RE]* : net retention.
— *de premier degré [RE]* : underlying retention.
— *des sinistres [RE]* : loss retention.
capacité de — : retention capacity.
droit de — *[M]* : lien.
part de — : retainage line.
plein de — *[RE]* : retention limit = line.
propre — : self-retention.

retenue *(f.)* : deduction.
— *sur salaire* : salary deduction.

réticence *(f.)* : concealment ; non-disclosure.

retirement *(m.)* : removal.
frais de — *(d'épave) [M]* : removal of wreck expenses.

retombée *(f.)* **[RE]** : fall out.

retrait *(m.)* : retiring ; withdrawal ; recall.
— *d'agrément* : withdrawal of authorization.
— *de circulation* : lying up.
— *de portefeuille [RE]* : withdrawal of portfolio.
— *de produit* : product recall.

retraite *(f.)* **+ régime** : pension ; retirement ; superannuation.
— *anticipée* = *pré-retraite* : early retirement.
— *différée* : deferred = delayed = late = postponed retirement.
— *directe* : actual = effective pension.
— *du personnel* = *des membres du personnel* : staff pension.
— *professionnelle* : occupational pension.
— *de réversion* : joint and survivor's pension.
— *de vieillesse* : old-age pension.
ass. — : old-age pension ass. = pension ass.
caisse de — *des employés* : staff pension fund.
régime de — *par capitalisation* : funded pension plan.
régime de — *par répartition [FR]* : pay-as-you-go pension plan.
rente de — : pension annuity.

retraité(e) *(m.) (f.)* : retiree.

rétroactivité *(f.)* : retroactivity.

rétrocédante *(m.) (f.)* **[RE]** : retrocedant ; retroceding insurer.

rétrocédant(e) a. *(m.) (f.)* : retroceding.
compagnie —*e [RE]* : retroceding company.

rétrocéder (v.) **[RE]** : to retrocede.

rétrocession *(f.)* : retrocession.
— *de commission* : commission sharing = split.
— *en participation [RE]* : quota-share retrocession.

rétrocessionnaire *(m.) (f.)* **[RE]** : retrocessionnaire.

revalorisation *(f.)* : revaluation.

revaloriser (v.) : to revalue.

revenu *(m.)* : income ; revenue.
— *annuel* ; yearly revenue.
— *brut* : gross income.
— *familial* : family income.
— *des fonds placés* : investment revenue.
— *financier* : investment income.
— *imposable* : taxable income.
— *locatif* : rental income.
impôt sur le — : income tax.

réversibilité *(f.)* : reversion.
— *conditionnelle [V]* : contingent reversion [L].

réversion *(f.)* **[V]** : reversion [L].

révisable a. *(m.) (f.)* : adjustable.
police à prime — [I] : stock declaration policy [F] = reporting policy [USA].
prime — : adjustable premium.

révision *(f.)* : revision.
— *de la prime* : revision of premium.
taux de — : adjustment rate.

rideau *(m.)* **[I]** : curtain [F].
— *coupe-feu* : fire curtain.
— *d'eau* : drencher = water deluge = water curtain.
— *métallique pare-flammes* : fire resisting metal shutter.

risque *(m.)* **(1)** : hazard ; line [USA] ; exposure [USA] ; peril ; risk.
— *d'abordage [M]* : collision risk.
— *accepté* : accepted = underwritten risk.
— *accepté à titre commercial* : accomodation = oblige line.
— *d'accident* : accident hazard.
— *aggravé* : increased risk.
— *d'allège [M]* : lighter = craft risk.
— *analogue = de même nature = assimilé* : kindred risk.
— *anormal = de qualité inférieure* : abnormal = sub-standard = under average risk.
— *assurable* : assurable [L] = insurable risk.
— *atomique = de désintégration atomique* : atomic risk = risk of atomic desintegration.
— *de chargement [M]* : loading risk.
— *climatique [ACC] [V]* : climatic risk [L].
— *commercial* : commercial = mercantile = trade risk.
— *conservé* : retained risk.
— *courant = ordinaire* : run-of-the-mill risk.
— *en cours* : risk in force.
— *couvert = garanti* : risk covered.
— *de cumul* : accumulation risk.
— *de développement* : development risk.
— *dynamique = évolutif* : dynamic risk.
— *économique* : economical risk.
— *effectivement couru* : risk actually incurred.
— *d'entreprise* : business = entrepreneurial risk.
— *d'escale [M]* : call risk.
— *évolutif = dynamique* : dynamic risk.
— *exclu* : excluded = excepted risk.
— *fortuit = aléatoire* : fortuitous risk.
— *de groupe = à l'échelon du groupe* : corporate risk.
—*s de guerre [M]* : war perils.
—*s de guerre et de mines [M]* : war and mine perils.
— *financier* : financial risk.
— *imprévisible* : unsystematic risk.
— *inassurable* : unassurable [L] = uninsurable risk.
— *indirect [I]* : consequential loss [F].
— *d'insolvabilité commerciale* : commercial insolvency risk.
— *interdit* : prohibited risk.
— *d'interruption d'exploitation [I]* : interruption risk [F].
— *locatif [I] [FR]* : tenant's liability risk [F].
— *de magasin [M]* : warehouse risk.
—*s maritimes* : sea riks = marine perils.
—*s = fortunes de mer* : perils of the sea.
— *monétaire* : exchange risk.
— *moral = subjectif* : moral hazard.
— *de mortalité* : mortality risk.
— *de navigation [M]* : navigation risk.
— *non couru* : unexpired risk.
— *nucléaire* : nuclear risk.
— *physique = objectif = matériel* : physical = material hazard.
— *de pointe* : target risk.
— *politique* : political risk.
— *de pontée [M]* : deck cargo risk.
— *de port [M]* : harbour = port risk.
— *de poulinage = de mise bas* : foaling risk.
— *professionnel* : occupational hazard.
— *propre* : risk for own account.
— *pur* : pure risk.
— *de quai [M]* : quay risk.
— *rejeté = refusé* : declined = rejected risk.
— *répétitif* : recurring risk.
— *résiduel* : residual risk.
— *saisonnier* : seasonal risk.
— *de séjour à terre [M]* : shore risk.
— *au sol [AV]* : ground risk.
— *spéculatif* : speculative risk.
— *stable* : systematic risk.
— *statique* : static risk.
— *subjectif* : subjective risk.
— *technologique* : technological risk.
acceptation du — : risk acceptance = assumption.
analyse de — : risk analysis.
antécédents de — : risk experience.
appréciation du — : risk assessment.
auto-financement de — : risk funding.
capital en — := montant assuré : amount at risk.
cartographie du — : risk map.
catégorie de — : hazard = risk classification.
contrôle des —s : hazard = risk control.
coût du — : cost of risk
découverte du — : risk discovery.
éléments du — : risk factors.
élimination de — : risk elimination.
évaluation de — : risk evaluation = assessment.
exposition au — : risk exposure.
financement de — : risk financing.

Lexicon : french - english/american

gestion de —s : risk management.
gestionnaire de —s : risk manager.
hors — : off risk.
identification des —s : risk identification.
ingénierie des —s : risk engineering.
mesure des —s : risk measurement.
non encore en — : no risk = not on risk = not at risk.
partage de — : risk sharing.
preneur de — : risk taker.
prise d'effet du — : attachment = commencement of risk.
quantification des —s : risk quantification.
reconnaissance des —s : risk recognition.
réduction des —s : risk reduction.
répartition des —s : risk spreading.
réserve pour —s : risk reserve.
rétention de — : risk retention.
sélection de — : risk selection.
situation du — : risk location.
supporter un — : to carry a risk.
transfert de — : risk transfer.

risque *(m.)* **(2)** : life ; line [USA] ; risk.
— *aggravé [V]* : impaired risk [L].
— *en chômage* : silent = stacked risk [USA].
— *commun [I]* : adjoining = communicating risk [F].
— *concentré [I]* : concentrated risk [F].
—s *contigus [I]* : adjoining risks [F].
— *difficilement plaçable* : hard-to-place risk.
— *direct [I]* : property = physical damage [USA] [F].
— *à étages [I]* : storied risk [F].
— *exceptionnellement important* = *géant* : jumbo risk [USA].
— *hautement protégé* = *à protection renforcée [I]* : highly protected risk [F].
— *mal tenu* = *en désordre [I]* : untidy risk [F].
— *mauvais* : under average = poor risk.
— *moyen* : average risk.
— *normal* = *classique* : normal = common = standard = run-of-the-mill risk.
—s *normaux [V]* : normal lives [L].
— *ordinaire* : ordinary risk.
— *avec pluralité d'occupation* : omnibus risk [USA].
—s *sélectionnés [V]* : select lives [L].
— *simple* = *ordinaire [I] [FR]* : simple risk (non industrial) [F].
— *situé à...* = *situation du risque* : building located at... = risk location.
— *«sprinklé»* = *protégé par extincteurs automatiques à eau [I]* : sprinklered risk [F].
—s *tarés [V]* = *aggravés [V]* : under average = impaired = sub-standard lives = risks [L].
— *totalement placé* : full signed line.
— *très élevé* = *de pointe* = *grand —* : peak risk : target risk.
— *de voisinage [I]* = *adjacent [I]* : neighbouring risk = exposure hazard.
bon — : good life [L] : preferred risk.
concentration des —s : risk concentration.
par — : any one risk.
petit — [ACC] : minor risk.
prime de — [V] : risk premium [L].
tenue du — : housekeeping.

risque *(m.)* **(3)** : line [USA] ; peril ; risk.
—s *accessoires* = *annexes [I]* : extra = special perils = allied lines [USA] [F].
— *«direct»* = *aux tiers [A]* : third party risk [MV].
—s *divers* : miscellaneous risks = casualty business [USA].
— *industriel [I]* : industrial risk [F].
— *de longue durée [LL]* : long tail business.
— *marginal* : border line risk.
—s *mixtes maritimes et terrestres* : mixed sea and land risks.
— *des particuliers* : household risk : personal lines [USA].
— *«à refuser»* : «keep off» risk.
— *réservé* : risk for which rates are fixed by head office.
— *sélectionné* : selected risk.
— *terrestre* : non marine = land risk.
ass. —s *spéciaux* : contingency ins.
premier — : first loss.
premier — absolu [FR] : first loss applicable to burglary coverage (not subject to average).
premier — conditionnel [FR] : first loss applicable to burglary coverage (subject to average).
tous —s *[ACC] [A]* : all risks = comprehensive [MV] = floater [USA] = all in (clusive) [USA].

risque *(m.)* **(4) [I]** : ** classification [F].
— *(classe de construction)* : classification of construction.

ristourne *(f.)* : refund [USA] ; return.
— *de commission* : return of commission.
— *de droit* = *convenue* : agreed return.
— *de mise en rade* = *de désarmement [M]* : lay up return = refund [USA].
— *pour non prise d'effet* : return for non-attachment.
— *pour non sinistre* : no claim bonus.
— *de prime* : return of premium = premium refund.
— *pour résiliation* : cancelling return.
sans bénéfice de — : forfeiture of premiums.

ristourner (v.) : to return.

robinet *(m.)* **d'incendie armé [FR]** : fire hydrant with hose and nozzle connected =

hose reel cabinet = hose station [USA].

ronde *(f.)* : round.
— *contrôlée = pointée* : recorded round = watch.
contrôleur de — : watchman station.

rondier *(m.)* : watchman.

roulage *(m.)* **[M]** : roll-on/roll-off.

roulier *(m.)* **[M]** : roll-on/roll-off ship.

roussissement *(m.)* : scorching.
dommage par — : damage by scorching.

rupture *(f.)* : breach.
— *de contrat* : breach of contract.

R

Termes	Traduction

sabotage *(m.)* : sabotage.

saisie *(f.)* **[M]** : seizure.
— *exécution* : seizure by court.

saisir (v.) :
— *une compagnie [FR]* : to ask a company to quote.
— *un expert* : to appoint an adjuster.

salaire *(m.)* : salary ; wages.
—*s et appointements* : salaries and wages.
— *de base* : basic wages.
— *moyen* : average earning.
— *de référence* : standard wage = referring salary.
ass. des —s suivant la double option [I] : dual basis method of wages ins. [F].
déclaration de —s : wages statement = declaration.
pourcentage de —s [I] : rate of wages [F].

santé *(f.)* : health.
ass. — : health ins. [USA] = health benefits ins. [USA].
ass. — à garantie viagère : permanent health ins. [USA].
certificat de — : health certificate = evidence of health.

sapeur-pompier *(m.)* : fire fighter ; fireman.
— *permanent* : permanent fireman.
— *volontaire = non professionnel* : voluntary fireman.
équipe de —s = de sécurité : fire brigade.

s'assurer (v.) : to take out insurance.

satellite *(m.)* **+ vie** : satellite
ass. dommages du — à terre : satellite ground property ins.
ass. vie en orbite du — : satellite life in orbit ins.

sauvegarde *(f.)* : conservation.
— *des biens* : property conservation.

sauvetage *(m.)* : rescue ; salvage.
— *des épaves [M]* : salvage of wreckage.

— *et récupération sur sinistres* : salvage and loss recoveries.
équipe de — : rescue team.
frais de — [M] : salvage costs.
matériel de — : rescue equipment.
opération de — : rescue work.
procédés de — : rescue methods.
valeur de — : salvage value.
zone de — [M] : rescue path.

savoir-faire *(m.)* : know-how.

schéma *(m.)* **de fabrication = de principe** : flow sheet.

seau-pompe *(m.)* **[I]** : water-bucket [F].

secours *(m.)* : emergency.
— *mutuel* : fraternal benefit.
caisse de — mutuels : fraternal fund.
centre de — [I] : approved fire brigade [F].
combinaison de — : emergency suit.
échelle de — : emergency ladder = staircase.
éclairage de — : emergency lightning.
escalier de — : fire stairs.
moyens de premier — [I] : emergency fire fighting equipment [F].
moyens de — [I] : fire fighting equipment [F].
société de — mutuels : benefit = friendly = mutual aid = fraternal society [USA].
sortie de — : emergency exit = fire escape.

secteur *(m.)* : sector ; ** market.
— *libre [AV]* : free market.
— *nationalisé [FR]* : nationalized market.
— *obligatoire [AV]* : non-free market.
— *privé [FR]* : proprietary market (privately owned companies).

«sécu» [FR] (sécurité sociale) : social security.

sécuritaire a. *(m.)* *(f.)* : secure.

sécurité *(f.)* : safety.
— *du travail* : occupational safety.
ingénierie de — : property loss control = safety engineering.
responsable de la — : safety manager.

Lexicon : french - english/american

sécurité sociale *(f.)* : social security.
sélection *(f.)* : selection.
— *anti-—* : anti-selection = adverse = counter selection.
«semi-léger»(e) a. *(m.) (f.)* **[I]** : sub-standard [F].
— *matériau —* : sub-standard building material.
sentence *(f.)* : award.
— *d'arbitrage* : arbitration award.
séparation *(f.)* **[I]** : division ; partition [F].
— *coupe-feu* : fire division = wall.
— *mur de —* : partition = dividing wall.
service *(m.)* : department.
— *accidents* : casualty department.
— *des eaux* : water works.
— *incendie* : fire department.
— *d'incendie = de sécurité-incendie* : fire brigade = fire organization.
— *de production* : new business = underwriting department.
— *des sinistres* : claims department.
services *(m. pl.)* **[V]** : services [L].
— *futurs* : current = future service.
— *passés* : past = prior service.
— *validables* : pensionable service.
siège social *(m.)* : head office ; home office.
sinistralité *(f.)* : total loss experience.
— *escomptée* : loss expectancy.
— *probable* : loss probability.
— *état de la —* : claims status.
— *facteur de —* : experience modifier.
— *neutralisation de la —* : claims forgiveness.
— *prévision de —* : loss trending.
sinistré(e) *(m.) (f.)* : injured person ; sufferer.
sinistré(e) a. *(m.) (f.)* : burnt [F] ; damaged [ACC] ; lost.
sinistre *(m.)* : claim ; damage ; loss ; casualty [M] [USA].
— *accepté = reconnu* : admitted claim.
— *par année de compétence [RE]* : underwriting year claim.
— *de commission (sur vente ou affrètement espéré) [M]* : loss of commission (on expected sale or freighting).
— *au comptant [RE]* : cash loss.
— *courant = ordinaire* : run-of-the-mill claim.
— *s en cours = en suspens* : outstanding claims.
— *encouru = subi = réalisé* : incurred claim.
— *important = grave* : shock loss.
— *limite = marginal* : border line claim.
— *majeur [M]* : major = heavy loss = major casualty.
— *maximum possible [I]* : maximum possible loss [F].
— *maximum prévisible [I]* : maximum foreseeable loss [F] [USA].
— *maximum probable [I]* : probable maximum loss [F].
— *net définitif [RE]* : ultimate net loss.
— *non-contesté* : claim not resisted.
— *partiel* : partial loss.
— *payable à l'étranger* : claim payable abroad.
— *payé* : claim paid.
— *possible = prévisible* : expected claim.
— *précédent = antérieur* : previous loss.
— *au premier franc* : ground-up loss.
— *raisonnablement escomptable [I]* : probable maximum loss [F].
— *(s) non déclaré(s)* : unreported claim(s).
— *s réglés = payés* : losses paid.
— *s répétitifs = sériels* : recurring claims.
— *s restant à régler* : claims admitted but not paid.
— *s survenus mais non déclarés [RE]* : incurred but not reported claims.
— *en suspens* : pending claim.
— *tardif* : belated claim.
— *total* : total loss.
bordereau informatique des —s : loss run = claims bordereau.
déclaration de — : claim report.
fonds de règlement des —s : claims settlement fund.
par — : any one claim.
petit — = — bénin : minor = petty loss.
rapport des —s aux primes : loss ratio.
rapport —s prévus à primes escomptées : expected loss ratio.
réduction de la gravité des —s : loss reduction.
règlement des —s : claims settlement.
sans — : claim free.
sous réserve de — connu : no known loss.
situation *(f.)* : location ; situation.
— *familiale* : social = marital status.
— *la plus importante* : peak location.
— *du risque* : risk location.
«slip» [LL] : fiche de souscription ; ** proposition.
sociétaire *(m.) (f.)* **[FR]** : member of and insured by a mutual society.
société *(f.)* : company ; firm ; society.
— *par actions = anonyme* : joint-stock = stock company [USA].
— *affiliée = filiale* : affiliated = subsidiary company.

246

— *d'ass. mutuelle* : mutual benefit ins. society.
— *de classification [M]* : classification society.
— *de collecte [V]* : collecting society [L].
— *de courtage* : broking firm.
— *à forme mutuelle [FR]* : ** deposit premium mutual.
— *à forme tontinière [V]* : tontine company [L].
— *du franc au décès [V] [FR]* : friendly burial society [L].
— *d'investissement à capital variable* : unit trust = mutual fund [USA].
— *mère* : parent company.
— *de placement* : investment trust.
— *de portefeuille* : holding company.
— *de prévoyance* : provident society = employee benefits company.
— *de secours mutuels [V]* : benefit = friendly = mutual aid = fraternal society [USA].
— *sœur* : sister-company.

soins *(m. pl.)* : care.
— *médicaux* : medical care.
matériel de premiers — : first-aid equipment.
poste de premiers — = de secours : first-aid centre.
premiers — : first-aid.

sol *(m.)* **[AV]** : ground.
au — = à terre : on the ground.
cloué au — : grounded.
couverture au — : ground coverage.
maintien au — : grounding.
risque au — : ground risk.

solde *(m.)* : balance.
— *actif* : positive balance.
— *de compte* : balance of account.
— *créditeur* : credit balance.
— *débiteur* : debit balance.
— *débiteur des affaires nouvelles* : new business strain.
— *passif* : negative balance.
— *à reporter = à nouveau* : balance carried forward.

solvabilité *(f.)* : solvency.
contrôle de la — : solvency test.
marge de — : solvency margin.
taux de — : solvency rate.

somme *(f.)* : sum.
— *assurée* : sum insured = principal sum.
— *globale = forfaitaire* : lump = flat sum.
— *en risque [V]* : amount at risk.
— *en risque au moment du décès [V]* : death strain [L].
— *totale* : total sum

sortie *(f.)* : exit.
— *anormale [V]* : abnormal exit [L].

— *normale [V]* : normal exit [L].
— *de portefeuille [RE]* : withdrawal of portfolio.
— *prématurée [V]* : early exit [L].
âge à la — [V] : age at exit [L].
panneau indicateur de — : exit sign.

source d'eau *(f.)* **[I]** : water supply [F].
— — *automatique* : automatic water supply.
— — *inépuisable* : city = inexhaustible water supply.

sous-agence *(f.)* : sub-agency.

sous-agent *(m)* : sub-agent.

sous-assurance *(f.)* : under-insurance.

sous-assurer (v.) : to under-insure.

souscrip(teur) (trice) *(m.) (f.)* **(1)** : underwriter ; writer.
— *apériteur* : lead = leading underwriter.
— *direct* : direct writer.
—*s du Lloyd's* : Lloyd's underwriters = «Names».
agent — : underwriting agent.
membre — [LL] : underwriting member.
membre non- — [LL] : non-underwriting member.

souscrip(teur) (trice) *(m.) (f.)* **(2)** :
souscripteur (assuré) [FR] : policyholder.

souscription *(f.)* : subscription ; transacting ; underwriting ; writing.
— *commune* : joint underwriting.
— *déficitaire* : underwriting in the red.
— *directe* : direct writing.
— *financière* : cash-flow underwriting.
— *non sélectionnée = sans sélection* : unselective underwriting.
— *sélectionnée = avec sélection* : selective underwriting.
agence de — : underwriting agency.
bénéfice de — : underwriting profit.
compagnie à — directe : direct writing company.
compte de — : underwriting account.
perte de — : underwriting loss.
plein de — : underwriting limit = line.

souscrire (v.) : to subscribe ; to transact ; to underwrite ; to write.
— *une assurance* : to write an ins. = to take out ins.
— *au rabais* : to undercut the rates.

sous-mortalité *(f.)* **[V]** : lower mortality [L].

sous-tarifé(e) *(m.) (f.)* : under-rated.

sous-tarifer (v.) : to undercut the rate ; to under-rate.

sous-tarification *(f.)* : under-rating.

Lexicon : french - english/american

«sprinklé» (ou mieux : protégé) [I] : sprinklered [F].
risque — (protégé par extincteurs automatiques à eau) : sprinklered risk.
risque non — (non protégé par extincteurs automatiques à eau) : unsprinklered risk.

sprinkleur *(m.)* **= extincteur automatique à eau + extincteur + installation** : sprinkler.
— *ancien modèle* : old-style sprinkler.
— *à déclenchement rapide et extinction précoce* : early suppression - fast response sprinkler.
— *décoratif* : ornemental sprinkler.
— *encastré* : recessed sprinkler.
— *à grande surface de protection* : extended coverage sprinkler.
— *à grand orifice* : extra-large orifice sprinkler.
— *à grosses gouttes* : large drop sprinkler.
— *d'habitation* : residential sprinkler.
— *intermédiaire = en casier* : in-rack sprinkler.
— *à ouverture-fermeture automatiques* : on-off sprinkler.
— *à temps de réponse bref* : quick-response sprinkler.
colonne montante de — : sprinkler riser.
installateur de — : sprinkler installer.
protecteur de tête de — : sprinkler head guard.
réseau d'extinction automatique à eau — : sprinkler system.
tête — calibrée : rated sprinkler head.
tête — = extinctrice = d'arrosage : sprinkler head.
tête — classique = courante = conventionnelle : standard = conventional sprinkler head.
tête — debout : upright sprinkler head.
tête — éclatée : fused sprinkler head.
tête — murale : side-wall sprinkler head.
tête — ouverte : open sprinkler head.
tête — pendante : pendant sprinkler head.
tête — à haut pouvoir de diffusion : spray sprinkler head.
vanne de — : sprinkler valve.

«sprinkleurisation» : à proscrire.

«sprinkleurisé» : à proscrire.

«sprinkleuriser» : à proscrire.

stage *(m.)* : probation.
délai de — [ACC] : qualifying period.

staries *(f. pl.)* **[M]** : lay-days.

station *(f.)* **d'eau** : water storage station.

statistique *(f.)*: experience ; record ; statistic.
— *accident* : accident record.
— *actuarielle* : actuarial statistic.
— *annuelle* : accident year experience.
— *des annulations* : cancellation statistic.
— *sans antécédents [A]* : clean (driving) record [MV].
— *de conduite [A]* : driving record [MV].
— *déficitaire* : adverse statistic.
— *incendie* : fire statistic = record.
— *du risque* : statistical experience of risk = past loss experience.
— *des sinistres = la statistique* : loss statistics = claims experience = record.

«stat.» = statistique : experience.

stipulation *(f.)* : provision ; stipulation.
— *pour compte d'autrui [FR]* : provision in favour of a third party.
— *particulière* : special provision.
sauf — contraire : unless provided to the contrary.

stock *(m.)* : stock ; supply.
— *final = en fin d'exercice* : closing stock.
— *initial = en début d'exercice* : opening stock.

stockage *(m.)* : storage.
— *de grande hauteur* : high rack storage.
— *sur palettes* : palletized storage.
— *tampon* : buffer storage.

«stop-loss» [RE] + excédent + traité : stop-loss.

subir (v.) : to incur ; to sustain ; to suffer ; to undergo.
— *une opération* : to undergo an operation.
— *une perte* : to incur a loss.

subrogataire *(m.)* : subrogee.

subrogation *(f.)* : subrogation.
— *contractuelle* : contractual subrogation.
— *de plein droit* : equitable subrogation.

subrogeant *(m.)* : subrogor.

«subséquente» *(f.)* **: + clause + période.**

subsidence *(f.)* : subsidence.

substance *(f.)* : substance ; matter.
— *explosive* : explosive substance.
— *inflammable* : flammable substance.
— *nocive* : harmful substance.
— *toxique* : toxic substance.

suicide *(m.)* **[V]** : suicide [L].
— *conscient = volontaire* : suicide while in a responsible state of mind = premeditated suicide.
— *inconscient* : suicide while in an irresponsible state of mind = unpremeditated suicide.
tentative de — : attempted suicide.

supercommission *(f.)* : overridder = overriding commission ; overwriting commission [USA].
— *[RE]* : overriding = profit commission.
— = *rappel de commission* : overriding = supplementary commission.

superficie *(f.)* : area.
— *développée* : total floor area.
ass. à la — *[I]* : ins. based on area [F].

surassurance *(f.)* : overinsurance.

surassuré(e) a. *(m.) (f.)* : overinsured.

surassurer (v.) : to overinsure.

surcommission *(f.)* : overriding commission ; overwriting commission [USA].

surélévation *(f.)* [I] : parapet [F].

surestaries *(f. pl.)* [M] : demurrage.
jours de — : extra lay-days = days of demurrage.

sûreté *(f.)* : security.
— *industrielle* : industrial security.
responsable de la — : security manager

surinvalidité *(f.)* [V] : excess disablement [L].

surmortalité *(f.)* [V] : excess mortality [L].

surprime *(f.)* : additional premium ; extra premium ; surcharge.
— *d'âge [M]* : additional premium for age = overage.
— *climatique* : extra premium for climatic risk.
— *forfaitaire* : flat extra premium.
— *de fractionnement* : additional premium for payment by instalments.
— *professionnelle* : extra premium for occupation.
— *de résidence à l'étranger* : extra premium for residence abroad.
— *de risque* : premium loading for abnormal risk.
— *tropicale* : extra premium for tropical residence.
accepté avec — : accepted at an extra premium.

surprimer (v.) : to charge an additional premium.

surtarifer (v.) : to rate up.

surtarification *(f.)* : rating up.

surveillance *(f.)* : control ; supervision ; watch.
— *du portefeuille* : claims control.
clause de — *[I]* : watchman clause [F].

survenance *(f.)* : occurrence.
— *du sinistre* : occurrence of loss.

survie *(f.)* [V] : survival ; survivorship [L].
ass. de — : survivorship ass. = survivors' ass. = contingent ass.
loi de — : law of mortality.
probabilité de — : probability of survival.
rente de — : contingent survivorship = reversionary annuity.
tables de — : expectation of life = survival tables.
taux de — : survival rate.

survivant(e) a. *(m.) (f.)* : surviving.
ass. au dernier — : last survivor's ass.
conjoint — : surviving spouse.

suspension *(f.)* : suspension.
— *de garantie* : suspension of cover = of guarantee.

système *(m.)* : method ; system.
— *de capitalisation [V]* : level premium method [L].
— *de répartition [V] [FR]* : assessment method = pay-as-you-go system [L].

S

Termes	Traduction

table *(f.)* **[V]** : schedule ; table [L].
— *agrégée* : aggregate table.
— *de commutation* : commutation columns.
— *de conversion* : conversion table.
— *de double élimination* : double decrement table.
— *d'élimination = d'extinction = de sortie* : decrement table = table of exits.
— *de morbidité* : sickness table.
— *de mortalité* : mortality = combined experience table.
— *de mortalité de rentiers* : annuitants' mortality table.
— *des poids et tailles* : weight and height table.
— *de mortalité d'assurés* : mortality table (assured lives).
— *PM = population masculine* : mortality table (males).
— *PF = population féminine* : mortality table (females).
— *de risques sélectionnés* : mortality table of selected lives.
— *de survie* : expectation of life = survival table.
— *ultime = finale* : ultimate table.

tableau *(m.)* : memorandum [M] ; schedule ; table.
— *de pleins* : table of limits = scale of limits = line guide [USA] = line sheet [USA].

tacite a. *(m.) (f.)* : tacit.
— *reconduction* : automatic = tacit renewal.
réserve — : undisclosed reserve.

taré(e) a. *(m.) (f.)* : impaired ; sub-standard ; under-average.
risques —s [V] : under-average = impaired lives [L].

tarif *(m.)* : manual of rates ; rate book ; tariff.
— *de base* : basic tariff.
— *«blanc» [I] = des risques simples [FR]* : simple risks tariff [F].
— *«bleu» [I] = des grands magasins [FR]* : department stores tariff [F].
— *échelonné* : graded = step rate tariff.
— *de faveur* : preferential tariff.
— *forfaitaire = fixe* : flat tariff.
— *global = général* : blanket tariff.
— *d'inventaire [V]* : valuation premiums [L].
— *de primes* : premium tariff.
— *de référence* : standard tariff.
— *«rouge» = des risques industriels [I] [FR]* : industrial tariff = manufacturers' schedule [USA] [F].
— *syndical = officiel* : tariff rate.
compagnie dite «au —» : tariff company.

tarifaire a. *(m.) (f.)* : + accord.

tarifer (v.) : to rate ; to tariff.

tarificateur *(m.)* : tariff clerk.

tarification *(f.)* : rating.
— *flotte [A]* : fleet rating [MV].
— *forfaitaire = fixe* : flat rating.
— *individuelle des risques* : individual risk rating
— *par lignes* : layer rating.
— *par zone* : zone rating.
— *personnalisée = selon la statistique* : experience = merit rating [USA].
— *personnalisée* : individual rating.
— *prospective = anticipée* : prospective rating.
— *sous réserve d'accord préalable* : prior approval rating.
— *des risques aggravés [V]* : rating of impaired lives [L].
— *subjective* : judgment rating.
bureau central de — [ACC] [FR] : ** rating bureau.
classe de — : rating class.
commission de — : tariff committee.

tarifiable a. *(m.) (f.)* : ratable.

tatouage *(m.)* :
— *automobile [A]* : security etching [MV].

taux *(m.)* : rate.
— *d'absentéisme* : absentee rate.

Lexicon : french - english/american

— *d'appel* : standard rate.
— *appelé* : rate presently paid.
— *selon appréciation = subjectif* : judgment rate.
— *de base* : basic rate.
— *du bâtiment [I]* : building rate [F].
— *brut* : gross rate.
— *de capitalisation [V]* : rate of accumulation [L].
— *de chute [V]* : lapse rate [L].
— *combiné* : composite rate.
— *de commission* : commission rate.
— *du contenu [I]* : contents rate [F].
— *contractuel* : agreed rate.
— *à court terme = pour période temporaire* : short rate = short date = short period rate [USA].
— *de départ* : primary rate.
— *selon les résultats* : equity rate.
— *de flambage [RE]* : burning cost.
— *forfaitaire* : flat rate.
— *de fréquence* : frequency rate.
— *garanti [RE]* : rate on line.
— *global* : blanket rate.
— *de gravité* : severity rate.
— *de gravité accidents* : accident severity rate.
— *d'incapacité* : injury rate.
— *d'incombustibilité* : fire resistance rate.
— *instantané de mortalité [V]* : force of mortality [L].
— *d'invalidité [ACC]* : disablement rate.
— *de mortalité [V]* : mortality rate [L].
— *de mortalité ajusté [V]* : graded mortality rate [L].
— *moyen* : average = combined rate [USA]
— *net* : net rate.
— *normal* : standard rate.
— *de prime* : rate of premium = premium rate.
— *de progression* : rate of dividend increase.
— *propre* : specific rate.
— *au rabais = dérogatoire* : cut = deviation rate [USA].
— *de rendement* : rate of return.
— *de révision* : adjustment rate.
— *de rotation (du personnel)* : turnover rate (of staff).
— *de sinistre* : loss = claim ratio.
— *du tarif* : book = manual = tariff rates.
calcul = établissement du — : rate making.
«casseur» de — : rate-cutter.
insuffisance de — : rate deficiency.
reduction de — : credit rate.

taxe *(f.)* : duty ; tax.
— *d'ass. = — unique d'ass.* : ins. tax = premium tax [USA].
— *des sapeurs-pompiers = de prévention incendie* : fire brigade charges.
— *à la valeur ajoutée* : value added tax.

tempête *(f.)* : storm.
—*s, ouragans, cyclones* : storm, tempest, hurricane.
ass. — : storm and tempest ins. = windstorm ins.
dégâts causés par la — : storm damage.

temporaire a. *(m.) (f.)* : short term ; temporary.
ass. — [V] : term ins. = short term ins. [L].
ass. — = à court terme : short period ins. = specific ins.
ass. — dégressive [V] : decreasing temporary ins. [L].
ass. — transformable [V] : convertible temporary ins. [L].

temps *(m.)* : time.
ass. à — [M] : time ins.

terme *(m.)* : date ; expiry = expiration quarter ; time.
à — échu : in arrears.
ass. à court — : short period ins. = specific ins.
ass. à — = à temps [M] : time ins.
ass. à — fixe [V] : fixed term ass. [L].
court — : short term.
jour de — = d'échéance : quarter day.
taux à court — : short term rate.

terrain *(m.)* : ground ; site.
— *bâti* : built-up site.
— *non bâti* : non built-up site.
— *sur — d'autrui* : on site belonging to others = to third parties = on leased ground.

terrestre a. *(m.) (f.)* : non-marine.
ass. — : non-marine ins. = non-life ins. = property and casualty ins. [USA].

terrorisme *(m.)* + **acte** : terrorism.

tête *(f.)* **(1) [V]** : head ; life [L].
— *assurée* : assured life.
— *féminine* : female life.
— *masculine* : male life.
ass. sur la — d'un tiers : ass. on the life of another.
sur deux —s = —s jointes : joint lives.
par — : per capita.

tête *(f.)* **(2) [I]** : head [F].
— *d'extincteur automatique = d'arrosage diffuseuse* : sprinkler head.

texte *(m.)* : wording.
— *de l'intercalaire* : special wording.

ticket *(m.)* : ticket.
— *modérateur* : compulsory retention (on State medical reimbursements).

252

ass. — : coupon ins.
police à — : coupon policy.

«tierce» a. *(f.)* **[A] [FR]** : own damage ; physical damage [MV] [USA].
— *«—» collision = dommages collision = dommages accident par collision* : own damage restricted to collision.
ass. «—» automobile = ass. dégâts accidentels subis = ass. corps de véhicule : own damage motor vehicle ins. = automobile physical damage ins. [USA] = accidental damage ins. [UK].

tiers *(m.)* : third party.
— *arbitre* : umpire.
— *bénéficiaire* : beneficiary third party.
— *blessé = accidenté = lésé* : injured third party.
— *expert* : umpire.
— *payant [FR]* : third party settling on account of insured = service ins.
— *responsable* : responsible third party = party at fault.
— *transporté* : third party passenger.
ass. «aux—» [A] [FR] : third party ins. [MV].

timbre *(m.)* : stamp.
droit de — : stamp duty.

titre *(m.)* : title ; deed.
— *de propriété* : deed of ownership.
—*s et valeurs* : valuable papers = deeds and securities.
ass. de — *de propriété* : title ins.

titulaire *(m.) (f.)* : holder.
— *de la police* : policy-holder.

tontine *(f.)* **[V] [FR]** : «bubble» company [USA] ; tontine ; tontine fund [L].

tontinier(e) a. *(m.) (f.)* **[FR]** : tontinelike.
méthode —*e* : tontinelike system.
société à forme —*e* : tontinelike society.

tornade *(f.)* : tornado.
ass. contre les —*s* : tornado ins.

tous risques [ACC] : all in(clusive) [USA] ; all risks ; floater [USA].
— — = *«tierce intégrale» [A] [FR]* : comprehensive = all in(clusive) = combination [USA] [MV].
— — *chantiers* : contractors' all risks = builders' all risks [USA].
— — *étendue [M]* : all risks whatsoever.
— — *flottante* : floater [USA].
— — *fourrures* : all risks furs ins. = furs floater ins. [USA].
— — *sports d'hiver* : comprehensive winter sports ins.
ass. — — *bijoux, objets d'art et de valeur* : all risks ins. on jewellery, works of art, valuables.

tous risques sauf = « tout sauf » : ** all risks (subject to named exclusions).

traité *(m.)* **[RE]** : treaty [RE].
— *affaires à l'étranger* : foreign = general foreign treaty.
— *affaires métropolitaines* : home treaty.
— *aveugle = sans bordereau* : blind treaty.
— *basse priorité = d'excédent de sinistre par risque* : working cover treaty.
— *de cession et d'acceptation* : inward and outward treaty.
— *d'excédent = de trop plein* : excess cover treaty.
— *en excédent de pleins* : surplus treaty.
— *en excédent de sinistres* : excess of loss treaty.
— *d'excédent de sinistres catastrophe = à haute priorité* : catastrophe excess of loss treaty.
— *des excédents de pourcentages de sinistre* : excess of loss ratio treaty.
— *facultatif = de ré. facultative* : facultative treaty = facultative re. treaty.
— *facultatif obligatoire = facob* : facultative obligatory treaty.
— *ouvert semi-obligatoire* : open treaty = cover.
— *monde entier* : world-wide treaty.
— *en participation* : participating treaty.
— *en premier excédent* : first surplus = first line treaty.
— *en quote-part* : quota-share treaty.
— *de réciprocité* : reciprocal treaty.
— *sans réciprocité* : automatic treaty.
— *de ré. obligatoire* : obligatory re. treaty.
— *de rétrocession* : retrocession treaty.
ensemble de —*s* : bouquet of treaties.

traitement *(m.)* : treatment.
— *de l'information* : data processing.
— *de risque* : risk treatment.

trajet *(m.)* **+ accident.**
— *travail [A] [FR]* : drive to work [MV].

tranche *(f.)* : layer ; line ; bracket.
— *d'âge* : age bracket.
— *de salaire* : salary bracket = wage segment.
— *de garantie exposée [RE]* : working cover.

transconteneur *(m.)* **[M]** : transcontainer.

transfert *(m.)* : transfer.
— *de portefeuille* : portfolio transfer.
— *de risque* : risk transfer.

transport *(m.)* : transit ; transport ; transportation [USA].
—*s en commun* : public transportation.
—*s fluviaux* : inland waterway transit.

Lexicon : french - english/american

— *intérieur* : domestic = internal transport.
— *maritime* : marine transit.
— *public de marchandises [A] [FR]* : public goods carrying = transport [MV].
— *public de voyageurs [A] [FR]* : public passenger carrying = transport [MV].
— *rail - route* : piggyback transit.
— *terrestre* : inland transport.
ass. — d'espèces : cash in transit ins.
ass. — de valeurs : securities in transit ins.
en cours de — : in transit.

transporteur *(m.)* : carrier ; haulage contractor.
— *public* : common = contract carrier.
— *en vrac = vraquier [M]* : bulk carrier [M].

travail *(m.)* : work.
— *manuel* : manual work.
— *mécanique du bois [I]* : mechanical wood working [F].
— *par points chauds [I]* : welding and flame cutting work [F].
accident de — : industrial accident = accident at work = occupational accident.
ass. accidents de — : workers' compensation ins.
journée de — : working day.

travaux *(m. pl.)* **en cours** : work in progress.

tremblement *(m.)* **de terre** : earthquake.
ass. contre les — : earthquake ins.

triplement *(m.)* **[V]** : multiple indemnity [L] [USA] ; triple benefits [L] ; triple indemnity [L] [USA].

trou *(m.)* **de garantie** : gap in coverage.

trouble *(m.)* : disturbance.
— *de jouissance [l]* : disturbance of possession [F].

tuyau *(m.)* : hose.
— *d'aspiration* : suction hose.
— *d'incendie* : fire hose.
— *de refoulement* : delivery hose.
dévidoir à — : hose reel.
placard = réserve à — x : hose cabinet.
porte —x : hose strap.

T

Termes	Traduction

unité *(f.)* :
— *de compte* : currency unit.

usage *(m.)* : use ; utilization.
— *affaires ou commerce [A]* : ** social, domestic, pleasure and business or trade purposes [MV].
— *affaires = déplacements professionnels [A]* : business use [MV].
— *déplacements professionnels occasionnels = «missions» [FR] [A]* : occasional business use [MV].
— *de faux* : use of forged = falsified documents.
— *promenade = déplacements privés [FR] [A]* : ** social, domestic and pleasure purposes [MV].
— *promenade-trajet [FR] [A]* : ** social, domestic and pleasure purposes and way to and from work [MV].
— *transport public de marchandises [A]* : public carriage of goods purposes [MV].
— *transport public de voyageurs [A]* : public transport of passenger purposes [MV].
catégorie d'— [A] : class of use [MV].
valeur d'— : utilization value.

usure *(f.)* : wear and tear.
— *normale* : normal wear and tear.

U

Termes	Traduction

valeur *(f.)* : value.
— *d'actif* : assets value.
— *à l'achèvement* : completed value = completion value.
— *actuarielle* : actuarial value.
— *actuelle* : present value.
— *affective = subjective* : sentimental = affection value.
— *agréée* : agreed = admitted value.
— *après (sinistre)* : value after loss.
— *d'ass.* : ins. value.
— *d'ass. [I]* : actual cash value [F].
— *assurable* : insurable value.
— *assurée* : insured value.
— *avant (sinistre)* : value before loss = sound value.
— *de base* : basic value.
— *à la casse [M]* : break up value.
— *comptable* : book value.
— *comptable nette (de titres)* : amortized value.
— *au comptant [V]* : cash value [L].
— *contributive [M]* : contributory value.
— *corporelle* : tangible value.
— *corps [M]* : hull value.
— *à la cote =* ** «*Argus*» *[FR] [A]* : current list value [MV].
— *à l'échéance [V]* : maturity value [L].
— *effective* : actual = true = real value.
— *d'épave = résiduelle = de rebut* : scrap = junk value [USA].
— *escomptée* : discount = commuted value.
— *estimative = d'estimation* : estimated value.
—*s = existences en risque* : values at risk.
—*s garanties de réduction et de rachat [V]* : non-forfeitures values [L].
— *incorporelle* : intangible value.
— *intrinsèque* : intrinsic value.
— *de libération* : free policy value.
— *locative [I]* : rental value [F].
— *de nantissement* : loan value.
— *à neuf* : value as new = new value = reinstatement value [USA].
— *nominale* : nominal = face = par value.
— *d'occasion* : secondhand value.

— *du point [FR] [V]* : point value [L].
— *de rachat [V]* : surrender value [L].
— *de rachat au comptant [V]* : cash surrender value [L].
— *de réalisation* : realization value.
— *de reconstruction vétusté déduite [FR] [I]* : replacement value less an allowance for wear and tear [F].
— *de réduction [V]* : paid-up value [L].
— *réelle* : true value.
— *de référence* : base = referring value.
— *de remboursement* : redemption value.
— *de remplacement dépréciée [I]* : depreciated replacement value [F].
— *de remplacement à neuf [I]* : full replacement = new replacement value [F].
— *de remplacement au cours du jour = de remplacement au jour du sinistre [I]* : current replacement value [F].
— *de remplacement vétusté déduite [I]* =
— *de la rente en capital [V]* : capitalized value of the annuity [L].
— *de rente [V]* : annuity value [L].
— *de sauvetage* : salvage value.
— *totale* : full value.
— *totale en risque = des objets assurés* : total value at risk.
— *d'usage* : utilization value.
— *vénale* : market value.
— *vénale [A]* : actual cash value [MV].
— *vénale avant l'accident* : pre-accident market value.
— *vénale étalon* : standard market value.
— *de vente normale* : normal sale value.
— *vétusté déduite* : indemnity value [UK].
ass. — *totale* : full value ins.
ass. en — *agréée [I]* : agreed value ins.
ass. en — *à neuf [I]* : reinstatement value ins. = depreciation ins. [USA] ; replacement cost ins. [USA] [F].
ass. — *partielle* : ins. for less than full value.
ass. — *vénale fonds de commerce [I]* : goodwill ins. [F].

valeurs *(f. pl.)* : securities ; assets.

Lexicon : french - english/american

— *côtées* : admitted assets.
— *immobilisées* : fixed assets.
— *indexées* : index-linked securities.
— *à intérêt fixe* : fixed interest securities.
— *mobilières* : transferable securities.
— *de roulement* : circulating assets.
ass. des — : money ins.

validation *(f.)* **[V]** : validation [L].

vandalisme *(m.)* : vandalism.
acte de malveillance et de — : vandalism and malicious mischief.

vanne *(f.)* **[I]** : valve [F].
— *d'alarme* : alarm valve.
— *anti-coup de bélier* : anti-water hammer valve.
— *d'arrêt* : stop = control valve.
— *de barrage = robinet* : gate valve.
— *de contrôle à colonnette* : post indicator valve.
— *déluge* : deluge valve.
— *d'essai* : test valve.
— *flotteuse* : float valve.
— *à indicateur d'ouverture* : indication valve.
— *mixte (air/eau)* : alternate valve (dry/wet).
— *papillon* : butterfly valve.
— *principale* : main valve.
— *quart de tour* : quarter-turn plug valve.
— *de refoulement* : discharge valve.
— *de sectionnement* : divisional valve.
— *sous air* : dry pipe valve.
— *sous eau* : wet pipe valve.
— *de trop plein* : overflow valve.
— *de vidange* : drain = drip valve.
électrovanne : safety shut-off valve.

véhicule *(m.)* + **voiture** : vehicle.
— *automobile* : motor vehicle = motor car.
— *commercial* : commercial vehicle = car.
— *sur coussin d'air* : air cushion vehicle = hovercraft.
— *particulier* : private vehicle = private passenger car = car [USA].
— *de tourisme* : private car.

vérifica(teur) (trice) *(m.) (f.)* : surveyor.
— *de chaudières* : boiler surveyor.
— *comptable = commissaire aux comptes* : auditor.
— *incendie* : fire surveyor.

vérification *(f.)* : audit ; survey.
— *comptable* : audit.
— *de sécurité* : safety inspection.
rapport de — : survey report.

versement *(m.)* : payment (1) ; remittance (1) ; overturning (2).
— *sans collision préalable [FR] [A]* : overturning without prior collision [MV].

vétusté *(f.)* : ageing ; depreciation ; wear and tear.
— *déduite* : less an allowance for wear and tear = deduction for wear and tear = less depreciation.
— *réelle* : true ageing.

veuve *(f.)* **[V]** : widow [L].
ass. pension de — : widows pension ass.
rente de — : widow's annuity = pension.

viager(e) *(m.) (f.)* **[V]** : throughout life ; whole life [L].
ass. —*e* : throughout life ass.
prime —*e* : premium throughout life.
rente —*e* : whole life annuity.

vice *(m.)* : defect ; vice.
— *apparent* : conspicuous = apparent defect.
— *caché* : concealed = latent defect.
— *de conception* : faulty design.
— *de construction* : flaw of construction = constructional defect.
— *de fabrication* : faulty workmanship.
— *de fonctionnement* : faulty operation.
— *propre* : inherent vice.

vie *(f.)* : life.
— *moyenne = espérance complète de* — : complete expectation of life.
— *privée* : non-occupational life.
— *probable* : probable lifetime.
ass. — = *ass. sur la* — = *ass. en cas de* — : life ass.
ass. — *de satellite [AV]* : satellite life ins.
ass. — *en orbite [AV]* : life in = on orbit ins.
ass. — *groupe* : groupe life ass.
ass. — *sur deux têtes* : joint life ass.
ass. — *à capital variable* : unit linked life ass.
ass. — *à primes temporaires = limitées* : limited payment life ass.
ass. — *branche populaire* : industrial life ass.
ass. — *entière* : whole life ass. = straight life ins. [USA] = ordinary life ins. [USA] = permanent life ins. [USA]
ass. — *grande branche* : ordinary life ass.
ass. — *par répartition* : assessment life ass.
ass. — *sans visite médicale* : non-medical life ass. = life ass. without examination.
ass. — *temporaire* : term ass.
ass. — *à capital variable* : variable life ass.

vieillesse *(f.)* : old age.
ass. — *[V]* : old age ass. = old age endowment [L].

vieillissement *(m.)* **[V]** : addition to age ; rating up in age [L].

vigile *(m.)* : watchman.

vignette *(f.)* : sticker.
— *d'assurance automobile [FR]* : motor insurance sticker.

violation *(f.)* : violation ; breach ; infringement.
— *d'un droit de propriété* : trespass.
— *de droits* : infringement of rights.
— *du devoir* : breach of duty.
— *du secret professionnel* : breach of professional secrecy.

visite *(f.)* : visit.
— *médicale* : medical examination.
ass. avec — médicale [V] : ass. with medical examination [L].
ass. sans — médicale [V] : non-medical ass. [L].

voie d'eau *(f.)* **[M]** : leak (1) ; waterway (2).

voisinage *(m.)* : neighbourhood ; exposure [USA].
— *aggravant [I]* : dangerous exposure [F].

voisins *(m. pl.)* : neighbours.
recours des — [FR] [I] : neigbours' legal right of recovery [F].

voiture *(f.)* = **véhicule** : motor ; car ; vehicle.
— *blindée* : armoured car [UK] ; armored car [USA].
— *particulière* : private car.

vol *(m.)* **(1)** : theft.
— *en coffre-fort* : theft in safe deposit box.
— *en cours de transport* : robbery during transit = outside hold up [USA].
— *avec effraction* : burglary.
— *à l'arraché = «à la tire»* : bagsnatching.
— *à la roulotte [FR]* : theft in parked vehicle.
— *à l'escalade* : cat burglary.
— *à l'étalage* : shop-lifting.
— *à main armée = «coup de Chantilly» [FR]* : robbery = hold up.
— *à la pêche (vitrine)* : shop-lifting (showcase).
— *qualifié* : aggravated theft.
— *simple = larcin* : larceny.
— *sur la personne = — «sur»* : messengers robbery.
ass. — avec ou sans effraction : theft ins. = burglary ins. with or without house breaking.
ass. — transport de fonds et distribution : messenger and interior robbery ins. [USA] = inside and outside hold up ins. [USA].
ass. — : theft ins.
menus —s = chapardage : pilferage.
tentative de — : attempted theft.

vol *(m.)* **(2) [AV]** : flight.
couverture du risque d'empêchement de — : grounding coverage.
en — : in flight.
heures de — : flying hours.

voyage *(m.)* : journey ; travel ; trip [USA] ; voyage [M].
— *aérien* : air travel = air trip [USA].
— *aller [M]* : outward journey.
— *aller-retour [M]* : round voyage.
— *à la casse [M]* : break up voyage.
— *retour [M]* : homeward journey.
ass. accidents de — : traveller's accident ins.
ass. individuelle — [ACC] : travel personal accident ins.
ass. au — [M] : voyage ins.
risque de — : voyage = traveller's risk.
rupture de — [M] : frustration of voyage.

vulnérabilité *(f.)* : vulnerability.
seuil de — : vulnerability level.

V

Termes	Traduction

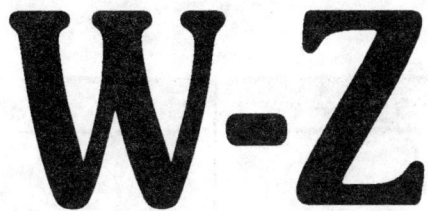

«waterborne» [M] : waterborne.
clause de — (couverture des risques de guerre sur facultés maritimes) : waterborne clause.
convention d'ass. du risque de guerre sur facultés maritimes : waterborne agreement.

Zillmer [V] : Zillmer [L].
coefficient de — : Zillmer factor.
méthode de — : Zillmer's method.
quote de — : Zillmer proportion.

«zillmérisation» [V] : «zillmerization» [L].

«zillmériser» (v.) **[V]** : to «zillmerize» [L].

«zinzins» (investisseurs institutionnels) [FR] : institutional investors.

zonage : zoning.

zone *(f.)* : area ; district ; zone.
— *d'accès limité* : restricted area.
— *d'accumulation [I]* : block extra [F].
— *affectée [I]* : area of involvement [F].
— *coupe-feu [I]* : cut-off area [F].
— *dangereuse* : hazardous area.
— *d'embrasement [I]* : conflagration area [F].
— *à faible tarification* : low-rated district = area.
— *feu* : fire area.
— *géographique* : geographical area.
— *inondable* : flood exposed area.
— *à risque de guerre* : war risk zone.
— *de sauvetage* : rescue path.
— *de tarification [A]* : rating district = zone rating [USA] [MV].
— *à tarification élevée* : highly rated district = area.
— *d'usage [A]* : district of use [MV].

W-Z

Termes	Traduction

2
Abréviations et Sigles

Abbreviations and Initials

Les mots servent à dissimuler les pensées.

The object of words is to conceal thoughts.

English and american

Anglais et américain

N.E.T.M.A. : Nobody Ever Tells Me Anything

The Unlucky Risk Manager

a.a. : *after arrival [M]* — après arrivée.

a.a. : *always afloat [M]* — toujours à flot.

A.A.A. : *American Academy of Actuaries* — Académie américaine des actuaires.

A.A.A. : *Association of Average Adjusting [M] [USA]* — Association de l'expertise maritime.

A.A.C. : *Automobile Association Cover [UK]* — Garantie accordée par l'Association Automobile.

AAIMCO : *American Association of Insurance Management Consultants* — Association américaine des consultants en gestion d'assurance

A.A.I.S.. : *American Association of Insurance Services* — Association américaine des services d'assurance.

A.A.M.G.A. : *American Association of Managing General Agents* — Association américaine des agents généraux souscripteurs.

a.a.r. : *against all risks* — contre tous risques.

A.A.U.T.I. : *American Association of University Teachers of Insurance* — Association américaine des professeurs universitaires d'assurance.

A.B. : *American Bureau of Shipping* — Bureau américain de navigation maritime.

A.B.C. : *Alarms by Carrier [Acc]* — Transporteur pourvu d'un système d'alarme.

A.B.I. : *Association of British Investigators* — Association des enquêteurs britanniques.

A.B.I. : *Association of British Insurers* — Association des assureurs britanniques.

A.B.I.S. : *Association of Burglary Insurance Surveyors [UK]* — Association des vérificateurs pour l'assurance vol.

A.B.S. : + A.B.

Ac. : *Accident* — Accident.

A.C. = A/C : *Aircraft* — Aéronef.

A.C. : *Accident Claims* — Sinistres accidents.

A/C : *Account Current* — Compte courant.

A.C.A.C.T.L.O. : *Actual Constructive Arranged Compromised Total Loss Only [M]* — Perte totale agréée.

Acc. : *Acceptance* — Acceptation.

A.C.I.B. : *Associate of the Corporation of Insurance Brokers [UK]* — Membre de la corporation des courtiers d'assurance.

A.C.I.E. : *American Center for Insurance Education* — Centre américain pour l'enseignement de l'assurance.

A.C.I.I. : *Associate of the Chartered Insurance Institute [UK]* — Membre diplômé de l'Institut d'assurance (1er diplôme).

A.C.I.L.A. : *Associate of the Chartered Institute of Loss Adjusters [UK]* — Membre de l'Institut des commissaires d'avaries.

A.C.L.I. : *American Council of Life Insurance* : Comité américain de l'assurance vie.

A.C.L.U. : *American College of Life Underwriters* — Collège américain des assureurs vie.

A.C.M. : *Asbestos Containing Materials* — Matériaux contenant de l'amiante.

A.C.O.G. : *Aircraft on Ground* — Aéronef à terre.

A.C.S.C. : *Association of Casualty and Surety Companies [USA]* — Association des compagnies accidents et cautionnement.

A.C.V. : *Actual Cash Value* — valeur vénale.

A.C.V. : *Air Cushion Vehicle [M]* — Véhicule sur coussin d'air.

A.C.W.R.R.E. : *American Cargo War Risk Reinsurance Exchange [M]* — Association américaine pour la réassurance du risque de guerre sur facultés.

A.D. : *Accidental Damage [MV]* — Dommage au véhicule [A].

A.D.B. : *Accidental Death Benefit* — Prestation décès accidentel.

A.D.D. : *Accidental Death and Dismemberment [USA]* — Décès accidentel et perte d'un membre ou d'un œil [USA].

A. & E. : *Architects and Engineers [USA]* — Architectes et ingénieurs.

A.E.C. : *Additional Extended Coverage [F] [USA]* — Risques annexes supplémentaires [I].

adj. : *adjustable* — ajustable.

A.F.F.F. : *Aqueous Film Forming Foam [F]* — Agent formant un film flottant [I].

A.F.S.B. : *Associate in Fidelity and Surety Bonding* — Diplômé en cautionnement de bonne fin et contre le détournement.

A.F.V.s. : *Aircraft Fleet Values [AV]* — Valeurs flotte aéronefs.

A.G.M. : *Annual General Meeting* — Assemblée générale annuelle.

A & H : *Accident and Health [USA]* — Accidents et santé.

A & H : *American hull form [M]* — Police type américaine d'assurance sur corps.

A.H.F.D.A. : *American Hull Form Deductible Average [M]* — Police type américaine d'assurance sur corps, franchise déduite.

A.H.I.S. : *American Hull Insurance Syndicate [M]* — Syndicat américain d'assurance corps.

A.I. : *Additional Insured* — Assuré additionnel.

A. & I. : *Accident and Indemnity [USA]* — Accidents et risques divers.

A.I.A. : *American Insurance Association* — Association américaine des Compagnies d'assurances.

A.I.A. : *Associate of the Institute of Actuaries [UK]* — Membre de l'Institut des actuaires.

A.I.A.F. : *Associate in Insurance Accounting and Finance [USA]* — Diplômé en comptabilité et finance assurance.

A.I.A.S. : *Associate of the association of Incorporated Architects and Surveyors [UK]* — Membre de la Corporation des architectes et experts.

A.I.B. : *Accident Investigation Branch [UK]* — Service d'enquête des accidents.

A.I.B. : *Association of Insurance Brokers [UK]* — Association des courtiers d'assurances.

A.I.C. : *Associate In Claims [USA]* — Diplômé en règlement de sinistre.

A.I.C.P.C.U. : *American Institute for Chartered Property Casualty Underwriters* — Institut américain des assureurs I.A.R.D. diplômés.

A.I.H.S.A. : *American Insurers Highway Safety Alliance [MV]* — Alliance des assureurs américains pour la sécurité routière [A].

A.I.M. : *Associate In Management [USA]* — Diplômé en gestion.

A.I.M.A. : *As Interest May Appear* — Pour compte de qui il appartiendra.

A.I.M.U. : *American Institute of Marine Underwriters* — Institut américain des souscripteurs maritimes.

A.I.O.A. : *Aviation Insurance Offices Association [UK]* — Association des compagnies d'assurance aviation.

A.I.P.L.U. : *American Institute of Property and Liability Underwriters* — Institut américain des souscripteurs dommages et responsabilité civile.

A.I.P.S.O. : *Automobile Insurance Plans Service Office [USA]* — Bureau de service des programmes d'assurance automobile.

A.I.R.B. : *Aviation Insurance Rating Bureau [USA]* — Bureau de tarification de l'assurance aviation.

A.I.R.M. : *Associate of the Institute of Risk Management [UK]* — Diplômé de l'institut de gestion des risques.

A.I.R.M.I.C. : *Association of Insurance and Risk Managers in Industry and Commerce [UK]* — Association des chargés d'assurances et gestionnaires de risques de l'industrie et du commerce.

A.I.T.C. : *American Institute Time Clauses [M]* — Clauses à temps de l'Institut américain.

A.I.T.H. Form : *American Institute Time Hull Form [M]* — Police type d'assurance sur corps de l'Institut américain.

A..I.U. : *Associate In Underwriting [USA]* — Souscripteur diplômé.

A.L. : *Admitted Liability [AV]* — Individuelle automatique.

A.L. : *Automobile Liability [USA]* — Responsabilité civile automobile.

A.L.C.M. : *Associate in Loss Control Management [USA]* — Diplômé en gestion de la prévention des risques.

A.L.E. : *Additional Living Expense [F] [USA]* — ** Privation de jouissance [I].

A.L.I. : *Additional Liability Insurance [MV] [USA]* — Assurance responsabilité civile complémentaire [A].

A.L.R. : *Actual Loss Ratio* — Rapport réel des sinistres aux primes.

A.M.A. : *American Management Association* — Association américaine de gestion.

A.M.C.I.B. : *Associate Member of the Corporation of Insurance Brokers [UK]* — Membre de la corporation des courtiers d'assurance.

A.M.I.A. : *American Mutual Insurance Association* — Association américaine de l'assurance mutuelle.

A.M.I.M. : *Associate in Marine Insurance Management [USA]* — Diplômé en gestion d'assurance maritime.

A.M.L. : *Absolute Maximum Loss* — Perte maximum absolue.

A.M.S. : *Assurance Medical Society [L]* — Société médicale pour l'assurance [V].

A.M.X. : *American Market Excess* — Marché américain des excédents de pertes.

A.N.I. : *American Nuclear Insurers* — Assureurs nucléaires américains.

A.N.L. : *Above Normal Loss [USA]* — Sinistre supérieur à la normale.

A.N.L. : *Aggregate Net Loss* — Perte nette annuelle / globale.

A.N.S. : *American Nuclear Society* — Groupement nucléaire américain.

A.N.S. : *American National Standard* — Norme nationale américaine.

A.N.S.I. : *American National Standards Institute* — Institut américain des normes nationales.

A.O. : *At Occupation [Acc] [USA]* — Au cours = à l'occasion du travail.

A.O.A. : *Accident Offices' Association [UK]* — Association des Compagnies accidents.

A.O.A. = a.o.a. : *Any One Accident* — Par accident.

A.O.A. [O] : *Accident Offices Association (overseas) [UK]* — Association des compagnies accidents (outremer).

A.O.B. = a.o.b. : *Any One Bottom* — Par navire.

A.O.C. : *All Other Contents* — Tout autre contenu.

A.O.L. = a.o.l. : *Any One Loss* — Par sinistre = Par perte.

A.O.O. = a.o.occ. : *Any One Occurrence* — par événement.

a.o.p. : *any one person* — par personne.

A.O.P. : *All Other Perils [USA]* — Tous autres risques.

A.O.S. = a.o.s. : *Any One Steamer* — Par bateau à vapeur.

A.O.V. = a.o.v. : *Any One Vessel* — Par navire.

A.O.VOY. : *Any One Voyage* — Par voyage.

A.P. : *Accounts Payable* — Dettes passives.

A/P : *Additional Premium* — Surprime.

A/P : *Authority to Pay* — Bon à payer.

A.P.A. : *Automatic Personal Accident [AV]* — Individuelle accidents automatique.

A.P.D. : *Automobile Physical Damage [USA]* — Dommage tous accidents automobile.

A.P.I.W. : *Association of Professional Insurance Women [USA]* — Association des femmes professionnelles de l'assurance.

A.P.L. : *As Per List [M]* — Selon le Lloyd's List (date d'appareillage).

A.P.L. : *Anticipated Probable Loss* — Perte/sinistre probable anticipé(e).

A.P.P. : *Adjustable Premium Policy* — Police à prime ajustable.

APP. : *Application [USA]* — Proposition.

A.P.S. : *Attending Physician's Statement [L] [USA]* — Rapport du médecin traitant [V].

Apt. L. : *Airport Liability [USA]* — Responsabilité aéroportuaire.

A.R. : *Accounts Receivable* — Dettes actives.

A.R. : *Assigned Risk* — Risque attribué d'office.

A/R : *All Risks* — Tous risques.

A.R.B. : *Air Registration Board [AV]* — Bureau d'immatriculation des aéronefs.

A.Re : *Associate in Reinsurance [USA]* — Diplômé en réassurance.

A.R.I.A. : *American Risk and Insurance Association* — Association américaine du risque et de l'assurance.

A.R.M. : *Associate in Risk Management [USA]* — Diplômé en gestion de risques.

A.R.P. : *Accrued Rights Premium [L]* — Prime des droits cumulés [V].

A.R.P. : *Atomic Risks Pool* — Pool des risques atomiques.

Arrd. T.L. : *Arranged Total Loss [M]* — Perte totale transigée.

A.R.T. : *Annual Renewable Term [L]* — Assurance temporaire renouvelable [V].

ARe : *Associate in Reinsurance [USA]* — Diplômé en réassurance.

a/s : *alongside [M]* — le long du bord.

A.S. : *Automatic Sprinkler [F]* — Extincteur automatique à eau [I].

A. & S. : *Accident and Sickness Insurance [UK]* — Assurance accidents et maladies.

A.S.A. : *American Standards Association* — Bureau américain des normes.

A.S.A. : *Associate of the Society of Actuaries [USA]* — Membre de la société des actuaires.

A.S.C.L.U. : *American Society of Chartered Life Underwriters* — Société américaine des assureurs vie diplômés.

A.S.H.R.M. : *American Society for Healthcare Risk Management (obsolete)* — Association américaine pour la gestion du risque santé.

A.S.I.M. : *American Society of Insurance Management* — Société américaine pour la gestion de l'assurance.

A.S.I.R. : *Advanced Simulation of Insurance and Reinsurance [RE]* — Modèle avancé de simulation des opérations d'assurance et de réassurance.

A.S.I.S. : *American Society for Industrial Security* — Société américaine pour la sécurité industrielle.

A.S.L.O. : *Associated Scottish Life Offices* — Association des compagnies vie écossaises.

A.S.M.E. : *American Society of Mechanical Engineers* — Société américaine des ingénieurs mécaniciens.

A.S.O. : *Administrative Services Only [USA] [L]* — Prestations de services seulement [V].

A.S.S.E. : *American Society of Safety Engineers* — Société américaine des ingénieurs de sécurité.

ASTIN : *Actuarial Studies in Non-Life Insurance* — Etudes actuarielles sur les assurances autres que la vie.

A.S.T.M. : *American Society For Testing and Materials [F]* — Association américaine pour les essais et les matériaux (I).

A.T. : *Air Transport* — Transport aérien.

A.T.A. : *Air Transport Association of America* — Association américaine du transport aérien.

A.T.L. : *Actual Total Loss [M]* — Perte totale effective.

A.U. : *Associate in Underwriting [USA]* — Diplômé en souscription.

AU. : *Automobile [USA]* — Automobile.

AUTO. P.A. : *Automatic Personal Accident [AV]* — Individuelle accidents automatique.

Av. = A/V : *Average [M]* — Avarie.

A.V.C. : *Additional Voluntary Contribution [UK]* — Cotisation supplémentaire facultative.

B. = B/- : *Building [F]* — Bien immeuble = Immeuble = Bâtiment [I].

B. : *Burglary* — Vol par effraction.

B.A.P. : *Business Auto Policy [USA]* — Police automobile mission.

B.A.R. : *Builders' All Risks [USA]* — Tous risques chantier.

B.B.B. : *Banker's Blanket Bond [USA]* — Globale de banque.

B.B. Clause : *Both to Blame Collision Clause [M]* — Clause de faute commune en cas d'abordage.

B.C. : *Building and Contents [F]* — Bâtiment et contenu [I].

B.C. : *Burning Cost [RE]* — Coût du sinistre pur = taux de flambage.

B.C./B.S. : *Blue Cross/Blue Shield [USA]* — Régime mutualiste d'assurance maladie.

B.D.I. = b.d.i. : *Both Days Inclusive* — ces deux jours inclus.

B.E. : *Bill of Exchange [M]* — Lettre de change.

B.E.R.I. : *Business Environment Risk Index* — Index des risques de l'environnement économique.

B.F. : *Broad Form [USA]* — Formule globale.

B.F.C.G.L. : *Broad Form Comprehensive General Liability (endorsement) [USA]* — Formule globale responsabilité civile générale (avenant).

B.F.P.D. : *Broad Form Property Damage (endorsement) [USA]* — Formule globale dommages matériels (avenant).

B.F.P.S.A. : *British Fire Protection Systems Association* — Association britannique de l'industrie des matériels de protection contre l'incendie.

B.I. : *Bodily Injury* — Dommage corporel.

B.I. : *Business Interruption [F] [USA]* — Pertes d'exploitation [I].

B.I.A. : *British Insurance Association* — Association britannique des assurances.

B.I.A./B.L.C. : *British Insurance Association/Brokers Liaison Committee* — Association des compagnies d'assurances britanniques. Comité de liaison des courtiers.

B.I.B.A. : *British Insurance and Investment Brokers' Association* — Association britannique des courtiers d'assurances.

B.I.B.C. : *British Insurance Brokers' Council (obsolete)* — Comité britannique des courtiers d'assurances et de placements.

B.I.C. : *Business Income Coverage [USA]* — Couverture des pertes d'exploitation.

B.I.C.S. : *Building Cost Information Service [UK]* — Service d'information sur les coûts de la construction.

B.I.E.C. : *British Insurers' European Committee* — Comité européen des assureurs britanniques.

B.I.I.C. : *British Insurers' International Committee* — Comité international des assureurs britanniques.

B.I.L.A. : *British Insurance Law Association* — Association britannique du droit de l'assurance.

BKGE : *Breakage* — Casse = Bris.

B.K.G.E. : *Brokerage* — Commission = Courtage.

B/L : *Bill of Lading [M]* — Connaissement.

B.L.A.T. : *British Life Assurance Trust* — Syndicat de l'assurance vie britannique.

B.L.E.V.E. : *Boiling Liquid Expanding Vapor Explosion [F]* — Explosion de vapeur d'un liquide en ébullition [I].

B.L.L. = B.L. : *Baggage Liability [AV]* — Responsabilité civile bagages.

B. & M. : *Boiler and Machinery [F] [USA]* — ** Bris de machines [I].

B.M.L.A. : *British Maritime Law Association* — Association britannique du droit maritime.

B.M.U.A. : *British Marine Underwriters' Association* — Association britannique des souscripteurs maritimes.

B.N.P. : *Basic Named Perils [USA]* — Risques classiques dénommés.

B.O. : *Branch Office* — Succursale.

B.O.P. : *Business Owner Policy [USA]* — Police du propriétaire d'entreprise.

BORD. : *Bordereau [RE]* — Bordereau.

B.o.T. : *Board of Trade [UK]* — Ministère du commerce.

B.O.W. : *Breach of Warranty* — Violation des devoirs (incombant à l'assuré).

B.P. : *Brick Protected (Classification) [USA] [F]* — Construit en briques (catégorie de risque) [I].

B.P. : *Baggage Policy [USA]* — Police bagage.

B.P.F. : *Basic Premium Factor* — Elément de la prime de base.

B.R. : *Builder's Risks [M]* — Risques de construction = du constructeur.

B.R. : *Brick Construction [F] [USA]* — Construction en briques [I].

Brok. : *Brokerage* — Commission = Courtage.

B.S. : *Balance Sheet* — Bilan.

B.S. : *Boiler Survey [M]* — Inspection chaufferie.

B.S. : *British Standard* — Norme britannique.

B.S. = BS : *British Corporation [M]* — Société britannique de classification.

B.S.C. : *British Safety Council* — Comité britannique de la sécurité.

B.S.I. : *British Standards Institution* — Institution des normes britanniques.

B.S.I.A. : *British Security Industry Association* — Association britannique de la sécurité dans l'industrie.

B.S.S.T. : *Brick or Stone built and Slated or Tiled [F] [UK]* = Construit et couvert en dur [I].

B.U. : *Brick Unprotected [F] [USA]* — Absence de protection par briques [I].

Burg. : *Burglary* — Vol par effraction.

C. : *C/.* : *Contents [F]* — Contenu [I].

C. : *Casualty [USA]* — Accidents.

C.A. : *Central Accounting [LL]* — Centrale de répartition comptable.

C. of A. : *Certificate of Airworthiness [AV]* — Certificat de navigabilité.

C.A.A. : *Civil Aeronautics Authority [AV]* — Administration de l'aéronautique civile.

C.A.A. : *Clean Air Act [USA]* — Loi sur la pollution de l'air.

C.A.B. : *Civil Air Board [AV]* — Bureau de l'aéronautique civile.

C.A.C. : *Combined Additional Coverage [USA]* — Couverture additionnelle combinée.

C.A.C. : *Combined Auto Coverage [USA]* — Garantie automobile combinée.

C.A.C.T.L.V.O. : *Compromised and/or Arranged and/or Constructive Total Loss of Vessel Only [M]* — Perte transigée et/ou réputée totale du navire seulement.

C.A.D. : *Cash Against Documents [M]* — Paiement contre documents.

C.A.F. : *Currency Adjustment Factor* — Coefficient d'ajustement de valeur.

C.A.L. : *Comprehensive Automobile Liability [USA]* — Responsabilité civile automobile générale.

C.A.P. : *Combined Aggregate Protection = Corporate Assets Protection Plan [USA]* — Programme de protection des actifs de l'entreprise.

C.A.R. : *Contractors' All Risks [Acc]* — Tous risques chantiers.

C.A.S. : *Casualty Actuarial Society [USA]* — Société actuarielle accidents.

CAT. : *Catastrophe* — Catastrophe.

C.B. & H. : *Continent between Bordeaux and Hamburg [M]* — Continent entre Bordeaux et Hambourg.

C.C. : *Cancellation Clause* — Clause de résiliation.

C.C. : *Ceding Commission [RE]* — Commission de cession.

C.C. : *Civil Commotion* — Mouvements populaires.

C.C. : *Collision Clause [M]* — Clause d'abordage.

C.C. : *Collecting Commission* — Commission d'encaissement.

C.C.C. : *Care, Custody and Control* — Garde juridique.

C.C.I.A. : *Consumer Credit Insurance Association [USA]* — Association d'assurance du crédit à la consommation.

C.C.P. : *Combined Company Policy* — Police globale de société = d'entreprise.

C.C.T.V. : *Closed Circuit Television* — Télévision en circuit fermé.

C.D. : *Collect Direct* — Encaissement direct.

C/D. : *Country Damage [M]* — « Country Damage » +country damage.

Cd : *Cancelled* — Résilié = Annulé.

C.D.P. : *Comprehensive Dwelling Policy [F] [USA]* — Police multirisque habitation [I].

C.D.T. : *Commissioner's Disability Table [L] [USA]* — Barême d'invalidité des commissaires-contrôleurs [V].

C.D.V. : *Current Domestic Value [M]* — Valeur courante locale.

C.D.W. : *Collision Damage Waiver [MV]* — Abandon de recours pour dommages au véhicule [A].

C.E.B.S. : *Certified Employee Benefit Specialist [USA]* — Specialiste prévoyance diplômé.

C.E.I.S.S. : *Conference of European Insurance Supervisory Services* — Conférence européenne des organismes de contrôle de l'assurance.

CEN : *Centigrade* — Degré centigrade.

C.E.N.D. : *Confiscation, Expropriation, Nationalization, and Deprivation (Insurance)* — Confiscation, expropriation, nationalisation et privation (assurance).

C..E.R.C.L.A. : *Comprehensive Environmental Response Compensation & Liability Act [USA]* — Loi sur la responsabilité et la réparation globale des dommages à l'environnement.

CERT : *Certificate* — Attestation.

C. & F. : *Cost and Freight [M]* — Coût et fret.

C.F.L.P. : *Central Fire Liaison Panel [UK]* — Commission centrale de liaison contre l'incendie.

C.F.M.U.A. : *Cotton, Fire and Marine Underwriters' Association [USA]* — Association des assureurs maritimes et incendie du coton.

C.F.P.A. : *Conference of Fire Protection Associations* — Conférence des associations de prévention incendie.

c.g.a. : *Cargo's proportion of general average [M]* — Contribution des facultés à l'avarie commune.

C.G.L. : *Commercial General Liability [USA]* — Responsabilité civile exploitation /travaux et après livraison.

Cgo. : *Cargo [M]* — Facultés.

C.G.T. : *Capital Gains Tax [UK]* — Impôt sur les plus-values.

C.H.C.M. : *Certified Hazard Control Manager [USA]* — Gestionnaire certifié du contrôle des risques.

C.I. : *Consular Invoice [M]* — Facture consulaire.

C.I. : *Cost and Insurance [M]* — Coût et assurance.

C.I.A. : *Corporation of Insurance Agents [UK]* — Corporation des agents d'assurance.

C.I.A. : *Cotton Insurance Association [USA]* — Association de l'assurance du coton.

C.I.B. : *Corporation of Insurance Brokers [UK]* — Corporation des courtiers d'assurance.

C.I.B. C/L.S. : *Corporation of Insurance Brokers Consequential Loss Society [UK]* — Commission des pertes indirectes de la corporation des courtiers d'assurance.

C.I.C. : *Captive Insurance Company [USA]* — Compagnie d'assurances captive.

C.I.C. : *Certified Insurance Counselor [USA]* — Conseiller certifié en assurance.

C.I.C.A. : *Captive Insurance Companies Association [USA]* — Association des compagnies d'assurances captives.

C.I.F. : *Cost Insurance and Freight [M]* — Coût assurance et fret.

C.I.F. & C. : *Cost Insurance Freight and Commission [M]* — Coût assurance fret et commission.

C.I.F. & E. : *Cost Insurance Freight and Exchange [M]* — Coût assurance fret et change.

C.I.F.C.I. : *Cost Insurance Freight Commission and Interest [M]* — Coût assurance fret commission et intérêt.

C.I.F. & I. : *Cost Insurance Freight and Interest [M]* — Coût assurance fret et intérêt.

C.I.I. : *Chartered Insurance Institute [UK]* — Institut d'assurance.

C.I.L.A. : *Chartered Institute of Loss Adjusters [UK]* — Institut des commissaires d'avaries.

C.I.P. : *Carriage and Insurance Paid* — Port payé assurance comprise.

C.I.P. : *Consolidated Insurance Program [USA]* — Programme d'assurance contrôlé (par le maître d'ouvrage).

C.I.R.B. : *Compensation Insurance Rating Bureau [USA]* — Bureau de tarification de l'assurance accidents de travail.

C.I.S. : *Cash In Safe* — Espèces en coffre.

C.I.T. : *Commission of Insurance Terminology [USA]* — Commission de la terminologie d'assurance.

C.I.T. : *Critical incident technique* — Technique de l'incident critique.

C.I.T.U. : *Confederation of Insurance Trade Unions [UK]* — Confédération des syndicats de l'assurance.

C.K.D. : *Completely Knocked Down [M]* — Complètement démonté.

CL. : *Clause* — Clause.

Class. CL. : *Classification Clause [M]* — Clause de classification.

C.L. : *Consequential Loss* — Pertes indirectes.

C.L. = C.L.L. : *Common Law Liability [Acc]* — Responsabilité de droit commun.

C.L.C. : *Consequential Loss Committee* — Comité des pertes indirectes.

C.L.C. : *Civil Liability Convention [M]* — Convention de responsabilité civile.

C.L.M. : *Commercial Lines Manual [USA]* — Tarif des risques commerciaux.

Cls : *Clauses* — Clauses.

C.L.U. : *Chartered Life Underwriter [USA]* — Assureur vie diplômé.

C.M.D. : *Comprehensive Material Damage [MV] [USA]* — Valeur vénale [A].

C.M.H.S.A. : *Coal Mine Health and Safety Act [USA]* — Loi sur la sécurité et l'hygiène dans les mines de charbon.

C.M.P. : *Commercial Multi-Perils [USA]* — Multirisque commerciale.

C.M.T. : *Crisis Management Team* — Equipe de gestion de crise.

C/N : *Cover Note* — Note de couverture.

C/N : *Credit Note* — Note de crédit = Bordereau de crédit.

C/O : *Certificate of Origin [M]* — Attestation d'origine.

C/O : *Completed Operations [USA]* — Travaux achevés = Après travaux.

Co : *Company* — Compagnie.

Co : *Coinsurance [USA]* — ** Participation de l'assuré à l'assurance [USA].

C.O.B. : *Cargo On Board [M]* — Facultés à bord.

C.O.D. : *Cash On Delivery [M]* — Paiement à la livraison.

C. of C.- : *Course of Construction [M] [USA]* — En cours de construction.

C.O.F.C. : *Container On Flat Car [USA]* — Conteneur sur wagon plateau.

C.O.G.S.A. : *Carriage Of Goods by Sea Act [USA]* — Loi sur le transport des marchandises par mer.

C.O.I.L. : *Conference Of Insurance Legislators [USA]* — Conférence des législateurs en matière d'assurance.

C.O.L.I. : *Cost Of Living Index* — Indice du coût de la vie.

COLL. = COLLN : *Collision [M]* — Abordage.

C.O.M. : *Check-O-Matic [USA]* — Prélèvement bancaire automatique.

Comm. : *Commission* — Commission.

Comp. : *Comprehensive* — Multirisque.

CONFIMA : *Confederation of Insurance Managers' Associations [UK]* — Confédération des associations des directeurs d'assurances.

CO'S : *Companies* — Compagnies.

Comp. T.L. : *Compromised Total Loss [M]* — Perte totale par compromis.

Cont. L : *Contingent Liability [F]* — Carence de fournisseurs [I].

CONT. B.H. : *Continent between Bordeaux and Hamburg [M]* — Continent entre Bordeaux et Hambourg [M].

CONT. H./H. : *Continent between Le Havre and Hamburg [M]* — Continent entre Le Havre et Hambourg [M].

C.O.P.E. : *Construction, Occupancy, Protection, Exposure [USA]* — Construction, usage, protection, risque.

C.O.R. : *Cost Of Risk* — Coût du risque.

C.O.S.H.H. : *Control Of Substances Hazardous to Health [UK]* — Contrôle des substances dangereuses pour la santé.

C.O.W. : *Crude Oil Washing* — Déferlement de pétrole brut.

C/P : *Charter Party [M]* — Contrat d'affrètement = Charte-partie.

C.P.A. : *Claims Payable Abroad* — Sinistres payables à l'étranger.

C.P.A. : *Certified Public Accountant [USA]* — Expert-comptable.

C.P.C.U. : *Chartered Property and Casualty Underwriter [USA]* — Assureur I.A.R.D. diplômé.

C.P.I. : *Consumer Price Index [USA]* — ** Indice des prix à la consommation.

C.P.L. : *Claims Payable London* — Sinistres payables à Londres.

C.P.L. : *Comprehensive Personal Liability (insurance)* — Responsabilité civile personnelle générale (assurance).

C.P.P. : *Certified Protection Professional [USA]* — Professionnel certifié de la protection.

C.P.P. : *Commercial Property Program [USA]* — Programme de biens commerciaux.

C.P.S.A. : *Consumer Product Safety Act [USA]* — Loi sur la sécurité des produits de consommation.

C.P.S.M. : *Certified Product Safety Manager [USA]* — Gestionnaire certifié de la sécurité produits.

C.P.T. : *Carriage Paid To* — Port payé jusqu'à.

C.P.T.E.D. : *Crime Prevention Through Environmental Design [USA]* — Prévention de la délinquance par la conception de l'environnement.

Crew P.A. : *Crew Personal Accident [AV]* — Individuelle accidents de l'équipage.

C.R. : *Current Rate* — Taux courant.

CRISTAL : *Contract Regarding an Interim Supplement to Tanker Liability for Oil Pollution [USA]* — Convention d'indemnisation complémentaire à la responsabilité des armateurs concernant celle des chargeurs à raison de pollution par hydrocarbures.

C.R.M. : *Corporate Risk Manager [USA]* — Gestionnaire des risques du groupe.

C.R.O. : *Cancelling Returns Only [M]* — Remboursements de primes pour résiliation seulement.

C.S.C. : *Convention For Safe Containers (International)* — Convention internationale pour conteneurs de sécurité.

C.S.I. : *Commissioners' Standard Industrial Mortality Table [L] [USA]* — Table de mortalité légale pour le calcul des valeurs de réduction en assurance vie populaire.

C.S.L. : *Combined Single Limit [USA]* — Montant tous dommages confondus.

C.S.O. : *Central Statistical Office [UK]* — Bureau central de statistique.

C.S.O. : *Claim Services Only* — Prestation de services sinistres seulement.

C.S.O. : *Commissioners 1958 Standard Ordinary Table [L] [USA]* — Table de mortalité légale [V].

C.S.P. : *Certified Safety Professional [USA]* — Professionnel certifié de la sécurité.

C.T. : *Combined Transport [M]* = Transport combiné.

C.T.G. : *Combined Transport of Goods [M]* — Transport combiné de marchandises.

C.T.L. : *Constructive Total Loss [M]* — Perte réputée totale.

C.T.L.O. : *Constructive Total Loss Only [M]* — Perte réputée totale seulement.

C.T.P. : *Compulsory Third Party [MV]* — Responsabilité civile obligatoire [A].

C.T.P.I. : *Compulsory Third Party Insurance [MV]* — Assurance responsabilité civile obligatoire [A].

C.T.T. : *Capital Transfer Tax [UK]* — Droits de succession.

C.U.A. : *Canadian Underwriters' Association* — Association canadienne des assureurs.

C.U.M. : *Casualty Underwriting Manual [USA]* — Guide de souscription accidents.

C.V. : *Commercial Vehicle* — Véhicule commercial.

C.V. : *Cash Value [L]* — Valeur au comptant [V].

C.W.A. : *Clean Water Act [USA]* — Loi sur la pollution de l'eau.

C.W.O. : *Cash With Order* — Paiement à la commande.

C.X.L. : *Catastrophe Excess of Loss* — Excédent de sinistre catastrophe.

C.Y. : *Currency* — Devise = Monnaie.

D. : *Delivery = delivered* — Livraison = livré.

D.A. : *Deductible Average [M]* — Franchise déduite.

D.A. : *Deferred Annuity [L]* — Rente viagère différée [V].

D/A. : *Days after Acceptance* — Journées après acceptation.

D/A. = D.A.A. : *Documents Against Acceptance [M]* — Documents contre acceptation.

D.A.F. : *Delivered At Frontier* — Rendu frontière.

D.B.A. : *Doing Business As [USA]* — Exerçant des activités telles que : .

D.B.A.R. : *Drilling Barge All Risks [M]* — Tous risques plate-forme de forage.

D.B.L. : *Disability Benefit Law [Acc] [USA]* — Loi sur les prestations en cas d'incapacité.

D.B.O. : *Death Benefit Only* — Capital décès seulement.

D/C : *Deviation Clause [M]* — Clause de changement de route = de déviation [M].

D.C.I. : *Difference in Conditions Insurance* — Assurance en différence de conditions.

D.D. : *Direct Damage* — Dommage direct.

D/D : *Damage Done (by collision) [M]* — Dommage causé (par abordage).

D/D : *Door to Door [M]* — De bout en bout.

D.D.D. = 3 D : *Comprehensive Dishonesty, Disappearance and Destruction Policy [Acc] [USA]* — Police 3 D = Police détournement, disparition et destruction.

D.D.P. : *Delivered Duty Paid* — Rendu droits acquittés.

D.D.U. : *Delivered Duty Unpaid* — Rendu droits non acquittés.

DEC.P. : *Declarations Page* — Page de déclarations.

Ded : *Deductible [USA]* — Franchise.

D.E.Q. : *Delivered Ex Quay* — Rendu à quai.

D.E.S. : *Delivered Ex Ship* — Rendu à bord du navire.

D.F.D. : *Double Fire Break Door* — Double-porte coupe-feu.

D.G. : *Days of Grace* — Délai de paiement en cas de renouvellement.

DGE : *Damage [F]* — Dommage [I].

D.H. : *Double Hydrant* — Poteau d'incendie à deux bouches.

D.H.S.S. : *Department of Health and Social Security [UK]* — Ministère de la santé et de la sécurité sociale.

D.I. : *Double Indemnity [L] [USA]* — Prestation doublée [V].

D.I.B. : *Double Indemnity Benefit (accident)* — Doublement d'indemnité (en cas d'accident)

D.I.C. : *Difference In Conditions [F] [USA]* — Différence de conditions [I].

D.I.D.s. : *Double Iron Doors [F]* — Double-porte en fer [I].

D.I.E. : *Difference In Excess* — Différence de franchises.

D.I.L. : *Difference In Limits [USA]* — Différence de montants.

D.I.P. : *Difference In Perils* — Différence de risques.

D.L.P. : *Date of Last Payment* — Date du dernier paiement.

D/N : *Debit Note* — Note de débit.

D.N.C. : *Direct Notice of Cancellation* — Avis direct de résiliation.

D.N.O. : *Debit Note Only* — Note de débit seulement.

D.N.R. : *Do Not Renew* — Ne pas renouveler.

D/O : *Delivery Order [M]* — Ordre de livraison.

D. & O. : *Directors and Officers* — Administrateurs et dirigeants sociaux = mandataires sociaux.

D.O.B. : *Date Of Birth* — Date de naissance.

D.O.C. : *Difference Of Conditions [USA]* — Différence de conditions.

D.O.C. : *Drive Other Car Coverage [USA]* — Garantie conduite tous véhicules.

D.O.C.I. : *Development Oriented Crop Insurance* — Assurance récoltes des cultures en développement.

D.O.D. : *Date of Death* — Date du décès.

D.O.L. : *Department Of Labor [USA]* — **
Ministère du travail.

D.o.T. : *Department Of Trade [UK]* — Ministère du commerce.

D/P : *Documents against Payment [M]* — Documents contre paiement.

D.P. : *Data Processing* — Traitement de l'information.

D.P.P. : *Data Processing Policy* — Police de traitement de l'information.

D.P.P.P. : *Deferred Premiums Payment Plan [USA]* — Plan de paiement échelonné des primes.

D/R : *Deposit Receipt [M]* — Reçu de dépôt.

d/s = d.s. : *days after sight* — jours de vue.

D.S. : *Domestic Servants Insurance [Acc]* — Assurance du personnel de maison.

D.S.I. : *Daily Sum Insured* — Montant quotidien assuré.

D.T.A. : *Deferred Term Assurance [L] [UK]* — Assurance temporaire différée [V].

D.T.B.A. : *Date To Be Advised [M]* — Date à communiquer.

D.T.I. : *Department of Trade and Industry [UK] (obsolete)* — Ministère du commerce et de l'industrie.

D.U.I. : *Driving Under the Influence [MV]* — Conduite en état d'ébriété = d'ivresse [A].

D.V. = D/V : *Dual Valuation [M]* — Double évaluation.

D.V. : *Declared Value* — Valeur déclarée.

d.w. : *deadweight [M]* — port en lourd.

E

E.A.P. : *Employee Assistance Program [USA]* — Programme d'assistance au personnel.

E.A.P. : *Estimated Annual Premium* — Prime annuelle estimée.

E.A.R. : *Erection All Risks [Acc]* — Tous risques montage.

E.A.S. : *European Accident Statement [MV]* — Constat européen d'accident [A].

E.A.T. : *Eliminate, Assume or Transfer* — Eliminer, conserver ou transférer.

E.B.N.R. : *Exposed But Not Reported [RE]* — En risque mais non déclaré.

E.C. : *European Community* — Communauté Européenne.

E.C. : *Extended Coverage [F] [USA]* — Garanties annexes = complémentaires [I].

E.C.E. : *Extended Coverage Endorsement [F] [USA]* — Avenant d'extension aux garanties annexes [I].

E.C.G. : *Electro-Cardiogram [L]* — Électrocardiogramme [V].

E.C.G.D. : *Export Credits Guarantee Department [UK]* — Service de garantie des crédits à l'exportation ** COFACE.

E.C.M. : *European Common Market* — Marché Commun Européen.

E.C.N.A. : *East Coast North America [M]* — Côte est de l'Amérique du nord.

E.C.O. : *Extra Contractual Obligations* — Obligations extra-contractuelles.

E.C.S.A. : *East Coast South America [M]* — Côte est de l'Amérique du sud.

ECU : *European Currency Unit* — Unité monétaire européenne + EUA.

E.D.P. : *Electronic Data Processing* — Traitement électronique de l'information.

E.E. : *Errors Excepted [M]* — Sauf erreur.

e. & e. a. : *each and every accident* — par et pour tout accident.

E.E.C. : *European Economic Community* — Communauté Economique Européenne.

E.E.G. : *Electro-Encephalogram [L]* — Electro-encéphalogramme [V].

E.E.L. : *Emergency Exposure Limits [USA]* — Limites d'exposition toxique.

e. & e. l. : *each and every loss* — par et pour toute perte.

E.E.R. : *Each and Every Risk* — Par sinistre.

E. & O. E. : *Errors and Omissions Excepted* — Sauf erreurs ou omissions.

e. & e. occ. : *each and every occurrence* — par et pour tout événement.

E.F.T.A. : *European Free Trade Association* — Association Européenne de Libre Echange.

E.I.C. : *European Insurance Committee* — Comité Européen des Assurances.

E.I.L. : *Environmental Impairment Liability* — Responsabilité pour atteinte à l'environnement.

E.L. : *Expected Loss* — Perte attendue.

E.L. : *Employers' Liability [Acc]* — Responsabilité des employeurs du fait des accidents du travail.

E.L.R. : *Earned Loss Ratio* — Rapport acquis des sinistres à primes.

E.L.R. : *Expected Loss Ratio* — Rapport attendu des sinistres à primes.

E.L.T. : *English Life Tables* — Tables de mortablité anglaises.

E.M.L. : *Estimated Maximum Loss* — Sinistre maximum estimé = ** Sinistre raisonnablement escomptable.

E.M.P.A. : *European Maritime Pilots' Association [M]* — Association européenne des pilotes de mer.

E.M.P.L. : *Estimated Maximum Probable Loss* — Sinistre maximum probable estimé = ** Sinistre raisonnablement escomptable.

E.M.S. : *European Monetary System* — Système monétaire européen.

END. : *Endorsement* — Avenant.

E.N.P.I. : *Estimated Net Premium Income* — Encaissement net estimé.

E.O.A. : *Engineering Offices' Association [Acc] [UK]* — Association des compagnies d'assurances des équipements et matériels techniques.

E. & O. : *Errors and Omissions [USA]* — Responsabilité civile professionnelle.

E.P. : *Earned Premium* — Prime acquise.

E.P. : *Extra Perils* — Risques annexes.

E.P.A. : *Environmental Protection Agency [USA]* — Agence pour la protection de l'environnement.

E.P.I. : *Earned Premium Income* — Encaissement en primes acquises.

E.P.I. : *Estimated Premium Increase* — Augmentation de prime estimée.

E.P.O. : *Exclusive Provider Organization [USA]* — Organisation de médecine préventive et curative à caractère privé ou sélectif.

E.P.P. : *Executive Pension Plan* — Régime de retraite pour cadres dirigeants.

E.Q. = eqke : *Earthquake* — Tremblement de terre.

E.R.I.S.A. : *Employees Retirement Income Security Act [USA]* — Loi sur l'administration des caisses de retraite des employés.

E.R.P. : *Extended Reporting Period* — Délai prolongé de déclaration.

E.R.V. : *Each Round Voyage [M]* — Par aller-retour.

E. & S. : *Excess and Surplus (lines) [USA]* — Placements excédentaires ou sur marchés extérieurs.

E.S.F.R. : *Early Suppression - Fast Response [F] (sprinkler)* — A déclenchement rapide et extinction précoce [I] (tête d'extincteur automatique).

E.S.O.P. : *Employee Stock Ownership Plan [USA]* — Régime d'actionnariat des employés (financé par l'employeur).

E.S.O.T. : *Employee Stock Ownership Trust [USA]* — fonds de gérance des actions des employés.

E.U.A. : *European Unit of Account* — Unité de compte européenne + ECU.

Ex. : *Exclusion = Excluding = Except* — Exclusion = Excluant = Sauf.

Expln. : *Explosion [F]* — Explosion [I].

EX R/I : *Excess of Loss Reinsurance* — Réassurance en excédent de pertes.

Extn : *Extension* — Extension.

EXW : *Ex Works* — Départ usine.

F. : *Fire* — Incendie = Feu.

F.A.A. : *Federal Aviation Administration [USA]* — Administration fédérale de l'aviation.

F.A.A. : *Free of All Average [M]* — Franc de toute avarie.

F. & A. : *Fire and Allied Lines [USA]* — Incendie et risques annexes.

FAC : *Facultative [RE]* — Facultative.

F.A.F.R. : *Fatal Accident Frequency Rate* — Taux de fréquence des accidents mortels.

FAH : *Fahrenheit* — Degré Fahrenheit.

F.A.I.R. : *Federation of Afro-Asian Insurers and Reinsurers* — Fédération afro-asiatique des assureurs et réassureurs.

F.A.I.R. : *Fair Access to Insurance Requirements Plan [USA]* — Régime de libre accès aux besoins d'assurance.

F.A.K. : *Freight All Kinds* — Frets de toute nature.

F.A.P. : *Future Annual Premium* — Prime annuelle à terme.

F. & A.P. : *Fire and Allied Perils* — Incendie et risques annexes.

f.a.q. : *Free alongside quay [M]* — Franco le long du quai.

F.A.R. : *Free of Accident Reported* — Franc d'accident déclaré.

F.A.R.S. : *Fatal Accident Reporting System* — Système de déclaration des accidents mortels.

F.A.S. = f.a.s. : *Free Alongside Ship [M]* — Franco le long du navire = franco long du bord = franco sous palan.

F.A.S.B. : *Financial and Accounting Standards Board [USA]* — Bureau de normalisation de la comptabilité financière.

F.B.C. : *Fire Brigade Charges* — Taxe des secours incendie.

F.B.T. : *Fire Burglary Theft* — Incendie cambriolage vol.

F.C.A. : *Free Carrier* — Franco transporteur.

F.C.A.R. : *Free of Claim for Accident Reported* — Franc de réclamation pour accident déclaré.

F. & C. : *Fire and Casualty [USA]* — Incendie et accidents.

F.C.A.S. : *Fellow of the Casualty Actuaries Society [USA]* — Membre diplômé de la société des actuaires accidents.

Frchse : *Franchise* — Franchise.

F.C.I.A. : *Foreign Credit Insurance Association [USA]* — Association pour l'assurance des crédits à l'exportation.

F.C.I.A. : *Fellow of the Corporation of Insurance Agents [UK]* — Membre de la corporation des agents d'assurance.

F.C.I.B. : *Fellow of the Corporation of Insurance Brokers [UK]* — Membre de la corporation des courtiers d'assurance.

F.C.I.C. : *Federal Crop Insurance Corporation [USA]* — Organisme fédéral de l'assurance des récoltes [USA].

F.C.I.I. : *Fellow of the Chartered Insurance Institute [UK]* — Membre diplômé de l'Institut d'assurance (2e diplôme).

F.C.I.L.A. : *Fellow of the Chartered Institute of Loss Adjusters [UK]* — Membre diplômé de l'Institut des experts sinistres.

F.C. & S. : *Free of Capture and Seizure [M]* — Franc de capture et de saisie.

F.C. & S., S, R. & C.C. : *Free of Capture and Seizure, Strikes, Riots and Civil Commotion [M]* — Franc de capture, saisie, grèves, émeutes et mouvements populaires.

F.C.O.D. : *Fire Collision Overturning and Derailment [M]* — Incendie collision renversement et déraillement.

F.C.V. : *Full Contract Value [M]* — Valeur totale du contrat.

F.D. : *Fire Department* — Corps de sapeurs-pompiers.

F.D. : *Fire (break) Door* — Porte coupe-feu.

F. & D. : *Freight and Demurrage [M]* — Fret et surestaries.

F.D.I.C. : *Federal Deposit Insurance Corporation [USA]* — Organisme fédéral d'assurance des dépôts bancaires.

F.D.O. : *For Declaration purposes Only [RE]* — Aux fins de déclaration seulement.

F. & A.P. : Fire and Allied Perils — Incendie et risques annexes.

F. & C. : Fire and Casualty [USA] — Incendie et accidents.

F.E.A. : Fire Extinguishing Appliances — Moyens d'extinction d'incendie.

F.E.M.A. : Federal Emergency Management Agency [USA] — Agence fédérale pour la gestion des situations de crise.

F.E.R.I.T. : Far East Regional Investigation Team [UK] — Equipe régionale d'enquête pour l'Extrême-Orient.

F.F.A. : Fellow of the Faculty of Actuaries [UK] — Membre diplômé de la faculté des actuaires.

F. & F. : Furniture and Fixtures [USA] — Mobilier et agencements.

F.F.C. : Federal Fire Council [USA] — Conseil fédéral de lutte contre l'incendie.

F. & F.O. : Fixed and Floating Objects [M] — Corps fixes et flottants.

F.G. : Fidelity Guarantee [Acc] — Couverture des détournements et malversations.

F.G.A. CL. : Foreign General Average Clause [M] — Clause d'avarie commune à l'étranger.

F.I.A. : Full Interest Admitted [M] — Intérêt pleinement reconnu.

F.I.A. : Fellow of the Institute of Actuaries [UK] — Membre diplômé de l'Institut des actuaires.

F.I.A. : Federal Insurance Administration [USA] — Administration fédérale de l'assurance.

F.I.A.S. : Fellow of the Incorporated Architects and Surveyors [UK] — Membre de la corporation des architectes et experts.

F.I.B. : Federation of Insurance Brokers [UK] — Fédération des courtiers d'assurance.

F.I.C.A. : Federal Insurance Contribution Act [USA] — Loi fédérale sur le financement de l'assurance sociale.

F.I.C.S. : Fellow of the Institute of Chartered Ship Brokers [UK] [M] — Membre de l'Institut des courtiers maritimes.

F.I.D.O. : Fire Incident Data Organization [USA] — Système de recueil des données des incendies.

F.I.O. : Free In and Out [M] — Bord à bord.

F.I.R.M. : Flood Insurance Rate Map [USA] — Carte des taux de l'assurance inondation..

F.I.R.T.O. : Fire Insurers' Research and Testing Organisation [UK] — Organisation de recherches et d'essais des assureurs incendie.

F.I.S.A. : Federation of Insurance Staffs Association [UK] — Fédération des associations d'employés d'assurance.

f.i.w. : free in wagon [M] — franco sur wagon.

F.L.E. : Fire Lightning and Explosion — Incendie, foudre et explosions.

F.L.I.A. : Fellow of the Life Insurance Association [UK] — Membre de l'association de l'assurance-vie.

F.L.M.I. : Fellow of the Life Management Institute [USA] — Membre diplômé de l'Institut supérieur d'assurance vie [USA].

F.M. : Factory Mutuals [F] [USA] — Mutuelles industrielles [I].

F.M.R.C. : Factory Mutual Research Corporation [F] [USA] — Organisation de recherche des mutuelles industrielles [I].

F.O. : Foreign to Occupation [Acc] [USA] — Extra-professionnel.

F.O.B. : Free On Board [M] — Franco à bord.

F.O.C. : Fire Offices' Committee [UK] — Comité des assureurs incendie [UK]; ** A.P.S.A.D.

F.O.C. (F) : Fire Offices' Committee (Foreign) [UK] — Comité des assureurs incendie (étranger).

F.O.C. : Flag Of Convenience [M] — Pavillon de complaisance.

F.O.C. : Free Of Claims — Franc de réclamations.

F.O.D. abs. : Free Of Damage absolutely [M] — Franc de dommages absolument.

FO/FO : Float On/Float Off — Flottier (navire).

f.o.q. : free on quay [M] — franco sur quai.

f.o.r. : free on rail [M] — franco sur rail = sur wagon.

f.o.s. : free on steamer — franco sur navire.

f.o.t. : free on train = truck [M] — franco sur train = sur camion.

f.o.w. : first open water — premières eaux ouvertes.

f.o.w. : *free on wharf [M]* — franco à quai.

F.P. : *Flash Point* — Point d'éclair.

F.P. : *Floating Policy* — Police flottante.

F.P. : *Frame Protected (Classification) [F] [USA]* — Charpente protégée (classification incendie).

F.P.A. : *Fire Protection Association [UK]* — Association de protection contre l'incendie.

F.P.A. : *Free of Particular Average [M]* — Franc d'avaries particulières.

F.P.A. (A.C.) : *Free of Particular Average (American Conditions) [M]* — Franc d'avaries particulières (conditions américaines).

F.P.A. (E.C.) : *Free of Particular Average (English Conditions) [M]* — Franc d'avaries particulières (conditions britanniques).

F.P.A. Abs. : *Free of Particular Average Absolutely [M]* — Franc d'avaries particulières absolument.

F.P.A. u.c.b. : *Free of Particular Average unless caused by the vessel being stranded sunk or burnt [M]* — Franc d'avaries particulières sauf en cas d'échouement, naufrage ou incendie.

F.P.A. UNLESS : *Free of Particular Average Unless [M]* — Franc d'avaries particulières sauf.

F.P.E.B. : *Fire Prevention and Engineering Bureau [USA]* — Bureau de l'ingénierie et de la prévention incendie.

F.P.I.C. : *Full Premium If Claim [AV]* — Prime totale en cas de sinistre.

F.P.I.C. : *Fire Prevention Information Centre [UK]* — Centre d'information et de prévention de l'incendie.

F.P.I.L. : *Full Premium If Lost [M]* — Prime totale en cas de perte.

F.P.I.L. I.P. : *Full Premium If Lost from an Insured Peril [M]* — Prime totale en cas de réalisation du risque assuré.

F.P.I.L. P.I.A. : *Full Premium if Lost through a Peril Insured Against [M]* — Prime totale en cas de réalisation du risque assuré.

F.P.I.P.C. : *Fire Prevention Information and Publication Centre [UK]* — Centre d'information et de publication de la prévention incendie.

F.R. : *Fire Resistive [USA]* — Résistant au feu.

F.R. : *Flight Risks* — Risques en vol.

F.R.C. : *Free of Reported Casualty* — Franc de sinistres déclarés.

F.R.C. : *Fire Resisting Construction [UK]* — Construction incombustible de sécurité.

F.R. & C.C. : *Free of Riots and Civil Commotion* — Franc d'émeutes et de mouvements populaires.

F.R.I.C.S. : *Fellow of the Royal Institution of Chartered Surveyors [UK]* — Membre de l'institution royale des experts-vérificateurs.

F.R.O. : *Flight Risk Only [AV]* — Risque en vol seulement.

F.R..O. : *Fire Risk Only [M]* — Risque d'incendie seulement.

f.r.o.f. : *fire risk on freight [M]* — Risque d'incendie sur cargaison.

F.R.S. : *Fire Research Station [UK]* — Centre de recherches sur l'incendie.

Frt. : *Freight [M]* — Fret.

Frt A.R. : *Freight All Risks [M]* — Tous risques fret.

Frt. L.L. : *Freight Liability [M]* — Responsabilité du transporteur.

F.S.A. : *Fellow of The Society of Actuaries [USA]* — Membre diplômé de la société des actuaires.

f.s.l. : *full signed line* — part totalement signée.

F.S.R. : *Free of Strikes and Riots [M]* — Franc de grèves et émeutes.

F.S.R. & C.C. : *Free of Strikes, Riots and Civil Commotion* — Franc de grèves, émeutes et mouvements populaires.

F.S.T. : *Federal Stamp Tax [USA]* — Droit de timbre fédéral.

F. & T. : *Flight and Taxying [AV]* — En vol et en évolution au sol.

F. & T. : *Fire and Theft [MV]* — Incendie et vol [A].

F.T.C. : *Federal Trade Commission [USA]* — Commission fédérale du commerce.

F.T.C.A.C. : *Fire, Theft and Combined Additional Coverage* — Garantie additionnelle combinée y compris incendie et vol.

F.T. & I.R. : *Flight Taxying and Ingestion Risks [AV]* — Risques de vol, d'évolution au sol et d'ingestion.

F. & T.R. : *Flight and Taxying Risks [AV].* — Risques de vol et d'évolution au sol.

F.T.Z. : Free Trade Zone [USA] — Zone de libre souscription.

F.U. : Frame Unprotected (Classification) [F] [USA] — Charpente non protégée (Classification incendie).

F.U.A. : Farm Underwriters Association [USA] — Association des assureurs agricoles.

F.V.D. : Full Value Declared — Valeur totale déclarée.

f.w.d. : Fresh water damage [M] — Dommage d'eau douce.

F.W.L. : Full Written Line [RE] — Part totalement souscrite.

G. : *Glass* — verre.
G.A. : *General Agent [USA]* — Agent général.
G/A : *General Average [M]* — Avarie commune.
G.A.A.P. : *Generally Accepted Accounting Principles [USA]* — Principes comptables généralement acceptés.
G.A.B. : *General Adjustment Bureau [USA]* — Bureau d'expertise générale.
G.A.D. : *General Average Deposit [M]* — Dépôt d'avarie commune.
G.A.D.V. : *Gross Arrived Damaged Value [M]* — Valeur brute du dommage à l'arrivée.
G.A.L. : *General Average Loss [M]* — Perte d'avarie commune.
G.A.M.A. : *General Agents and Managers' Association [L] [USA]* — Association des agents généraux et directeurs [V].
G.A.M.C. : *General Agents and Managers Conference [L] [USA]* — Conférence des directeurs et agents généraux [V].
G.A.S.V. : *Gross Arrived Sound Value [M]* — Valeur brute effective à l'arrivée.
G/A. Con. : *General Average Contribution [M]* — Contribution d'avarie commune.
G/A. Dép. = G.A.D. : *General Average Deposit [M]* — Dépôt d'avarie commune.
G/A & S. : *General Average and Salvage [M]* — Avarie commune et sauvetage.
G.B. : *General Branch [USA]* — Agence générale.
G.D.P. : *Gross Domestic Product* — Produit intérieur brut.
G.E.P. : *Gross Earned Premium* — Prime brute acquise.
G.H.A.A. : *Group Health Association of America.* — Association santé groupe d'Amérique.
G.I.T. : *Goods In Transit* — Marchandises en cours de transport = transportées.

G.L. : *Garage Liability* — Responsabilité civile garagiste.
G.L. : *General Liability [USA]* — Responsabilité civile exploitation.
G.L. : *Great Lakes [USA]* — Les Grands Lacs.
G.L. : *Gross Line [USA]* — Plein d'acceptation.
G.L.C. area : *Greater London Council area* — Zone municipale du grand Londres.
G.M.P. : *Guaranteed Minimum Pension [L]* — Retraite minimum garantie [V].
G.N.E.P.I. : *Gross Net Earned Premium Income [RE]* — Encaissement brut de primes acquises net de ristournes.
G.N.P. : *Gross National Product* — Produit national brut.
G.N.P.I. : *Gross Net Premium Income [RE]* — Encaissement brut net de ristournes.
G.N.W.P.I. : *Gross Net Written Premium Income [RE]* — Encaissement brut de primes, net de ristournes.
G.O.P. : *Gross Original Premium [RE]* — Prime brute d'origine.
G.O.R. : *Gross Original Rate* — Taux brut d'origine.
G.P. : *Gross Premium* — Prime brute.
G.P.I. : *Gross Premium Income [RE]* — Encaissement en primes brutes.
G.R. : *Gross Rate* — Taux brut.
G.R. : *Ground Risks [AV]* — Risques au sol.
G.R.O. : *Grounds Risks Only [AV]* — Risques au sol seulement.
G.R.T. = grt : *Gross Registered Tonnage [M]* — Tonnage brut immatriculé.
G./T : *Goods in Transit [M]* — Marchandises en cours de transport.
G.T.P. : *General Third Party* — Responsabilité civile.
GUAR. : *Guaranteed* — Garanti.
G.U.L.P. : *Group Universal Life Program [USA]* — Programme assurance groupe vie variable.
G.V.W. : *Gross Vehicle Weight* — Poids total à vide.
G.W.P.I. : *Gross Written Premium Income* — Encaissement brut souscrit.

H.A.D. : *Havre Antwerp Dunkirk [M]* — Le Havre Anvers Dunkerque.

H.A.S.A.W.A. : *Health And Safety At Work Act [UK]* — Loi sur l'hygiène et la sécurité du travail.

H.C. : *Householders' Comprehensive [F]* — Multirisque habitation [I].

H/C : *Held Covered* — Tenu couvert.

H/C L/U : *Held Covered at a premium to be agreed by the Leading Underwriter* — Tenu couvert moyennant une prime à fixer par l'apériteur.

H.D. : *Hook Damage [M]* — Dommage par coup de crochet.

H.E.W. : *Department of Health, Education and Welfare [USA]* — Ministère de la santé, de l'éducation et de l'aide sociale.

H.G. : *Household Goods* — Mobilier domestique.

H.G. & P.E. : *Household Goods and Personal Effects [F]* — Mobilier domestique et effets personnels [I].

H/H : *Havre to Hambourg [M]* — Du Havre à Hambourg.

H.H.F. : *Household Furniture [F] [USA]* — Mobilier domestique [I].

H.H.G. : *Household Goods [F] [USA]* — Biens meubles domestiques [I].

H.I. : *Health Insurance [USA]* — Assurance santé = maladie.

H.I.A.A. : *Health Insurance Association of America* — Association américaine de l'assurance santé.

H.I.I. : *Health Insurance Institute [USA]* — Institut de l'assurance santé.

H.K. : *Housekeeping [F]* — Entretien = Tenue (du risque) [I].

H.K.L. : *Hangar Keepers' Liability [AV]* — Responsabilité civile des exploitants de hangars.

H.L.D.I. : *Highway Loss Data Institute [USA]* — Institut de statistique des accidents de la route.

H. & M. : *Hull and Machinery [M]* — Corps et machines.

H. & M. : *Hull and Materials [M]* — Corps appareils moteurs et accessoires.

H.M.I.P. : *Her Majesty's Inspectorate of Pollution [UK]* — Organisme de surveillance de la pollution.

H.M.O. : *Health Maintenance Organization [USA]* — Organisation de médecine préventive et curative.

H. & O. : *Hook and Oil damage [M]* — Dommage par coup de crochet et hydrocarbure.

H.M.S.O. : *Her Majesty's Stationery Office [UK]* — Bureau des publications de l'administration royale =** Journal officiel.

H.N.C. : *Hazardous or Noxious Cargoes* — Frets dangereux ou nocifs.

H.N.S. : *Hazardous and Noxious Substances* — Substances dangereuses ou nocives.

H.O. : *Houseowners' Insurance [F]* — Assurance propriétaire d'immeuble [I].

H.O.L.U.A. : *Home Office Life Underwriters Association [L] [USA]* — Association des souscripteurs vie des sièges sociaux [L].

H.O.P. : *Homeowner's Policy [F]* — Police propriétaire d'habitation [I].

H.O.S.C.C.P. : *Home Office Standing Committee on Crime Prevention [UK]* — Comité permanent du ministère de l'intérieur pour la prévention des actes délictueux.

H.P.L. : *Hospital Professional Liability* — Responsabilité civile professionnelle des hôpitaux.

H.P.R. : *Highly Protected Risk [F] [USA]* — Risque à protection renforcée = risque hautement protégé [I].

H.R.B. : *High Rise Building* — Immeuble de grande hauteur.

H.S.C. : *Health and Safety Commission [UK]* — ** Comité d'hygiène et de sécurité.

H.S.E. : *Health and Safety Executive [UK]* — Comité d'hygiène et de sécurité.

H.T. : *Heavy Timber (construction) [F]* — Bois massif (construction en) [I].

H.V.A.C. : *Heating, Ventilating and Air Conditioning* — Chauffage, ventilation, climatisation.

H.W.D. : *Heavy Weather Damage [M]* — Dommage de gros temps.

I.A.A. : *Insurance Adjusters' Association* — Association des experts sinistres d'assurance.

I.A.A.H.U. : *International Association of Accident and Health Underwriters [USA]* — Association internationale des souscripteurs accident et maladie.

I.A.A.S. : *Incorporated Association of Architects and Surveyors [UK]* — Association des architectes et experts-vérificateurs.

I.A.F.C. : *International Association of Fire Chiefs* — Association internationale des chefs de corps de sapeurs-pompiers.

I.A.F.F. : *International Association of Fire-Fighters* — Association internationale des spécialistes de la lutte contre l'incendie.

I.A.H. : *International Association of Hail Insurers* — Association internationale des assureurs grêle.

I.A.H.I. : *International Association of Health Insurers [USA]* — Association internationale des assureurs santé.

I.A.R. : *Industrial All Risks* — Tous risques industriels.

I.A.S.S. : *Insurance Accounting and Statistical Society [USA]* — Société de statistique et de comptabilité de l'assurance.

I.A.T.A. : *International Air Transport Association [AV]* — Association internationale du transport aérien.

I.B. : *Industrial Branch [L]* — Branche populaire [V].

I.B.C. : *Institute Builder's Risk Clauses [M]* — Clauses de l'Institut pour les risques des constructeurs.

I.B.N.R. CLAIMS : *Incurred but not Reported Claims [RE]* — Sinistres survenus mais non déclarés.

I.B.R.A. : *Insurance Brokers Registration Act [UK]* — Loi sur l'inscription des courtiers d'assurance.

I.B.R.C. : *Insurance Brokers' Registration Council [UK]* — Conseil d'immatriculation des courtiers d'assurance.

I.C. = I/C : *In Commission [M]* — Armé.

I.C. : *Inchmaree Clause [M]* — Clause «Inchmaree».

I.C.A. : *International Claim Association [USA]* — Association internationale de règlement de sinistres.

I.C.A.C. : *Insurance Committee for Arson Control [USA]* — Comité de l'assurance pour le contrôle des incendies criminels.

I.C.A.N. : *International Commission for Air Navigation* — Commission internationale pour la navigation aérienne.

I.C.A.O. : *International Civil Aviation Organisation* — Organisation internationale de l'aviation civile.

I.C.A.R.I. : *Industrial & Commercial All Risks Insurance [UK]* — Assurance tous risques industriels et commerciaux.

I.C.C. : *Institute Cargo Clauses [M]* — Clauses des facultés de l'Institut.

I.C.C. : *Insurance Consultative Council* — Conseil consultatif de l'assurance.

I.C.C. : *International Chamber of Commerce* — Chambre de commerce internationale.

I.C.D. : *International Classification of Diseases* — Classification internationale des maladies.

I.C.E. : *Institution of Civil Engineers [UK]* — Institution des ingénieurs de génie civil.

I.C.I.A. : *International Credit Insurance Association* — Association internationale de l'assurance crédit.

I.C.O.N.S. : *Information Center On Nuclear Standards [USA]* — Centre d'information sur les normes nucléaires.

I.C.P.I. : *Insurance Crime Prevention Institute [USA]* — Institut pour la prévention de la fraude à l'assurance.

I.C.S. : *Institute of Chartered Shipbrokers* — Institut des courtiers maritimes.

I.C.S. : *Insurance Consultants Society [USA]* — Société des consultants en assurance.

I.C.V. : *Improperly Closed Valve [F] [USA]* — Vanne mal fermée [I].

I.D. : *Indirect Damage* — Dommage indirect.

I.E.A. : *Insurance Exchange of the Americas Inc.* — Bourse d'assurance des Amériques.

I.E.E. : *Institute of Electrical Engineers* — Institut des ingénieurs électriciens.

I.E.I.W. : *International Electronics in Insurance Week* — Semaine internationale de l'électronique dans l'assurance.

I/ &/ or O. : *In & /or Over-Deck [M]* — En cale et/ou en pontée.

I.F.C. : *Institute Freight Clauses [M]* — Clauses de fret de l'Institut.

I.F.R.I.M.A. : *International Federation of Risk & Insurance Management Associations* — Fédération internationale des associations de gestion de risques & d'assurances.

I.G.M.C.O. : *Inter-Governmental Maritime Consultative Organisation [M]* — Organisation consultative maritime intergouvernementale.

I.G.S. : *Inert Gas System* — Mise sous atmosphère de gaz inerte.

I.H.O.U. : *Institute of Home Office Underwriters [L] [USA]* — Institut des souscripteurs des sièges sociaux [V].

I.I.A. : *Insurance Institute of America* — Institut d'assurance d'Amérique.

I.I.A.A. : *Independent Insurance Agents of America* — Agents d'assurance indépendants d'Amérique.

I.I.A.C. : *International Insurance Advisory Council [USA]* — Comité consultatif international de l'assurance.

I.I.B. : *Institute of Insurance Brokers [UK]* — Institut des courtiers d'assurances.

I.I.C. : *Institute of Insurance Consultants [UK]* — Institut des conseillers en assurance.

I.I.E. : *Illinois Insurance Exchange [USA]* — Bourse des assurances de l'Illinois.

I.I.H.S. : *Insurance Institute for Highway Safety [USA]* — ** Prévention routière.

I.I.I. : *Insurance Information Institute [USA]* — Institut d'information de l'assurance.

I.I.L. : *Insurance Institute of London* — Institut d'assurance de Londres.

I.I.R. : *Institute of Insurance Research [USA]* — Institut des recherches en assurance.

I.I.R.P. : *Insurance Industry Research Panel [UK]* — Commission de recherche pour l'industrie des assurances.

I.I.T.C. : *Insurance Industry Training Council [UK]* — Conseil pour l'enseignement dans l'industrie des assurances.

I.L.A. : *Inner London Area* — Zone centrale de Londres.

I.L.O. : *Industrial Life Offices [UK]* — Compagnies d'assurances vie populaire.

I.L.O.A. : *Industrial Life Offices' Association [UK]* — Association des assureurs branche vie populaire.

I.L.U. : *Institute of London Underwriters* — Institut des souscripteurs de Londres.

I.M. : *Inland Marine [USA]* — Assurance des objets transportés ou transportables.

I.M.C.O. : *Inter-Governmental Maritime Consultative Organisation [M]* — Organisation inter-gouvernementale consultative de la navigation maritime.

I.M.E. : *Institution of Mechanical Engineers [UK]* — Institution des ingénieurs mécaniciens.

I.M.I.A. : *International Machinery Insurers' Association* — Association internationale des assureurs de risques techniques.

I.M.I.B. : *Inland Marine Insurance Bureau [USA]* — Bureau de tarification des assurances des objets transportés ou transportables.

I.M.I.U. : *International Marine Insurance Union* — Syndicat international des assurances maritimes.

I.M.U.A. : *Inland Marine Underwriters Association [USA]* — Association des assureurs des objets transportés ou transportables.

Incl. : *Including = Inclusive* — Inclus.

I.N.M. : *Incidental Non-Marine* = Risques non spécifiquement maritimes.

Ins. : *Insurance* — Assurance.

INSCE : *Insurance* — Assurance.

INSD : *Insured* — Assuré.

Inst. CLS : *Institute Clauses [M]* — Clauses de l'Institut [M].

Int. : *Interest* — Intérêt.

Insur. : *Insurance* — Assurance.

I/O : *In and/or Over [M]* — En cale et/ou en pontée.

I.O.B. : *Insurance Ombudsman Bureau [UK]* — Services du médiateur d'assurance.

I.o.p. : *Irrespective of percentage [M]* — Règlement intégral sans franchise.

I.P.A. : *Institute of Public Assessors* — Institut des experts (pour les assurés).

I.P.C. : *Integrated Pollution Control [UK]* — Règlementation sur le contrôle de la pollution.

I.P.R.C. : *Institute Port Risk Clauses [M]* — Clauses de l'Institut sur risques portuaires.

I.P.S.A. : *International Professional Security Association [UK]* — Association professionnelle et internationale pour la sécurité.

I.R.A. : *Individual Retirement Account [USA]* — Décompte individuel de retraite.

I.R.M. : *Institute of Risk Management [UK]* — Institut de la gestion des risques.

I.R.M.C. : *Institute of Risk Management Consultants [USA]* — Institut des consultants en gestion de risques.

i.r.o. : *in respect of* — en ce qui concerne = eu égard à.

I.R.P.M. : *Individual Risk Premium Modification* — Modification individuelle de la prime de risque.

Irres. % age : *Irrespective of Percentage [M]* — Règlement intégral sans franchise.

I.R.S. : *Internal Revenue Service [USA]* — ** Direction des impôts.

I.S.O. : *Insurance Services Office [USA]* — Bureau inter-compagnies d'information et de services.

I.S.O. : *International Standards Organization* — Organisation internationale de normalisation.

I.S.S.A. : *International Social Security Association* — Association internationale de sécurité sociale.

I.T.B. : *Insurance Technical Bureau [UK]* — Bureau technique de l'assurance.

I.T.C. : *Institute Time Clauses [M]* — Clauses d'assurance à temps de l'Institut.

I.T.I.A. : *International Tanker Indemnity Association* — Association internationale d'indemnisation des armateurs pétroliers.

I.U.A.I. : *International Union of Aviation Insurers* — Union internationale des assureurs aviation.

I.U.C.I.I. : *International Union of Credit and Investment Insurers* — Union internationale des assureurs crédit et investissements.

I.U.M.I. : *International Union of Marine Insurance* — Union internationale de l'assurance maritime.

I.V. : *Increased Value* — Plus-value.

I/V : *Insured Value* — Valeur assurée.

I.V.C. : *Institute Voyage Clauses [M]* — Clauses d'assurance au voyage de l'Institut.

I.W. : *Institute Warranties [M]* — Conditions requises par l'Institut.

I.Y.C. : *Institute Yacht Clauses [M]* — Clauses yacht de l'Institut.

J.F.R.O. : *Joint Fire Research Organization [UK]* — Organisation commune de recherche sur l'incendie.

J.H.C. : *Joint Hull Committee [M]* — Comité commun de l'assurance corps.

J.H.U. : *Joint Hull Understandings [M]* — Accords communs de l'assurance corps.

J. and/or L.O. : *Jettison and/or Loss Overboard* — Jet à la mer et/ou perte par-dessus bord.

J.S.A. : *Job Safety Analysis [USA]* — Analyse de la sécurité du travail.

J.U.A. : *Joint Underwriting Association [USA]* — Association de la souscription en commun.

J. and/or W.O. : *Jettison and/or Washing Overboard* — Jet à la mer et enlèvement par les lames.

K.D. : *Knocked Down [M]* — Démonté.

K.D.C. : *Knocked Down Condition [M]* — A l'état démonté.

K. for K. : *Knock for Knock Agreement [MV] [UK]* — Convention de règlement à la suite de collision [A].

«K.O.» : *Keep Off* — A refuser = à ne pas souscrire.

K. & R. : *Kidnap and Ransom* — Enlèvement et rançon.

L. : *Lightning* — Foudre.

L. : *Life* — Vie.

L/A : *Lloyd's Agent* — Agent du Lloyd's.

L.A.C.C. : *Lloyd's Aviation Claims Centre* — Centre de sinistres aviation du Lloyd's.

L.A.D. : *Lloyd's Aviation Department* — Service aviation du Lloyd's.

L.A.D.A. : *Lloyd's Agencies Department* — Service des agences du Lloyd's.

L.A.P.C. : *Life Assurance Premium Certificate [UK]* — Attestation de prime d'assurance vie.

L.A.P.R. : *Life Assurance Premium Relief [UK]* — Déduction fiscale de prime d'assurance vie.

L.A.S.H. : *Lighter Aboard Ship* — Navire porte-barges.

L.A.T.F. : *Lloyd's American Trust Fund* — Fonds de garantie américain du Lloyd's.

L.A.U.A. : *Lloyd's Aviation Underwriters' Association* — Association des souscripteurs aviation du Lloyd's.

L.B.C. : *Loaded Burning Cost [RE]* — Coût du sinistre pur plus chargement.

L/C : *Leading Company* — Compagnie apéritrice.

L.C.F. : *Loss Conversion Factor [RE]* — Coefficient de conversion des pertes.

L.d.d. : *Loss during discharge [M]* — Perte pendant le déchargement.

L.D.F. : *Loss Development Factor* — Facteur de développement des pertes.

L.d.l. : *Loss during loading [M]* — Perte pendant le chargement.

L.d.t. : *Loss during transhipment [M]* — Perte pendant le transbordement.

LEG. LIAB. : *Legal Liability* — Responsabilité civile.

L.E.L. : *Lower Explosive Limit* — Limite inférieure d'explosivité.

L.F.L. : *Lower Flammable Limit* — Limite inférieure d'inflammabilité.

L.H.W.C.A. : *Longshoremen and Harbor Workers Compensation Act [USA]* — Loi sur les accidents du travail des dockers et ouvriers portuaires.

LI. : *Liability* — Responsabilité.

L.I.A. : *Life Insurance Association [UK]* — Association d'assurance sur la vie.

L.I.A.A. : *Life Insurance Association of America [USA]* — Association américaine d'assurance sur la vie.

LIAB. : *Liability* — Responsabilité.

L.I.A.M.A. : *Life Insurance Agency Management Association [USA]* — Association des directions d'agences d'assurance vie.

L.I.B.A. : *Lloyd's Insurance Brokers' Association* — Association des courtiers d'assurance au Lloyd's.

L.I.B.C. : *Lloyd's Insurance Brokers' Committee* — Comité des courtiers d'assurance au Lloyd's.

LIBRA : *Life Insurance Brokers' Association [UK]* — Association des courtiers d'assurance-vie.

L.I.M.R.A. : *Life Insurance Marketing and Research Association [USA]* — Association pour la recherche et la commercialisation de l'assurance vie.

L.I.M.R.F. : *Life Insurance Medical Research Fund [USA]* — Fonds de recherche médicale pour l'assurance vie.

L.I.P. : *Life Insurance Policy [USA]* — Police d'assurance vie.

L.I.R.M.A. : *London Insurance and Reinsurance Market Association* — Association du marché londonien de l'assurance et de la réassurance.

Lkg & Bkg : *Leakage and Breakage [M]* — Coulage et bris.

L.L. : *Legal Liability* — Responsabilité civile.

L.L.A.G. : *Linked Life Assurance Group [UK]* — Assurance groupe vie liée (à un fonds d'investissement).

LLds : *Lloyd's* — Le Lloyd's.

L.M.C. : *Lloyd's Machinery Certificate [M]* — Attestation Lloyd's de bon état des machines.

L.M.C. C.S. : Lloyd's Machinery Certificate, Continuous Survey [M] — Attestation Lloyd's de contrôle permanent des machines.

L.M.D.A.C. : Lloyd's Motor Damage Assessing Centre — Centre d'expertise du Lloyd's pour les dommages aux automobiles.

L.M.U.A. : Lloyd's Motor Underwriters' Association — Association des sosucripteurs automobile du Lloyd's.

L.M.X. : London Market Excess of loss [RE] — Marché londonien des excédents de pertes.

L.N.G. : Liquefied Natural Gas — Gaz naturel liquéfié.

L.N.G.C. : Liquefied Natural Gas Carrier [M] — Transporteur de gaz naturel liquéfié.

L.O.A. : Life Offices' Association [UK] — Association des assureurs vie.

L.O.C. : Letter Of Credit [M] — Lettre de crédit.

L.O.E. : Loss Of Earnings [M] — Perte de revenus.

L.O.H. : Loss Of Hire [M] — Perte d'affrètement.

L.O.L. : Loss Of Life [M] — Perte de vie humaine.

Lo-Lo : Lift on - Lift off [M] — Système conventionnel = à manutention verticale = levage.

L.O.M.A. : Life Office Management Association [USA] — Association des dirigeants de compagnies Vie.

L.O.P. : Loss Of Profits — Pertes de bénéfices.

L.P. : Loss of Profits — Pertes de bénéfices.

L.P.A. : London Postal Area [MV] — Zone londonienne de distribution postale [A].

L.P.C. : Loss Prevention Council [UK] — Comité pour la prévention des sinistres.

L.P.C.B. : Loss Prevention Certification Board [UK] — Comité d'agrément des moyens de prévention des sinistres.

L.P.G. : Liquefied Petroleum Gas — Gaz de pétrole liquéfié.

L.P.G.C. : Liquefied Petroleum Gas Carrier [M] — Transporteur de gaz de pétrole liquéfié.

L.P.I. : Legal Protection Insurance [UK] — Assurance protection juridique.

L.P.O. : Lloyd's Policy Office — ** L.P.S.O.

L.P.P. : Loss Prevention Program — Programme de prévention des sinistres.

L.P.S.O. : Lloyd's Policy Signing Office — Bureau de signature des polices du Lloyd's.

L.P.T.C. : Loss Prevention Technical Centre [UK] — Centre technique de prévention des sinistres.

L.R. : Lloyd's Register [M] — Registre du Lloyd's.

L.R. : Loss Ratio — Rapport des sinistres aux primes.

L.R.B.C. : Lloyd's Register Building Certificate [M] — Cerfificat de construction du registre du Lloyd's.

L.R.M.C. : Lloyd's Refrigerating Machinery Certificate — Attestation Lloyd's pour le matériel frigorifique.

L.S. : Livestock — Bétail = Cheptel.

L.S.R. : Line, Syndicate and Reference [LL] — Quote-part, syndicat et référence.

L.S.S.D. : Lloyd's Syndicate Survey Department — Service d'inspection/vérification du Lloyd's.

LS.S.R. : Late Supression - Slow Response [F] (Sprinkler) — A déclenchement lent et extinction retardée [I] (tête d'extincteur automatique).

L.T.A. : Long Term Agreement — Convention de longue durée = de durée ferme.

L.T.D. : Long Term Disability [USA] — Incapacité de longue durée.

L.T.D. : Long Term Discount — Rabais pour durée ferme.

L.T.L. : Less than Truck Load — Moins que la charge totale.

L.U. = L/U : Leading Underwriter — Souscripteur apériteur = Apériteur.

L.U. : Laid Up [M] — Désarmé.

L.U.A. : Lloyd's Underwriters' Association — Association des souscripteurs du Lloyd's.

L.U.A.M.C. : Leading Underwriter Agreement for Marine Cargo — Convention d'apérition en assurance de facultés maritimes.

L.U.A.M.H. : Leading Underwriting Agreement for Marine Hull — Convention d'apérition en assurance de corps maritimes.

L.U.C. : London Underwriting Centre — Centre de souscription de Londres.

L.U.C.O. : Lloyd's Underwriters' Claims Office

— Bureau des sinistres des souscripteurs du Lloyd's.

L.U.C.R.O. : *Lloyd's Underwriters' Claims and Recoveries Office* — Service sinistres et recours des souscripteurs du Lloyd's.

L.U.F.N.M.A. : *Lloyd's Underwriters' Fire and Non-Marine Association* — Association des souscripteurs incendie et risques autres que maritimes du Lloyd's.

L.U.N.C.O. : *Lloyd's Underwriters Non-marine Claims Office* — Bureau des sinistres autres que maritimes des souscripteurs du Lloyd's.

L.U.R. : *Laying Up Returns [M]* — Ristournes pour désarmement.

L.U.T.C. : *Life Underwriter Training Council [USA]* — Conseil pour l'enseignement de l'assurance vie.

M. : *Marine* — Maritime.

M : *Masonry (construction)* — Maçonnerie (construction en).

m. : *midnight* — minuit.

M. : *Machinery [M]* — Machines.

M.A.A.A. : *Member of American Academy of Actuaries* — Membre de l'académie américaine des actuaires.

M.A.E.L.U. : *Mutual Atomic Energy Liability Underwriters [USA]* — Mutuelles d'assurance de responsabilité civile nucléaire.

M.A.E.R.P. : *Mutual Atomic Energy Reinsurance Pool [USA]* — Groupement de réassurance mutuelle nucléaire.

M.A.P.s. : *Market Assistance Programs [USA]* — Programmes d'aide au placement.

MARPOL : *Marine Pollution International Convention for the Prevention of Pollution From Ships* — Convention internationale pour la prévention de la pollution par navires.

M.A.S. : *Maximum Amount Subject [F] [USA]* — Sinistre Maximum Possible [I].

M.A.T. : *Marine Aviation Transport* — Maritime, aviation, transport.

M.B.D. = Machy Bdn : *Machinery Breakdown* — Bris de machines.

M.C. : *Motor Car* — Automobile.

M/C : *Machinery Certificate [M]* — Attestation machines.

M. & C. : *Manufacturers' and Contractors' liability [USA]* — Responsabilité civile des fabricants et entrepreneurs.

M. & C. : *Manufacturers and Contractors [USA]* — Fabricants et entrepreneurs.

M.D. : *Malicious Damage* — Dommage par acte de malveillance.

M.E. : *Medical Examination* — Examen médical.

M.E.C. : *Marine Extension Clause* — Clause d'extension transport.

MEDICAID : *Medical Aid [USA]* — Assistance médicale.

MEDICARE : *Medical Care [USA]* — ** Assurance maladie.

M.E.P.C. : *Marine Environment Protection Committee* — Comité pour la protection de l'environnement maritime.

M.E.P.P.A. : *Multi-Employer Pension Plan Amendments Act [USA]* — Loi modifiant les régimes de retraite en cas d'employeurs multiples.

M.E.R. : *Medical Examiner's Report* — Rapport du médecin contrôleur.

M.E.T. : *Multiple Employer Trust [USA]* — Caisse de prévoyance des dirigeants (PMI).

M.E.U. : *Motor Engineers Unit [MV] [UK]* — Groupe expérimental de mécaniciens [A].

M.F.L. : *Maximum Foreseeable Loss [F] [USA]* — Sinistre maximum prévisible [I].

M.G.A. : *Managing General Agent* — Agent général gestionnaire.

M.I. : *Manual Increase [Acc]* — Majoration pour travail manuel.

M.I.A. 1906 = M.I.A. = M.I. ACT : *Marine Insurance Act 1906* — Loi d'assurance maritimes de 1906.

M.I.B. : *Motor Insurers' Bureau [UK]* — Bureau des assureurs automobile = ** Fonds de garantie automobile.

M.I.B. : *Medical Impairment Bureau [L] [USA]* — Fichier central des risques aggravés [V].

M.I.C. : *Multi-Peril Insurance Conference [USA]* — Conférence de l'assurance multirisque.

M.I.C.A. : *Mutual Insurance Companies Association [UK]* — Association des compagnies mutuelles d'assurance.

MIN./DEP. : *Minimum and Deposit Premium* — Prime minimum et provisionnelle.

M.I.P. : *Marine Insurance Policy* — Police d'assurance maritime.

M.I.R.A.S. : *Mortgage Interest Relief At Source [UK]* — Déduction fiscale des intérêts hypothécaires.

M.I.R.R.C. : *Motor Insurance Repair Research Centre [UK]* — Centre d'assurance pour la recherche en matière de réparations d'automobiles.

M.I.S. : *Management Information System* — Système d'information de gestion.

M.L.E. : *Maximum Loss Expectancy [F] [USA]* — Sinistre maximum prévu [I].

M.L.I.R.B. : *Multi-Line Insurance Rating Bureau [USA]* — Bureau de tarification d'assurance multirisque.

M.L.R. : *Multiple Location Risks [USA]* — Risques situés en différents endroits.

M.L.S. : *Master Line Slip [LL]* — Fiche de souscription par catégories de risques.

M.M. : *Malicious Mischief* — Acte de malveillance.

M.M.I.A. : *Medical Malpractice Insurance Association [USA]* — Association de l'assurance de responsabilité civile professionnelle médicale.

M.-N.C. : *Masonry - Non-Combustible (construction)* — Maçonnerie incombustible (construction en).

M.O.C.I. : *Maintenance Oriented Crop Insurance* — Assurance récolte des cultures développées.

M.O.P. : *Manufacturer's Output Policy [USA]* — Police tous risques des biens industriels.

M.O.R.T. : *Management Oversight and Risk Tree [USA]* — Méthode d'analyse des systèmes de sécurité.

M.P. : *Minimum Premium* — Prime minimum.

M.P. : *Multiple Peril = Multi Peril* — Multirisque.

M.P.C.I. : *Multi-Peril Crop Insurance* — Assurance multirisque des récoltes.

M.P.C.U. : *Marine Pollution Control Unit* — Groupe de contrôle de la pollution maritime.

M.P.I.R.O. : *Multiple-Peril Insurance Rating Organization [USA]* — Organisme de tarification pour l'assurance multirisque.

M.P.L. : *Maximum Possible Loss [F]* — Sinistre maximum possible [I].

M.P.Y. : *Maximum Probable Yearly [USA]* — Maximum annuel probable.

M.R. : *Mooring Risks [M]* — Risques de mouillage = d'amarrage.

M/R : *Mate's Receipt [M]* — Reçu du bord.

M.R.S.B. : *Motor Risk Statistics Bureau [UK]* — Bureau des statistiques du risque automobile.

M.S. : *Machinery Survey [M]* — Vérification des machines.

M.S. = m/s : *Motor Ship* — Navire à moteur.

M.S.B. : *Motor Statistical Bureau [UK]* — Bureau des statistiques automobiles.

M.S.B.F. : *Money and Securities Broad Form [USA]* — Formule globale espèces et valeurs.

M.S.C. : *Manchester Ship Canal [M]* — Canal maritime de Manchester.

M.S.C. : *Maritime Safety Committee* — Comité de sécurité maritime.

M.S.L. : *Mean Sea Level [USA]* — ** Nivellement général par rapport à la mer.

M.S.V. : *Main Stop Valve [F]* — Vanne d'arrêt principale [I].

M.T. = m/t : *Motor Tanker* — Bateau citerne à moteur.

M.T.C. : *Motor Truck Cargo (insurance) [USA]* — Facultés transportées par camion (assurance).

M.U.P.S. : *Minimum Universal Pension System [USA]* — Plan de retraite minimum obligatoire.

M.V. : *Motor Vehicle* — Véhicule automobile = automobile.

M.V. = m/v : *Motor Vessel* — Navire = bateau à moteur.

M.V.R.R.S. : *Motor Vehicle Repair Research Station [UK]* — Station de recherche pour les réparations automobiles.

M.W.P.A. : *Married Women's Property Acts [UK]* — Lois sur les biens de la femme mariée.

M. & W. : *Marine and War risks* — Risques maritimes et de guerre.

n : *noon* — midi.

N.a. = N.A. : *Net Absolutely* — Net absolument.

N.A. : *No Average* — Sans règle proportionnelle.

N/A : *Not Applicable* — Ne s'applique pas = sans application.

NACOSS : *National Approval Council for Security Systems [UK]* — Conseil national d'approbation des systèmes de sécurité.

N.A.E.H.C.A. : *National Association of Employees on Health Care Alternatives [USA]* — + N.A.E.H.M.O.

N.A.E.H.M.O. : *National Association of Employers on Health Maintenance Organization [USA]* — Association nationale des employeurs membres des organisations de la médecine préventive et curative.

N.A.F.E.D. : *National Association of Fire Equipment Distributors [USA]* — Association nationale des distributeurs de matériel de lutte contre l'incendie.

N.A.H.U. : *National Association of Health Underwriters [USA]* — Association nationale des assureurs santé.

N.A.I.A. : *National Association of Insurance Agents [USA]* — Association nationale des agents d'assurance.

N.A.I.B. : *National Association of Insurance Brokers [USA]* — Association nationale des courtiers d'assurance.

N.A.I.C. : *National Association of Insurance Commissioners [USA]* — Association nationale des contrôleurs d'assurance.

N.A.I.I. : *National Association of Independent Insurers [USA]* — Association nationale des assureurs indépendants.

N.A.I.I.A. : *National Association of Independent Insurance Adjusters [USA]* — Association nationale des experts d'assurance indépendants.

N.A.I.W. : *National Association of Insurance Women [USA]* — Association nationale des femmes dans l'assurance.

N.A.L.C. : *National Association of Life Companies [USA]* — Association nationale des compagnies vie.

N.A.L.U. : *National Association of Life Underwriters [USA]* — Association nationale des souscripteurs vie.

N.A.M.C.C. : *National Association of Mutual Casualty Companies [USA]* — Association nationale des compagnies mutuelles accidents.

N.A.M.I.A. : *National Association of Mutual Insurance Agents [USA]* — Association nationale des agents de mutuelles d'assurances.

N.A.M.I.C. : *National Association of Mutual Insurance Companies [USA]* — Association nationale des compagnies d'assurance mutuelles.

N.A.M.I.S. : *Names Agents and Management Information System [LL]* — Système informatique de gestion des agents mandataires et gestionnaires.

N.A.P.I.A. : *National Association of Professional Insurance Agents [USA]* — Association nationale des agents d'assurance professionnels.

N.A.P.F. : *National Association of Pension Funds [UK]* — Association nationale des caisses de retraite.

N.A.P.S.L.O. : *National Association of Professional Surplus Lines Offices [USA]* — Association nationale des sociétés professionnelles en capacités excédentaires.

N.A.S.F.C.A. : *National Automatic Sprinkler and Fire Control Association [USA]* — Association nationale pour la prévention incendie et les installations d'extincteurs automatiques à eau.

N.A.T.B. : *National Automobile Theft Bureau [USA]* — Bureau national des vols d'automobiles.

N.A.U.A. : *National Automobile Underwriters Association [USA]* — Association nationale des assureurs automobile.

N.B. : *New Business* — Affaires nouvelles.

N.B.C.U. : *National Bureau of Casualty Underwriters [USA]* — Bureau national des assureurs accidents.

N.B.F.U. : *National Board of Fire Underwriters [USA]* — Conseil national des assureurs incendie.

N.B.S. : *National Bureau of Standards [USA]* — Bureau national des normes.

N.C.A.D. : *Notice of Cancellation at Anniversary Date [RE]* — Avis de résiliation à l'échéance.

N.C.A.R. : *No Claim for Accident Reported [M]* — Sauf sinistre connu.

N.C.B. : *No Claim Bonus* — Bonification pour non sinistre.

N.C.B.O.R. : *No Claim Bonus On Renewal* — Bonification pour non sinistre au renouvellement.

N.C.C. : *No Collecting Commission [M]* — Sans commission d'encaissement (sinistre).

N.C.C.I. : *National Council on Compensation Insurance [USA]* — Conseil national de l'assurance des accidents de travail.

N.C.D. : *No Claim Discount* — Bonification pour non sinistre.

N.C.I. : *No Common Interest* — Sans solidarité.

N.C.O.B. : *No Cargo On Board [M]* — Sans marchandises à bord.

N.C.P.I. : *National Committee of Property Insurance [USA]* — Comité national de l'assurance dommages.

N.C.P.I. : *National Crime Prevention Institute [USA]* — Institut national de prévention des actes criminels.

N.C.S.S. : *National Commission on Social Security [USA]* — Commission nationale de sécurité sociale.

N.C.V. : *No Commercial Value* — Sans valeur commerciale.

N.D. : *No Discount* — Sans rabais.

N/D : *Non Delivery [M]* — Non livraison.

N.E. = n.e. : *Not Exceeding* — N'excédant pas.

n.e. : *not east of [M]* — pas au-delà de l'est de.

N.E.B.I. : *National Employee Benefits Institute [USA]* — Institut national des régimes de retraite et de prévoyance des employés.

N.E.H.R.P. : *National Earthquake Hazards Reduction Program [USA]* — Programme national de réduction des risques de tremblements de terre.

N.E.L.I.A. : *Nuclear Energy Liability Insurance Association [USA]* — Association de l'assurance responsabilité civile des installations nucléaires.

N.E.P. : *Net Earned Premiums* — Primes nettes acquises.

N.E.P.A. : *National Environmental Policy Act [USA]* — Loi sur la politique nationale en matière d'environnement.

N.E.P.I.A. : *Nuclear Energy Property Insurance Association [USA]* — Association de l'assurance dommages des installations nucléaires.

Net Abs. : *Net Absolutely* — Net absolument.

N.F.I.A. : *National Flood Insurers Association [USA]* — Association nationale des assureurs inondation.

N.F.I.R.S. : *National Fire Incident Reporting System [USA]* — Système national de déclaration des événements d'incendie.

N.F.P.A. : *National Fire Protection Association [USA]* — Association nationale de protection contre l'incendie.

N.F.P.C.A. : *National Fire Prevention and Control Administration [USA]* — Administration nationale de la prévention et maîtrise de l'incendie.

N.G.A.D. : *Notice Given Arrival Date [M]* — Communication de la date d'arrivée.

N.H.I. : *National Health Insurance [USA]* — ** Assurance sécurité sociale.

N.H.S. : *National Health Service [UK]* — ** Caisse nationale de sécurité sociale.

N.H.T.S.A. : *National Highway Transport Safety Administration [USA]* — Administration nationale pour la sécurité des transports routiers.

N.I. : *National Insurance* — Assurance nationale = Assurance sociale.

N.I.A. : *National Insurance Association [USA]* — Association nationale de l'assurance.

N.I.A.S.A. : *National Insurance Actuarial and Statistical Association [USA]* — Association nationale de statistique et d'actuariat de l'assurance.

N.I.B.A. : *National Insurance Buyers Association [USA] (obsolete)* — Association nationale des preneurs d'assurance.

N.I.B.S. : *National Institute of Building Standards [USA]* — Institut national des normes de construction.

N.I.C. : *National Insurance Contributions [UK]* — ** Cotisations assurance sécurité sociale.

N.I.C.H. : *National Insurance Consumer Helpline [USA]* — Numéro vert d'assistance aux consommateurs d'assurance.

N.I.C.O. : *National Insurance Consumer Organization [USA]* — Organisation nationale des consommateurs d'assurance.

N.I.O.S.H. : *National Institute for Occupational Safety and Health [USA]* — Institut national pour l'hygiène et la sécurité du travail.

N.L.E. : *Normal Loss Expectancy [F]* — Prévision de sinistralité normale [I].

N.L.U.R. : *No Laying Up Returns [M] = No Lay Up Returns [M]* — Sans ristourne pour désarmement.

N.M. : *Non Marine* — Terrestre = Autre que maritime.

N.M.A. : *Lloyd's Non Marine Association* — Association (des souscripteurs) branches autres que le maritime du Lloyd's.

n.n. : *not north of [M]* — pas au-delà du nord de.

N.O.C. : *Notice Of Cancellation* — Avis de résiliation.

N.O.C. : *Not Otherwise Classified [Acc] [USA]* — Non classé par ailleurs.

No F.C. & S. : *Denial of Free of Capture and Seizure clauses [M]* — Sans clauses franc de capture et de saisie.

No F.C. & S./S.R. & C.C. : *Denial of Free of Capture and Seizure Strikes Riots and Civil Commotion clauses [M]* — Sans clauses franc de capture et de saisie, grèves, émeutes et mouvements populaires.

N.O.L. : *Not Officially Lapsed* — Non officiellement écoulé.

Non-can. : *Non-cancellable* — Non résiliable.

Non-par : *Non-participating [L] [USA]* — Sans participation [V].

N.O.R. : *Net Original Rate* — Taux net d'origine.

N.P. : *Named Perils* — Risques dénommés.

N.P.C. : *No Previous Carrier [USA]* — Sans antécédents d'assurance.

N.P.I. : *Net Premium Income* — Encaissement net.

N.P.V. : *Net Present Value* — Valeur nette actuelle.

N.R = n.r. : *No Risk* — N'étant pas en risque = Non garantie.

N.R.A. : *Normal Retirement Age [UK]* — Age normal de la retraite.

n.r.a.d. : *no risk after discharge [M]* — cessation de garantie après déchargement.

n.r.a.l. : *no risk after landing [M]* — cessation de garantie après débarquement.

n.r.a.s. : *no risk after shipment [M]* — cessation de garantie après expédition.

N.R.B. : *Net Retained Brokerage* — Courtage net conservé.

N.R.C. : *Nuclear Regulatory Commission [USA]* — Commission de la réglementation nucléaire.

N.R.D. : *Normal Retirement Date [L] [UK]* — Date normale de départ à la retraite [V].

N.R.L. : *Net Retained Line [RE]* — Plein net conservé.

n.r.t. : *net register tons = net registered tonnage [M]* — tonnage net.

n.r.t.b. : *no risk until on board* — sans garantie jusqu'à bord du navire.

n.r.t.o.r. : *no risk until on rail* — sans garantie jusqu'au rail.

n.r.t.w.b. : *no risk until waterborne* — sans garantie jusqu'à bord du navire.

N.R.V. : *National Reinstatement Value [USA]* — Valeur de remplacement nationale.

N.S. : *Nuclear Ship* — Navire nucléaire.

n.s. : *not south of [M]* — pas au-delà du sud de.

N.S. : *Not Sprinklered [F]* — Non protégé par extincteur automatique à eau [I].

N.S.C. : *National Safety Council [USA]* — Conseil national de la sécurité.

N.S.C.I.A. : *National Supervisory Council for Intruder Alarms [UK]* — Conseil national de contrôle des alarmes contre l'intrusion.

N.S.L.I. : *National Service Life Insurance [USA]* — Assurance vie pendant le service national.

N.S.P. : *Net Single Premium* — Prime unique nette.

N.T. : *Non-Tariff* — Dissident = Non au tarif.

N.T.R. : *Net Tariff Rate* — Taux du tarif net.

N.T.S.B. : *National Transportation Safety Board [USA]* — Conseil national de la sécurité des transports.

N.U.I.W. : *National Union of Insurance Workers [UK]* — Union nationale des employés d'assurance.

N.U.R. : *Not Under Repair [M]* — Non en réparation.

N.V. : *Norske Veritas [M]* — Bureau Véritas norvégien.

N.V.D. : *No Value Declared* — Sans valeur déclarée.

N.V.O.C.C. : *Non-Vessel Operating Common Carrier [M]* — Transporteur affréteur de navires.

n.w. : *not west of [M]* — pas au-delà de l'ouest de.

N.W.P. : *Net Written Premiums* — Primes nettes émises.

N.Y.I.E. : *New-York Insurance Exchange* — Bourse des assurances de New-York.

N.Y.S. Cls : *New-York Suable Clauses [M]* — Clauses attributives de juridication à New-York.

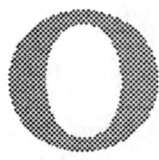

O.A.S.D.H.I. : *Old Age, Survivors, Disability and Health Insurance [USA]* — Assurance vieillesse, survivants, invalidité et santé.

O/B : *On Board [M]* — A bord.

O.B. : *Ordinary Branch [L]* — Grande branche [V].

O.B.A. : *Overseas Broker - Claims payable Abroad [LL]* — Courtier outre-mer - sinistres réglables à l'étranger.

O.B.C.L. : *Overseas Broker - Claims payable in London [LL]* — Courtier outre-mer - sinistres règlables à Londres.

O.B.O. : *Ore/Bulk/Oil ship* — Pétro vraquier = Minéralier - vraquier / pétrolier.

O.C. : *Open Cover* — Garantie flottante = d'abonnement.

O.C. : *Original Conditions [RE]* — Conditions originales.

Occ. : *Occurrence* — Événement.

O.C.A. : *Outstanding Claims Advance [RE]* — Avance pour sinistres en cours.

O.C.I.P. : *Owner-Controlled Insurance Program [USA]* — Programme d'assurance contrôlé par le maître d'ouvrage.

O.C.P. : *Owners and Contractors Protective (liability insurance) [USA]* — Assurance (de responsabilité civile) conjointe maîtres d'ouvrage & entrepreneurs.

O.C.S.L.A. : *Outer Continental Shelf Lands Act Amendments [USA]* — Loi sur les fonds marins au-delà du plateau continental.

O.D. : *Occupational Disease* — Maladie professionnelle.

O/D = o.d. : *On Deck [M]* — En pontée.

O.D. : *Own Damage [MV]* — «Tierce» = Garantie dommages [A].

O.E.C.D. : *Organisation for Economic Co-operation and Development* — Organisation pour la Coopération et le Développement Economique.

O.E.E. : *Operators Extra Expense (insurance) [USA]* — Frais supplémentaires d'exploitation (assurance).

O.G. : *On Gross [RE]* — Sur la prime brute (avant toute déduction).

O.G.P. : *Original Gross Premium [RE]* — Prime brute originale.

O.G.P.I. : *Original Gross Premium Income [RE]* — Encaissement brut en primes originales.

O.G.R. : *Original Gross Rate [RE]* — Taux brut original.

O.H.C. : *Ocean Hull Committee* — Comité corps maritime.

O.I. : *Outage Insurance [USA]* — Assurance des frais supplémentaires.

O.I.A. : *Oil Insurance Association [F] [USA]* — Association d'assurance du pétrole [I].

O.I.I.G. : *Overseas Investment Insurance Group [USA]* — Groupement d'assurance des investissements à l'étranger.

O.L.O. : *Ordinary Life Office [UK]* — Compagnie vie grande branche.

Olo : *Ore/Oil carrier* — Pétro-minéralier.

O.L.T.I. : *Owners' Landlords' and Tenants' Insurance [F] [USA]* — Assurance des propriétaires et locataires [I].

O.N. : *On Net [RE]* — Sur la prime nette.

O.N.P. : *Original Net Premium [RE]* — Prime nette originale.

O.N.P.I. : *Original Net Premium Income [RE]* — Encaissement net original.

O.N.R. : *Original Net Rate [RE]* — Taux net original.

O.N.R.P.I. : *Original Net Retained Premium Income [RE]* — Encaissement net conservé à l'origine.

O.N.R. to H.O. : *Original Net Rate to Head Office [RE]* — Taux net d'origine au siège.

O.O.D. : *Owner Only Driving [MV]* — ** Conduite exclusive [A].

O.P. : *Original Premium [RE]* — Prime d'origine.

O.P. : *Open Policy* — Police flottante = à alimenter.

O.P.A. : *Oil Pollution Act [USA]* — Loi sur la pollution par hydrocarbures.

O.P.B. : *Occupational Pensions Board [UK]* — Conseil des retraites professionnelles.

O.P.I.C. : *Overseas Private Investment Corporation [USA]* — Organisme d'investissement privé à l'étranger ** COFACE.

OPOL : *Offshore Pollution Liability agreement [M]* — Convention de responsabilité civile du fait de la pollution en mer.

O.P.S. : *Occupational Pensions Scheme [UK]* — Régime de retraites professionnelles.

O.R. : *Original Rate [RE]* — Taux à l'origine.

O/R : *Overriding commission = overrider* — Supercommission.

O.R. : *Owner's Risk [USA]* — Risque du maître d'ouvrage.

O/S : *Outstanding* — En attente = En suspens.

O.S.H.A. : *Occupational Safety and Health Act [USA]* — Loi sur l'hygiène et la sécurité du travail.

o.s.l. : *on signed lines* — selon les parts souscrites.

O.T.C. : *Other Than Collision [MV] [USA]* — Autre que collision [A].

p.a. : *per annum* — par année.
P.A. : *Particular Average [M]* — Avarie particulière.
P.A. : *Personal Accident* — Accident de personne ** Individuelle accidents.
P.A. : *Power of Attorney* — Procuration = Mandat.
P.A.C. : *Preauthorized Check plan [USA]* — Système de prélèvement bancaire automatique.
P.A.I. : *Personal Accident Insurance* — Assurance individuelle accidents.
P.A.I.U. : *Professional Association of Insurance Underwriters [USA]* — Association professionnelle des souscripteurs d'assurance.
P.A.N. : *Premium Advice Note* — Avis d'échéance.
P.A.S. : *Premium Allocation System* — Système d'allocation des primes.
PAYSOP : *Payroll-based Employee Stock Ownership Plan [USA]* — Plan d'actionnariat avec retenues sur salaires.
P.B.C. : *Pure Burning Cost [RE]* — Coût du sinistre pur.
P.C. : *Profit Commission [RE]* — Commission sur bénéfice réalisé.
P.C. : *Private Car* — Voiture particulière.
P. & C. : *Property & Casualty [USA]* — Dommages et accidents.
P.C.N.A. : *Pacific Coast North America [M]* — Côte Pacifique Amérique du nord.
P.C.O.R. : *Profit Commission On Renewal* — Commission sur bénéfices au renouvellement.
P.C.S. : *Property Claim Services [USA]* — Prestation de service sinistres dommages.
P.C.S.A. : *Pacific Coast South America [M]* — Côte Pacifique Amérique du sud.
P.D. : *Physical Damage [USA]* — Dommage direct = Dommage aux biens.
P.D. : *Port Dues [M]* — Droits de port.
P.D. : *Partial Damage* — Dommage partiel.
P.D. : *Property Damage* — Dommage matériel = Dommage aux biens.
P.D.H. : *Private Dwelling House* — Habitation particulière.
P.E.F. : *Personal Effects Floater [USA]* — Tous risques flottante effets personnels.
P.E.L. : *Permissible Exposure Limit* — Degré acceptable d'exposition au risque.
P.E.R.T. : *Performance, Evaluation and Review Technique* — Technique du suivi et d'évaluation des objectifs.
P.G.S.F. : *Plate Glass Shop Front* — Devanture en glace.
P.H.I. : *Permanent Health Insurance* — Assurance santé à garantie viagère.
P.H.I. : *Policyholders' Index* — Fichier des assurés.
P.I. : *Personal Injury [USA]* — Préjudice moral.
P.I. : *Premium Income* — Encaissement de primes.
P. & I. : *Protection & Indemnity [M]* — Protection et indemnisation.
P.I.A. : *Perils Insured Against* — Risques assurés.
P.I.A. : *Professional Insurance Agent* — Agent d'assurance professionnel.
P.I.A.S. : *Personal Insurance Arbitration Service [UK]* — Service de conciliation des assurances de particuliers.
P.I.C. : *Partial Indemnity Clause [MV] [UK]* — Clause d'indemnisation partielle [A].
P. & I. CLUB : *Protection and Indemnity Club [M]* — Mutuelle de protection et d'indemnisation.
P.I.I. : *Professional Indemnity Insurance [UK]* — Assurance de responsabilité civile professionnelle.
P.I.L.R. : *Property Insurance Loss Register [F] [USA]* — Fichier sinistres de l'assurance des biens [I].
P.I.O.P.I.C. : *Protection and Indemnity Oil Pollution Indemnity Clause [M]* — Clause d'indemnisation de la pollution par hydrocarbures (des mutuelles protection et indemnisation).

P.I.P. : *Personal Injury Protection [MV] [USA]* — Garantie pour atteinte physique [A].

P/L : *Personal Lines [USA]* — Risques des particuliers.

P.L. : *Partial Loss* — Perte partielle.

P.L. : *Professional Liability* — Responsabilité civile professionnelle.

P.L. : *Public Liability* — Responsabilité civile.

P. & L. : *Profit and Loss* — Pertes et profits.

P.L.E. : *Primary Loss Expectancy* — Sinistre raisonnablement escomptable.

P.L.E. : *Probable Loss Estimate [F]* — Évaluation de la perte probable [I].

P.L.I.A. : *Pollution Liability Insurance Association [USA]* — Association de l'assurance responsabilité civile pollution.

P.L.L. : *Passenger Legal Liability [AV]* — Responsabilité civile tiers passagers.

P/L. P/D : *Public Liability and Property Damage* — Responsabilité civile et dommages matériels.

P.L.R. : *Primary Loss Retention* — Rétention primaire de sinistres.

P.L.R.B. : *Property Loss Research Bureau [USA]* — Service de recherches sur les dommages matériels.

Pm. : *Premium* — Prime.

P.M.I. : *Private Mortgage Insurance* — Assurance de prêt hypothécaire privé.

P.M.L. : *Probable Maximum Loss [F]* — Sinistre maximum probable [I].

P.O.C. : *Port Of Call* — Port d'escale = de relâche.

P.O.D. : *Paid On Delivery [M]* — Payé à la livraison.

P.O.L. : *Public Officials Liability [USA]* — Responsabilité civile des représentants des autorités publiques.

P.O.R. : *Port Of Refuge [M]* — Port de refuge

p.p. : *picked ports* — ports de cueillette.

P.P.B. : *Policyholders Protection Board [UK]* — Conseil de protection des assurés.

P.P.F. : *Personal Property Floater [USA]* — Tous risques flottante sur biens personnels.

P.P.I. : *Policy Proof of Interest [M] [USA]* — Police preuve de l'intérêt assuré.

P.P.O. : *Preferred Provider Organization [USA]* — Centre de soins recommandé.

P.P.P. : *Personal Property Policy* — Police des biens personnels.

P.P.W. : *Perfect Party Wall* — Mur coupe-feu.

P/R : *Plan and Report [F]* — Plan et rapport [I].

pr : *pro rata* — prorata temporis.

P.R. : *Port Risks* — Risques portuaires = de port.

P.R.D. : *Pro-Rata Distribution (clause) [F] [USA]* — Règle proportionnelle (clause de) [I].

P.R.D. : *Pro-Rata Distribution [USA]* — Règle proportionnelle de capitaux.

P.R.I.M.A. : *Public Risk Management Association [USA]* — Association de gestion des risques de l'administration.

P.R.P. : *Potentially Responsible Party [USA]* — Partie potentiellement responsable.

P.R.X.L. : *Per Risk Excess-of-Loss [RE]* — Excédent de sinistres par risque.

P.S.A.C. : *Policy Signing and Accounting Centre* — Bureau de signature et de comptabilité des polices.

P.S.O. : *Policy Signing Office [LL] + LPSO.*

P.T. : *Premium Transfer* — Transfert de prime.

P.T.D. : *Permanent Total Disablement* — Incapacité permanente totale.

P.V. : *Present Value* — Valeur actuelle.

Q-R

« Quake » : *Earthquake* — Tremblement de terre.

Q./S. : *Quota Share* — Quote part.

R.A.A. : *Reinsurance Association of America* — Association de réassurance d'Amérique.

R.A.C. : *Repair Advisory Centre [MV] [UK]* — Centre consultatif de réparations [A].

R.A.P. : *Retirement Annuity Policy [L]* — Police de retraite par annuités [V].

R.A.R. : *Riots All Risks* — Tous risques émeutes.

R.C. : *Replacement Cost* — Valeur de remplacement (à neuf).

R. & C.C. : *Riots & Civil Commotion* — Émeutes et mouvements populaires.

R.C.C. & S. : *Riots, Civil Commotion and Strikes* — Émeutes, mouvements populaires et grèves.

R.C.R.A. : *Resource Conservation and Recovery Act [USA]* — Loi sur la conservation et l'assainissement des ressources.

R.C.V. : *Replacement Cost Valuation* — Évaluation au coût de remplacement.

r.d. : *running days [M]* — jours courants.

R.D.A. : *Riot Damage Act [UK]* — Loi sur les dommages consécutifs à une émeute.

R.D.C. = r.d.c. : *Running Down Clause [M]* — Clause d'abordage.

R.E. : *Risk Evaluation* — Evaluation de risque.

RETRO : *Retrocession* — Rétrocession.

REX : *Risk Exchange {USA}* — Bourse des risques.

R.F.P. : *Request For Proposal* — Demande de proposition.

R.H.A.V.S.C. : *Road Haulage Association Vehicle Security Committee [UK]* — Comité de sécurité des véhicules de l'Association du transport routier.

R.H.U. : *Registered Health Underwriter [USA]* — Assureur santé agréé.

R.I. = R/I : *Reinsurance = Reinsured* — Réassurance = réassuré.

R/I or DIRECT : *By Reinsurance or Direct* — Par voie de réassurance ou en direct.

R.I.A. : *Railroad Insurance Association [USA]* — Association d'assurance des chemins de fer.

R.I.B.A. : *Royal Institute of British Architects* — Institut royal des architectes britanniques.

R.I.C.A. : *Reinsurance of Common Account* — Réassurance pour compte commun.

R.I.C.O. : *Racketeer Influenced and Corrupt Organization Act [USA]* — Loi sur les organisations criminelles.

R.I.C.S. : *Royal Institution of Chartered Surveyors [UK]* — Institution royale des experts-vérificateurs diplômés (en toutes branches).

R.I.E. : *Renewed in Error* — Renouvelé par erreur.

R.I.M. : *Rotors In Motion [AV]* — Rotors en mouvement.

R.I.M.N.E.T. : *Radioactive Incident Monitoring System [UK]* — Réseau de surveillance des incidents dus à la radioactivité.

R.I.M.S. : *Risk and Insurance Management Society [USA]* — Société de la gestion de risques et d'assurances.

R.I.R.B. : *Railroad Insurance Rating Bureau [USA]* — Bureau de tarification d'assurance des chemins de fer.

R. & K. : *Ransom and Kidnap (insurance)* — (assurance) Enlèvement et demande de rançon.

R.M. : *Risk Manager* — Gestionnaire de risques.

R.M. : *Risk Management* — Gestion de risques.

R.M.F. : *Rate Modification Factor* — Facteur de modification de taux.

R.M.I.S. : *Risk Management Information System [USA]* — Système d'information de la gestion des risques.

R.N.I. : *Return of Premiums with no Interest* — Remboursement des primes sans intérêts.

R.N.I.M. : *Rotors Not In Motion [AV]* — Rotors à l'arrêt.

R.N.R. : *Renewal Not Required* — Renouvellement non demandé.

R.O.A. : *Reinsurance Offices Association [UK]* — Association des compagnies de réassurance.

R.O.C. : *Rust, Oxidation and Corrosion* — Rouille, oxydation et corrosion.

R.O.D. : *Rust, Oxidation and Discoloration [M]* — Rouille, oxydation et décoloration.

R.O.F. : *Return Of accumulated Funds [L]* — Remboursement de fonds capitalisés [V].

R.O.J.A. : *Reinsurance On Joint Account* — Réassurance pour compte commun.

Ro. Ro. : *Roll on - Roll off [M]* — Système roulier [M] = Manutention horizontale = Roulage.

R.O.S.P.A. : *Royal Society for the Prevention of Accidents [UK]* — Société royale pour la prévention des accidents.

R.P. : *Returned Premium = Return of premium* — Prime ristournée = Ristourne de prime.

R.P.I. : *Retail Price Index [UK]* = Indice des prix à la consommation.

R.P.M.s. : *Revenue Passenger Miles [AV]* — Rendement par miles passagers.

R.R.A. : *Risk Retention Act [USA]* — Loi sur la rétention des risques.

R.R.C. : *Repair Research Centre [MV] [UK]* — Centre de recherche des réparations [A].

R.R.C.C. : *Reduced Rate Contribution Clause [F] [USA]* — Clause de participation de l'assuré à l'assurance [I].

R.R.G. : *Risk Rention Group [USA]* — Groupement corporatif d'assurance de responsabilité civile produits = Groupement de conservation de risques.

r.r.i. : *respective rights and interests* — droits et intérêts respectifs.

R.S.A. : *Road Safety Act [UK]* — Loi sur la sécurité routière.

R.S.A.P.L. : *Reported Sailed As Per List [LL]* — Signalé comme ayant pris la mer selon le Lloyd's List.

R.T.A. : *Road Traffic Acts [UK]* — Lois sur la circulation routière ** Loi d'assurance automobile obligatoire.

R.T.B.A. : *Rate To Be Agreed* — Taux à fixer.

R.V.I. : *Residual Value Insurance* — Assurance de la valeur résiduelle.

R.W.I. : *Return of premium With Interest* — Remboursement des primes avec intérêts.

S. = S./ - S.L. = S/L

S. = S./ :   *Stock* — Marchandises.
S./A   :   *Subject to Average* — Avec application de la règle proportionnelle.
S.A.   :   *Salvage Association [UK]* — Association de sauvetage.
S/A   :   *Subject to Acceptance* — Sous réserve d'acceptation.
S.A.   :   *Society of Actuaries [USA]* — Société des actuaires.
S.A.A.   :   *Surety Association of America* — Association de garants d'Amérique.
S.A.B.S.   :   *Subject to Approval Both Sides* — Sous réserve d'acceptation par les deux parties.
S.A.N.R.   :   *Subject to Approval No Risk* — Risque couvert sous réserve d'acceptation (des conditions d'assurance par l'assuré).
S.A.P.L.   :   *Sailed As Per List [LL]* — Ayant pris la mer selon le Lloyd's List.
S.A.R.   :   *Search And Rescue* — Recherche et sauvetage.
s.b.s.   :   *surveyed before shipment* — contrôlé avant expédition.
S.C.   :   *Supplementary Coverage* — Garantie supplémentaire.
S.C. = S/C   :   *Salvage Charges* — Frais de sauvetage.
S.C.A.   :   *Settlement of Claims Abroad* — Règlement de sinistres à l'étranger.
S.C.O.P.E.   :   *Supervision, Construction, Occupancy, Protection, Exposure [USA]* — Supervision, construction, usage, protection, risque.
S.C.P.C.U.   :   *Society of Chartered Property and Casualty Underwriters [USA]* — Société des assureurs IARD diplômés.
S.C.S.E.   :   *Society of Casualty Safety Engineers [USA]* — Société des ingénieurs de sécurité accidents.
S.D.   :   *Sea Damage* — Avarie de mer.
S.D.   :   *Sea Damaged* — Endommagé par la mer.

S.D.   :   *Stamp Duty* — Droit de timbre.
S/D   :   *Short Delivery [M]* — Manquant.
S.D.B.   :   *Survivor's Death Benefit [USA]* — capital décès au survivant.
S.D.H.F.   :   *Standard Dutch Hull Form [M]* — Formulaire normalisé hollandais d'assurance corps.
S.E.G.L.I.   :   *Service Employees Group Life Insurance [USA]* — Assurance groupe vie des employés de maison.
S.E.R.P.   :   *Supplemental Extended Reporting Period* — Délai prolongé de déclaration supplémentaire.
S.E.T.   :   *Selective Employment Tax [UK]* — Impôt sélectif sur la main-d'œuvre.
S. & F.   :   *Stock and Fixtures [F]* — Marchandises et agencements [I].
S/FEE = S/F   :   *Survey Fee* — Honoraires de vérification.
S.F.O.   :   *Superannuation Funds Office [UK]* — Bureau des caisses de retraite .
S.F.   :   *Standard Fire Forms* — Formules incendie normalisées.
S.F.P.E.   :   *Society of Fire Protection Engineers [USA]* — Société des ingénieurs en protection incendie.
S.F.R.   :   *Semi Fire Resistive [USA]* — Semi-résistant au feu.
S.G.   :   *Ship and Goods [LL]* — Navire et marchandises.
S.H.   :   *Special Hazards* — Risques spéciaux.
S/H.E. = SHEX   :   *Sundays and Holidays Excepted* — Dimanches et jours fériés exceptés.
S.H.I. = S.H. Inc.   :   *Sundays and Holidays Included* — Dimanches et jours fériés compris.
S.I.   :   *Sum Insured* — Somme assurée = capital assuré.
S.I.I.A.   :   *Self-Insurance Institute of America* — Institut de l'auto-assurance d'Amérique.
S.I.R.   :   *Self-Insured Retention [USA]* — Rétention = conservation auto-assurée.
S.K.   :   *Storekeeper [USA]* — Dépositaire.
S.L.   :   *Salvage Loss [M]* — Perte restant après sauvetage.
S.L. = S/L   :   *Sue & Labour charges [M]* — Frais

de conservation.

S.L. : *Sprinkler Leakage [F]* — Fuite d'extincteur automatique à eau [I].

S.L. : *Stop-Loss [RE]* — Excédent de perte annuelle (moyens et petits sinistres).

S/L.C. : *Sue and Labour Clause [M]* — Clause de participation aux frais de conservation.

Slvge : *Salvage* — Sauvetage.

S. & M. : *Stock and Machinery [USA]* — Marchandises et matériel.

S.M.P. : *Special Multi-peril Policy [F] [USA]* — Police multirisque spéciale [I].

S.M.R. : *Standard Mortality Ratios* — Rapports types de mortalité.

S.N.K.O.R.L. : *Subject to No Known Or Reported Losses* — Sous réserve de sinistres connus ou déclarés.

S.O.A. : *Society Of Actuaries [USA]* — Société des actuaires.

S. &/or N.D. : *Shortage and/or Non Delivery [M]* = Manquant et/ou non-livraison.

S/O : *Shipping Order [M]* — Bon d'embarquement = d'expédition.

S/O : *Shipowner* — Armateur.

S.O.L. : *Shipowners' Liability* — Responsabilité de l'armateur.

SOLAS : *Safety Of Life At Sea* — Sécurité de la vie humaine en mer.

S.P. : *Standard Policy* — Police modèle = type.

S.P. : *Short Period* — Court terme.

S.P. : *Special Perils [F]* — Risques annexes [I].

S.P. : *Single Premium* — Prime unique.

S.P.C. : *Society of Pension Consultants [USA]* — Société des consultants en régimes de retraite.

s.p.d. : *steamer pay dues* — le navire paie les droits.

SPECS : *Specifications* — Spécifications.

S.R. : *Short Rate* — Taux à court terme.

S. of S. CLS : *Service of Suit Clause [M]* — Clause d'assignation à l'étranger.

S.R. & C.C. : *Strikes, Riots and Civil Commotion* — Grèves, émeutes et mouvements populaires.

S.R.C. : *Supplemental Risk Coverage [USA]* — Couverture de risque supplémentaire.

S.R.C.C. & M.D. : *Strikes, Riots, Civil Commotion and Malicious Damage* — Grèves, émeutes, mouvements populaires et dommages par actes de malveillance.

S.R.L. = S.R.L.L. : *Ship Repairers' Liability* — Responsabilité des réparateurs de navires.

S.R.M.C. : *Society of Risk Management Consultants [USA]* — Société des conseils en gestion des risques.

S.S. : *Steamship* — Navire à vapeur.

S.S.A. : *Social Security Act [USA]* — Loi sur la sécurité sociale.

S.S.C. : *Simultaneous Settlements Clause* — Clause de règlements simultanés.

S.S. & C. : *Same Sea and Country or Coast* — Même mer et pays ou côte.

S.S.C. & S.L. : *Salvage, Salvage Charges and Sue and Labour [M]* — Sauvetage, frais de sauvetage et de conservation.

S.S.D.I. : *Social Security Disability Insurance [USA]* — Assurance invalidité de la sécurité sociale.

S.S.M.U.A. : *Steamship Mutual Underwriting Association* — Association de la souscription mutuelle des navires.

S.S. or B. : *Stranded, Sunk or Burnt [M]* — Échoué, coulé ou incendié.

S.S.O. : *Struck Submerged Object [M]* — Heurt d'objet immergé.

S.S.P. : *Standard Sprinkler Pendent [F]* — Tête d'extincteur conventionnelle pendante [I].

S.S.U. : *Standard Sprinkler Upright [F]* — Tête d'extincteur conventionnelle debout = inversée [I].

S/T : *Stock-in-Trade [F]* — Fonds de commerce [I].

S. & T. : *Storm & Tempest* — Orages et tempêtes.

S.T.D. : *Short Term Disability* — Incapacité temporaire.

S. to A. = S/A : *Subject to Average* — Avec application de la règle proportionnelle.

S. to S. : *Station to Station* — De gare à gare

Sty : *Story [F]* — Étage [I].

SUB. AV. : *Subject to average* — Avec application de la règle proportionnelle.

s.v. : *sailing vessel* — navire en partance.

S.W.D. : *Sea Water Damage* — Dommage par eau de mer.

SYN = SYND. : *Syndicate [LL]* — Syndicat.

T. : *Tariff* — Tarif = Au tarif.

T.A. : *Term Assurance [L]* — Assurance temporaire [V].

T.B.A. : *To Be Advised* — A aviser = A indiquer.

T.B.A. : *Terms to Be Agreed [LL]* — Suivant conditions à convenir.

T.B.E. : *To Be Entered* — A enregistrer = A inscrire.

T. & C.C. : *Technical and Clauses Committee* — Comité technique et des clauses.

T.B.I. : *To Be Identified = Indicated [AV]* — Identification = indication à communiquer.

T.C.A.T.L.V.O. : *Total or Constructive or Arranged Total Loss of Vessel Only* — Perte totale ou réputée ou transigée totale du navire seulement.

T. &/or CTL : *Total and/or Constructive Total Loss [M]* — Perte totale et/ou réputée totale.

T.C.A./T.L.O. : *Total and/or Constructive and/or Arranged Total Loss Only [M]* — Perte totale et/ou réputée totale et/ou transigée totale seulement.

T.C.I. : *The College of Insurance [USA]* — Le Collège de l'assurance.

T.D. : *Tariff Discount* — Réduction tarifaire.

T.D.B. : *Temporary Disability Benefits [Acc] [USA]* — Indemnité d'incapacité temporaire.

T.I.R.B. : *Transportation Insurance Rating Bureau [USA]* — Bureau de tarification d'assurance transport.

T.I.V. : *Total Insurable Value* — Valeur totale assurable.

T/L : *Total Loss [M]* — Perte totale.

T.L.O. : *Total Loss Only [M]* — Perte totale seulement.

T.L.O. & Excs. : *Total Loss Only and Excess liabilities [M]* — Perte totale seulement et excédent de valeurs.

T.L.O. R/I Clause : *Total Loss Only Reinsurance Clause [M]* — Clause de réassurance en perte totale seulement.

T.L.V. : *Threshold Limit Values* — Valeurs des montants de seuil.

T.L.V.O. : *Total Loss of Vessel Only* — Perte totale du navire seulement.

T.N.D. : *Theft and/or Non-Delivery [M]* — Vol et/ou non livraison.

T.O. : *Turnover* — Chiffre d'affaires.

T.O.B. : *Take Over Bid = Tender Offer [USA]* — Offre publique d'achat.

T.O.F.C. : *Transport On Flat Car* — Transport sur wagon plateau.

T.O.R. : *Time On Risk* — Durée du risque.

TOSCA : *Toxic Substances Control Act [USA]* — Loi sur le contrôle des substances toxiques.

TOVALOP : *Tankers Owners Voluntary Agreement concerning Liability for Oil Pollution [M]* — Convention des armateurs pétroliers concernant leur responsabilité civile à raison de pollution par les hydrocarbures.

T.P. : *Third Party* — Tiers = Tierce partie.

T.P.A. : *Third Party Administrator [USA] [L]* — Gestionnaire tiers ou externe (sinistres) [V].

T.P.B.I. : *Third Party Bodily Injury* — Dommages corporels aux tiers.

T.P.F. & T. : *Third Party Fire and Theft [MV]* — Responsabilité civile incendie et vol [A].

T.P.L. = T.P.L.L. : *Third Party Liability* — Responsabilité civile vis-à-vis des tiers.

T.P.N.D. : *Theft, Pilferage and Non-Delivery [M]* — Vol, chapardage et non livraison.

T.P.N.S.D. : *Theft, Pilferage Non and/or Short Delivery [M]* — Vol, chapardage, non livraison et/ou manquant.

T.R. : *Tariff Rates* — Taux du tarif.

T.R. : *Taxying Risks [AV]* — Risques en évolution au sol.

T.R.A.S.O.P.s : *Tax Reduction Act Stock Ownership Plans [USA]* — Loi de dégrèvement fiscal dans le cadre de l'actionnariat des employés.

T/S : *Transhipment [M]* — Transbordement.

T.S.D.F. : *Treatment, Storage and Disposal Facility* — Moyens de traitement, de stockage et de décharge.

T.S.I. : *Total Sum Insured* — Capital total assuré.

T.T.D. : *Temporary Total Disablement* — Incapacité temporaire totale.

T.V. : *Total Value* — Valeur totale.

T.W.M.C. : *Transport Wages Maintenance and Cure [M]* — Transport, salaires, entretien et

U/A : *Underwriting Account* — Compte de souscription.

U.A.B. : *Underwriters Adjustment Bureau [USA]* — Service d'expertise des souscripteurs.

U.A.C. : *Underwriters Adjusting Company [USA]* — Société d'expertise des souscripteurs.

U.C. : *Under Construction [M]* — En construction.

U.C.B. : *Unless Caused By [M]* — Sauf résultant de...

U.C.C. : *Uniform Commercial Code [USA]* — Code unifié de commerce.

U.C.D. : *Unemployment Compensation Disability [USA]* — Indemnisation pour incapacité temporaire en cas de chômage.

U.C.I. : *Unemployment Compensation Insurance* — Assurance chômage.

U.C.R. : *Usual, Customary, Reasonable (reimbursement)* — Habituel, conforme à l'usage et raisonnable (remboursement).

U.D. : *Under-Deck* — En cale.

U.E.L. : *Upper Explosive Limit* — Limite supérieure d'explosivité.

U.F.L. : *Upper Flammable Limit* — Limite supérieure d'inflammabilité.

U.J.F. : *Unsatisfied Judgment Fund* — ** Fonds de garantie automobile.

U.I.M.A. : *University Insurance Managers Association [USA]* — Association des gestionnaires d'assurances d'université.

U.I.S. : *Union of Insurance Staffs [UK]* — Syndicat des employés d'assurance.

U.K.A.E.A. : *United Kingdom Atomic Energy Authority* — Agence de l'énergie atomique du Royaume-Uni.

U.K./Cont. : *United Kingdom and/or Continent of Europe [M]* — Royaume-Uni et/ou continent européen.

U.K.C. : *United Kingdom &/or Continental ports [M]* — Royaume-Uni et ports Continentaux.

U.K.C. (G.H.) : *United Kingdom or Continent (Gibraltar-Hamburg range) [M]* — Royaume-Uni ou continent (de Gibraltar à Hambourg).

U.K.C. (H.A.D.) : *United Kingdom or Continent (Havre-Antwerp or Dunkirk) [M]* — Royaume-Uni ou Continent (Le Havre-Anvers ou Dunkerque).

U.K.C. (H.H.) : *United Kingdom or Continent (Havre Hamburg range) [M]* — Royaume-Uni ou Continent (entre Le Havre et Hambourg).

U.K.C.I.B.C. : *United Kingdom Credit Insurance Brokers' Committee* — Comité des courtiers d'assurance crédit de Grande-Bretagne.

U.K.I.B.E.C. : *United Kingdom Insurance Brokers' European Committee* — Comité européen des courtiers d'assurances du Royaume-Uni.

U.L. : *Umbrella Liability* — Responsabilité civile excédentaire et complémentaire.

U/L : *Underlying* — De base = De première ligne.

ul. : *unlimited* — illimité.

U.L.C.C. : *Ultra Large Crude Carrier [M]* — Pétrolier géant.

U.L.I. = UL : *Underwriters' Laboratories Inc. [F] [USA]* — Laboratoires de recherche des compagnies d'assurances [I].

U.M. : *Uninsured Motorist* — Automobiliste non assuré.

UNCITRAL : *United Nations Commission on International Trade Law* — Commission des Nations Unies pour le droit du commerce international.

U.N.C.T.A.D. : *United Nations Conference on Trade And Development* — Conférence des Nations Unies pour le commerce et le développement.

U.N.L. : *Ultimate Net Loss [RE]* — Perte nette définitive.

U. & O. : *Use & Occupancy [F] [USA]* — Pertes d'exploitation [I].

U.O.A. : *Use of Other's Automobiles [USA]* — Conduite de véhicules d'autrui.

u.o.r. : *under one roof [F]* — sous même toiture [I].

U/P : *Under Proof* — Preuve à l'appui.

U.P. : *Unearned Premium* — Prime non acquise.

U.P.E. : *Unearned Premium Endorsement* — Avenant de prime non acquise.

U.P.R. : *Unearned Premium Reserve* — Réserve pour primes non acquises.

U.P.S. : *Underwriters Pay Stamp duty* — Droit de timbre à la charge des assureurs.

U.P.S. : *Uninterruptible Power System* — Dispositif d'énergie à fonctionnement continu.

U.P. TAX : *Underwriters Pay TAX* — Taxe à la charge des assureurs.

U/R : *Under Repair* — En réparation.

U.R.S. : *Underwriters* — Souscripteurs = Assureurs.

U.S.A. : *Underwriters Service Association [F] [USA]* — Association de services communs des assureurs [I].

U.S. ATL : *United States Atlantic Ports* — Ports des États-Unis sur l'Atlantique.

U.S.F.A. : *United States Fire Administration* — Administration de la prévention incendie des États-Unis..

U.S.L. & H. : *United States Longshore and Harbor workers' (compensation act)* — Dockers et ouvriers portuaires des USA (loi sur les accidents de travail).

U.S. Pac. : *United States Pacific Ports* — Ports des États-Unis sur le Pacifique.

U.S.S.A. : *United States Salvage Association* — Association américaine de sauvetage.

U.S.T. : *Underground Storage Tank* — Réservoir souterrain de stockage.

U/WRS = U/W : *Underwriters* — Souscripteurs = Assureurs.

V.A.T. : *Value Added Tax* — Taxe à la valeur ajoutée.

V.C. : *Valuation Clause [M]* — Clause d'évaluation.

V.D. : *Vehicle Damage* — Dommages au véhicule.

V.L.C.C. : *Very Large Crude Carrier* — Superpétrolier.

V.L.S. : *Valuation Linked Scheme* — Formule liée à évaluation.

V.M.M. : *Vandalism & Malicious Mischief* — Vandalisme et malveillance.

V.O.P. : *Valued as Original Policy [RE]* — Valeur identique à la police d'origine.

V.P. : *Valuable Papers* — Titres et valeurs.

W.A. : *With Average [M]* — Y compris avaries (particulières).

W.A.I.O.P. : *With Average Irrespective Of Percentage [M]* — Avec avaries payables sans application de la franchise.

W.B.S. : *Without Benefit of Salvage [M]* — Sans bénéfice du sauvetage (pour l'assureur).

W.C. : *Workmen's = Workers' Compensation* — ** Accidents de travail.

W.C.A. : *Workmen's = Workers' Compensation Act* — Loi sur les accidents de travail.

W.C.B. : *With Cargo on Board* — Avec facultés à bord.

W.C. & E.L. : *Workers' Compensation and Employers' Liability* — Accidents de travail et responsabilité civile employeurs.

W.C.N.A. : *West Coast North America [M]* — Côte ouest de l'Amérique du nord.

W.C.R.I. : *Workers Compensation Research Institute [USA]* — Institut de recherches sur les accidents du travail.

W.C.S.A. : *West Coast South America [M]* — Côte ouest de l'Amérique du sud.

W/d = Wtd : *Warranted* — Il est garanti que = Etant garanti que = Engagé (à faire ou à ne pas faire) = Avec promesse de.

W.E.F./Wef : *With Effect From* — A effet du.

w.g. : *weight guaranteed [M]* — poids garanti.

W.I.C. : *War Insurance Corporation [USA]* — Corporation d'assurance des risques de guerre.

w./m. : *weight or measurement [M]* — poids/ou cubage.

w.o. = w.o.b. : *washing overboard [M]* — enlèvement par les lames.

W.O.L. : *Wharf-Owner's Liability* — Responsabilité de propriétaire de quai.

Work. Comp. : *Workers Compensation [USA]* — ** Accidents de travail.

W.P. : *Without Prejudice* — Sous réserves de tous droits = Sans préjudice pour l'avenir.

W.P.A. : *With Particular Average* — Avec avaries particulières.

W.P.I. : *Written Premium Income* — Encaissement en primes émises.

w.r. : *warehouse receipt [M]* — récépissé d'entrepôt.

W.R.I.O. : *War Risks Insurance Office [UK]* — Bureau d'assurance des risques de guerre.

W.R.O. : *War Risks Only [M]* — Risques de guerre seulement.

W.S.R.C.C. : *War, Strikes, Riots, Civil Commotion* — Guerre, grèves, émeutes, mouvements populaires.

Wty : *Warranty* — Garantie donnée.

W/W : *Warehouse to Warehouse [M]* — De magasin à magasin.

W.W. : *World to World [M]* — De tout point du globe.

w.w.d. : *weather working days [M]* — Jours ouvrables le temps le permettant.

W.X.L. : *Working Excess of Loss [RE]* — Excédent de sinistre à grande fréquence.

X.C.U. : *Explosion, Collapse and Underground damage [USA]* — Explosion, effondrement et dommages souterrains.

X.L. : *Excess of Loss [RE]* — En excédent de sinistres.

X.P. : *Fire Resistive Protected (classification) [USA]* — Résistant au feu, protégé.

XS : *Excess* — Franchise.

x.s. : *excess of* — Excédent de.

X.S. Loss : *Excess of Loss Reinsurance* — Réassurance en excédent de sinistres.

X.U. : *Fire Resistive Unprotected (classification) [USA]* — Résistant au feu non protégé.

Y/A Rules = Y.A.R. : *York/Antwerp Rules [M]* — Règles d'York et d'Anvers.

Y.O.A. : *Year Of Account* — Année comptable.

Y.R.C.T. : *Yearly Renewable Convertible Term [L]* — Temporaire annuelle transformable renouvelable [V].

Y.R.T. : *Yearly Renewable Term (USA)* — Temporaire annuelle renouvelable.

Français

French

R.A.S. : Rien à signaler

L'infortuné gestionnaire de risques.

A2P : *Assurance - prévention - protection* — Insurance - prevention - protection.

A.A.A.F. : *Association des assureurs aviation de France* — Association of aviation insurers in France.

A.C. : *Accidents caractérisés [M]* — Named perils.

A.C. : *Avaries communes [M]* — General average.

A.C.A.D.E.F. : *Association des chargés de la gestion des risques et des assurances des entreprises françaises* — Association of risk and insurance managers in french companies.

A.C.A.V.I. : *Assurance à capital variable immobilier [V]* — ** Unit-linked life assurance [L].

A.C.E.C. : *Assurance construction expertise commune* — Building risks joint loss assessment.

A.C.M.R. : *Association des conseils en études, gestion et maîtrise des risques* — Association of risk management consultants and risk managers.

A.C.S. : *Service d'assurance construction* — Construction insurance department.

A.C.V. : *Assurance à capital variable [V]* — Unit-linked assurance [L].

A.D.A.P. : *Association pour le développement de l'assurance et de la prévoyance* — Insurance development and provident association.

A.D.E.N.A. : *Association des anciens élèves cycle administratif de l'école nationale d'assurances* — Association of former students of the State insurance school (administration grade).

A.d.T. : *Accidents du travail* — Accident at work ** Workers' compensation.

A.D.R.P. : *Avec dérogation à la règle proportionnelle* — Not subject to average.

A.E.A. : *Association pour l'enseignement de l'assurance* — Insurance training association.

A.E.A.I. : *Association européenne des assurés de l'industrie* — European association of insureds in industry.

A.E.L.E. : *Association européenne de libre échange* — European free-trade association.

A.F. : *Assurés français (table de mortalité) [V]* — French assureds (mortality table) [L].

A.F.A.C. : *Association française des assureurs construction* — French association of construction insurers.

A.F.A.T. : *Association française de l'assurance transport [M]* — French association of transit insurance.

A.F.F.F. : *Agent formant un film flottant [I]* — Aqueous film forming foam [F].

A.F.I.T.E. : *Association française des ingénieurs et techniciens pour l'environnement* — French association of environmental engineers and technicians.

A.F.N.O.R. : *Association française de normalisation* — French standards association.

A.F.S.A. : *Association française des sociétés d'assurances* — French insurance companies association.

A.F.T.I.M. : *Association française des techniciens, ingénieurs de sécurité et médecins du travail* — French association of safety technicians and engineers and works medical officers.

A.G. : *Assemblée générale* — General meeting.

A.G.A. : *Agent général d'assurances* — General insurance agent.

AGACAREP : *Agent généraux d'assurances, carrossiers, réparateurs [A]* — General insurance agents, coach-builders, repairers [MV].

AGERCO : *Association pour la gestion des risques de la construction* — Building risks management association.

A.G.I.R.A. : *Association pour la gestion des informations sur le risque automobile* — Association for the processing of automobile risk data.

A.G.I.R.C. : *Association générale des institutions de retraite des cadres [V]* — General association of executive pension institutions [L].

AGREPI : *Association des agréés en prévention incendie* — Approved fire protection engineers' association.

A.G.R.O.M. : *Association pour la gestion des*

risques Outre-Mer — Overseas risk management association.

A.G.R.R. : *Association générale de retraite par répartition [V]* — General association for assessment of pension (without advanced funding).

A.G.S.A.A. : *Association générale des sociétés d'assurances contre les accidents* — General association of accident insurance offices. ** A.O.A. [UK].

AGT : *Agent* — Agent.

A.I.A.G. : *Association internationale des assureurs contre la grêle* — International association of hail insurers.

A.I.D.A. : *Association internationale du droit de l'assurance* — International insurance law association.

A.I.D.N. : *Association internationale du droit nucléaire* — International association of nuclear law.

A.I.F. : *Association des industriels de France (organisme agréé de prévention contre l'incendie)* — Association of french manufacturers (approved fire protection organization).

A.L.F.A. : *Agence pour la lutte contre la fraude à l'assurance* — Agency for the prevention of insurance crime.

A.I.N.F. : *Association des industriels du nord de la France (organisme agréé de prévention contre l'incendie)* — Association of northern french manufacturers (approved fire protection organization).

A.I.R.D. : *Accidents incendie risques divers* — Accident fire miscellaneous risks.

A.I.S.A.M. : *Association internationale des sociétés d'assurances mutuelles* — International association of mutual insurance companies.

A.M. : *Agent de maîtrise* — Senior clerk.

A.M. : *Assurance mutuelle* — Mutual insurance.

A.M.E.X.A. : *Assurance maladie obligatoire des exploitants agricoles* — Farmers' compulsory health insurance.

A.N. : *Affaire nouvelle* — New business.

A.N.U.A.R. : *Association nationale des usagers et accidentés de la route* — National association of roadusers and persons injured on the road.

A.P. : *Assemblée Plénière [I]* — ** Fire offices' Committee [F].

A.P.A.V.E. : *Association des propriétaires d'appareils à vapeur et électriques (organisme agréé de prévention contre l'incendie)* — Owners of boilers and electrical appliances association (an approved survey organization for fire prevention).

A.P.M.S. : *Association (des compagnies d'assurance) pour la prévention en matière de santé* — Insurance companies' association for health prevention.

A.P.P.A. : *Association pour la Prévention de la Pollution Atmosphérique* — Association for the prevention of air pollution.

APRAM : *Association pour l'étude et le développement de la prévoyance et de la prévention au service de l'agriculture moderne* — Association for promotion of welfare and safety in modern agriculture.

A.P.S.A.D. : *Assemblée plénière des sociétés d'assurances dommages* — Property insurance companies' plenary association.

A.P.S.A.I.R.D. : *Assemblée plénière des sociétés d'assurances contre l'incendie et les risques divers* — ** Fire offices' committee.

A.P.T.H. : *Association pour la prévention dans les transports d'hydrocarbures* — Association for loss prevention in oil transport.

A.R.A.I.V. : *Assurances réassurances accidents incendie vol* — Insurance reinsurance accident fire theft.

A.R.C.E.S. : *Association pour l'assurance des risques de la construction des entrepreneurs syndiqués* — Association for building risks insurance of registered contractors.

A.R.D. : *Accidents, risques divers* — Accident miscellaneous risks.

A.R.R. : *Abandon réciproque de recours [Acc]* — Reciprocal waiver of recovery.

ARRCO : *Association des régimes de retraites complémentaires [V]* — Complementary superannuation schemes Association [L].

A.S. : *Assurances sociales* — Social insurance.

A.S.A.L.A. : *Association artistique et littéraire de l'assurance* — Insurance artistic and literary association.

ASS. : *Assurance* — Insurance.

ASSEDIC : *Association pour l'emploi dans l'industrie et le commerce* — Association for employment in industry and trade

(Unemployment Fund).

ASSUR. : *Assurance* — Insurance.

ASSURPOL : *Assurance pollution (Pool)* — Pollution insurance pool.

A.T. : *Accidents de travail* — Accident at work = ** workers' compensation.

A.T.I.C.A.M. : *Association technique internationale des compagnies d'assurances maritimes* — International technical association of marine insurance companies.

A.T.M. : *Avec travail manuel [Acc]* — With manual work.

A.T.M.B. : *Atelier de travail mécanique du bois [I]* — Mechanical wood working shop [F].

A.T.R. : *Avec tacite reconduction* — With automatic renewal.

A.T.S.E. : *Association pour le développement des sciences et techniques de l'environnement* — Association for the development of environmental techniques and sciences.

Avt : *Avenant* — Endorsement.

B.A.B. : *Bord à bord [M]* — Board to board.
BAT : *Bâtiment [I]* — building [F].
B.B. : *Bénéfice brut [I]* — Gross profit [F].
B.C.A. : *Bureau commun automobile [A]* — Joint motor vehicle survey office [MV].
B.C.A.C. : *Bureau commun d'assurances collectives* — Joint group insurances office.
B.C.F. : *Bureau central français [A]* — French central office [MV].
B.C.R. : *Bureau central de répartition [I]* — Central apportionment office [F].
B.C.T. : *Bureau central de tarification (automobile)* — Central rating office (for motor insurance).
B.d.G. : *Bris des glaces [A]* — Glass breakage [MV].
B.I. : *Branche intermédiaire [V]* — Intermediate branch [L].
B.I.P.A.R. : *Bureau international des producteurs d'assurances et de réassurances* — International office of insurance and reinsurance producers.
B.I.R.A. : *Bureau international de règlements d'assurances [A]* — International bureau of insurance settlements [MV].
B.M. : *Bris de machines [Acc]* — Machinery breakdown.
B.M. : *Bris de miroirs [I]* — Mirror breakage [F].
B.M.C. : *Bâtiment matériel contenu [I]* — Building and contents [F].
B.N. : *Bénéfice net [I]* — Net profit [F].
B.N.S. : *Bonification pour non sinistre [A]* — No-Claim bonus [MV].
B.P. : *Brevet professionnel* — Professional certificate.
B.P. : *Branche populaire [V]* — Industrial branch [L].
B.P.A. : *Brevet professionel d'assurances* — Insurance professional certificate.
B.T.R.A. : *Bureau des tarifications des risques aggravés [V]* — Impaired risks rating office [L].
B.V. : *Bureau Véritas [M] [AV]* — Bureau Veritas (control body).

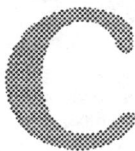

C. : *Célibataire [V]* — Single [L].

C. : *Corps [M] [AV]* — Hull.

C.A. : *Chiffre d'affaires* — Turn over.

C.A.F. : *Coût assurance frêt [M]* — Cost insurance freight.

C.A.F.F. : *Coût assurance frêt français [M]* — French cost insurance freight.

CANAM *Caisse nationale d'assurance maladie des travailleurs non salariés* — National sickness insurance fund of self employed persons.

C.A.P. : *Certificat d'aptitude professionnelle* — Professional efficiency certificate.

C.A.P.A. : *Comité d'action pour la productivité dans l'assurance* — Insurance productivity committee.

C.A.S. : *Contre-assurance spéciale [A]* — Legal protection insurance [MV].

CATNAT : *Catastrophes naturelles* — Natural disasters.

C.A.V. : *Coefficient d'ajustement de valeur* — Currency adjustment factor.

C.A.V.A.G.A. : *Caisse d'allocations vieillesse des agents généraux d'assurances* — Old age allowances fund for general insurance agents.

CAVAMAC *Caisse d'allocations vieillesse des agents généraux et des mandataires non salariés* — Old age allowances fund for general insurance agents and self employed representatives.

C.C. : *Code civil* — Civil code.

C.C.I. : *Chambre de commerce internationale* — International chamber of commerce.

C.C.N. : *Convention collective nationale [V]* — ** National collective bargaining agreement [L].

C.C.R. : *Caisse centrale de réassurance* — Central reinsurance fund (State owned reinsurance company).

C.D.I.A. : *Centre de documentation et d'information de l'assurance* — Insurance information centre.

C.D.N. : *Certificat de navigabilité [AV]* — Airworthiness-certificate.

C.E.A. : *Comité européen des assurances* — European insurance committee.

C.E.A. : *Centre d'études actuarielles* — Actuarial research centre.

C.E.B.T.P. : *Centre expérimental de recherche et d'étude du bâtiment et des travaux publics* — Experimental station for research and studies in building and public works.

C.E.D.R.E. : *Centre d'études, documentation, recherche et expérimentation sur les pollutions accidentelles des eaux* — Station for the study, documentation, research and experimentation on accidental water pollution.

C.E.E. : *Communauté économique européenne* — European economic community.

C.E.F. : *Compartiment à l'épreuve du feu* — Fireproof compartment.

C.E.N. : *Comité européen de normalisation* — European standards board.

C.E.P. : *Centre d'études et de prévention [I] [Acc] (organisme de prévention agréé)* — Research and prevention centre (an approved survey organization for prevention and safety) [F] [Acc].

C.E.R.A. : *Centre d'études du risque atomique* — Centre for studies on the atomic risk.

C.E.R.I.C. : *Centre d'enseignement sur les risques industriels et commerciaux* — Industrial and commercial risks education centre.

C.E.R.N. : *Conseil européen pour la recherche nucléaire* — European council for nuclear research.

C.E.S.A.M. : *Comité d'études et de services des assureurs maritimes et transports de France* — Research and services committee of marine and transit insurers in France.

C.E.S.I. : *Centre d'enseignement du personnel sécurité incendie* — Training centre for fire safety staff.

C.F. : *Coût et frêt [M]* — Cost and freight.

C.F. : *Coupe-feu* — Fire break.

C.F.A. (Franc) : *Communauté financière africaine* — African financial community (Franc).

C.F.R. : *Convention de franchise de recours [A]* — Waiver of recourse agreement [MV].

C.F.R.P. : *Comité français de la recherche sur la pollution de l'eau* — French board for research on water pollution.

C.G. : *Conditions générales* — General conditions.

C.H.E.A. : *Centre des hautes études d'assurances* — Higher insurance studies centre.

C.H.S. : *Comité d'hygiène et de sécurité* — Health maintenance and safety committee.

C.H.S.C.T. : *Comité d'hygiène, de sécurité et des conditions de travail* — Hygiene, safety and work conditions committee.

C.I.C.A. : *Conférence internationale des contrôles d'assurances des états africains* — International conference of African countries insurance supervisory authorities.

C.I.D.A. : *Convention indemnisation directe de l'assuré [A]* — Direct indemnification of insured agreement [MV].

CIDECOP : *Convention d'indemnisation dégâts des eaux dans la copropriété* — Condominium water damage indemnification agreement.

CIDRE : *Convention d'indemnisation directe et de recours dégâts des eaux* — Agreement on direct indemnification and recourse for water damage.

CIES : *Compagnies* — Companies.

C.I.M. : *Convention internationale pour le transport de marchandises par chemin de fer* — International agreement on carriage of goods by rail.

C.I.P.I. : *Centre d'information pour la prévention incendie* — Information centre for fire prevention.

C.I.T.E.P.A. : *Centre interprofessionnel technique d'étude de la pollution atmosphérique* — Inter-trade technical centre for study on air pollution.

Cl. : *Clause* — Clause.

CL. : *Classe [I]* — Classification [F].

C.L.O.P.S.I. : *Comité de liaison des organismes de contrôle et de prévention en matière de sécurité incendie* — Loss prevention and control bodies liaison committee for fire safety.

CLUSIF : *Club de la sécurité informatique* — Electronic data processing safety club.

C.M.I. : *Comité maritime international* — International marine committee.

C.M.R. : *Caisse mutuelle régionale [Acc]* — District mutual fund.

C.M.R. : *Convention mondiale routière. Convention internationale pour le transport de marchandises par route* — International agreement on carriage of goods by road.

C.N.A. : *Conseil national des assurances* — National insurance council.

C.N.A.M. : *Caisse nationale de l'assurance maladie* — National health insurance fund.

C.N.A.V. : *Caisse nationale d'assurance vieillesse* — National old age pension fund.

C.N.M.I.H. : *Comité national du matériel d'incendie homologué* — National committee of approved fire-equipment.

C.N.M.I.S. : *Comité national du matériel d'incendie et de sécurité* — National committee for fire fighting and safety equipment.

C.N.N.A. : *Certificat de navigabilité normal en aviation* — Standard flight certificate.

C.N.U.C.E.D. : *Conférence des Nations Unies sur le commerce et le développement* — United Nations conference on trade and development.

C.N.P. : *Caisse nationale de prévoyance [V]* — State owned life assurance fund [L].

C.N.P.F. : *Conseil national du patronat français* — French managers' national council.

C.N.P.P. : *Centre national de prévention et de protection [I]* — National prevention and protection centre [F].

C.N.R.A. : *Certificat de navigabilité restreint en aviation* — Limited flight certificate.

C.N.R.A. : *Certificat de navigabilité restreint d'aéronef* — Restricted airworthiness certificate.

C.N.R.A.C. : *Certificat de navigabilité restreint pour aéronef de collection* — Restricted airworthiness certificate for collectors' aircraft.

CNUSTED : *Conférence des Nations Unies pour la science et la technique au service du développement* — United Nations conference on science and technology for development.

C.O.E.S.S. : *Confédération européenne des services de la sécurité* — European confederation of safety services.

COFACE : *Compagnie française d'assurance pour le commerce extérieur* — ** Export credits guarantee department [UK].

COINTRA : *Coopération internationale pour les assurances sur la vie des risques aggravés* — International co-operation for life assurances of impaired risks.

CONT. : *Contenu [I]* — Contents [F].

COPAPROSE : *Confédération panaméricaine des producteurs d'assurances* — Panamerican confederation of insurance producers.

COPREC : *Comité des organismes de prévention et de contrôle technique* — Committee of prevention and technical control bodies.

C.P. : *Complément de prime* — Charges additional to premium.

C.R. : *Caisse des retraites (table de mortalité) [V]* — Superannuation fund (mortality table) [L].

C.R. : *Compte de résultats* — Profit and loss account.

C.R.A.C. : *Convention de règlement assurance construction* — Building risks settlement agreement.

C.R.A.M. : *Caisse régionale d'assurance maladie* — District health insurance fund.

C.R.E.C. : *Convention de recours corporel [A]* — Bodily injury recourse agreement [MV].

C.R.E.P.P.S.A. : *Caisse de retraite et de prévoyance du personnel des sociétés d'assurances* — Insurance companies staff pension fund.

C.S. : *Centre de secours [I]* — Fire brigade [F].

C.S.A.G.A. : *Chambre syndicale des agents généraux d'assurance* — General insurance agents' committee.

C.S.C.A. : *Centre sécurité contrôle automobile* — Motor safety control centre.

C.S.N.E.A.F. : *Chambre syndicale nationale des experts en automobile de France* — Association of motor loss adjustors of France.

C.S.R. : *Comité de la sécurité routière* — Road safety committee.

C.S.T. : *Comité supérieur de tarification [I]* — Higher rating committee [F].

C.S.T.B. : *Centre scientifique et technique du bâtiment [Acc]* — Scientific and technical centre of the building trade.

C.T.F.H.E. : *Comité technique français halon environnement* — French technical halon environment committee.

C.T.I.F. : *Comité technique international du feu* — International technical committee for fire (prevention and extinction).

C.U. : *Charge utile* — Live weight.

D. - D.T.U.

D. : *Décès* — Death.

D. : *Divorcé(e) [V]* — Divorced [L].

D.A. : *Direction des assurances* — Insurance supervisory authority.

D.A.I. : *Détecteur automatique d'incendie* — Automatic fire detector.

D.C. : *Droit commun = Droit civil* — Common law.

D.C. : *Dommage corporel* — Bodily injury.

D.D.E. : *Dégâts des eaux [Acc]* — Water damage.

D.G. : *Dispositions générales* — General provisions.

D.I. : *Dommages-intérêts* — Damages.

D.I.V. : *Directe incendie vol [A]* — Third party = statutory liability fire theft [MV].

D.L. : *Décret loi* — Decree Law.

D.M. : *Dommage matériel* — Property damage.

D.O. : *Dommages ouvrages* — Damage to the works.

D.P.A.B. : *Doubles portes automatiques blindées [I]* — Double automatic fire doors [F].

D.R. : *Défense et recours [A]* — Legal protection insurance [MV].

D.S.A. : *Défense spéciale automobile [A]* — Legal protection insurance [MV].

D.T.U. : *Document technique unifié (du CSTB) [Acc] [I]* — Unified technical document (from CSTB) [Acc] [F].

E.A.E. : *Extincteur automatique à eau* — Automatic sprinkler.

E.C.G. : *Électrocardiogramme* — Electro-cardiogram.

ECH. : *Échéance* — Due date.

E.C.U. : + English abbreviations.

E.D.E.S. : *Excédent de sinistres [RE]* — Excess of loss.

E.E.G. : *Electro-encéphalogramme* — Electro-encephalogram.

E.M.P. : *Engagement maximum probable [AV]* — Probable maximum liability.

E.N. As.= E.N. Ass. : *École nationale d'assurances* — State insurance school.

E.P.A. : *École polytechnique d'assurances* — Private insurance school.

E.P.E.R.S. : *Eléments pouvant entraîner la responsabilité solidaire* — Manufactured parts likely to incur joint liability.

E.R.I.C. : *Évaluation du risque incendie calculé* — Evaluation of computed fire risk.

E.R.P. : *Établissement recevant du public* — Premises open to the public = Large assembly area [USA].

E.S.A. : *École supérieure d'assurances* — Higher education insurance school.

F. : *Fabriques et usines [I]* — Industrial risks [F].

F. : *Facultés [M]* — Cargo.

F.A.A. : *Franc d'avaries absolument [M]* — Free of average absolutely.

F.A.B. : *Franco à bord [M]* — Free on board.

FACOB (traité) : *Facultatif obligatoire* — Open cover.

F.A.D. : *Franchise absolue de dommages* — Free of damage absolutely.

F.A.P. : *Franc d'avaries particulières [M]* — Free of particular average.

F.A.P.A. : *Franc d'avaries particulières absolument [M]* — Free of particular average absolutely.

F.A.P. sauf = FAPS : *Franc d'avaries particulières sauf [M]* — Free of particular average unless.

F.A.S. : *Forfaits annuels de santé [V]* — Maximum yearly health care benefit [L].

F.C.A.R. : *Fédération française des courtiers d'assurance et de réassurance* — French federation of insurance and reinsurance brokers.

F.C.R.A. : *Fichier central des risques aggravés [A]* — Central card-index of assigned risks [MV].

F.D.E.N.A. : *Fédération des anciens élèves diplômés de l'École nationale d'assurances* — Federation of former students of the State insurance school.

F.E. : *Frais d'exploitation* — Operating expenses.

F.F.M.I. : *Fédération française du matériel d'incendie* — French federation of fire fighting equipment.

F.F.O.P.S. : *Federation française des organismes de prévention et de sécurité* — French federation of loss prevention and safety bodies.

F.F.S. : *Frais financiers supplémentaires* — Additional financial expenditure.

F.F.S.A. : *Fédération française des sociétés d'assurances* — French federation of insurance companies = ** B.I.A.

F.G.A. : *Fonds de garantie automobile* — Motor vehicle guarantee fund.

F.G.P. : *Frais généraux permanents [I]* — Standing charges [F].

F.I.C.A. : *Fédération internationale des coopératives d'assurances* — International federation of insurance co-operatives.

F.I.E.A. : *Fédération internationale des experts en automobile* — International federation of motor loss adjustors.

F.I.R.O.P. : *Fonds d'identification et de recherche des objets précieux* — Valuable items identification and recovery fund.

F.L.B. : *Franco long du bord [M]* — Free alongside ship.

F.M. : *Frais médicaux* — Medical expenses.

F.M.C. : *Frais médicaux et chirurgicaux* —

Medical and surgical expenses.

F.M.P. : *Frais médicaux et pharmaceutiques* — Medical and pharmaceutical expenses.

F.N.G.C.A. : *Fonds national de garantie contre les calamités agricoles* — National indemnification fund for disasters in agriculture.

F.N.S.A.G.A. : *Fédération nationale des syndicats d'agents généraux d'assurances* — National federation of general insurance agents' trade unions.

F.R. : *Frais de retirement [M]* — Removal of wreck expenses.

F.S.E. : *Frais supplémentaires d'exploitation [I]* — Increased cost of working [F].

F.U.E.D.I. : *Fédération des unions professionnelles d'experts en dommages après incendie et risques divers* — Federation of property loss adjusters trade associations.

G.A.B. : *Groupement d'assurances pour le bâtiment* — **+ GABAT**.

GABAT : *Groupement de co-réassurance des risques du bâtiment* — Co-reinsurance group building risks.

G.A.C. : *Groupement pour l'assurance maladie complémentaire* — Supplementary health benefits insurance group.

GACEX : *Groupement pour l'assurance maladie complémentaire des exploitants agricoles* — Farmers' supplementary health benefits group.

G.A.C.I. : *Groupement des assurés du commerce et de l'industrie* — Association of insureds in trade and industry.

GADOBAT : *Groupement d'assurances «dommages-ouvrages» pour le bâtiment* — Insurance pool for «damage to works» in building risks.

GAFNIC : *Groupement d'assurances pour les fabricants, négociants et importateurs de matériaux de construction* — Insurance group for the building material trade.

GAMEX : *Groupement des assureurs maladie des exploitants agricoles* — Farmers health insurers' group.

G.A.M.I.F. : *Groupement d'acceptations maritimes internationales en France [RE]* — French underwriting group of international marine risks.

G.A.P. : *Groupement des assurances de personnes* — Individual life insurance committee.

GARCO : *Groupement d'assurances des risques de la construction* — Construction risks insurance group.

GAREX : *Groupement d'assurance des risques exceptionnels [M]* — War and special risks insurance group.

GARPOL : *Groupement de co-réassurance des risques de pollution et autres atteintes à l'environnement* — Pollution and environmental impairment co-reinsurance group.

GATEX : *Groupement assurance transport des exportateurs français* — French exporters

transit insurance group.

G.B. : *Grande branche [V]* — Ordinary Branch [L].

G.C.A. : *Garanties complémentaires automobile* — Motor vehicle additional covers.

G.C.A. : *Gestion des conventions d'assurance* — Management of insurance agreements.

G.C.I.D. : *Groupement français des constructeurs installateurs de système de détection incendie* — French group of fire detection systems manufacturers and installers.

G.D.R. : *Gestion de Risques* — Risk management.

GECO : *Groupement pour la gestion des risques de la construction* — **+ STAC**.

G.E.S.I.P. : *Groupement d'études et de sécurité de l'industrie pétrolière* — Oil industry safety and research association.

G.F.R.A. : *Groupement français de réassurance aviation* — French aviation reinsurance pool.

G.I.A. : *Groupement informatique de l'assurance* — Insurance data processing group.

GIFEX : *Groupement des installateurs-fabricants de systèmes d'extinction fixes* — Permanent fire extinguishing systems manufacturers/installers group.

G.I.S. : *Groupement français des Installateurs et fabricants d'extincteurs automatiques à eau* — French group of sprinkler installers.

GIMALARME : *Groupement des industries des matériels électroniques de sécurité, d'alarme et de télésurveillance contre l'intrusion* — Group of manufacturers of electronic safety, warning and remote control equipment for intrusion prevention.

G.L.A.F.A. : *Groupe liaison anti-fraude de l'assurance* — Liaison group against insurance crime.

G.N.L. : *Gaz naturel liquéfié* — Liquefied natural gas.

G.P.L. : *Gaz de pétrole liquéfié* — Liquefied petroleum gas.

G.R.C. : *Groupement de réassurance des risques de construction* — Construction risks reinsurance group.

G.S.A.C.M. : *Groupement des Sociétés d'assurances à caractère mutuel* — Association of mutual life insurance companies.

G.T.A. : *Groupement technique accidents* — ✱✱ Accident Offices' Association.

G.T.I. : *Groupement technique incendie* — ✱✱ Fire Offices' Committee.

G.T.V. : *Groupement technique vie* — ✱✱ Life Offices' Association.

G.U.S.I. : *Groupement des utilisateurs en sécurité incendie* — Fire safety users group.

G.V. : *Grande vitesse* — Fast train.

H.E. : *Honoraires d'experts [I]* — Assessor's fees [F].

«H.P.R.» : (à éviter) + R.H.P.

I.A.D. : *Invalidité absolue et définitive [V]* — Permanent total disability [L].

I.A.F. : *Institut des actuaires français* — French actuaries' institute.

I.A.P. : *Institut des assurances de Paris* — Insurance institute of Paris.

I.A.R.D. : *Incendie accidents risques divers* — Fire accident miscellaneous risks.

I.A.R.D.V. : *Incendie accidents risques divers vie* — Fire accident miscellaneous risks life.

I.A.R.D.T. : *Incendie accidents risques divers transports* — Fire accident miscellaneous risks transit.

I.A.V.R.D. : *Incendie accidents vie risques divers* — Fire accident life miscellaneous risks.

I.D.A. : *Indemnisation directe de l'assuré [A]* — Direct indemnification of insured [MV].

I.D.A.C. : *Indemnisation directe des accidents corporels [A]* — Direct compensation of bodily injuries [MV].

I.D.A.R.C. : *Indemnisation directe des assurés avec recours compensé [A]* — Direct indemnification of insured with shared recourse [MV].

I.E.A.H. : *Installation d'extinction automatique à hélium* — Automatic helium extinguishing installation.

I.F.A. : *Institut des finances et des assurances* — Finance and insurance institute.

I.F.C. : *Indemnités de fin de carrière [V]* — termination indemnities [L].

I.G.A.R.D. : *Incendie grêle accidents risques divers* — Fire hail accident miscellaneous risks.

I.G.H. : *Immeuble de grande hauteur [I]* — high-rise building [F].

I.J. : *Indemnité journalière [Acc]* — Daily benefits.

I.M.R. : *Institut du management des risques* — Risk management institute.

Ind. : *Individuelle [Acc]* — Personal accident.

INERIS : *Institut national de l'environnement industriel et des risques* — National institute for industrial environment and risk.

INREST : *Institut national de recherche sur les transports et leur sécurité* — National research institute on transport systems and their safety.

I.N.R.S. : *Institut national de recherche et de sécurité* — National institute for research and safety

I.N.S.E.E. : *Institut national de la statistique et des études économiques* — National Institute for statistics and economical study.

I.N.S.E.R.M. : *Institut national de la santé et de la recherche médicale* — National Institute of health and medical research.

I.N.S.S.I. : *Institut national supérieur de sécurité incendie* — National higher institute for fire safety.

I.P. : *Incapacité permanente [Acc]* — Permanent disablement.

I.P.P. : *Incapacité permanente partielle [Acc]* — Permanent partial disablement.

I.P.T. : *Incapacité permanente totale [Acc]* — Permanent total disablement.

I.Q. : *Indemnité quotidienne [Acc]* — Daily benefits.

I.R.C.A.S.A. : *Institution de retraite des cadres de l'assurance* — Insurance executives' superannuation institution.

I.R.E.S.A. : *Institution de retraite des employés des sociétés d'assurances* — Insurance companies employees' superannuation institution.

I.S.F.A. : *Institut de science financière et d'assurance* — Institute of financial science and insurance.

I.R.S.A. : *Inter-sociétés de règlement des sinistres automobiles* — Joint insurers motor loss settlement (agreement).

I.T. : *Incapacité temporaire [Acc]* — Temporary disablement.

I.T.P. : *Incapacité temporaire partielle [Acc]* — Partial temporary disablement.

I.T.T. : *Incapacité temporaire totale [Acc]* — Total temporary disablement.

I.V. : *Indice variable* — Variable index.

I.V.P. : *Individuelle vie privée* — Non occupational personal accident.

J-L-M

J.O. : *Journal officiel* — Official gazette.

J.O.C.E. : *Journal officiel de la communauté européenne* — European community official gazette.

L : *Loi* — Law.

L.A.O.: *Loi assurance obligatoire* — Compulsory insurance act.

L.C.I. : *Limitation contractuelle d'indemnité* — Contractual loss limit.

L.I.E. : *Limite inférieure d'explosivité* — Lower explosive limit.

L.N.E. : *Laboratoire national d'essai* — National testing laboratory.

L.P.S.. : *Liberté de prestations de services* — Freedom of service.

L.S.E. : *Limite supérieure d'explosivité* — Upper explosive limit.

M. : *Marié(e) [V]* — Married [L].

M. : *Mort [Acc]* — Death.

M.A.R.C. : *Moyens d'administration de réassurance construction* — Construction reinsurance administration group.

March. : *Marchandises [I]* — Stock [F].

Mat. : *Matériel [I]* — Equipment [F].

M.B.A. : *Marge brute d'autofinancement* — Cash flow.

M.D.H. : *Marchandises doublement hasardeuses [I]* — Doubly hazardous goods [F].

M.F. : *Ministère des finances* — Finance ministry.

M.F.E. : *Marchandises faciles à endommager [I]* — Goods sensitive to damage [F].

M.G.H. : *Magasin de grande hauteur [I]* — High-bay warehouse = High-rack warehouse [F].

M.H. : *Marchandises hasardeuses [I]* — Hazardous goods [F].

M.I.H. : *Matériel d'incendie homologué* — Approved fire-equipment.

MKH : *Makeham (table de mortalité)* — Makeham (mortality table).

M. & M. : *Matériel et marchandises [I]* — Equipment and stock [F].

M.O. : *Marchandises ordinaires [I]* — Ordinary goods [F].

M.R.H. : *Multirisque habitation* — Householders' comprehensive.

M.S.A. : *Mutualité sociale agricole* — Farmers' mutual plan.

M.S.C.F. : *Mur séparatif coupe-feu* — Fire-break dividing wall.

M.S.I. : *Mise en service industrielle et commerciale* — Start-up of industrial and commercial operation.

M.S.I. : *Mutuelle sans intermédiaires* — Direct writing mutual.

M.S.O. : *Mur séparatif ordinaire* — Ordinary dividing wall.

M.T.D. : *Marchandises très dangereuses [I]* — Very hazardous goods [F].

N-O

N.F. : *Norme française* — French standard.

N.F.M.I.H. : *Norme française du matériel d'incendie homologué* — French standards of approved fire equipment.

N.G.F. : *Nivellement général de la France* — ** Mean sea level [USA] = ** Sea level measurement [UK].

O.A.C.I. : *Organisation de l'aviation civile internationale* — International civil aviation organization.

O.C.D.E. : *Organisation de coopération et de développement économique* — Economic cooperation and development organization.

O.D. : *Objets divers [I]* — Risks considered of industrial nature [F].

O.F.R. : *Ordre de réparations - factures - rapport d'expertises [A]* — Repair order - Invoices - survey report [MV].

O.F.T.R.A. : *Office français de tarification des risques aggravés [V]* — Impaired risks french rating bureau [L].

O.M.C.I. : *Organisation maritime consultative inter-gouvernementale* — Inter-governmental maritime consultative organization.

O.M.S. : *Organisation mondiale de la santé* — World health organization.

O.P.A. : *Offre publique d'achat* — Takeover bid for cash = Tender offer [USA].

O.P.E. : *Offre publique d'échange* — Takeover bid for shares = Exchange offer [USA].

O.P.P.B.T.P. : *Organisme professionnel de prévention du bâtiment et des travaux publics* — Trade association for loss prevention in building and public works.

O.P.Q.C.B. : *Organisme professionnel de qualification et de classification du bâtiment [Acc]* — Trade association for qualification and classification in building industry.

ORSEC (Plan) : *Organisation de secours* — Organization of rescue (plan).

ORSEC-RAD (Plan) : *Organisation de secours - radiations* — Organization of rescue - radiations (plan).

ORSEC-TOX (Plan) : *Organisation des secours - toxiques (plan)* — Organization of rescue - poisons (plan).

P.A.. : *Préjudice d'agrément* — Loss of amenities

P.A. : *Prime annuelle* — Annual premium.

P.A.R. : *Profession aggravant les risques [I]* — Risks increasing occupation [F].

P.B. : *Participation aux bénéfices* — Profit sharing [UK] = dividend [USA].

P.B. : *Pertes de bénéfices [I]* — Loss of profits [UK] [F] = Business interruption [USA] [F].

P.C.F. : *Porte coupe-feu* — Fire door.

P.D. : *Pretium doloris [Acc]* — Pain and suffering damages.

P.E. : *Pertes d'exploitation [I]* —Consequential loss [UK] [F] = Business interruption [USA] [F].

P.E. : *Préjudice esthétique* — Disfiguration damage.

P.E.A. : *Pertes d'exploitation anticipée* — Advance loss of profits.

P.E.R. : *Plan d'exposition aux risques* — Risk exposure plan.

P.F. : *Pare-flamme* — Flame-proof.

P.F. : *Population féminine (table de mortalité)* — Female population (mortality table).

P.I. : *Pertes indirectes [I]* — Consequential loss [F].

P.I. : *Période d'indemnisation [I]* — Indemnity period [F].

P.I. : *Poteau d'incendie* — Fire stand-post.

P.I.A. : *Presse internationale d'assurances* — International insurance press.

P.I.B. : *Produit intérieur brut* — Gross domestic product.

P.M. : *Population masculine (table de mortalité)* — Male population (mortality table).

P.N. : *Prime nette* — Net premium.

P.N.B. : *Produit national brut* — Gross national product.

POLMAR (convention) : *Pollution maritime* — Marine pollution (agreement).

P.R. : *Prévention routière* — Road safety council.

P.R.A.G.A. : *Régime de prévoyance et de retraite des agents généraux d'assurances* — General insurance agents' superannuation scheme.

P.S. : *Premier secours* — First aid.

P.T. : *Perte totale [M]* — Total loss.

P.T. : *Personnes transportées [A]* — Passengers [MV].

P.T. : *Prime totale* — Total premium.

P.T.A. : *Poids total autorisé* — Authorized total weight.

P.T.D. : *Perte totale et délaissement [M]* — Total loss and abandonment.

P.U. : *Prime unique [V]* — Single premium [L].

P.U.C. : *Police unique de chantier* — Combined builders' policy.

P.V. : *Petite vitesse* — Slow train.

P.V. : *Procès-verbal* — Official report.

Q.P. : *Quote part [RE]* — Quota share.

QUALIFELEC : *Association technique et professionnelle de qualification de l'équipement électrique [Acc]* — Technical trade association for the designation of electrical appliances.

R.A. : *Résiliable annuellement = Résiliation annuelle* — Cancellable yearly = Annual cancellation.

R.A. : *Risque agricole* — Agricultural risk.

R.A.C. : *Règlement des accidents en chaîne [A]* — Successive accidents settlement [MV].

R.A.M. : *Réunion des assureurs maladie* — Health insurers' association.

R.A.M.E.X. : *Réunion des assureurs maladie des exploitants agricoles* — Farmers health insurers' association.

R.C. : *Responsabilité civile* — Public liability = legal liability.

R.C. : *Registre du commerce* — Register of trade.

R.C.A. : *Responsabilité civile accidents* — Accident legal liability.

R.C.A. : *Responsabilité civile automobile* — Motor vehicle legal liability.

R.C.C. : *Responsabilité civile chasse* — Hunting public liability.

R.C.C.E. : *Responsabilité civile chef d'entreprise* — + R.C.E.

R.C.E. : *Responsabilité civile entreprise = exploitation* — Premises and operations liability [USA] = General public liability.

R.C.F. : *Responsabilité civile familiale = Chef de famille* — Personal legal liability.

R.C.I. : *Responsabilité civile incendie* — Fire legal liability.

R.C.O. : *Responsabilité civile occupants [AV]* — Legal liability to passengers.

R.C.P. : *Responsabilité civile passagers [AV]* — Legal liability to passengers.

R.C.P. : *Responsabilité civile produits [Acc]* — Products liability.

R.D. : *Risques divers* — Miscellaneous risks.

R.d.T. : *Recours des tiers [Acc]* — Third parties' right of recovery.

R.D.V. : *Recours des voisins [I]* — Neighbours' recourse [F].

R.E. : *Résultat d'exploitation* — Operating profit loss.

R.E.A. : *Réseau d'extinction automatique* — Sprinkler system.

R.E.E.F. : *Répertoire des éléments et ensemble fabriqués* — Directory of manufactured parts and equipment.

RESURCA : *Régime supplémentaire de retraite des cadres et assimilés [V]* — Additional pension scheme for executives [L].

R.F. : *Rentiers français (table de mortalité)* — French annuitants (mortality table).

R.G. : *Risques de guerre [M]* — War risks.

R.G.A.T. : *Revue générale des assurances terrestres* — General review of non marine insurance.

R.H.P. : *Risque hautement protégé = Risque à protection renforcée [I]* — Highly protected risk [F].

R.I. : *Risque industriel [I]* — Industrial risk [F].

R.I.A. : *Robinet d'incendie armé [I]* — Fire hydrant with hose and nozzle connected = Hose station [USA] [F].

R.I.P. : *Régime interprofessionnel de prévoyance [V]* — Interprofessional employee benefits scheme (an open pension scheme) [L].

R.I.P.S. : *Régime interprofessionnel de prévoyance des salariés [V]* — Employees interprofessional benefits scheme [L].

R.I.S.F. : *Règlement intégral sans application de la franchise [M]* — Payment in full irrespective of percentage.

R.L. : *Risques locatifs = Responsabilité locative [I]* — Tenant's liability [F].

R.N.P. : *Risque non protégé [I]* — Unsprinklered risk [F].

R.O. : *Risque ordinaire [M]* — Ordinary = common risk [M].

R.O.A.M. : *Réunion des organismes d'assurance mutuelle* — Mutual insurance systems committee.

ROGA : *Réunion des organismes d'assurance automobile* — Motor vehicle insurance systems committee.

R.P. : *Réception provisoire* — Provisional acceptance (obsolete).

R.P. : *Règle proportionnelle* — Average clause.

R.P. : *Risque protégé [I]* — Sprinklered risk [F].

R.S. : *Risque simple [I]* — Non industrial risk [F].

R.S.C. : *Réseaux de soins coordonnés* — Coordinated medical attendance network.

R.S.P. : *Rapport des sinistres aux primes* — Loss ratio.

R.S.R.S. : *Régime supplémentaire de retraite des salariés* — Additional pension scheme for employees.

R.T. : *Responsabilité du transporteur [M]* — Carrier's liability.

R.T.D. : *Risque très dangereux [I]* — Very hazardous risk [F].

R.T.I. : *Recours des tiers incendie* — ** Fire legal liability.

R.T.N. : *Risques de toute nature* — Miscellaneous risks.

R.V. : *Recours des voisins [I]* — Neighbours' recourse [F].

R.V.D. : *Rente viagère différée* — Deferred life annuity.

R.V.I. : *Rente viagère immédiate* — Immediate life annuity.

S.A.R.P. : *Sans application de la règle proportionnelle* — Not subject to average.

«SECU» : *Sécurité Sociale* — Social security.

S.E.M. : *Sans examen médical [V]* — Non medical = Without medical examination [L].

S.F. : *Sans franchise* — Irrespective of percentage.

S.F.A.C. : *Syndicat français des assureurs-conseils* — French association of insurance brokers.

S.I. : *Système international (d'unités)* — International system (of units).

S.I.C.A.V. : *Société d'investissement à capital variable* — Unit trust [UK] — Mutual fund [USA].

S.L.D.S. : *Sans limitation de somme [Acc]* — Without limitation in amount.

S.M.P. : *Sinistre maximum possible [I]* — Maximum possible loss [F].

S.N.C.A.R. : *Syndicat national des courtiers d'assurance et de réassurance + F.C.A.R.* — National association of insurance and reinsurance brokers = ** B.I.I.B.A.

S.N.E.A. : *Syndicat national des experts d'assurés* — National syndicate of insured appointed loss adjusters.

S.N.E.A.M.I. : *Syndicat national des experts en automobile et en matériel industriel* — National syndicate of motor and industrial equipment surveyors.

S.N.E.T. : *Syndicat national des exploitants en télésécurité* — National syndicate of remote safety control operators.

S.N.I.A. : *Syndicat national des inspecteurs d'assurances* — National union of insurance inspectors.

S.N.P.C. : *Syndicat national professionnel des consultants et experts en analyse et gestion des risques et des assurances* — National syndicate of consultants and experts in analysis, risk management and insurance.

SOCOTEC : *Société de contrôle technique et d'expertise de construction [Acc]* — Society of technical control and survey in building (an approved surveyor).

S/P : *Rapport des sinistres aux primes* — Loss ratio.

S.R.A. : *Sécurité et réparation automobile* — Motor repair and safety.

S.R.E. : *Sinistre raisonnablement escomptable [I]* — Estimated maximum loss [F].

S.R.M. : *Section de réassurance mutuelle [I]* — Institution of mutual reinsurance [F].

S.S. : *Sécurité Sociale* — National health insurance [UK] = Social security [USA].

S.T.A.C. : *Service technique d'assurance construction* — Joint administrative organization of building risk insurers.

« STAT. ». : *Statistique* — Experience.

Sté : *Société* — Company.

S.T.E.L.F. : *Station technique d'essais-laboratoire du feu* — Fire research station.

S.T.M. : *Sans travail manuel [Acc]* — Without manual work.

STRE : *Sans tacite reconduction* — Not automatically renewable.

SYFRACO : *Syndicat français des fabricants de coffres-forts, d'armoires réfractaires et d'équipements lourds de sécurité* — French syndicate of safes, refractory cabinets and heavy safety equipment manufacturers.

S.V.M. : *Sans visite médicale [V]* — Non medical = Without medical examination [L].

U.N.I.S.S. : *Union nationale des industries et services de la sécurité* — National union of safety industries and services.

U.S.S.E.A. : *Union syndicale des sociétés étrangères d'assurances* — Foreign insurance companies' association.

T. : *«Tierce» [A]* — Own damage [MV].

T.C. : *«Tierce collision» [A]* — Own damage restricted to collision [MV].

T.C.M. : *Transports combinés marchandises [M]* — Combined transports of goods.

T.I.A.R.D. : *Transports incendie accidents risques divers* — Transit fire accident miscellaneous risks.

T.M.B. : *Travail mécanique du bois [I]* — Mechanical wood working [F].

T.N.S. : *Travailleurs non salariés* — Self employed persons.

T.O.C. : *Tempêtes, ouragans, cyclones [I]* — Storm, tempest, hurricane [F].

T.O.G. : *Tempêtes, ouragans, grêle [I]* — Storm, tempest, hail [F].

T.P.L. : *Tonnes de port en lourd [M]* — Tons deadweight.

T.P.M. : *Transport public de marchandises [A]* — Public transport of goods [MV].

T.P.V. : *Transport public de voyageurs [A]* — Public transport of passengers [MV].

T.R. : *Tacite reconduction* — Automatic renewal.

T.R. : *Tous risques* — All risks.

T.R.C. : *Tous risques chantiers* — Contractors' all risks = builders' all risks [USA].

T.R.G. : *Taux risques de guerre [M]* — War risks rate.

T.R.I. : *Tarif risques industriels = tarif «rouge» [I]* — Industrial tariff [UK] = Manufacturers' schedule [USA] [F].

T.R.O. : *Taux risques ordinaires [M]* — Ordinary risks rate.

T.R.S. : *Tarif des risques simples = Tarif «blanc» = Tarif collectif [I]* — Non industrial tariff [F].

T.R.V.P. : *Tous risques vol partiel [M]* — All risks partial theft.

T.R.V.T. : *Tous risques vol total [M]* — All risks total theft.

T.U.A. : *Taxe unique d'assurance* — Insurance tax.

T.V.A. : *Taxe à la valeur ajoutée* — Value added tax.

U-V-Z

U.A.C.I. : *Union d'assureurs des crédits internationaux* — Union of international credit insurers.

U.A.T.I. : *Union des associations techniques internationales* — Union of international technical associations.

U.C.E. : *Unité de compte européenne* — European currency unit.

U.C.R.E.P.P.S.A. : *Union des caisses de retraite et de prévoyance du personnel des sociétés d'assurances* — Union of companies' staff pension funds.

U.I.A.A. : *Union internationale des assureurs aviation* — International union of aviation insurers.

U.I.A.M. : *Union internationale des assureurs maritimes* — International union of marine insurers.

U.I.A.T. : *Union internationale d'assurance transport [M]* — International union of transit insurance.

U.J.A.R.F. : *Union des jeunes assureurs et réassureurs français* — Union of young french Insurers and reinsurers.

U.M.A.T. : *Union maritime d'assurance transport* — Union of marine transit insurance.

U.N.I.R.S. : *Union nationale des institutions de retraite des salariés* — National union of employee pension schemes.

U.N.I.S.S. : *Union nationale des industries et services de la sécurité* — National union of safety industries and services.

U.P.E.A. : *Union professionnelle des entreprises d'assurances* — Professional union of insurance offices.

U.P.E.M.E.I.C. : *Union professionnelle des experts en matière d'évaluation industrielle et commerciale* — Professional union of valuers in industry and commerce.

U.S.S.E.A. : *Union syndicale des sociétés étrangères d'assurances* — Foreign insurance companies' association.

U.T.E. : *Union technique de l'électricité [I]* — Electrical standards board [F].

V. : *Veuf/veuve [V]* — Widower/widow [L].

V.A. : *Valeur agréée* — Agreed value.

V.I. : *Vol incendie* — Theft fire.

V.N. : *Valeur à neuf* — New value.

V.V. : *Valeur vénale* — Actual cash value.

«ZINZINS» : *Investisseurs institutionnels* — Institutional investors.

3

Tables

Tableaux

Weight and measure take away strife.

*Le poids et la mesure éloignent la possibilité
de conflit.*

Metric system tables (SI)

Tables (SI) du système métrique (système international)

Metric system - International standards / *Système métrique - normes internationales*

Base units / *unités de base*

Item	Name	Symbol
Length	Metre	m
Mass	Kilogram	kg
Time	Second	s
Electric Current	Ampère	A
Thermodynamic Temperature	Kelvin	K
Luminous Intensity	Candela	cd
Amount of Substance	Mole	mol
Plane angle	Radian rad	rad
Solid angle	Steradian	st

Unit prefixes / *préfixes d'unité*

	Prefix	Symbol	Factor	
Multiples	exa	E	1 000 000 000 000 000 000	$= 10^{18}$
	peta	P	1 000 000 000 000 000	$= 10^{15}$
	tera	T	1 000 000 000 000	$= 10^{12}$
	giga	G	1 000 000 000	$= 10^{9}$
	mega	M	1 000 000	$= 10^{6}$
	kilo	k	1 000	$= 10^{3}$
	hecto	h	100	$= 10^{2}$
	deka	da	10	$= 10$
Sub-Multiples	deci	d	0.1	$= 10^{-1}$
	centi	c	0.01	$= 10^{-2}$
	milli	m	0.001	$= 10^{-3}$
	micro	µ	0.000 001	$= 10^{-6}$
	nano	n	0.000 000 001	$= 10^{-9}$
	pico	p	0.000 000 000 001	$= 10^{-12}$
	femto	f	0.000 000 000 000 001	$= 10^{-15}$
	atto	a	0.000 000 000 000 000 001	$= 10^{-18}$

List of selected S.I. Units / Liste d'unités S.I. sélectionnées

Metric system - International standards / *Système métrique - normes internationales*

Physical Quantity	Symbol	Practical SI Units		Unit Name
angular velocity	ω	rad/s		radian per Second
area	A or S	m²	cm² / mm²	square meter
bulk modulus (liquids)	K	bar	N/m²	Newton per square meter
capacity (displacement)	V	e/r (dm³/r)	mᵉ/r (cm³/r)	cubic meter per revolution
coefficient of thermal expansion (cubic)	α	1/K		per Kelvin
dynamic viscosity	μ	Pa s	P / cP	Newton second per square meter
force	F	N	kN	Newton
frequency	f	Hz	kHz	Hertz
kinematic viscosity	ν	cSt	m²/s	Square meter per Second
length	l	m	mm / μm	meter
linear velocity	v	m/s		meter per second
mass	m	Mg	kg / g	kilogram
mass density	ϱ	kg/m³	kg/dm³ / kg/l	kilogram per cubic meter
mass flow	M	kg/s	g/s	kilogram per second
power	P	W	kW	watt
pressure (above atmospheric)	p	bar	mbar / Pa kPa	Newton per square meter = Pascal
pressure (below atmospheric)	p	bar, abs	Pa / kPa	Pascal

Metric system - International standards / *Système métrique - normes internationales*

Physical Quantity	Symbol		Practical SI Units		Unit Name
quantity of heat	Q	J	kJ	MJ	Joule
rotational frequency	n	r/s	r/min		revolution per second
specific heat capacity	c	J/(kg K)			Joule per kilogram Kerlvin
stress (materials)	σ	daN/mm²	MPa		
surface roughness		μm	grade N		micrometer
temperature (customary)	θ	°C			degree Celsius
temperature (interval)		K			Kelvin
temperature (thermodynamic)	T	K			Kelvin
time	t	s	min	h	Second
torque (moment of force)	T	N m	kN m	mN m	Newton per meter
volume	V	m³	dm³(l)	cm³(ml)	cubic meter
volumetric flow (gases)	Q(ANR)	m³$_n$/s	dm³$_n$/s	cm³$_n$/s	cubic meter per second
volumetric flow (liquids)	Q	l/min	l/s	ml/s	cubic meter per second
work	W	J	J	J	Joule

Equivalence tables

Tables d'équivalence

Pressure / *Pression*

Pounds of force per square inch to kilonewtons per square meter

1 pound of force per square inch (psi)
= 6.89476 kilonewtons per square meter (kN/m2)
1 psi = 0.068 947 bars

psi	kN/m²	psi	kN/m²	psi	kN/m²	psi	kN/m²
1	6.895	28	193.053	55	379.212	81	558.475
2	13.790	29	199.948			82	565.370
3	20.684	30	206.843	56	386.106	83	572.265
4	27.579			57	393.001	84	579.160
5	34.474	31	213.737	58	399.896	85	586.054
		32	220.632	59	406.791		
6	41.369	33	227.527	60	413.685	86	592.949
7	48.263	34	234.422			87	599.844
8	55.158	35	241.316	61	420.580	88	606.739
9	62.053			62	427.475	89	613.633
10	68.948	36	248.211	63	434.370	90	620.528
		37	255.106	64	441.264		
11	75.842	38	262.001	65	448.159	91	627.423
12	82.737	39	268.896			92	634.318
13	89.632	40	275.790	66	455.054	93	641.212
14	96.527			67	461.949	94	648.107
15	103.421	41	282.685	68	468.843	95	655.002
		42	289.580	69	475.738		
16	110.316	43	296.475	70	482.633	96	661.897
17	117.211	44	303.369			97	668.791
18	124.106	45	310.264	71	489.528	98	675.686
19	131.000			72	496.423	99	682.581
20	137.895	46	317.159	73	503.317	100	689.476
		47	324.054	74	510.212		
21	144.790	48	330.948	75	517.107	200	1.378.952
22	151.685	49	337.843			300	2.068.428
23	158.579	50	344.738	76	524.002	400	2.757.904
24	165.474			77	530.896	500	3.447.380
25	172.369	51	351.633	78	537.791	600	4.136.856
		52	358.527	79	544.686		
26	179.264	53	365.422	80	551.581		
27	186.158	54	372.317				
psi	kN/m²	psi	kN/m²	psi	kN/m²	psi	kN/m²

Example : 44 psi = 303 369 kN/m2 = 3 033 bars

Pressure / *Pression*

Kilonewtons per square meter to pounds of force per square inch

1 kilonewton per square meter (kN/m^2)
= 0.145 pound of force per square inch (psi)
1 bar = 14.50 psi

psi	kN/m^2	psi	kN/m^2	psi	kN/m^2	psi	kN/m^2
1	.15	40	5.80	175	25.38	410	59.47
2	.29	45	6.53			420	60.92
3	.44	50	7.25	180	26.11	430	62.37
4	.58			185	26.83	440	63.82
5	.73	55	7.98	190	27.56	450	65.27
		60	8.70	195	28.28		
6	.87	65	9.43	200	29.01	460	66.72
7	1.02	70	10.15			470	68.17
8	1.16	75	10.88	210	30.46	480	69.62
9	1.31			220	31.91	490	71.07
10	1.45	80	11.60	230	33.36	500	72.52
		85	12.33	240	34.81		
11	1.60	90	13.05	250	36.26	550	79.77
12	1.74	95	13.78			600	87.02
13	1.89	100	14.50	260	37.71	650	94.27
14	2.03			270	39.16	700	101.53
15	2.18	105	15.23	280	40.61	750	108.78
		110	15.95	290	42.06		
16	2.32	115	16.68	300	43.51	800	116.03
17	2.47	120	17.40			850	123.28
18	2.61	125	18.13	310	44.96	900	130.53
19	2.76			320	46.41	950	137.79
20	2.90	130	18.85	330	47.86	1.000	145.04
		135	19.58	340	49.31		
21	3.05	140	20.31	350	50.76	1.500	217.56
22	3.19	145	21.03			2.000	290.08
23	3.34	150	21.76	360	52.21	2.500	362.60
24	3.48			370	53.66	3.000	435.12
25	3.63	155	22.48	380	55.11	4.000	580.16
		160	23.21	390	56.47		
26	4.35	165	23.93	400	58.02		
27	5.08	170	24.66				
psi	kN/m^2	psi	kN/m^2	psi	kN/m^2	psi	kN/m^2

Example : 800 kN/m^2 = 8 bars = 116,03 psi

Temperature / *Température*

Degrees fahrenheit to degrees celsius

1 degree fahrenheit (°F) = $\frac{9}{5}$ x (°C + 32)

°F	°C	°F	°C	°F	°C	°F	°C
-40	-40	26	- 3.33	56	13.33	86	30.00
-30	-34.40	27	- 2.78	57	13.89	87	30.56
-20	-28.90	28	- 2.22	58	14.44	88	31.11
-10	-23.30	29	- 1.67	59	15.00	89	31.67
- 0	-17.78	30	- 1.11	60	15.56	90	32.22
1	-17.22	31	- .56	61	16.11	91	32.78
2	-16.67	32	0.	62	16.67	92	33.33
3	-16.11	33	.56	63	17.22	93	33.89
4	-15.56	34	1.11	64	17.78	94	34.44
5	-15.00	35	1.67	65	18.33	95	35.00
6	-14.44	36	2.22	66	18.89	96	35.56
7	-13.89	37	2.78	67	19.44	97	36.11
8	-13.33	38	3.33	68	20.00	98	36.67
9	-12.78	39	3.89	69	20.56	99	37.22
10	-12.22	40	4.44	70	21.11	100	37.78
11	-11.67	41	5.00	71	21.67	101	38.33
12	-11.11	42	5.56	72	22.22	102	38.89
13	-10.56	43	6.11	73	22.78	103	39.44
14	-10.00	44	6.67	74	23.33	104	40.00
15	- 9.44	45	7.22	75	23.89	105	40.56
16	- 8.89	46	7.78	76	24.44	106	41.11
17	- 8.33	47	8.33	77	25.00	107	41.67
18	- 7.78	48	8.89	78	25.56	108	42.22
19	- 7.22	49	9.44	79	26.11	109	42.78
20	- 6.67	50	10.00	80	26.67	110	43.33
21	- 6.11	51	10.56	81	27.22	111	43.89
22	- 5.56	52	11.11	82	27.78	112	44.44
23	- 5.00	53	11.67	83	28.33	113	45.00
24	- 4.44	54	12.22	84	28.89	114	45.56
25	- 3.89	55	12.78	85	29.44	115	46.11
°F	°C	°F	°C	°F	°C	°F	°C

Temperature / *Température*

°F	°C	°F	°C	°F	°C	°F	°C
116	46.67	131	55.00	146	63.33	205	96.11
117	47.22	132	55.56	147	63.89	210	98.89
118	47.78	133	56.11	148	64.44	212	100.00
119	48.33	134	56.67	149	65.00	302	150.00
120	48.89	135	57.22	150	65.56	392	200.00
121	49.44	136	57.78	155	68.33	482	250.00
122	50.00	137	58.33	160	71.11	572	300.00
123	50.56	138	58.89	165	73.89	662	350.00
124	51.11	139	59.44	170	76.67	752	400.00
125	51.67	140	60.00	175	79.44	842	450.00
126	52.22	141	60.56	180	82.22	932	500.00
127	52.78	142	61.11	185	85.00	1.112	600.00
128	53.33	143	61.67	190	87.78	1.292	700.00
129	53.89	144	62.22	195	90.56	1.652	900.00
130	54.44	145	62.78	200	93.33	1.832	1.000.00
°F	°C	°F	°C	°F	°C	°F	°C

Temperature / *Température*

Degrees celsius to degrees fahrenheit

1 degree celsius $= \dfrac{5}{9} \times (°F - 32)$

°C	°F	°C	°F	°C	°F	°C	°F
-50	-58	26	78.8	57	134.6	88	190.4
-40	-40	27	80.6	58	136.4	89	912.2
-30	-22	28	82.4	59	138.2		
-20	- 4	29	84.2			90	194.0
-10	14			60	140.0	91	195.8
		30	86.0	61	141.8	92	197.6
0	32	31	87.8	62	143.6	93	199.4
1	33.8	32	89.6	63	145.4	94	201.2
2	35.6	33	91.4	64	147.2		
3	37.4	34	93.2			95	203.0
4	39.2			65	149.0	96	204.8
		35	95.0	66	150.8	97	206.6
5	41.0	36	96.8	67	152.6	98	208.4
6	42.8	37	98.6	68	154.4	99	210.2
7	44.6	38	100.4	69	156.2		
8	46.4	39	102.2			100	212.0
9	48.2			70	158.0	150	302.0
		40	104.0	71	159.8	200	392.0
10	50.0	41	105.8	72	161.6	250	482.0
11	51.8	42	107.6	73	163.4	300	572.0
12	53.6	43	109.4	74	165.2		
13	55.4	44	111.2			350	662.0
14	57.2			75	167.0	400	752.0
		45	113.0	76	168.8	450	842.0
15	59.0	46	114.8	77	170.6	500	932.0
16	60.8	47	116.6	78	172.4	600	1.112.0
17	62.6	48	118.4	79	174.2		
18	64.4	49	120.2			700	1.292.0
19	66.2			80	176.0	800	1.472.0
		50	122.0	81	177.8	900	1.652.0
20	68.0	51	123.8	82	179.6	1.000	1.832.0
21	69.8	52	125.6	83	181.4	1.500	2.732.0
22	71.6	53	127.4	84	183.2		
23	73.4	54	129.2			2.000	3.632.0
24	75.2	55	131.0	85	185.0		
25	77.0	56	132.8	86	186.8		
				87	188.6		
°C	°F	°C	°F	°C	°F	°C	°F

Technical tables

Tables techniques

Properties of some hazardous materials
(liquids, gases and volatile solids)

Name	Formula	Flash Point °F.	Explosive Limits % By Volume In Air		auto-ignition Temperature °F.	Specific Gravity (Water = 1.00)	Vapor Density (Air = 1.00)	Boiling Point °F.	Water Soluble
			Lower	Upper					
Acetone (dimethyl ketone)	CH3 COCH3	-4	2.6	12.8	869	0.8	2.0	134	Yes
Acetylene	CH:CH	Gas	2.5	100	581	-	0.9	-118	No
Ammonia-Anhydrous	NH3	Gas	16	25	1204	-	0.6	-28	Yes
Amyl-Acetate - n	CH3 COOC5 H11	60	1.1	7.5	680	0.9	4.5	300	Slight
Amyl-Alcohol - n	CH3 (CH2) 3 CH2 OH	91	1.2	10.0	572	0.8	3.0	280	Slight
Aniline (amino benzene)	C6H5 NH2	158	1.3		1139	1.0	3.2	364	Slight
Benzene (benzol)	C6 H6	12	1.3	7.1	928	0.9	2.8	176	No
Benzene (petroleum ether)	-	<0	1.1	5.9	550	0.6	2.5	95-140	No
Benzol Diluent	-	-25	1.0	7.0	450	<1	-	140-210	No
Butane -n	CH3 CH2 CH2 CH3	Gas	1.9	8.5	550	-	2.0	31	No
Butyl Acetate -n	CH3 COO C4 H9	72	1.7	7.6	797	0.9	4.0	260	Slight
Butyl Alcohol -n	CH3 (CH2) 2 CH2 OH	98	1.4	11.2	650	0.8	2.6	243	No
Camphor	C10 H16 O	150	0.6	3.5	871	1.0	5.2	399	No
Carbolic acid (phenol)	C6 H5 OH	175	1.8	8.6	1319	1.1	3.2	358	Yes
Carbon Disulfide	C S2	-22	1.3	50.0	194	1.3	2.6	115	No
Carbon Monoxide	CO	Gas	12.5	74	1128	-	1.0	-314	Slight
Denatured Alcohol	-	60	-	-	750	0.8	1.6	175	Yes
Ethyl Acetate (acetic ether)	CH3 COO C2 H5	24	2.2	11.0	800	0.9	3.0	171	Slight
Ethyl alcohol (ethanol)	C2 H5 OH	55	3.3	19	685	0.8	1.6	173	Yes
Ethyl Chloride	C2 H5 CL	-58	3.8	15.4	966	0.9	2.2	54	Slight
Ethylene	H2C:CH2	Gas	2.7	36.0	842	-	1.0	-155	Yes
Ethyl Ether	C2H5 OC2 H5	-49	1.9	36.0	356	0.7	2.6	95	Slight

Technical tables / *Tables techniques*

Name	Formula	Flash Point °F.	Explosive Limits % By Volume In Air		auto-ignition Temperature °F.	Specific Gravity (Water = 1.00)	Vapor Density (Air = 1.00)	Boiling Point °F.	Water Soluble
			Lower	Upper					
Ethylhexanal	C4H9 CH(C2H5) CHO	112	0.85	7.2	375	0.8	4.4	325	Slight
Fuel Oil N° 1 (kerosene)	-	100-162	0.7	5	410	<1	-	304-574	No
Fuel Oil N° 2	-	126-204	-	-	494	<1	-	-	No
Gasoline (56-60 octane)	C5H12 to C9H20	-45	1.4	7.6	536	0.8	3-4	100-400	No
Hexane -n (hexyl hydride)	CH3 (CH2) 4 CH3	-7	1.1	7.5	437	0.7	3.0	156	No
Hydrogen	H2	Gas	4.0	75	932	-	0.1	-422	Slight
Methane	CH4	Gas	5.0	15.0	999	-	0.6	-259	No
Methyl Acetate	CH3 COO CH3	14	3.1	16	850	0.9	2.8	140	Yes
Methyl Alcohol	CH3 OH	52	6.7	36	867	0.8	1.1	147	Yes
Methyl Ethyl Ether	CH3 O C2H5	-35	2.0	10.1	374	0.7	2.1	51	Yes
Methyl Ethyl Ketone	C2H5 CO CH3	16	1.8	10.	759	0.8	2.5	176	Yes
Naphtha, Safety Solvent	-	138.2	0.8	0.8	453.2	-	-	357.8	No
Naphtha V.M. & P.	-	28	0.9	6.0	450	<1	-	212-320	No
Naphtalene	C10 H8	174	0.9	5.9	979	1.1	4.4	424	No
Propane	CH3 CH2 CH3	Gas	2.2	9.5	842	-	1.6	- 44	No
Propyl Acetate	C3H7 OOC CH3	58	2.0	8	842	0.9	3.5	215	Slight
Propyl Alcohol (propanol)	CH3 CH2 CH2 OH	74	2.1	13.5	775	0.8	2.1	207	Yes
Propylene	CH2 CH:CH3	Gas	2.0	11.1	851	-	1.5	- 53	No
Styrene	C6H5 CH:CH2	90	1.1	6.1	914	0.9	3.6	295	No
Toluene (toluol)	C6H5 CH3	40	1.2	7.1	896	0.9	3.1	231	No
Turpentine	-	95	0.8	-	488	<1	-	300	No
Xylene -m	C6H4 (CH3) 2	84	1.1	7.0	986	0.9	3.7	282	No
Xylene -o	C6H4 (CH3) 2	90	1.0	6.0	869	0.9	3.7	292	No

Propriétés de quelques matières dangereuses
(liquides, gaz et solides volatils)

Nom	Formule	Point d'éclair °C	Limites d'explosivité en volume % dans l'air Inférieure	Limites d'explosivité en volume % dans l'air Supérieure	Température d'auto-inflammation °C	Densité par rapport à l'eau	Densité de vapeur par rapport à l'air	Point d'ébullition °C	Soluble à l'eau
Acétate de méthyle	CH3 COO CH3	-10	3,1	16	454	0,9	2,8	60	Oui
Acétate de propyle	C3H7 OOC CH3	14,44	2	8	450	0,9	3,5	101,67	Légèrement
Acétate d'éthyle	CH3 COO C2 H5	-4,44	2,2	11	426,67	0,9	3	77,22	Légèrement
Acétate n-amyle	CH3 COO C5 H11	16	1,1	7,5	360	0,9	4,5	148,8	Légèrement
Acétate de n-butyle	CH3COOC4H9	22,22	1,7	7,6	425	0,9	4	126,67	Légèrement
Acétone	CH3COCH3	-17,78	2,6	12,8	465	0,8	2	56,67	Oui
Acétylène	CH:CH	Gaz	2,5	100	305	-	0,9	-83,3	Non
Alcool dénaturé	-	15,56	-	-	398,89	0,8	1,6	79,44	Oui
Alcool éthylique = (Ethanol)	C2 H5 OH	12,78	3,3	19	363	0,8	1,6	78,33	Oui
Alcool méthylique = (Méthanol)	CH3 OH	11,11	6,7	36	464	0,8	1,1	63,89	Oui
Alcool n-amylique	CH3 (CH2) 3 CH2 OH	32,78	1,2	10	300	0,8	3	137,78	Légèrement
Alcool n-butylique	CH3 (CH2) 2 CH 2OH	37	1,4	11,2	343	0,8	2,6	117,22	Non
Alcool propylique = (Propanol)	CH3 CH2 CH2 OH	23	2,1	13,5	412	0,8	2,1	97,22	Oui
Ammoniac	NH3	Gaz	16	25	651,11	-	0,6	-33,33	Oui
Aniline	C6H5 NH2	70	1,3	7,1	615	1	3,2	184,44	Légèrement
Benzène	C6 H6	-11,11	1,3	7,1	498	0,9	2,8	80	Non
Butane	CH3 CH2 CH2 CH3	Gaz	1,9	8,5	287	-	2	-0,56	Non
Camphre	C10 H16 O	65,56	0,6	3,5	466,11	1	5,2	203,89	Non
Céthone méthyléthylique	C2H5 CO CH3	9	1,8	10	515,56	0,8	2,5	80	Oui
Chlorure d'éthyle	C2H5 CL	-50	3,8	15,4	519	0,9	2,2	12,22	Légèrement
Diluant à base de benzène	-	-31,67	1	7	232,22	<1	-	60/98,89	Non
Dissolvant de sécurité de naphte	-	59	0,8	0,8	234	-	-	181	Non
Disulfure de carbone	CS2	-30	1,3	50	90	1,3	2,6	46,11	Non

Technical tables / *Tables techniques*

Nom	Formule	Point d'éclair °C.	Limites d'explosivité en volume % dans l'air		température d'auto-inflammation °C.	Densité par rapport à l'eau	Densité de vapeur par rapport à l'air	Point d'ébullition °C.	Soluble à l'eau
			Inférieure	Supérieure					
Essence (octane 56-60)	C5H12 à C9H20	-42,8	1,4	7,6	280	0,8	3-4	37,78-204,44	Non
Éther de pétrole	-	<17,78	1,1	5,9	287,78	0,6	2,5	35-60	Non
Éther éthylique	C2H5 0 C2H5	-45	1,9	36	180	0,7	2,6	35	Légèrement
Éther méthyléthylique	CH3 0 C2H5	-37,22	2	10,1	190	0,7	2,1	10,56	Oui
Éthylène	H2C:CH2	Gaz	2,7	36	450	-	1	-103,89	Oui
Eth·lhexanal	C4H9 CH(C2H5) CHO	44	0,85	7,2	190	0,8	4,4	162,78	Légèrement
n-Hexane	CH3 (CH2) 4 CH3	-21,67	1,1	7,5	225	0,7	3	68,89	Non
Hydrogène	H2	Gaz	4	75	500	-	0,1	-252,22	Légèrement
Kérosène (Fuel Léger)	-	43-72	0,7	5	210	<1	-	151,11/301,11	Non
Mazout (Heat·l·burd)	-	71-121	0,9	6,0	256,67	<1	-	100-160	Non
Méthane	CH4	Gaz	5	15	537	-	0,6	-161,67	Non
Monoxyde de carbone	CO	Gaz	12,5	74	608,90	-	1	-192,22	Légèrement
Naphtalène	C10 H8	78,89	0,9	5,9	526,11	1,1	4,4	217,78	Non
Phénol	C6H5 OH	79,44	1,8	8,6	715	1,1	3,2	181,11	Oui
Propane	CH3 CH2 CH3	Gaz	2,2	9,5	450	-	1,6	-42,22	Non
Propylène	CH2 CH:CH3	Gaz	2	11,1	455	-	1,5	-47,22	Non
Styrène	C6H5 CH CH2	32,22	1,1	6,1	490	0,9	3,6	146,11	Non
Térébenthine (essence de)	-	35	0,8	-	253,33	<1	-	148,89	Non
Toluène	C6H5 CH3	4,44	1,2	7,1	480	0,9	3,1	110,56	Non
m-Xylène	C6H4(CH3)2	28,89	1,1	7	530	0,9	3,7	138,89	Non
o-Xylène	C6H4(CH3)2	32,22	1	6	465	0,9	3,7	144,44	Non

4

Bibliographie

Bibliography

Certains de ces ouvrages peuvent être aujourd'hui épuisés chez les éditeurs.

The books that help you the most are those which make you think the most

Theodore Parker

Dictionnaires — *Dictionaries*

Dictionnaires multi-langues
Multi-lingual Dictionaries

A.I.S.A.M. : *Mutual Insurance Dictionary* (Association internationale des sociétés d'assurances mutuelles) Suisse.
B.I.P.A.R. : *Glossary of Insurance Terms* (BIPAR Education Committee).
C.T.I.F. : *International Technical Fire Service Dictionary* (U.N.I.S.A.F. Publications) UK.
MURD W.J. : *Dictionary of Insurance and Shipping Terms* (Stone and Cox) UK.
European Conference of Insurance Supervisory Services : *International Insurance Dictionary* (C.J. Wyss Berne).
G.A.N. Vie : *Lexique d'assurance vie : Français - Anglais - Allemand - Espagnol - Portugais* (GAN Vie).
GLASS G. : *Dictionnaire technique d'assurances* (Office des Assureurs) Belgique.
I.C.C. (International Chamber of Commerce) : *Key words in International Trade - English - German - Spanish - French - Italian* (I.C.C. Publishing S.A.)
Institut För Försäkringsutbildning : *Fickordbok Försäkring - Svenska - Engelska - Franska - Tyska* (I.F.U. Stockholm).
MOLNAR O. : *Diccionario-manual de Seguros - Insurance Dictionary-manual* (Buenos Aires).
MÜLLER-LUTZ H.L. : *Versicherungswörterbuch - Deutsch - English - Französisch* (Verlag Versicherungswirtschaft). Karlsruhe.
Parlement Européen : *Terminologie de la Sécurité Sociale - Français - Anglais - Allemand - Italien - Hollandais* (Bureau de Terminologie).
QUEMADA B. : *Répertoire des dictionnaires scientifiques et techniques* (Conseil international de la langue française).
RATAJSKI H.P. : *Dictionary of Reinsurance Terms* (Gerling Konzern Globale Rückversicherungs - AG, Köln).
SACHS W. : *Lebensversicherungstechnisches Wörterbuch - German - English - French - Italian - Spanish* (Verlag Versicherungswirtschaft). Karlsruhe.
SCHLOEMER und THOMSEN A. : *Assekuranz - Wörterbuch - German - English - French - Spanish - Italian - Danish* (V.F.A.D.V.) Berlin.
THOMSEN A. : *Forsikrings Ordbog - Dansk - Tysk - Engelsk - Fransk* (Paritas).
V.V.W. : *Dictionary of Actuarial and Life Insurance Terms* (Verlag Versicherungswirtschaft) Karlsruhe.

Dictionnaires et glossaires nationaux
National Dictionaries and Glossaries

FRANCE

BARTHE R. : *Dictionnaire de l'assurance et de la réassurance* (Annales de l'idée latine).
CAPRON G. et J. BOISSELIER : *Dictionnaire de Prévention* (Sté corporative d'hygiène et de sécurité dans les chantiers).
C.C.I. (Chambre de Commerce International) : *Incoterms* (I.C.C. Publishing S.A.)
COMITÉ D'ACTION POUR LA PRODUCTIVITÉ DANS L'ASSURANCE : *Vocabulaire général d'assurances - Norme expérimentale AFNOR* (Association française de normalisation).
G.M.C. (Garantie Médicale et Chirurgicale) : *Le petit lexique de la Prévoyance* (l'Assurance Française).
LAMBERT J.P. : *Les 201 mots clés de l'Assurance* (L'Assurance Française).
ODILLON A. : *Dictionnaire du feu - 3 volumes -* (L'Argus).
PERRAUD-CHARMENTIER M.A. : *Petit dictionnaire des assurances* (L'Argus).
PERRAUD-CHARMENTIER M.A. : *Lexique pratique des assurances* (L'Argus).
SERVEAU M.C. et LANDEL J. : *Lexique Juridique et Pratique des Termes d'Assurance* (L'Argus).
SOURNIA J.C. : *Dictionnaire des Assurances Sociales* (Masson).

UNITED KINGDOM

A.B.I. (Association of British Insurers) : *Cover to Cover - glossary of Insurance Terms* (A.B.I.).
BRODIE P.R. : *Dictionary of Shipping and Shipbroking Terms* (Lloyd's of London Press).
BROWN R.H. : *Marine Insurance Abbreviations* (Witherby).
BROWN R.H. : *Dictionary of Marine Insurance Terms* (Witherby).
COCKERELL H. : *Witherby's Dictionary of Insurance* (Witherby).
DINSDALE W.A. and PEARCE E.A. and JORY G.A. : *French for Insurance Officials - Glossary* (Chartered Insurance Institute).
DINSDALE W.A. : *Specimen Insurance Forms and Glossaries* (Stone and Cox).
MULLINS H.A. : *Marine Insurance Digest* (Cornell Maritime Press).
REMINGTON B.C. and HURREN H.G. : *Dictionary of Fire Insurance* (Pitman).
RICHMOND G.W. and SHERRIFF F.H. : *Pitman's Dictionary of Life Assurance* (Pitman).
ROYAL INSURANCE COMPANY : *What does that mean - Glossary* (Royal Insurance Co.).
SPURWAY M.J. : *Aviation Insurance Abbreviations, Organisations and Institutions* (Witherby).
WELSON J.B. : *Pitman's Dictionary of Accident Insurance* (Pitman).

UNITED STATES AND CANADA

A.S.S.E. (American Society of Safety Engineers) : *Dictionary of Terms used in the Safety Profession* (A.S.S.E.).
Association canadienne des compagnies d'assurances de personnes : *Vocabulaire des rapports annuels des compagnies d'assurances de personnes* (A.C.C.A.P.)
ASSURANCES (Revue professionnelle) : *Glossaire anglo-français* (Bulletin de terminologie du Bureau des traductions du secrétariat d'État) Canada.

BEGUIN L.P. : *Vocabulaire technique des assurances sur la vie* (Les Publications du Québec) Canada..
BEGUIN L.P. : *Vocabulaire correctif des assurances* (Gouvernement du Québec) Canada.
BURKLIN R.W. and PURINGTON R.G. : *Fire Terms* (National Fire Protection Association).
CHAMBER OF COMMERCE OF THE U.S. : *Dictionary of Insurance Terms* (Blanchard R.H.).
DAVIDS L.E. : *Dictionary of Insurance* (Littlefield Adam quality paperbacks).
DESROSIERS G. et BOULAY J. : *Vocabulaire des assurances sociales* (Editeur officiel du Québec) Canada.
Direction générale de la prévention des incendies : *Dictionnaire anglais-français de la prévention des incendies* (Éditeur officiel du Québec) Canada.
de GRANDPRÉ J.P. : *Vocabulaire bilingue des assurances sur la vie* (Gouvernement du Québec) Canada.
GREEN T.E. : *Glossary of Insurance Terms* (The Meritt Company).
HARTFORD I.G. : *Glossary of Terms and Phrases commonly used in Property, Casualty and Life Insurance* (Hartford Insurance Group).
HEATH G.R. : *Insurance Words and their Meanings* (The Rough Notes).
INGRISANO J.R. : *The Insurance Dictionary : Life and Health Edition* (R. and P. New Kirk Publication).
INGRISANO J.R. and INGRISANO C.M. : *The Insurance Dictionary - A to Z of Life and Health* (Dearborn Financial Publishing Inc).
INSURANCE INSTITUTE OF CANADA : *Glossary of commonly used Insurance terms and legal terms in Insurance claims* (I.I.C. Toronto).
International Foundation Employee Benefit Plans : *A Glossary of Terms* (I.F.E.B.P.).
International Foundation Employee Benefit Plans : *Glossary of Health Care Terms* (I.F.E.B.P.).
JENNINGS W.A. : *Glossary of Insurance Terms* (Insurance Institute of Canada).
KEIM M.T. : *Glossary of Insurance Language* (Running Press).
KUVSHINOFF B.W. : *Fire Sciences Dictionary* (Wiley Interscience Publication).
LEVY M.H. : *A Handbook of Personal Insurance Terminology* (Farnsworth Publishing Co.).
OFFICE de la langue française : *Vocabulaire des assurances sociales* (Editeur officiel du Québec) Canada.
OFFICE de la langue française : *Vocabulaire des assurances sur la vie* (Gouvernement du Québec) Canada.
OFFICE de la langue française : *Lexique des assurances I.A.R.D.* (Gouvernement du Québec) Canada.
OFFICE de la langue française : *Lexique prévention des accidents* (Editeur officiel du Québec) Canada.
OFFICE de la langue française : *Vocabulaire technique des assurances sur la vie - anglais - français -* (Éditeur officiel du Québec) Canada.
OSLER Robert W. and BICKLEY John S. : *Glossary of Reinsurance Terms* (R.A.A.).
REAVIS M.W. : *Handbook of Insurance Terms and Concepts* (Insurance Education Specialists Ltd).
Reinsurance Association of America : *Glossary of Reinsurance Terms* (R.A.A.).
R.I.M.S. (Risk and Insurance Management Society) : *Risk Management Glossary* (R.I.M.S.).
RUBIN H.W. : *Dictionary of Insurance Terms* (Barron's).
RUPP R.V. : *Insurance and Risk Management Glossary* (Nils Publishing Company).
S.A.A. (The Surety Association of America) : *Glossary Fidelity / Surety* (S.A.A.).
SCHLEIFER T.C. : *Glossary of Suretyship and related disciplines* (C.M.A.).
STOKES MC INTYRE Wm. : *Glossary of Insurance and Risk Management Terms* (RIMCO).

Livres — *Books*

Gestion de risques - Sécurité
Risk management - Safety

ALLISON W.W. : *Profitable risk control* (A.S.S.E.) USA.
AMERICAN BANKERS ASSOCIATION : *The Risk and Insurance Management Guide for Financial Institutions* (A.B.A. Insurance and Protection Division) USA.
BAGLINI NORMAN A. : *Risk Management in International Corporation* (Risk Studies Foundation) USA.
BANNISTER J.E. and BAWCUTT P.A. : *Practical Risk Management (Witherby)* UK.
BANNISTER J.E. : *Managing Risk* (I.R.R.G.) UK.
BEARD R.E. PENTIKÄIMEN T. PESONEN E. : *Risk Theory* (Chapman and Hall) USA.
BIRD F.E. and LOFTUS R.G. : *Loss Control Management* (Institute Press) USA.
BOISSELIER J. et BOUÉ G. : *Pratique de la sécurité dans l'entreprise* (Les Éditions d'Organisation).
BOISSELIER J. : *Prévention et gestion des risques industriels dans l'entreprise* (Les Éditions d'Organisation).
BORDERE : *Gestion des risques de l'entreprise* (F.N.E.E.).
BRIEN J. et SEILLIER M. : *La sécurité industrielle et commerciale (*Édition du Cesic).
BRODER J.F. : *Risk Analysis and the Security Survey* (Butterworth Publishers) USA.
CARTER ROBERT L. AND DOHERTY NEIL A. : *Handbook of Risk Management* (Kluwer Harrap Handbooks) UK.
CHARBONNIER J. : *La gestion de la sécurité dans l'entreprise* (L'Argus).
CHARBONNIER J. : *L'accident du travail - le management de la prévention* (Éditions hommes et techniques).
CHARBONNIER J. : *Pratique du risk management* (L'Argus).
CHEVALIER A. et HIRSCH G. : *Le Risk Management* (Entreprise moderne d'édition).
CLUSIF : *Comment gérer les risques dans l'entreprise* (Dunod).
CLUTTERBUCK : *Kidnap and Ransom* (Faber and Faber) UK.
C.N.P.P. : *Traité pratique de sécurité incendie* (C.N.P.P.).
COLE R.B. : *Executive Security* (Wiley Interscience Publication) USA.
CRAVEN DOUGLAS I. : *Risk and Insurance Manual «Guidelines for Developing an Insurance Manual »* (R.I.M.S. Inc.) USA.
CROCKFORD N. : *An Introduction to Risk Management* (Woodhead-Faulkner) UK.
DAENZER BERNARD J. : *Fact-Finding Techniques in Risk Analysis* (American Management Association) USA.
DENENBERG HERBERT S. : *Risk and Insurance* (Prentice-Hall Inc.) USA.
DICKSON G.C.A. : *Risk Analysis* (I.R.M.) UK.
FACTORY MUTUAL ENGINEERING CORPORATION : *The Handbook of Property Conservation* (Factory Mutual System) USA.
FACTORY MUTUAL SYSTEM : *Loss Prevention Data* (F.M.E. corp.) USA.
FERRY T.S. : *Modern Accident Investigation and Analysis - an executive guide* (Wiley Interscience Publication) USA.
FIREMAN'S FUND INSURANCE COMPANIES : *Financial Applications for Risk Management Decisions* (F.F. Ins. Co.) USA.
GORDON A. : *Risk and the Business Environment* (I.R.M.) UK.
GOSHAY ROBERT C. : *Corporate Self-Insurance and Risk Retention Plans* (Richard D. Irwin Inc.) USA.

GREEN MARK R. : *Risk and Insurance* (South-Western Pub.) USA.
GROSE V.L. : *Managing Risk* (Prentice Hall) USA.
HALL. P. : *Great Planning Disasters* (Weidenfeld and Nicolson) UK.
HAMILTON P. : *Handbook of Security* (Kluwer-Harrap Handbooks) UK.
HASTINGS W.J. : *Business Finance for Risk Management* (I.R.M.) UK.
HEALY R. J. AND WALSH T.J. : *Industrial Security Management* (American Management Association) USA.
KERVERN G.Y. et RUBISE P. : *L'archipel du danger - Introduction aux cindyniques* (CPE Economica)
HICKEY H.E. : *Hydraulics for Fire Protection* (N.F.P.A.) USA.
I.F.A.C.I. : *Principes de sécurité informatique* (CLET).
I.N.R.S. : *Les mélanges explosifs* (Institut national de recherche et de sécurité).
I.R.M.I. : *Construction Risk Management* (International Risk Management Institute Inc.) USA.
I.R.M.I. : *Exposure Survey Questionnaire* (I.R.M.I.) USA.
I.R.M.I. : *Risk Financing* (I.R.M.I.) USA.
JACOB N. : *La gestion des risques accidentels de l'entreprise* (Entreprise moderne d'édition).
KAUF E. : *La maîtrise des risques* (L'Argus).
KAUF E. : *Guide du Risk Management* (R.E.P.).
KAUF E. et BAIS P.P. : *Prévention dans l'entreprise* (R.E.P.).
LALLEY E.P. : *Corporate Uncertainty and Risk Management* (R.I.M.S.) USA.
LENZ MATTHEW Jr : *Risk Management Manual* (the merritt co.) USA.
MACDONALD DONALD L. : *Corporate Risk Control* (The Ronald Press Co.) USA.
MACDONALD DONALD L. : *Risk Control in the Overseas Operation of American Corporations* (The University of Michigan) USA.
McINTOSH ROS. : *Practical Risk Management* (Practical Risk Management) USA.
MAQUET Y.-L. : *Le contrôle économique des accidents dans l'entreprise* (Bruylant) Belgique.
MAQUET Y.L. : *Des primes d'assurances au financement des risques* (Bruylant) Belgique.
MEHR Robert I. and HEDGES Bob A. : *Risk Management : Concepts and Applications* (Richard D. Irwin) USA.
MUCKLESTON RON A. : *Risk Management for the Smaller Company* (Association of Insurance and Risk Managers in Industry and Commerce) UK.
N.F.P.A. : *Fire Protection Handbook* (National Fire Protection Association) USA.
PFAFFLE A.E. and NICOSIA S. : *Risk Analysis Guide to Insurance and Employee Benefits* (AMA Management Briefing) USA.
RIOU J.-G. : *Manuel de la sécurité* (Sopral/Edirep).
ROYAL P. FISHER : *Information Systems Security* (Prentice Hall Inc.) USA.
TALBOT J.R. : *Management Guide to Computer Security* (Gower) UK.
WALSH T.J. and HEALY R.J. : *Protection of Assets Manual* (The Merritt Company) USA.
WILLIAMS C. Arthur and HEINS Richard M. : *Risk Management and Insurance* (Mc. Graw-Hill Book Co.) USA.
WITHERS J. : *Major Industrial Hazards — Their Appraisal and Control* (Halsted Press) USA.

Assurances en général - General Insurance

A.I.M.I.C. : *Company Insurance Handbook* (Gower Press Ltd.) UK.
BAGLIN P.R. : *Manuel pratique du producteur d'assurances* (L.G.D.J. Librairie Générale de Droit et de Jurisprudence).
BAWCUT : *Captive Insurance Companies* (Woodhead-Faulkner) UK.
CARTER R.L. : *Handbook of Insurance* (Kluwer-Harrap Handbooks) UK.
CHARBONNIER J. : *Manuel d'audit de l'assurance des entreprises* (L'Argus).
CHARBONNIER J. : *Risques et assurances des PME - PMI* (Dunod-L'Argus).
CROCKFORD G.N. : *Insuring Foreign Risks* (Kluwer Publishing) UK.
CROCKFORD G.N. : *The Administration of Insurance* (I.C.S.A. Publishing) UK.
DINSDALE W.A. and JAMES G.D. : *Legal Background to Insurance* (Stone and Cox) UK.
DINSDALE W.A. : *Specimen Insurance Forms and Glossaries* (Stone and Cox) UK.
DINSDALE W.A. : *The Pan Book of Insurance* (Pan Books) UK.
Ecole Nationale d'Assurances : *L'assurance, 3 tomes*. (E.N.A.).
FINNEY J.M. : *Captives. A tax and financial analysis* (RIRG ltd) UK.
HANSELL D.S. : *Elements of Insurance* (M & E Handbooks) UK.
I.R.M.I. : *Guidelines for Insurance Specifications* (International Risk Management Institute Inc.) USA.
IVAMY E.R.H. : *General Principles of Insurance Law* (Butterworths) UK.
LAMBERT-FAIVRE Y. : *Assurances des entreprises et des professions* (Dalloz).
LAMBERT-FAIVRE Y. : *Droit des assurances* (Dalloz).
LARGUEZE B. : *Le livre de l'assurance* (B. Largueze).
LOUBERGÉ H. : *Économie et finance de l'assurance et de la réassurance* (Dalloz).
MAGEE J.H. and BICKELHAUPT D.L. : *General Insurance* (Richard D. Irwin) USA.
MEHR R.I. and GAMMACK E. : *Principles of Insurance* (Richard D. Irwin) USA.
MOWBRAY A.H. and BLANCHARD R.H. and WILLIAMS C.A. : *Insurance : Its Theory and Practice in the United States* (Mc Graw-Hill Book) USA.
PICARD et BESSON : *Les assurances terrestres en droit français, 2 tomes* (L.G.D.J.).
PRESTON S. and COLINVAUX R.P. : *The Law of Insurance* (Sweet and Maxwell) USA.
RENODON - DELUBRIA C. et ROUSSEL J. : *Les assurances obligatoires* (L'Argus).
RIEGEL R. and MILLER J.S. : *Insurance Principles and Practices* (Prentice-Hall) USA.
ROSA A. : *Les assurances de l'entreprise* (J. Delmas et Cie).
SALVATOR M. et GONDÉ P. : *Gestion des assurances de l'entreprise* (C.L.E.T.).
SIVER E.W. : *Executive Guide to Commercial Property and Casualty Insurance* (Crain Books) USA.
STAFFORD J.R. : *Retrospective rating* (J.M. Publications) USA.
SUMIEN P. : *Traité théorique et pratique des assurances terrestres* (Librairie Dalloz).
WERBEL B.G. : *General Insurance Guide* (Werbel Pub. Co.) USA.
WHITE A.S. : *Behind that small print* (Phœnix House) UK.

Assurances accidents - Accident Insurance - Casualty Insurance

BATTEN A.G.M. and DINSDALE W.A. : *Motor Insurance* (Stone and Cox) UK.
BATTEN A.G.M. and DINSDALE W.A. : *Public Liability Insurance* (Stone and Cox) UK.
BAUER J.P. : *L'assurance automobile* (L'Argus).
BEDOUR J. : *Précis des accidents d'automobile* (L'Argus).
BIRD G.E. : *The Wrap-Up Guide* (I.R.M.I. inc.) USA.
BRAINARD C.H. : *Automobile Insurance* (R.D. Irwin) USA.
BROUSSEAU S. : *Le règlement du dommage* (L'Argus).
CHASLES B. et TRIBONDEAU D. : *Les garanties du contrat d'assurance automobile* (L'Argus).
CHAUMET F. : *L'assurance responsabilité civile après livraison* (L'Argus).
COCRAL F. et de RIEDMATTEN L. : *Les responsabilités civiles diverses et le contrat d'assurance* (Les éditions de l'Observateur).
COUFFIN D. : *L'assurance automobile no-fault* (L'Argus).
DAENZER B.J. : *Excess and Surplus Lines Manual* (The Merritt Company) USA.
DINSDALE W.A. : *Principles and Practise of Accident Insurance* (Buckley Press) UK.
DUBOUT H. : *L'assurance des risques technologiques* (L'Argus-gaci).
GEE H.F. : *Agent's Casualty Guide* (The Rough Notes) USA.
GRIFFIN C.C. : *The Old and New C.G.L. Forms* (Griffin Communications Inc.) USA.
HEPPEL E.A. : *Products Liability Insurance* (Pitman) UK.
HOWARD R.C. and DINSDALE W.A. : *Fidelity Guarantee and Contingency Insurance* (Stone and Cox) UK.
I.I.L. : *The Underwriting of Contractors' All Risks Policies* (Insurance Institute of London) UK.
I.I.L. : *Directors' and Officers' Liability Insurance* (Insurance Institute of London) UK.
I.R.M.I. : *Guidelines for Insurance Specifications* (I.R.M.I. inc.) USA.
I.R.M.I. : *Commercial Liability Insurance* (I.R.M.I. inc.) USA.
KULP C.A. and HALL J.W. : *Casualty Insurance : an analysis of Hazards, Policies, Insurers and Rates* (The Ronald Press) USA.
LAMBERT-FAIVRE Y. : *Le droit du dommage corporel* (Dalloz).
PATTERSON E.W. : *Essentials of Insurance Law : an outline of legal doctrines in their relations to insurance practises* (Mc Graw-Hill Book) USA.
PETER P. : *La responsabilité décennale des architectes et entrepreneurs* (Dunod).
PIPER L.J. : *Contractor's All Risks and Public Liability Insurance* (Buckley Press) UK.
RATCLIFFE D.T. : *General Liability Insurance Handbook* (Mc Combs and Co.) USA.
VANCE W.R. : *Handbook on the Law of Insurance* (West Publishing Co.) USA.
WECHSLER L. et RIPOLL J. : *Manuel de l'inspecteur et de l'agent accidents* (L'Argus).
WELFORD A.W.B. : *The Law Relating to Accident Insurance* (Butterworths) UK
ZELLER W. : *R.C. Produits pour les exportations vers les USA et son assurance* (Kölnische Rück).

Assurance incendie et risques annexes - Fire Insurance and Special perils - Fire Insurance and Allied lines

BERTHIN-LACHAUD T. et PINGUET S. : *L'assurance contre l'incendie - sa technique - sa pratique* (L'Assurance Française).
BESSÉ P. : *La perte d'exploitation* (L'Assurance Française).
BUTLER E.L. : *Principles and Practice of Profits Insurance* (Buckley Press) UK.
CLOUGTON D. : *Riley on Business Interruption and Consequential Loss Insurances and Claims* (Sweet and Maxwell) UK.
DAMBREVILLE M. et FOUCAULT M. : *L'expertise incendie* (L'Argus).
EAGLE M.G. : *Special Perils Insurance* (Pitman) UK.
GLENDENING F. : *Business Interruption Insurance. What is Covered* (National Underwriter Publication) USA.
GULLY A. : *Risques techniques et pertes d'exploitation* (L'Assurance Française).
HEMMERLÉ G. : *L'assurance des pertes d'exploitation après incendie* (Cabinet Hemmerlé).
HEMMERLÉ G. : *L'assurance incendie des marchandises* (L'Argus).
HONOUR W.B. and HICKMOTT G.J.R. : *Principles and Practice of Profits Insurance* (Butterworths) UK.
HURREN H.G. : *Fire Underwriting in Theory and Practice* (Buckley Press) UK.
KLEIN H.C. : *Business Interruption Insurance and Extra Expense Insurance as written by fire insurance companies in the United States and Canada* (The Rough Notes) USA.
LACOUR J. : *Théorie et pratique de l'assurance incendie* (L'Argus).
LE CHALONY G. : *Les techniques modernes de sauvetage après incendie* (L'Argus).
MACKEN A.G. and HICKMOTT G.J.R. : *Insurance of Profits* (Pitman) UK.
NASH P. and YOUNG R.A. : *Automatic Sprinkler Systems for Fire Protection* (Victor Green Publication Ltd) UK.
ODILLON A. : *Manuel de l'inspecteur et de l'agent incendie* (L'Argus).
PHELAN J.D. : *Business Interruption Primer* (The Rough Notes) USA.
PREVOTES J. : *L'assurance des pertes d'exploitation* (L'Argus).
de RIEDMATTEN L. : *Étude explicative des conditions générales des polices incendie* (édition de l'Observateur).
RILEY D. : *Consequential Loss Insurance and Claims* (Sweet and Maxwell) UK.
SMITH T.H. and FRANCIS H.W. : *Fire Insurance Theory and Practice* (Stone and Cox) UK.
TRYON G.H. : *Fire Protection Handbook* (National Fire Protection Association) USA.
TULKENS A. et VOS M. : *Théorie et pratique de l'assurance des pertes d'exploitation* (L'Assurance Française).
WITHERS K.W. : *Business Interruption Insurance Coverage and Adjustment* (Howell-North Books) USA.

Assurance maritime, aérienne, transport - *Marine, Aviation, Transportation Insurance.*

BROWN R.H. : *Marine Insurance, Principles, Practice - 2 volumes* (Witherby) UK.
BUGLASS L.J. : *Marine Insurance Claims, American Law and Practice* (Cornell Maritime Press) USA.
DOVER V. : *Elements and Practice of Marine Insurance* (Witherby) UK.
DOVER V. : *Handbook to Marine Insurance* (Witherby) UK.
GAUNT L. : *The Carriage and Insurance of Cargoes* (Witherby) UK.
GOVARE J.P. : *L'assurance maritime française* (L'Argus).
GRAVELIN R. : *L'assurance et les conventions de la R.C. aérienne* (L.G.D.J.).
HARREL COURTES H. : *Le nouveau droit français de l'assurance maritime et des événements de mer* (L'Argus).
I.C.C. : *Incoterms* (I.C.C. Publishing S.A.).
IVAMY HARDY E.R. : *Marine Insurance* (Butterworths) UK.
KEATE H. : *Guide to Marine Insurance* (Pitman) UK.
KNIGHT K.G. : *Lloyd's Survey Handbook* (Lloyd's of London Press) UK.
LUREAU P. : *L'assurance des risques maritimes de guerre et les polices françaises* (L.G.D.J.).
LUREAU P. : *Commentaires de la police française d'assurances maritimes sur facultés* (L.G.D.J.).
MANGIN J.P. : *Transports et assurances* (Editions Eurogres).
MARGO R.D. : *Aviation Insurance* (Butterworths) UK.
MATOUK H. : *Les assurances aériennes* (L.G.D.J.).
PERILLIER René : *Manuel de l'assureur maritime et transports* (L'Argus).
RAMBERG J. : *Guide des incoterms* (I.C.C. Publishing S.A.).
RODDA W.H. : *Inland Marine and Transportation Insurance* (Prentice-Hall Inc.) USA.
SALAH el DIN A. : *Aviation Insurance Practice - Law and Reinsurance* (Gilbert House). USA.
STEWART D.M. : *Aviation Insurance* (The Underwriter Printing and Publishing Co.) USA.
TURNER H.A. : *The Principles of Marine Insurance* (Stone and Cox) UK.
WINTER W.D. : *Marine Insurance : its Principles and Practice* (Mc Graw-Hill book Co.) USA.

Assurance crédit - *Credit Insurance*

ANCEY G. : *Les risques de crédit, l'assurance des crédits* (L.G.D.J.).
BASTIN J. : *L'assurance crédit dans le monde contemporain* (Jupiter).
E.C.G.D. Services : *The British Government's Credit Insurance Facilities for Exporters* (H.M.S.O.).
GROENHART N. : *Systèmes d'assurance-crédit à l'exportation* (Orgalime - Organisme de liaison des industries métalliques européennes) Belgique.
KARRER H. : *Elements of Credit Insurance An International Survey* (Pitman) UK.
LAMBERT J.P. : *Opérations internationales et risque politique* (L'Argus).
LEON A. : *Garanties et financement des opérations de commerce extérieur* (C.L.E.T.).
PHELPS C.W. : *Commercial Credit Insurance as a Management Tool* (American Credit Indemnity Co.) USA.
TURNER H.A. and ROBERTSON V.E. : *Insurance of Exports* (Export Credits) (Pitman) UK.

Assurance vie - Life Assurance - Life Insurance

AETNA-GENERALI : International Employee Benefits - Country Benefits Summaries (Aetna-Générali)
BACON P.D. and NEW L.J. : Principles and Practice of Life Assurance (Buckley Press) UK.
BARZIC M., BELLANDO J-L., BERTRAND M., COURTIEU G., MELLY A. : Annuaire Vie Capitalisation (L'Assurance Française).
CASBAS P. : Technique pratique de l'assurance groupe (L'Argus).
COLLIGNON D. et C. : L'assurance vie - Contrats individuels (L'Argus).
CORNEAU G. et DUVAL H. : L'assurance vie populaire (L'Argus).
de DARDEL G. : Les risques aggravés en assurance vie (L'Argus).
EILERS R.D. and CROWE R.M. : Group Insurance Handbook (Richard D. Irwin) USA.
FREEMAN H.N. and NEW L.J. : Life Assurance : from Proposal to Policy (Pitman) UK.
GREGG and LUCAS : Life and Health Insurance Handbook (Richard D. Irwin) USA.
HOSKING G.A. : Pensions Schemes and Retirement Benefits (Sweet and Mawxell) UK.
HUEBNER S.S. and BLACK K. : Life Insurance (Appleton-Century Crofts) USA.
HYMANS C. : Handbook on Pensions and Employee Benefits (Kluwer-Harrap) UK.
KELSEY W.R. and DANIELS A.C. : Handbook of Life Insurance (Institute of Life Insurance) USA.
LAMELOT G. : Les régimes sociaux - Retraites et prévoyance (J.Delmas et cie).
PEDDE A. : Life Insurance, Annuities and Pensions (University of Toronto Press) USA.
RENARD B. : Les retraites - Régimes et produits (Éditions Eska).
de RIEDMATTEN L. : Étude explicative du contrat d'assurance vie (Les Éditions de l'Observateur).
VILLARS C.: Manuel de l'inspecteur et de l'agent (L'Argus).
VOIRIN R. : Les régimes de prévoyance des salariés (Éditions de Verneuil).
VOIRIN R. : Les retraites par capitalisation (Éditions de Verneuil).
SWISS LIFE : Employee Benefits - Reference Manual (Swiss Life).
WALKER R.B. and WOODGATE D.R. : Principles and Practice of Industrial Assurance (Pitman) UK.

Réassurance - Reinsurance

ALLAZ T. : Traité de réassurances d'excédent de sommes (Imprimerie des Remparts).
BAYERISCHE RÜCK : International Bibliography of Reinsurance (Bayerische Rückversicherungs A.G.) Germany.
CARTER R.L. : Reinsurance (Kluwer Publishing Ltd) UK.
GOLDING C.E. : The Law and Practice of Reinsurance (Buckley Press) UK.
GROSSMANN M. : Manuel de Réassurance (L'Argus).
KILN R. : Reinsurance in practice (Witherby) UK.
LANGLER W.J. : The Business Reinsurance (Northeastern Insurance Company of Hartford) USA.
PFEIFFER C. : Initiation à la réassurance (L'Argus).
RAMEL M. : La réassurance : aspects théoriques et pratiques (Dulac).
STRAIN R.W. : Reinsurance (The College of Insurance) USA.
THOMSON K.R. : Reinsurance (The Spectator) USA.
THORIN P. : La réassurance contre l'incendie (L'Argus).
WERNER E.C. : Fundamentals of Reinsurance (The College of Insurance) USA.

Lloyd's

FLOWER R. AND JONES M.W. : *Lloyd's of London* (David et Charles : Newton Abbot) UK.
GIBB D.E.W. : *Lloyd's of London, History* (Mac Millan) UK.
GOLDING C.E. and KING-PAGE D. : *Lloyd's* (Mc-Graw-Hill) USA.
LLOYD'S : *Lloyd's Calendar* (Annual) (Lloyd's).
LLOYD'S - Controller of agencies : *Lloyd's Survey Handbook* (Lloyd's).

Annuaires et guides internationaux - *International Directories and Guides*

AMERICAN FOREIGN INSURANCE ASSOCIATION : *A.F.I.A. Worldwide Insurance Guide* (A.F.I.A.) USA.
ASSECURANZ COMPASS : *Finance* (Kompass Belgium S.A.) Belgium.
ASSECURANZ COMPASS : *Reinsurance Worldwide* (A.I. Edizion S.A.) Suisse.
ASSECURANZ COMPASS : *Yearbook For International Insurance* (A.I. Edizion S.A.) Suisse.
BUSINESS INSURANCE : *Directory of Corporate Buyers of Insurance, Benefit Plans and Risk Management Services* (Crain Communications inc.) USA.
COOPERS and LYBRAND : *International Insurance Industry Guide* (Lloyd's of London Press Ltd) UK.
COURTIEU G. et MELLY A. : *Guide de la documentation des entreprises d'assurances* (L'Assurance Française).
FÉDÉRATION FRANÇAISE DES SOCIÉTÉS D'ASSURANCES : *Annuaire des Compagnies d'assurances françaises à l'étranger* (F.F.S.A.).
DYP GROUP : *European Insurance Yearbook* (Dyp Group) UK.
DYP GROUP : *World Reinsurers* (Dyp Group) UK.
FINANCIAL TIMES : *World Insurance Yearbook* (Financial Times) UK.
FRASER S. and SHARPE L. : *Insurance Buyer's Guide* (Kluwer Publishing Ltd) UK.
GRANADO F. : *Les grands de l'assurance européenne* (L'Argus).
INTER-RE : *International Insurance Information Services* (Inter-Re) UK.
MEEHAN M. : *Insurance Register* (Kluwer Publishing Ltd) UK.
MELLY A. : *Grands courtiers européens d'assurance* (L'Assurance Française / Witherby).
RAMMING CORINNE E. : *Captive Insurance Company Directory* (Tillinghast) USA.
ROYAL GLOBE INSURANCE : *International Directory* (Royal Globe Insurance) USA.
ROYAL INSURANCE : *International Insurance Directory* (Royal Insurance Group) UK.

Publications — *Publications*

Publications de gestion de risques et de sécurité
Risk Management and Safety Publications

FRANCE

ALARME PROTECTION SÉCURITÉ (Groupe Blenheim) Levallois-Perret.
CAHIERS DE NOTES DOCUMENTAIRES (I.N.R.S.) Paris.
FACE AU RISQUE (C.N.P.P.) Paris.
PRÉVENTIQUE - PRÉVENTION ET GESTION DU RISQUE (S.A.P.) Grenoble.
REVUE GÉNÉRALE DE SÉCURITÉ (S.A.P.) Grenoble.
SÉCURITÉ CIVILE ET INDUSTRIELLE (France Sélection) Paris.
SÉCURITÉ INFORMATIONS (Video Publicité) Paris.
TRAVAIL ET SÉCURITÉ (I.N.R.S.) Paris.

UNITED KINGDOM

CAPTIVE INSURANCE COMPANY REVIEW (Risk and Insurance Research Group Ltd) London.
COMPUTERS and SECURITY (Elsevier Science Publishers) Oxford.
DISASTER MANAGEMENT (F.M.J. Publications Ltd.) Redhill.
EUROPEAN SECURITY MAGAZINE (Portland Publishing Group) Cheltenham.
FIRE (F.M.J. Publications Ltd). Redhill.
FIRE INTERNATIONAL (.F.M.J. Publications Ltd) Redhill.
FIRE PREVENTION SCIENCE AND TECHNOLOGY (F.P.A.) London.
FIRE PROTECTION REVIEW (Benn Bros. Ltd.) London.
FIRE SURVEYOR (Paramount Publishing ltd.) Borehamwood.
FORESIGHT (Risk and Insurance Research Group Ltd.) London.
INTERNATIONAL SECURITY REVIEW (F.M.J. Publications Ltd.) Redhill.
JOURNAL OF ROYAL SOCIETY FOR PREVENTION OF ACCIDENTS (Rospa) Purley.
PROTECTION (Alan Osborne & Associates) London.
RISK UPDATE (DYP) London.
SAFETY MANAGEMENT (British Safety Council) London.
SAFETY SURVEYOR (Paramount Publishing Ltd) Borehamwood.
SECURITY GAZETTE (A.G.B. Business Publications Ltd.) Ruislip.
SECURITY SURVEYOR (Paramount Publishing Ltd.) Borehamwood.

UNITED STATES

CAPTIVE INSURANCE COMPANY REPORTS (Tillinghast R.M. Publications) Stamford.
EMPLOYEE BENEFITS PLAN REVIEW (C.D. Spencer Associates) Chicago.
FIRE COMMAND (N.F.P.A.) Boston.
FIRE ENGINEERING (Rimbach Publishing Inc) Pittsburg.
FIRE NEWS (N.F.P.A.) Boston.
GOVERNMENTAL RISK MANAGEMENT REPORTS (Tillinghast R.M. Publication) Stamford.
INDUSTRIAL SAFETY & HYGIENE NEWS (Chilton Co.) Radnor.
JOURNAL OF RISK AND INSURANCE (American Risk and Insurance Association). Orlando
OCCUPATIONAL HEALTH & SAFETY (Medical Publications Inc.) Waco.
PROFESSIONAL SAFETY (American Society of Safety Engineers) Des Plaines.
RISK MANAGEMENT (RIMS) New-York.
RISK MANAGEMENT REPORTS (Tillinghast R.M. Publications) Stamford.
SAFETY & HEALTH (National Safety Council) Chicago.
SECURITY MANAGEMENT (American Society for Industrial Security) Arlington.
THE RISK REPORT (International Risk Management Institute ind. Dallas.

Publications d'assurance et de réassurance
Insurance and Reinsurance Publications

FRANCE

L'ARGUS : *Journal international des assurances* (La Securitas) Paris.
L'ASSURANCE FRANÇAISE : (Société d'éditions et de publications d'Assurance Française) Paris.
L'ASSURANCE MUTUELLE (R.O.A.M.) Paris.
L'ASSUREUR CONSEIL (F.C.A.) Paris.
BULLETIN ADMINISTRATIF DES ASSURANCES Paris.
BULLETIN TRIMESTRIEL DE L'INSTITUT DES ACTUAIRES FRANÇAIS Paris.
LA GAZETTE DES ASSUREURS CONSEILS Paris.
LE JOURNAL DE L'ASSURANCE (Groupe capital finance) Issy les Moulineaux.
REVUE FRANÇAISE DE DROIT AÉRIEN Paris.
REVUE GÉNÉRALE DES ASSURANCES TERRESTRES (Librairie générale de droit et de jurisprudence) Paris.
TRIBUNE DE L'ASSURANCE (Tribune de l'assurance S.A.) Paris.

UNITED KINGDOM

CORPORATE + COVER (Corporate Cover Publications) London.
JOURNAL OF THE INSTITUTE OF ACTUARIES (Alden Press) Oxford.
LLOYD'S LIST INTERNATIONAL Colchester.
MARINE & AVIATION INSURANCE REPORT (DYP Group) London.
POST MAGAZINE AND INSURANCE MONITOR (Buckley Press Ldt.) London.
REACTIONS (Reactions Ltd) London.
REINSURANCE (Buckley Press Ltd.) London.
SPACE INSURANCE REPORT (DYP Group) London.
THE RE REPORT (Evandale Publishing Ltd.) London.
THE REVIEW (M.B.C. Financial & Commercial Publications) Ruislip.
WORLD INSURANCE REPORT (Financial Times) London.

UNITED STATES

BEST'S REVIEW (A.M. Best Company) Oldwick.
BUSINESS INSURANCE (Crain Communications Inc.) Chicago.
C.P.C.U. JOURNAL (Society of C.P.C.U.) Malvern.
INDEPENDENT AGENT (I.I.A.A.) Alexandria.
INSURANCE JOURNAL (Wells Publishing Inc.) Pasadena.
INSURANCE MARKET PLACE (Rough Notes Co.) Meridian.
INSURANCE WEEK (Insurance Week Inc.) Seattle.
INSURANCE LAW JOURNAL (Commerce Clearing House) Chicago.
INTERNATIONAL INSURANCE MONITOR (I.I.M.) New-York.
REINSURANCE EDUCATOR Northridge.
RISK & INSURANCE (Axon Magazine Group) Horsham.
ROUGH NOTES (Rough Notes Co.) Meridian.
THE NATIONAL UNDERWRITER (National Underwriter) Cincinnati.
UNDERWRITERS' REPORT (Underwriters' Report Inc.) San Francisco.
WEEKLY UNDERWRITER (Underwriting Printing & Publishing Co.) Englewood.

Table des matières

Summary

Avant-propos (Première édition)   7
Avant-propos (Deuxième édition)   11
Avant-propos (Troisième édition)   13
Abréviations et signes utilisés   14

1
Termes et locutions

Lexique : anglais / américain-français   19
Lexique : français-anglais / américain   149

2
Abréviations et sigles

Anglais et américain   267
Français   315

3
Tableaux

Tables (Si) du système métrique (système international)   341
Tables d'équivalence   345
Tables techniques   351

4
Bibliographie

Dictionnaires   359
Livres   362
Publications   370

Foreword (First edition)	6
Foreword (Second edition)	10
Foreword (Third edition)	12
Abbreviations and signs used	14

1
Terms and locutions

Lexicon : english / american-french	19
Lexicon : french-english / american	149

2
Abbreviations and Initials

English and american	267
French	315

3
Tables

Metric system tables (SI)	341
Equivalence Tables	345
Technical Tables	351

4
Bibliography

Dictionaries	359
Books	362
Publications	370

Achevé d'imprimer en mars 1993
dans les ateliers de Normandie Roto Impression s.a.
à Lonrai (61250)
N° d'imprimeur : 13-0293

Dépôt légal : mars 1993